KB260919

당 대 총 서 10

한국의 국가 · 민주주의 · 정치변동

보수 · 자유 · 진보의 개방적 경쟁구도를 위하여

조희연 지음

도서 출판 당대

1998

당대총서 10

한국의 국가·민주주의·정치변동
－보수·자유·진보의 개방적 경쟁구도를 위하여

ⓒ 조희연, 1998

지은이/조희연
펴낸이/김종삼
펴낸곳/도서출판 당대

첫판펴낸날 1998년 9월 17일

등록/1994년 4월 21일(제10-1149호)
주소/서울시 마포구 연남동 372-4
　　　연세맨션 라동 101-3호 ☎ 121-240
전화/323-1316 팩스/323-1317
전자주소/천리안, 유니텔 : dangbi　하이텔, 나우누리 : dangdae

ISBN 89-8163-038-0
ISBN 89-8163-000-3(세트)

지은이와의 협약에 의하여 인지는 생략합니다.

한국의 국가 · 민주주의 · 정치변동

비판적 학술연구의 전통을 몸으로 구현하면서
민주주의와 사회진보를 위해 살다 먼저 가신
박현채 선생님께 삼가 이 책을 바칩니다.

보수·자유·진보의 개방적 경쟁구도를 위하여

　　이 책과 또한 자매편인 『한국의 민주주의와 사회운동』에서 하고자 하는 기본 작업은 80년대 이후 우리가 경험하고 있는 "국가(넓은 의미의 지배)의 변화와 그에 상응하는 사회운동(넓은 의미의 저항)의 변화"를 해명하는 것이다. 필자는 이 두 권의 책에서 이러한 지배변화와 저항변화가 드러내는 기본적이고 핵심적인 특징을 분석하고자 하였다. 이 작업은 80년대부터 현재까지에 이르는 역동적 시기의 '거시역사적' 의미를 밝히는 작업이기도 하다. 이 책은 바로 (저항과의 역동적인 상호관계 속에서 전개되는) '지배의 변화'를 분석하는 데 바쳐지고 있으며, 『한국의 민주주의와 사회운동』은 (지배변화와의 역동적인 상호관계 속에서 전개되는) '저항의 변화'와 그 전망을 밝히는 데 바쳐지고 있다. 이런 점에서 이 책과 이 책의 자매편은 바로 한국 현대사, 특히 80년대 이후의 최현대사에서 나타나고 있는 지배와 저항의 역동적인 상호관계, 그 변화를 다루고 있다고 할 수 있다.

보수(保守)의 지배와 지배의 보수(補修)

먼저 지배의 변화를 다루기 위해서는 지배의 기존 구조를 해명할 필요가 있다. 기존의 지배의 성격은 기본적으로 보수적 지배구조 — 더욱 정확하게는 구(舊)보수적 지배구조 — 로서의 성격을 가지고 있고, 이 보수적 지배구조의 성격은 한국전쟁을 거치면서 고착화된 반공주의적 분단구조와 60년대 이후 박정희체제에 대한 이해로부터 출발해야 한다. 그래서 필자는 이 두 가지 측면을 중심으로 보수의 지배구조를 해명하고, 그런 다음 이러한 '보수의 지배'가 어떻게 변화하는가를 해명하고자 하였다. 박정희체제의 붕괴로부터 시작된 '보수적 지배'의 변화과정은 노동자·민중·시민의 저항에 대응하는 지배의 보수(補修)과정 혹은 지배의 재조직화 과정이라고 할 수 있다. 흔히 민주화, 민주주의 이행, 정치적 개방화·공고화 등 여러 개념들로 분석되고 있는 80년대 중반 이후의 변화는 국가론적 관점에서 보면 바로 이러한 지배의 보수과정이 된다. 이것은 '구보수적 지배'에서 '신보수적 지배'로 이행하는 것으로 이해될 수 있다. 노태우정부·김영삼정부·김대중정부는 각각 고유한 성격이 있고 개혁성이라는 점에서 차이가 나지만, 거시역사적인 관점에서 보면 이러한 지배의 변화과정의 한 '과정'으로 이해되어야 한다. 그런 점에서 이 책은 단기적인 정치변동의 관점이 아니라 중장기적인 정치변동의 관점에서 서술되고 있음을 부언해 두어야 할 것 같다.

기본 논지와 요약

이 책의 기본적인 내용을 간략하게 정리해 보면 다음과 같다.

한국전쟁이 분단으로 종결된 이후 한국사회는 '반공규율사회'(제2장 1절)라는 독특한 사회로 전환되었다. 이 반공규율사회적 조건 위에서 60년대 이후 박정희체제라고 하는 '국가주의적 발전동원체제'(제2장 2

절)가 성립되었다. 이 체제는 압축형 고도성장을 달성하는 데는 성공적이었으나 동시에 성장의 모순과 독재의 모순을 수반함으로써 국민적 저항에 직면하게 된다.

국가주의적 발전동원체제의 위기가 전면화되는 70년대 후반부터 80년대 중반에 이르는 시기는 바로 국가주의적 발전동원체제의 변화를 둘러싼 각축의 시기였다. 이러한 각축은 1987년 6월민주항쟁에서 그 정점에 이르지만, 이 과정에서 '급진적인 민주주의 이행(아래로부터의 급진적 민주화)' 대신에 '점진적인 타협적 민주주의 이행(위로부터의 보수적 민주화)'이 지배적인 것이 된다. 따라서 1987년 이후 현재까지의 시기는 복잡한 정치변동의 과정을 거치면서 기존의 개발독재적 국가(지배)의 변형과 재편이 이루어지는 과정이라고 할 수 있다. 바로 이것이 보수의 지배구조이자 보수지배구조의 보수(補修)과정의 핵심이다.

반공규율사회와 피난민사회

80년대 이후 국가 및 지배의 변화를 이해하기 위한 전제로서 반공규율사회와 국가주의적 발전동원체제에 대한 인식이 우선 필요하다. 필자가 사용하는 반공규율사회(反共規律社會, anti-communist regimented society)란 용어는 "'내전'의 독특한 역사적 경험으로 반공이데올로기가 일종의 가상적인 국민적 의사합의(pseudo-consensus)로 내재화된 동질적인 '극우공동체'"를 지칭한다(제1장 2절 및 제2장). 이 반공규율사회란, 반공주의가 국민들을 규율화하고 국가적 목표를 향하여 국민들을 동원화하는 중요한 메커니즘으로 작동하는 사회라고 할 수 있다.

반공주의에 기초한 국민적 총동원체제는 자연스럽게 반공을 향한 국민적 동의와 반공의식에 기초한 자기통제 메커니즘을 정착시키게 된다. 한국전쟁 이후의 남한은 하나의 가상적인 동질적 사회심리, 즉 레드 콤

플렉스가 작동하는 일종의 '피난민사회(refugee society)'가 되었다고
할 수 있다.

  국가주의적 발전동원체제 : 반공주의와 결합된 국가주의·성장주의

  이와 같은 반공규율사회적 조건은 박정희체제로 상징되는 국가주의
적 발전동원체제가 성립하고 그 체제하에서 압축형 고도성장이 조직
화될 수 있는 계기를 부여하게 된다. 이른바 고속성장을 추동했던 개
발독재체제를 필자는 '국가주의적 발전동원체제(statist developmental
mobilization regime)'로 개념화한다. 이 체제는 '성장' 혹은 근대화라
는 목표를 향하여 전사회를 동원하는 체제였다. 이 체제하에서는 서구
의 후발자본주의 국가에서 볼 수 있던 중상주의적 산업지원정책과 보
호주의적 정책이 광범위하게 실시되며, 또 '안보'라는 명분 아래 노동
의 준(準)전시적 동원화가 시도된다. 이 국가주의적 발전동원체제는 자
본의 입장에서 보면, '유례를 찾아볼 수 없는' '성장친화적(growth-
friendly)' 조건이 주어지는 체제라고 할 수 있다. 이 시기의 국가를 필
자는 '개발독재적 예외국가'로 표현하였다(제3장 5절).

  국가주의적 발전동원체제의 중요한 특성은 그 '국가주의'와 '성장주
의(成長主義)'에서 찾을 수 있다. 이 체제가 반공규율사회 위에서 성립
할 수 있었다고 할 때, 반공규율사회의 '반공주의'가 국가주의적 발전
동원체제의 국가주의 및 성장주의를 가능하게 하는 조건으로 작용하
였다고 하겠다. 이런 점에서 60, 70년대 우리 사회를 이해하는 중요한
단서는 바로 반공주의·국가주의·성장주의의 결합이라고 할 수 있다.

  국가주의적 발전동원체제하에서 국가주의와 성장주의는 반공주의에
의해 정당화되면서 전사회를 지배하는 원리가 된다. 여기서 중요한 것
은 '반공주의에 의해 강화되는 국가주의' 아래서 국가와 시민사회 관
계의 왜곡, 즉 시민사회에 대한 국가의 압도적인 우위가 가능하게 되

었고, 또한 '반공주의하에서 강화되는 성장주의' 아래서 자본과 노동 관계의 왜곡, 즉 노동에 대한 자본의 압도적인 우위가 가능케 되었다는 점이다. 이처럼 노동과 시민사회에 대한 압도적인 우위 속에서 국가와 자본은 한국사회를 일면적인 성장의 방향으로 조직화하고 동원할 수 있었던 것이다. 국가주의·성장주의·반공주의하에서 한국의 천민적인 독점자본은 그 축적의 위기 속에서도 점차 자신의 축적기반을 장악하고, 경제적 지배계급으로서의 자기 위치를 더욱 확고하게 해나간다.

국가주의적 발전동원체제의 위기와 사회운동의 '혁명'적 확산

이러한 국가주의적 발전동원체제는 한편으로는 한 사회를 성장이라는 목표를 향하여 단기간에 일방적으로 조직화하는 데 대단히 효율적이었으나, 다른 한편으로는 한 사회 내에 존재하는 경제적·사회적·정치적 주체간의 관계를 왜곡하게 되고 이것이 구조적 왜곡성으로 고착화된다. 대자본·국가관료·보수정치인 간의 정경유착, 국가·산업자본·은행자본 간의 왜곡된 관계를 상징하는 관치금융도 바로 이러한 구조적 왜곡성의 일부라고 할 수 있다. 국가주의적 발전동원체제하에서 이러한 구조적 왜곡성은 나름대로의 재생산구조를 가지며, 이 구조에 이해관계를 갖는 극우적인 보수기득권층이 형성된다. 또 이 체제하에서는 자본-노동관계에 국가가 항상적(恒常的)으로 친자본적인 방향에서 개입하고, 사회경제적 자원은 일부 대자본의 축적을 위하여 집중적으로 배치되며, 이러한 '과잉성장주의'적 국가개입을 위해 동원된 '과잉반공주의'가 사회적 경직화를 낳으면서, 위기가 전면화되고 나아가 그 위기는 곧 국가적 위기로 발전하게 된다. 70년대 후반 및 80년대 민주화투쟁의 발전은 바로 국가주의적 발전동원체제가 주도하는 발전의 위기를 반영하는 것이라고 할 수 있다.

70년대 말부터 80년대 중반까지는 위기에 처한 국가주의적 발전동원체제의 변화방향을 둘러싼 '위로부터의 길'과 '아래로부터의 길'의 각축시기였다고 할 수 있다. 우리가 경험하였듯이 이 시기에 사회운동은 사회 각 영역으로 확산되었고 저항은 마치 '유행'처럼 되었으며 그간 군부국가하에서 위축되었던 제도정치와 사회운동은 급속하게 확장되었다. 70년대 후반부터 사회운동이 '심화'되면서 전투적이고 급진적인 민중운동이 나타나기 시작하였으며 이는 반독재 민주화운동에서 중심적인 위치를 차지하게 되었다. 이러한 사회운동과 저항의 '혁명'적 확산은 곧 군부국가의 '붕괴'의 위기를 의미하는 것이었다. 가까운 대만의 경우 이러한 위기에 지배의 '유연화'로 대응했던 데 반해, 남한은 70년대의 군부권위주의 정권보다 더욱 강성의 군부권위주의 정권(전두환정부)이 출현함으로써 대만보다 더 격렬한 저항과 억압의 순환을 경험하게 된다.

이른바 '시민사회'의 반란

사회운동의 '혁명'적 고양기라고 불러도 좋을 이 시기에 그동안 (극우)보수적이며 '파시즘'적인 지배 아래서 위축되었던 '시민사회'가 활성화되어 간다. 혹자는 이것을 '시민사회의 반란'이라고 표현하기도 하는데, 여기서 잠깐 시민사회 개념에 대해서 이야기하고 넘어가겠다.

시민사회라는 것은 기본적으로 서구 근대의 사회형태를 지칭하는 것이다. 서구에서 시민사회가 형성되기까지는 봉건사회의 경제적 해체와 근대자본주의적 토대의 형성이라는 경제적 전제가 있었고, 시민혁명을 통한 봉건사회의 정치적 해체과정이 있었다. 이러한 정치경제적 전제의 성숙과 더불어 르네상스로부터 이어지는 근대적 개인, 근대적 사유 및 개인의 자유관념 확산 등 지적 성숙 또한 진전된다.

한국에서도 60년대 이후 —더 소급한다면 식민지시대부터— 이러한 정치적·경제적·지적 전제의 발전과정이 진행되었다고 생각된다. 60년대 이후 산업화는 시민사회를 가능케 하는 경제적 기초를 확충시켰다고 할 수 있다. 또한 민중운동 및 민주화운동의 발전은 무소불능의 권력을 가지고 있던 개발독재를 약화시킴으로써 시민사회의 정치적 기초를 성숙시켰다고 하겠다. 나아가 이러한 정치적 투쟁과정에서 확산된 권리의식, 반독재의식, 자주적인 의식은 시민사회를 가능하게 하는 지적 기초를 성숙시켰다. 그러나 문제는 60년대 이후 이 같은 정치적·경제적·지적 변화과정은 단순히 서구 시민사회를 가능케 하는 요소를 성숙시켰을 뿐만 아니라 서구 근대사회를 뛰어넘는 급진적 요소를 동시에 잉태시켰다. 즉 70, 80년대 저항운동의 발전은 혁명적 변화의 가능성도 지니고 있었고, 민중운동은 시민사회적 지향으로 가둬둘 수 없는 요소도 지니고 있었던 것이다. 그러나 1987년을 분기점으로 한국사회에서는 위로부터의 '보수적 민주화'가 지배적인 것이 되면서 이러한 혁명적 가능성은 주변화된다. 우리가 현재 시민사회라는 표현을 사용하는 것은 바로 이 같은 조건 위에서이다. 즉 1987년을 분기점으로 하여 혁명적 가능성이 부차화되면서, 그전까지 복합적인 정치적·경제적·지적 요소를 가지고 발전해 오던 우리 사회는 시민사회라는 용어로 표현되어도 좋은 객관적 조건으로 전화되었다는 것이다.

필자는 시민사회라는 용어가 80년대 후반부터 우리 사회에서 보수적인 이데올로기적 함의를 지닌 채 사용되기 시작하였다고 본다. 즉 "과거의 민주화운동에 앞장섰던 급진적 민중운동 시대는 끝났고 —이제 온건한 시민운동 형태로 활동해야 하는 —시민사회가 도래하였다"는 의미에서이다. 시민사회가 도래하였으므로 이제 온건한 이념하에서, 합법적인 방법으로, 체제 내적 수단을 통해서 가두투쟁 등과 같은 과격한 방법에 의존하지 않고 활동해야 한다는 식이었다. 사실 80년대 후반에서 90년대 초반에 이르는 시기에는 이러한 보수적 함축을 가진

시민사회나 시민운동 개념이 사용되었다. 그러나 필자는 이 같은 보수
적 함축에 대해서는 명백히 반대한다.

여기서 중요한 것은, 그러한 보수적 함의를 갖는 시민사회라는 용어
를 사용할 것인가 아닌가가 아니라, 1987년을 분기점으로 하여 객관화
된 것으로 주어지는 이른바 '시민사회'적 조건 자체에 대해서 어떻게
대응할 것인가 하는 점이다. 이전의 정치적·경제적·지적 발전과정에
서 성장해 왔던 초(超)시민사회적 요소들을 이른바 시민사회적 조건
속에서 어떻게 발전시키고 사회운동의 동력으로 전화할 것인가가 중
요하다는 것이다. 이것이 그람시가 말한 이른바 "시민사회 내에서의
헤게모니 투쟁"의 정확한 실천적 의미라고 생각한다(시민사회와 시민운
동에 대해서는 『한국의 민주주의와 사회운동』 제5장 참조).

점진적인 타협적 민주주의 이행

80년대 중반부터 현재까지는 '점진적인 타협적 민주주의 이행'의 경
로를 따라 국가 및 지배의 변화와 변형이 나타나는 시기라고 할 수 있
다. 지배의 형태적 변화, 다시 말해 지배의 보수(補修)의 방향은 군부권
위주의 정권이 '민선(民選)군부정권'을 거쳐 '저강도 민주주의(low-
intensity democracy)'로서의 '보수적 민간정부'로 이행하는 과정을 밟
게 된다. 60, 70년대 미국의 제3세계 지배전략은 우익군사독재정권을
파트너로 하여 시행되었지만, 이 우익군사독재정권은 민중적 투쟁의
고양을 가져오고 지배 자체의 위기를 불러일으킨다. 여기서 민중적 투
쟁의 완화와 체제 내화, 제도정치 내로의 포섭을 위한 지배전략이 나
타나게 되는데, 이것이 '저강도 민주주의' 전략이다. 저강도 민주주의
전략은 우익군사독재정권에 의해서 — 경우에 따라서는 미국 자체의
직접적인 정치군사적 개입을 통해서 — 유지되는 극우보수적 지배질서
를 유지하는 방식에서 의회민주주의적 제도를 갖는 '신보수적' 지배질

서로 이행하는 것을 의미한다. 물론 '부르주아적' 대의민주주의의 복원을 주요 내용으로 하는 민선민간정권(民選民間政權)으로의 전환은 단순히 미국이나 지배세력의 '음모'에 의해서만 실현되는 것은 아니다. 사회적 투쟁 혹은 계급적 투쟁이 지배의 정치적 형식 변화를 강제하는 동력이 된다.

지배의 보수(補修) : '수동혁명'적 경로를 통한 지배블록의 재편

80년대 후반 이후의 민주주의 이행은 지배 자체에 대한 국민들의 '동의의 철회'로 초래된 위기를 극복하기 위하여 지배를 혁신하는 과정이라는 점에서, 그람시적 표현을 빌리면 '수동혁명'적 과정이 된다. 주지하다시피 수동혁명은 '지배의 위기에 대응하는 국가권력의 재조직화'이다. 필자는 80년대 후반부터 현재까지의 지배의 변화를 국가론적 의미에서 "개발독재적 '예외'국가"의 "자본주의적 '정상'국가"로의 이행으로 규정하였다(제3장 5절 참조). 한국에서 민주주의 이행이 — 능동혁명이 아니라 — 수동혁명적 방식으로 진행되는 것은 저항주체들의 전략적·전술적 행위의 오류에도 그 원인이 있지만, 거시구조적 측면에서는 지배의 위기에도 불구하고 '반공규율사회'적 조건 속에서 존재하는 지배계급의 강력한 '의사' 헤게모니, 국가와 시민사회의 여전한 비대칭성과 시민사회의 취약성 때문이라고 할 수 있다. 한국의 경우 국가주의적 발전동원체제의 위기에도 불구하고 그것이 반공주의라는 큰 틀에 의해 제약된 이행으로 나타난다는 점에서, 80년대 중반 이후의 민주주의 이행은 '통제된 이행(controlled transition)'으로서의 성격을 동시에 갖는다고 할 수 있다.

수동혁명적 과정을 통해 진행되는 지배의 변화(제3장 참조)는 여러 측면에서 파악될 수 있겠지만, 그 중요한 측면의 하나는 지배블록의 '변형주의'적 재편이다. 즉 과거의 '파시즘'적이고 극우보수주의적인 지배블록이 (보수)자유주의적 지배블록으로 변화하는 것이다. 더 구체적으로는 지배블록이 군부세력을 핵심 구성으로 하는 극우(보수주의)적인 지배블록으로부터 온건야당 출신 보수세력을 핵심 구성으로 하는 (보수)자유주의적인 지배블록으로 변화하게 된다는 것이다. 이념적으로는 지배블록의 중심적인 이념적 성격이 극우보수주의에서 보수자유주의(혹은 자유주의적 보수주의, 즉 신보수)로 변화한다. 물론 이러한 이념적 이행의 길은 우리 사회의 극우세력, 천민적 대재벌(독점대자본)의 강고함과 정당정치 영역의 지역주의적 분할로 인해 지체되고 왜곡된 형태로 진행된다. 이러한 변화과정에서 중간단계에 해당하는 1990년 3당합당은 군부권위주의 세력과 보수자유주의적인 온건야당세력의 상층정치연합을 통해 지배블록의 부분적인 재편이 일어난 것을 의미한다. 이 상층정치연합은 ―김영삼정부 아래서 경험한 대로―아래로부터의 저항과 내부분열로 해체되고 새로운 지배블록을 향한 정치적 경쟁이 나타나게 되며, 김영삼정부 말기의 새로운 상층정치연합을 향한 경쟁에서 군부권위주의 세력의 주변파(온건보수주의 정파)와 ―상대적으로 진보적으로 간주되었던― 중도자유주의적인 야당세력의 결합이 성공을 거두게 된다. 바로 이것이 김대중정부를 가능케 한 상층정치연합의 성격이다. 여기서 특징적인 점은 이러한 지배블록의 재편과정이 ―현재 한국의 정당정치 영역이 지역주의적으로 구조화되어 있기 때문에― 지역주의적 라인에 따른 상층정치연합의 형성·해체·재편성 과정으로 진행되고 있다는 것이다(제5장 참조).

　노태우정부의 성립이 직선제적 형식을 통한 군부권위주의 세력의 단독 재집권이었고, 김영삼정부의 성립이 군부권위주의 세력의 주도하에 온건자유주의 야당(김영삼 주도하의 통일민주당을 이렇게 규정할 수 있다)과의 연합에 의한 것이었다고 한다면, 김대중정부의 수립은 중도자유주의적 야당 '완고파'(물론 복합적이지만 국민회의를 이렇게 규정할

16

수 있다)의 주도권하에서 군부권위주의 세력 주변파와의 '전략적 동
맹'이 성공한 것이라고 할 수 있다. 핵심 분파와 관련해서는, 노태우정
부에서는 지배블록 내의 '패권적' 분파가 군부였다고 하면, 김영삼정
부는 온건자유주의 야당(야당세력의 온건파)가 될 것이고, 김대중정부는
중도자유주의 야당(야당세력의 진보파)이라고 규정할 수 있다. 그러나
이러한 지배블록의 부분적인 재편성에도 불구하고, 한국의 지배블록은
과거의 억압적이고 극우적인 성격을 여전히 탈피하지 못한 상태에 있
으며 그 결과 여전히 정치적 불안정이 존재한다고 할 수 있다.

경제파탄의 근본 구조

구조적인 차원에서 볼 때, 바로 이처럼 '위로부터의 보수적 민주화'
경로를 통해 진행되는 '국가주의적 발전동원체제'의 불철저한 개혁이
한국경제의 파탄을 낳았다고 필자는 생각한다(이 점은『한국의 민주주
의와 사회운동』제8장에서 자세하게 다루고 있다). 좀더 구체적으로 살펴
보면, 현재의 경제파탄은 세 가지 측면에서 이해될 수가 있다. 먼저 60
년대 이후 국가주의적 발전동원체제하에서 고착화된 구조적 왜곡성을
들 수 있으며, 다음으로 그러한 구조적 왜곡성이 1987년 이후 진전되
는 '위로부터의 보수적 민주화' 과정에서 철저하게 혁신되지 못했다는
점, 셋째 이러한 철저한 혁신을 제약한 더 근본적인 요인으로서—반
공규율사회에 의한—강고한 반공주의적 구조를 들 수 있다. 이런 점
에서 필자는 단기적인 경제위기 극복과 관련하여 외환수급 불균형, 부
실기업 정리, 금융기관 개혁, 재벌개혁 등 여러 측면에서의 단기적인
처방이 필요하겠지만, 더 근원적으로는 IMF위기의 극복은 바로 국가
주의·성장주의·반공주의의 결합으로 상징되는 고도성장 시스템의
혁신이라는 관점에서 파악할 필요가 있다고 본다.

한국정치의 정체성·왜곡성·폐쇄성

그렇다면 넓은 의미의 지배의 일부로서의 한국정치는 과연 어느 방향으로 변화해 가야 하는가. 한국정치가 당면하고 있는 문제는 과연 무엇이며 그러한 문제를 극복하는 정치혁신의 방향은 무엇인가. 현재 한국사회 발전의 핵심적인 병목지점이 바로 한국정치라고 할 때, 그것은 어떤 방향으로 혁신되어 가야 하는가.

한국정치의 후진성을 특징짓고 있는 측면은 여러 가지 있으나 그중에서도 특히 다음 세 가지 측면이 중요하다고 본다(제6장 참조). 첫째 지역주의로 인한 정당정치의 정체성, 둘째 부패커넥션으로 인한 정당정치의 왜곡성, 셋째는 반공주의로 인한 정당정치의 이념적·정책적 폐쇄성이다. 이런 인식 위에서 볼 때, 현단계 한국정치는 중장기적으로 지역주의적 분할구도를 탈지역주의적 이념적·정책적 경쟁구도로 전환하는 과제, 투명한 정치문화를 창출하는 과제, 산업사회의 갈등을 적절히 반영할 수 있도록 보수주의·자유주의·진보주의의 개방적 경쟁구도로 전환하는 과제에 직면해 있다. 이것이 현단계 한국정치의 선진화 내용이 될 것이다.

첫번째 측면의 지역주의는 군부권위주의적 구지배블록의 완강한 방어와 저항블록 분열의 합작품으로 고착된 구조라고 생각한다. 지역주의는 권위주의적 정당정치 질서의 해체와 새로운 탈지역주의적인 민주적 정당정치 질서로의 이행과정에서 나타난 왜곡태라고 규정할 수 있다. 지역주의가 고착화됨으로써 극우보수주의 세력은 지역주의 구조에서 자신을 적절하게 방어할 수 있고, 저항세력은 자신을 전국적인 세력으로 확장하는 것이 더욱 어려워진다. 1988년 4·26총선을 통해 제도정치권의 가시적인 현실이 된 지역주의는 그후 저항세력의 독자적인 집권을 어렵게 만들었고, 또 여기서 3당합당이나 야당연합과 같은 구지배블록과 저항세력의 '불가피한' 연합구도가 출현하게 된다.

필자는 지역주의적 구도가 민주화과정에서 나타나는 정당정치 질서 변화의 본질적인 측면은 아니라고 본다(제5장 참조). 즉 이것은 현상적 측면이고 본질적인 변화의 지점은 독재와 반독재, 반민주와 저항의 구도로 짜여 있는 정당정치 질서가 어떻게 '포스트 권위주의적 정당정치 질서' 혹은 '근대적' 정당정치 질서로 전환할 것인가 하는 점이다.

두번째 측면, 군부권위주의 정권 시대를 경과하면서 한국 정당정치가 내장하게 된 하나의 특징은 정당정치가 부패 폐쇄회로의 한 부분으로 존재하고 있다는 것이다. 주지하다시피 60년대 이후 국가주도적인 개발전략에서 핵심적인 메커니즘은 은행과 신용배분에 대한 국가의 전면적인 통제였다. 국가는 특히 은행 및 신용배분을 통제함으로써 사회경제적 자원을 발전이라는 목표를 향하여 집중적으로 배치할 수 있었고, 이 과정에서 신용 및 사회경제적 자원의 배분, 개발방향 등을 둘러싸고 부패의 사슬이 형성되었다. 기업은 국가관료 및 정치가들과 유착하여 각종 특혜를 향유하는 대가로 정치자금을 제공하는 부패관계가 관행화된다. 물론 이러한 부패구조에서 기존의 군부권위주의적 여당은 그 중심적 위치에 있었고, 야당은 주변적 위치에 있었다. 그러나 정치자금의 동원경로가 비공식적인 방법으로 이루어짐으로 해서, 여당뿐만 아니라 야당을 포함한 정치권 전체가 이러한 부패의 유착구조로부터 자유로울 수 없었다.

한국 정당정치의 세번째 중요한 특징으로는 정당정치의 폐쇄성을 들 수 있다. 60년대 이후 개발독재국가하에서 정당정치는 사회적 갈등을 반영하여 '갈등의 제도화'를 도모하는 기능보다는 '배제적 정당정치'로서의 성격이 강했다. 사회적 갈등이 제도정치에 반영되지 않도록 하면서 개발독재를 정당화하는 기능을 주로 수행하도록 강제되었던 것이다. 이러한 배제적 정치구조에 대한 저항은 점차 고조되어, 80년대에 이르면 이전의 '배제적 정당정치' 구조는 아래로부터의 민중적·

시민적 저항 때문에 더 이상 유지될 수 없는 상태가 된다. 한국정치의 왜곡성의 중요한 측면은 '제도정치'와 '시민사회'가 심대하게 괴리되어 있다는 점이다. 우리 사회는 지난 30여 년간의 산업화를 통해 노동자계급이 다수 계급이 된 사회, 이미 산업사회의 갈등이 기본적인 갈등이 되는 사회로 변화·이행하였다. 개발독재에 대한 저항과정에서 이념적으로 급진적인 지향을 가진 세력도 생겨났지만, 정치는 이러한 변화를 반영하는 형태로 개방되어 있지 않다.

반공주의와 지적·문화적 상상력의 제약

반공규율사회적 조건은 우리 사회의 보수적 지배를 가능하게 한 중요한 요인으로 강력하게 작용하였다. 앞서 지적한 반공규율사회라는 조건에서는, 반공을 위해서는 모든 것이 정당화될 수 있었기 때문에 우리 사회의 보수주의는 반공주의라는 우산 아래서 극우보수주의, 심지어는 극우파쇼적 보수주의로 존재해 왔다. 왜곡된 보수주의로 존재했던 것이다.

하지만 반공규율사회가 내장하는 반공주의는 한때 불안정한 정치적 지배체제나 기반이 취약한 천민자본주의를 안정화시키는 요인으로 작용했으나, 이제는 하나의 '혹' 같은 것으로서 정치적·경제적 체제의 한 단계 높은 합리화와 혁신을 질곡하는 요인으로 작용하고 있다. 다시 말하면 반공주의적 규율화는 전사회가 성장이라는 일면적 목표를 향하여 정향화되게 하는 데는 효율적이었으나, 규율화는 사회의 과도한 획일화를 동반함으로써 사회적 혁신을 저해하게 되었다는 것이다. 반공주의에 의한 사회적 규율화는 지적·문화적 차원에서도 획일화와 경직화를 동반하게 된다. 주지하다시피 요즘 '지식정보사회'로의 이행이 유행처럼 운위되고 있는데, 지식정보사회의 특징 중의 하나는 글로벌한 차원에서 경쟁이 격화된다는 점이며, 이러한 글로벌한 차원에서의 경쟁은 상당 부분 지적·문화적 경쟁력에 의존하게 된다. 따라서 이 측면에서의 혁신이 일어나지 않는다면, 한국사회 전체의 발전이 지체되는 상황에 이르렀다고 생각된다. 사회적·지적·문화적 상상력을 해방시키기 위해서라도 우리 사회의 반공주의에 일대 전환이 일어나야 할 것이다.

보수·자유·진보의 개방적 경쟁구도로

현단계 한국사회는 기존에 '민주 대 반민주 구도' 하의 권위주의적 정당정치 질서가 포스트 '민주 대 반민주 구도' 하에서의 새로운 경쟁구도로 이행해야 하는 과제에 직면해 있다. 새로운 정치적 경쟁구조는 보수주의·자유주의·진보주의가 개방적으로 경쟁하는, 그리하여 산업사회의 다양한 욕구와 갈등을 반영하는 구조라고 생각된다.

우리 사회에는 그동안 (극우)보수주의가 강고하게 존재해 왔으며 현재도 강력하게 존재하고 있다. 이러한 극우보수주의 세력의 강고함은 반공주의적 구조, 반공규율사회적 조건에 힘입고 있다. 또 이것은 (보수)자유주의적 세력이 독자적으로 집권세력이 되지 못하고, 또 진보주의 세력이 제도정치 내에 활동공간을 갖지 못하는 구조를 만들어왔다. 예컨대 온건자유주의 세력이라고 규정할 수 있는 통일민주당은 3당합당이라는 형태로 극우보수주의 세력과 연합하여 집권할 수 있었고, 중도자유주의 세력이라고 할 수 있는 국민회의는 야당연합이라는 형태로 극우보수주의 세력과 연합함으로써 비로소 집권할 수 있었다(온건자유주의와 중도자유주의는 급진자유주의와 구별된다는 점에서 보수(적)자유주의로 포괄될 수 있다). 바로 이것이 제도정치의 폐쇄성인데, 이러한 폐쇄적 정치구조에 일대 전환이 일어나야 한다. 이런 점에서 볼 때, 한국정치 선진화의 핵심 과제는 극우보수주의의 약화, 극우보수주의로부터 (보수)자유주의의 독립, 진보주의의 제도정치 진입이 될 것이다.

이렇게 해서 보수주의·자유주의·진보주의가 제도적 불이익 없이 경쟁하는 개방적 경쟁구도로 전환되지 않는 한, 한국정치의 불안정은 지속되리라 본다.

필자 개인적으로는 한국 산업사회의 발전 정도, 시민사회의 발전 정도를 고려할 때 현재와 같이 폐쇄적이고 지역주의적으로 왜곡되어 있는 정치구조로는 정치적 안정성이 실현될 수 없다고 본다. 자유주의 세력이 (극우)보수주의와 연립하지 않으면 존재할 수 없는 구조를 극복하고 진보주의가 제도정치 내에서 활동할 수 있는 공간이 주어지는 상황이 조성되지 않고서는 한국정치는 결코 안정화될 수 없다. '80 : 20의 사회'에서 20을 대표하는 정치세력만 존재하는 구도로는 장기적으로 정치적·사회적 안정성을 획득할 수 없다. 그러므로 중단기적인 한국정치 혁신의 중요한 방향성 하나는 보수주의·자유주의·진보주의의 개방적 경쟁구도를 만드는 것이다. 이렇게 할 때 비로소 산업사회의 갈등구조와 시민사회의 분화를 반영하는 '근대'적 정치질서가 구축될 것이고, 또 그래야만이 새로운 '탈근대적' 도전에 응전할 수 있을 것이다.

개혁에 의미를 부여하되, 일희일비는 금물

이 책에서 1987년 이후 김대중정부까지의 일련의 정치변동을 이와 같이 국가 및 지배의 합리화 과정이자 재조직화 과정으로 파악하고자 하는 것은 정권의 변화에 일희일비(一喜一悲)하지 말고 거시적 관점에서 변화의 본질을 이해하고 대응의 거시적 기조를 설정해야 한다는 이유에서이다. 경제파탄을 계기로 실시하는 김대중정부의 경제개혁 역시 시장경제의 가혹성을 극복하는 것이 아니라 그동안 국가주의적 발전동원체제하에서 고착된 '천민적 시장경제의 신자유주의적 합리화'를 벗어나지는 못한다. 이러한 지배의 합리화 속에서는 시장경제의 가혹성이 사라지기보다 오히려 합리화된 외양을 갖는 시장경제의 가혹성이 노동자와 시민 앞에 존재하게 된다. 물론 천민자본주의적이고 정실자본주의적인 성격에 일정한 변화가 나타나는 것은 사실이다. 그래서 필자는 김영삼정부와 김대중정부하의 개혁들에 대해서 그것이 기존 기득권체제에 대한 일정한 '수술'이라는 점에서 적극적인 의미를 부여한다. 그러나 거시적인 차원에서는 이 같은 개혁이 지배의 경제적·정치적 합리화라는 점에서 특정 계급적 성격을 탈각하는 것은 아님을, 즉 시장경제의 자본주의적 본질을 변화시키는 것은 아님을 강조하고자 한다. 우리는 노태우정부 초기의 '약간'의 유화적 제스처나 김영삼정부의 초기 개혁에 환호했던 적도 있다. 그리고 노태우정부 중·후반기 공안정국하의 강경정책이나 김영삼정부 중·후기의 보수회귀에 대해 일비(一悲)했다. 김대중정부에 대해서도 일희와 일비가 교차할 수 있을 것이다. 그러나 우리는 일희와 일비를 자아내는 과정을 통해 진행되는 —그만큼 복잡한 과정을 거쳐 —지배의 재조직화 및 합리화를 보아야 할 것이다. 그 지배의 재조직화는 구보수적 지배블록을 신보수적 지배블록으로 변화시켜 가는 것이며, 이러한 지배블록의 변화는 60년대 이후 산업화를 통해 확립된 자본주의적 토대에 상응하는 '부르주아적' 상부구조의 재정비과정에 다름아니다. 이 같은 지배의 변화에 대응하여, 사회를 인간화하기 위한 '보통사람', '평민', 민중, 시민 들의 '진보주의'적인 사회실천을 새롭게 가다듬어야 할 것이며, 이러한 시대적 변화를 주목하는 것이 이행기를 사는 우리 모두의 인식과제일 것이다.

1998년 9월
항동골에서 조희연

제1장 비교사회적 시각에서 본 한국의 정치경제적 변동

　제1장에서는 한국의 정치경제적 변동을 보다 넓은 시각에서 조망하기 위하여 동아시아 성장론을 검토하고 그 위에서 대만과 한국의 정치경제적 변동을 비교분석하고자 한다. 한국을 포함하여 동아시아의 '네 마리 용'은 30여 년 동안의 지속적인 고속성장으로 세계의 주목을 받아왔고 이를 설명하기 위한 논의들이 다양하게 전개된 바 있다.

　1절에서는 시장중심론을 비판하면서 발전국가론(국가중심론)을 출발점으로 하여 동아시아 성장과 위기를 종합적으로 설명하기 위한 이론적 과제가 무엇인가를 논의할 것이다. 그리고 2절에서는 동아시아 성장의 하위유형 중 하나라고 할 수 있는 '국가주의적 동아시아 성장모델'에서 볼 수 있는 변동의 일반적 특징을 서술하고, 그로부터 한국의 정치경제적 변동을 비교사회적 시각에서 볼 수 있는 근거를 마련하고자 한다.

I. 동아시아 성장론의 검토 : 발전국가론을 중심으로

1. 동아시아 성장의 '예외성'

70년대 이후 최근에 이르기까지 동아시아는 세계의 주목대상이 되어왔다. 어떤 학자는 "세계산업의 중심이 북대서양에서 태평양으로 이동함에 따라, 세계경제에 대격변이 진행되고 있다"[1]고 말한다. 또 어떤 학자는 "2000년대가 가까워짐에 따라, 아시아의 시대가 오고 있다. 아시아는 이제 경제적·정치적·문화적으로 세계의 지배적인 지역이 될 것이다"[2]라고 말하고 있다. 실제 아시아가 세계 경제생산에서 차지하는 비중은 1980년의 17%에서 오늘날 25% 수준으로까지 상승하였다.『포브스 Forbes』지가 추계한 바에 따르면, 세계 억만장자 447명 중에서 123명이 아시아계이며, 상위 10대 백만장자 중 다섯 사람이 아시아계이다.[3] 크루그만(Krugman)처럼 "동아시아의 호랑이는 종이호랑이일 뿐이며, 60년대 소련의 성장거품과 유사하다"[4]고 말하는 학자도 있지만, 동아시아의 예외성(East Asian exceptionalism)은 다수를 점하고 있다. 최근 동아시아를 강타하고 있는 금융위기로 동아시아 성장에 조종이 울리는 것은 아닌가 하는 우려도 있으나, 동아시아의 성장이 '모래 위에서' 이루어진 것으로 보는 학자가 아직까지는 많지

---

1) Abegglen, James C., *Sea Change: Pacific Asia as the New World Industrial Center*, NY: The Free Press, 1994, p. 1.

2) Naisbitt, J., *Megatrends Asia: Eight Asian Megatrends That Are Reshaping Our World*, NY: Simon and Schuster, 1996.

3) *Los Angeles Times*, 1996. 7. 1.

4) Krugman, P., "The Myth of Asia's Miracle", *Pop Nationalism*, Cambridge: The MIT Press, 1996.

않은 듯하다.

잘 알려진 바와 같이, 60년대 이래 동아시아 국가들은 괄목한 만한 경제성장을 이룩하였다. 특히 동아시아 '네 마리 용'(four dragons, 한국, 대만, 홍콩, 싱가포르)의 성장은 외부 학자들에게는 '경제기적'으로 인식되어 왔으며, '글로벌한 신자유주의(global neoliberalism)' 정책이 지배하고 있는 현재의 포스트 냉전시대에 제3세계 국가들은 물론, 중앙계획경제 방식으로 글로벌 자본운동과의 단절적 발전을 추구하다가 시장경제로 이행하고 있는 포스트 사회주의 국가들의 대안적인 발전 모델로까지 제시되고 있다.[5]

일반적으로 동아시아의 네 마리 용은 상대적으로 개방경제적 모델을 채택하였던 싱가포르나 홍콩, 분단냉전적 조건 속에서 상대적으로 폐쇄경제적 모델을 따랐던 대만과 한국의 경우로 대별된다.[6] 특별히 한국과 대만의 경우를 볼 때[7] 이러한 동아시아 성장의 예외성은 두드러진다. 1961~80년 한국과 대만의 연간 국민총소득(GDP) 성장률은 각각 9.2%, 9.5%이고 —이것은 같은 시기 세계성장률의 3배에 이른다— 1981~91년은 9.1%, 8.3%에 이르고 있다.[8] 이러한 급성장률은 전후(戰後) 일본과 독일의 성장속도를 앞지르는 것이다. 시장가격으로

---

5) Arrighi, G., "World Income Inequalities and the Future of Socialism", *New Left Review* 189, 1991, p. 55.

6) Perkins, Dwight H., "There Are at Least Three Models of East Asian Development", *World Development* 22(4), 1994.

7) 동아시아의 '네 마리 용' 중에서 홍콩 및 싱가포르와, 남한 및 대만 간에는 유형 면에서 일정한 차이가 있는 것으로 보인다. 기본적으로 싱가포르와 홍콩은 도시국가(city-state)라고 할 수 있으며, 남한과 대만은 비록 분단국가이기는 하지만 '불완전한' 민족국가(nation-state)로서의 성격을 지니고 있다는 점에서 질적 차이가 있다. 그리고 인구·영토·GDP 등에서 크나큰 차이를 가지고 있다. 양 유형간의 차이는 다음의 표에서 보다 선명하게 파악될 수 있을 것이다.

GDP 총액은 남한의 경우 1961년 23.6억 달러였던 것이 1993년에는 3,308억 달러로 증가하였으며, 대만은 17.5억 달러에서 2,226억 달러로 급증했다.[9] 또 1인당 GNP 성장률을 보면, 1961년에 남한 82달러, 대만 151달러였던 것이 70년대 들어 1천 달러를 넘은 이후 1992년에는 6,749달러와 1만 140달러에 이르고 있다.[10] 동아시아 성장의 예외성은 이러한 높은 경제성장률뿐만 아니라 지난 30여 년 동안의 성장 지속성에 의해서도 뒷받침되고 있다.

통상적으로 성장의 경험적 지표로 이용되는 산업구조의 급속한 선진국형으로의 변화도 이러한 예외성의 전거로 활용되고 있다. 내부의 산업구조도 두 나라는 본격적인 산업화를 시작한 지 30여 년 만에 전

			'분단' 불완전 민족국가		도시국가	
			남한	대만	싱가포르	홍콩
인구(1991, 백만)			43.3	20.6	2.8	5.8
면적(1,000km²)			98	36	1	1
1인당 GNP	(1991, 달러)		6,330	8,728	14,210	13,430
	성장률(1989~91, %)		8.7	8.1	5.3	5.6
GDP	(10억 달러)	1970	8.9	5.7	1.9	3.5
		1991	283.0	179.8	40.0	67.6
	연평균 성장률	1970~80	9.6	9.2	8.3	9.2
		1980~91	9.6	8.1	6.6	6.9

· 출처 : World Bank, *World Tables*, Baltimore: The Johns Hopkins University Press, 1983, 1992, 1995; Council for Economic Planning and Development(CEPD), *Taiwan Statistical Data*, 1988, 1993; 한국은행, 『경제통계연보』, 각 연도.

8) 한국은행, 『경제통계연보』, 각 연도; 『한국은행 월보』, 1995; World Bank, 앞의 책; Directorate-General of Budget, Accounting and Statistics (DGBAS), *National Income in Taiwan Area of the Republic of China*, 1995; *Statistical Yearbook of the Republic of China*, 1995.

9) 같은 책.

10) 한국은행, 『경제통계연보』, 각 연도; CEPD, 앞의 책, 1979, 1993.

형적인 농업국가에서 공업부문과 사회간접자본 부문이 압도적인 비중
을 차지하는 공업화 사회로 급속도로 변화하였다. 구체적으로 산업별
GDP 구성의 경우, 남한은 1960년 농업, 산업(광업·제조업·건설업 포
함), 서비스의 비율이 35.8%, 19.8%, 44.5%였던 것이, 1994년에는
6.9%, 43.6%, 49.5%[11]로 변화하였다. 대만의 경우 1960년에 각각
28.5%, 26.9%, 44.6%였으나, 1994년에는 3.6%, 37.3%, 59.2%[12]로 변
화하였다.

　이처럼 한국과 대만이 높은 성장률을 기록하고, 산업구조가 산업사
회형으로 전환되었다는 사실 외에도 이른바 부가가치생산 위계체계상
에서 상향이동을 달성하였다는 점에서 획기적인 측면이 있다고 평가
된다. 산업생산의 확장이 자본주의 세계경제의 위계 속에서 상향이동
을 동반하는 경우가 적었기 때문에, 마르크스주의자인 아리기조차도
자본주의 세계경제 위계적 구조를 전제할 때, "홍콩과 싱가포르는 저
소득국가에서 중소득국가를 거쳐 고소득국가, 즉 중심국가로 진입한
예외적인 두 가지 경우라고 할 수 있고, 남한과 대만은 지난 수십 년
동안에 저소득국가에서 중소득국가로의 이동에 성공한 두 가지 예외
적인 경우"라고 말하고 있다.[13] 제3세계의 비자본주의 발전(비자발)적
노력의 실패와, 식민지 종속형적 발전의 경로로 여겨지던 동아시아 국
가들의 성공은 제3세계의 '돌연한 죽음(sudden death)'[14]을 설명하는

---

11) 한국은행, 앞의 책, 각 연도.

12) CEPD, 앞의 책 ; DGBAS, *Statistical Yearbook of the Republic of China.*

13) Arrighi, "The Rise of East Asia: World Systemic and Regional Aspects",
　　International Journal of Sociology and Social Policy 16(7), 1996, p. 11 ;
　　"Global Restructuring and the 'Strange Death' of the Third World",
　　paper presented at the Annual Colloquium Series hosted by Center for
　　Social Theory and Comparative History, 1996. 5. 20, p. 8.

14) Arrighi, "Global Resturucturing and the 'Strange Death' of the Third

요인을 이루고 있다고 하겠다.

홍콩 및 동남아시아 금융위기를 필두로 한국의 IMF 구제금융에 이른 최근의 현상 이전 시기만 해도 아시아 경제발전에 대한 연구는 비판적 시각보다는 찬미론이 더욱 지배적이었다. 이 점은 서구의 비판적 연구자들 역시도 동아시아 성장의 모순적 측면보다는 성장의 예외성을 강조하는 데서도 찾을 수 있다. 일종의 '자유주의 좌파 컨센서스(left-liberal consensus)' 같은 것이 존재하고 있다고 말할 수 있다.[15]

2. 동아시아 성장론 검토

바로 이러한 성장의 예외성 때문에 — 최근의 위기에도 불구하고 — 지금까지 동아시아 경제발전은 현단계 국제학계의 '시장성' 있는 주제가 되고 있다. 실제 이러한 시장성 때문에 동아시아 성장을 설명하는 다양한 입장들이 제기되고 있으며 그 경쟁 또한 치열하다.

동아시아 성장을 둘러싸고 자유로운 시장 및 사적 기업의 역할에 주목하는 시장중심론(market-centered theory),[16] 국가의 능동적 개입과

World", p. 7.

15) Hart-Landsberg and Paul Burkett, "The Left-Liberal Consensus on Japan", *Monthly Review* vol. 48, 1996년 9월호.

16) Kuo, Shirley W. Y., Gustav Ranis, and John Fei, *The Taiwan Success Story: Rapid Growth with Improved Distribution in ROC, 1952~79*, Boulder: Westview Press, 1981; Balassa, B., "The Lessons of East Asian Development: An Overview", *Economic Development and Cultural Change* 36(3), 1988; World Bank, *The East Asian Miracle: Economic Growth and Public Policy*, Oxford: Oxford University Press, 1993 등에서 보이는 입장은 바로 이러한 시장론적 입장을 대변하고 있다고 하겠다.

효과적인 산업정책 등의 역할을 강조하는 이른바 발전국가론(develop-
mental state theory) 혹은 국가중심론(state-centered study),[17] 교육·
권위·근면 등에 대한 유교문화의 영향, 가부장제적 가족중심주의, 훈련
된 엘리트의 충원구조 등을 강조하는 문화론,[18] 동아시아의 지정학적
조건과 세계체제적 조건을 강조하는 세계체제론[19] 등이 경쟁하고 있다.
필자는 이중에서 동아시아의 성장을 둘러싼 구조적 설명이론, 크게 시

---

17) Johnson, Ch., *MITI and the Japanese Miracle: the Growth of Japanese Industrial Policy 1925~1975*, Stanford: Stanford University Press, 1982; "Political Institutions and Economic Performance: The Government-Business Relationship in Japan, South Korea, and Taiwan", 1985, Deyo (ed.), *The Political Economy of the New Asian Industrialism*, Ithaca: Cornell University Press, 1987; Amsden, A., *Asia's Next Giant: South Korea and Late Industrialization*, NY: Oxford University Press, 1989; Evans, P., *Embedded Autonomy: States and Industrial Transformation*, Princeton: Princeton University Press, 1995; Wade, R., *Governing the Market: Economic Theory and the Role of Government in East Asian Industrialization*, Princeton: Princeton University Press, 1990; Gereffi, G., and D. L. Wyman, *Manufacturing Miracles: Paths of Industrialization in Latin America and East Asia*, Princeton: Princeton University Press, 1990 등에 이러한 입장이 잘 표현되어 있다.

18) MacFarquar, R., "The Post-Confucian Challenge", *The Economist*, 1980. 2. 9; Pye, L., *Asian Power and Politics: The Cultural Dimensions of Authority*, Cambridge: The Belknap Press of Harvard University Press, 1985; Rozman, G., "The Confucian Faces of Capitalism", M. Borthwick (ed.), *Pacific Century*, Boulder: Westview Press, 1992; Tai, Hung-chao (ed.), *Confucianism and Economic Development: An Oriental Alternative?*, Washington, DC: The Washington Institute Press, p. 989 참조.

19) So, A. Y., and Stephen W. K. Chiu, *East Asia and the World Economy*, Thousand Oaks: Sage Publications, 1995 참조.

32

장중심론과 발전국가론 혹은 국가중심론에 주목한다.[20] 전자의 입장과 후자의 입장은 기본적으로 '어떤 요인'이 동아시아 '경제기적에 기여하였느냐'와 '여타의 발전도상국가들에 대한 경제정책적 교훈은 무엇인가'라는 물음과 대결하고 있으며 상이한 분석과 정책대안을 제시하고 있다.

'시장친화적 접근(market-friendly approach)'[21]이라고도 불리는 시장중심론은 이론적으로는 신고전주의적 경제이론에 기초하면서 정책적 지향으로는 국제통화기금(IMF)이나 세계은행(World Bank)의 입장과 동일선상에 있는 것으로 평가된다. 이 시장중심론은 "자유시장 메커니즘이 국가의 개입주의적 역할보다는 자본주의적 산업구조를 형성하는 데 있어 주요한 힘"[22]이었고, 경제 내에서의 자원의 가장 효율적인 배치는 시장의 자유로운 활동이 보장되고 국가가 경제성장에서 최소의 역할을 함으로써 가능하다고 말한다. 시장중심론은 시장의 역할에 대한 강조를 넘어서서, "경제성장이 상대적으로 평등한 소득분배와 양립할 수"[23] 있음을 보여주는 모델이라고까지 말하고 있다.

'어떻게 동아시아의 성공이 가능하였는가' 하는 물음과 관련하여, "대체로 고도성취 아시아경제(the high-performing Asian economies, HPAEs)"는 "기초항목들이 올바르게 되었기(getting basics right)"[24] 때문에 가능하였다고 응답한다. 여기서 기초항목의 핵심적인 사항은 바

---

20) So와 Stephen은 동아시아 성장의 설명이론으로 신자유주의적 이론, 문화적 이론, 국가주의론(statist theory), 종속이론, 세계체제론 등을 들고 있다(같은 책, 제1장).

21) World Bank, *The East Asian Miracle: Economic Growth and Public Policy.*

22) Balassa, 앞의 글; World Bank, 앞의 책.

23) 같은 책; Kuo, Shirley W. Y. et. al., 앞의 책.

24) World Bank, 앞의 책.

로 시장이자 시장과 관련된 여러 항목들이 된다. 시장기제가 불완전한 상황에서, 시장기제가 왜곡되지 않고 발전할 수 있게 하고 시장기제를 통한 자원배분 기능이 원활히 발전하도록 하며, 사적 기업의 적극적 투자와 기업활동이 보장되었던 데 동아시아 성장의 비밀이 있다는 것이다. 그래서 시장친화적인 기본 정책(market-friendly fundamental policy)[25]의 시행이 특히 중요하게 된다.

이 접근이 제시하는 정책들은 거시경제조정, 공기업의 민영화, 전면적이고 급속한 시장자유화 등을 내포한다. 이러한 시장론자들의 입장은 사회주의 붕괴 이후 신자유주의적인 지향이 지배적이 되면서 발전론의 유일한 대안인 것처럼 인식되고 있다. 계획경제의 폐허 위에서 시장자본주의로 이행하고 있는 포스트 사회주의 사회(post-socialist society)에 대해 경제적 응급조치[26]를 위한 처방전이 되고 있는 이른바 '워싱턴 컨센서스(Washington Consensus)'도 기본적으로 이와 맥을 같이한다.[27] 포스트 사회주의 사회의 경제개혁은 무조건적이고 급속한 시장경제로의 이행뿐이라는 판단 아래, 민영화의 전면적인 실시, 통제경제체제의 해체와 그를 대신하는 시장메커니즘의 급속한 도입, 무역자유화, 비교우위에 기초한 수출집중전략을 주장하고 있다. 실제

---

25) 여기서 기본 정책이란 거시경제적 안정성, 인적 자본에 대한 높은 투자, 안정적인 금융체계, 제한된 가격통제, 외부기술에 대한 개방성, 수출지향적 무역정책, 국가개입의 최소화 등이다(같은 책).

26) Sachs, J., "Life in the Economic Emergency Room", John Williamson (ed.), *The Political Economy of Policy Reform*, Washington DC: Institute for International Economics, 1994, pp. 501-24

27) 국가중심론자들은 포스트 사회주의 개혁에 적용되었던 이른바 '워싱턴 컨센서스'가 외국투자는 극소하게 증가시키면서 높은 인플레이션, 생산감소, 수요감소, 무역감소 등을 유발하였다는 점을 비판한다(Pereira et al., *Economic Reforms in New Democracies: A Social-Democratic Approach*, Cambridge: Cambridge University Press, 1993).

동유럽에서 발생한 전체주의적인 사회주의 관료국가 붕괴의 '도취감' 속에서 동유럽 국가들은 자신의 역사적 조건을 무시하면서 이러한 처방을 거의 완벽하게 정면으로 수용하였다.[28]

이 입장에 따르면, 현상적으로는 국가의 개입 역할이 두드러지는 것 같으나, 기본적으로 사적 부문, 기업가들의 역할이 경제성장에서 정부의 정책이나 실제적 역할보다 더욱 중요한 역할을 하였다.[29] 이 입장은 현실적으로 동아시아에서 국가의 역할이 지대했다는 사실을 인정할 수밖에 없기 때문에, 국가의 개입 불가피성을 어느 정도 인정하면서도, 그것은 신중하게 제한된 국가개입을 통해서만 가능하였다는 식의 '절충주의'적인 입장으로 나아가게 된다.

시장중심론이 제시하는 시장친화적인 전략에 따르면, 정부의 역할은 적절한 인적 투자를 하고 사기업에 경쟁적인 상황을 조성하며 경제가 국제무역에 개방되어 있도록 하고 거시경제의 안정성을 도모하는 것으로 족하다고 말한다. 이 수준을 넘어서면 비록 개입이 시장친화적인 것이라고 하더라도 정부의 개입은 득이 되기보다는 해가 될 뿐이라고 주장한다.[30]

정부가 다양한 채널을 통해 체계적으로 성장을 추동하였다는 동아시아 국가현실을 인정하면서도,[31] 성장과 국가개입 간의 통계적 연관성을 찾아내기가 어렵고, 더군다나 인과관계를 찾아내기란 더욱 어렵기 때문에, 국가개입이 성장률을 증대하는 중요한 대책이라고 말할 수

---

28) 같은 책.

29) World Bank, 앞의 책.

30) World Bank, *World Development Report 1991*, NY: Oxford University Press, 1991, p. 10.

31) World Bank, *The East Asian Miracle: Economic Growth and Public Policy*, p. 5.

없다고 주장한다.

그럼에도 불구하고 국가의 현실적인 역할을 거부할 수 없는 이 입장의 딜레마는 시장중심론의 중요한 근거지인 세계은행의 『1990년 보고서』와 『1994년 보고서』 간의 긴장과 모순으로 표출된다. 예컨대 『1990년 보고서』는, 남한과 대만의 성공은 시장에 기초한 결과였을 뿐[32] 서유럽 국가나 미국과 다른 전략을 구사하지는 않았다고 말한다. 그러나 그후 국가의 역할을 인정할 수밖에 없게 되자, 이들은 국가의 역할을 인정하되 그것이 시장억압적인 방향이 아니라 시장증대(market augmentation)적인 방향으로 나아갔기 때문에 개입은 성공적이었다는 식의 일종의 시장보완논리로 수용하려는 자세를 보이고 있다.[33]

이 입장이 최대역할 국가보다는 최소역할 국가(a minimalist state)를 선호하기 때문에, '세계은행 보고서'에서는 "비(非)시장 메커니즘에 의해 자원배분을 하는 방식은 일반적으로 경제적 성취를 높이는 데 실패하였다"는 점을 곳곳에서 강조하고 있다.

이에 반해 발전국가론 혹은 국가중심론은 시장성장논리로 동아시아 성장의 현실을 환원하고 있는 신자유주의적 시장론을 비판하면서 동아시아 성장의 역사적 복합성과 특수성을 규명하려고 한다. 국가중심론의 핵심적인 주장은 국가의 전면적이고 효과적인 개입, 집중화된

---

32) World Bank, *World Development Report 1990*, p. 299.

33) 시장과 국가의 역할에 대한 이러한 상호 절충적 입장은 Johnes, Leroy P. and Il Sakong, *Government, Business and Entrepreneurship in Economic Development: The Korean Case*(Cambridge: Harvard University Press, 1980)와 Mason, Edward S., et. al., *Economic and Social Modernization of Republic of Korea*(Cambridge: Harvard University Press, 1980) 등에서도 나타난 바 있다. 시장중심적 발전에서의 국가의 상보적 역할에 대해서는 최근 세계은행의 『1997년 보고서』에서 더 적극적으로 서술되어 있다.

(targeted) 산업정책, 구체적인 표준성취 원칙의 설정 등이 동아시아 성장의 중요한 요인이었다는 데서 출발하는데, 이중에서 특히 효율적인 성장의 핵심적인 조정자(coordinator)로서 국가의 개입주의적 역할을 강조한다. 이 입장은 발전도상국에서는 특히 시장창출, 자본축적, 인프라 구조와 같은 집단재의 제공 등에서 국가의 역할이 지대한 중요성을 가진다고 주장한다.[34] "국가는 금융제도와 자본이동을 통제함으로써 경제성장을 추동하고 산업구조 가격구조에 개입하고 국제경제와의 상호관계를 감독한다. 국가는 성장 다변화, 안정된 성장동력 부여 등 모든 측면에서 중요하다"고 말한다.[35] 예를 들면 한국에서는 자원을 배분하고 사기업 경제활동을 작동시키는 시장메커니즘 대신에 정부가 중요한 투자결정의 대부분을 시행하였다고 말한다.[36]

이들은 동아시아 성장에서 국가가 한 역할은 이전의 서구 자본주의화 과정과는 비견되지 않을 정도로 막강한 것이었으며, 더구나 지금도 나타나는 국가의 막강한 역할을 전제로 할 때 동아시아 성장의 한 특성으로서 국가의 역할을 논의하는 것은 불가피하다고 주장한다.

발전국가론은 시장중심론을 비판하면서 시장메커니즘에 따라 자동적으로 결정되는 가격이나 기초항목을 '올바르게' 하기보다는, 성장에 유리한 방향으로 그것들을 '올바르지 않게(wrong)' 하는 방법이 고도

---

34) Evans, P., 앞의 책.

35) Lie, J., "Review: Rethinking the 'Miracle' — Economic Growth and Political Struggle in South Korea", *Bulletin of Concerned Asian Studies* 23(4), 1991년 10~12월호, p. 67.

36) 암스덴은 한국 성장의 핵심적인 요인은 "대규모적으로 분화된 기업집단, 유능한 관리자의 풍부한 공급, 저임금 고숙련 노동력", 가장 핵심적으로는 '개입주의적 국가'라고 말하고 있다(Amsden, 앞의 책, p. 139). 암스덴의 논리에서는 한국의 거대한 재벌들이 성장의 중요한 요인이었다는 식으로까지 서술되고 있음을 볼 수 있다.

성장에 기여하였다고 주장한다. 수출지향적 산업화(EOI)도 중립적인 유인구조보다는 수출에 유리한 강력한 '편견(bias)'적 개입주의 정책에 의해 가능하였다고 말한다.

암스덴[37]과 웨이드[38]는 동아시아 국가는 가격을 올바르게 하기보다는 신중하게 '왜곡'하고 성장에 유리하게 변경하였다고 말하면서, 이런 점에서 '개입보다는 기초항목을 올바르게(forget interventions and focus on the fundamentals)' 하는 정책은 특히 발전도상국에 적절하지 않다고 주장한다. 웨이드[39]는 대만의 경우를 근거로 하여 신고전파 경제학자들의 주장에 대해 강력한 반론을 제시하고 있다. 그는 자유시장을 추수하기보다는(follow) 그것을 이끌고(guide) 통제하는(govern) 국가의 역할이 대만의 성장에서는 중요하였다고 주장한다.[40]

미국의 대표적인 한국 전문연구자로 알려져 있는 암스덴에 따르면, 현실을 외면하지 않는 한 동아시아에서의 국가역할을 부정할 수 없다고 말한다. 세계은행 같은 경우 동아시아의 실제적인 정책을 보지 않고 무조건 시장친화적인 정책을 발전도상국에 제안하고 있다는 점에서 모순적이라고 비판한다. 또한 동아시아 국가의 적극개입적인 산업정책이 동아시아 성장에 미친 영향을 밝히기 위해 제시하는 여러 통계들은 역으로 자신을 비판하는 자료로 읽혀야 한다고 말한다. 이런 점에서 세계 산업정책의 메카(world's industrial policy mecca)라고 할 수 있는 세계은행의 정책제언은 크게 보아 비실제적이라고 해도 무방

---

37) 같은 책.

38) Wade, 앞의 책; "Industrial Policy in East Asia: Does It Lead or Follow the Market?", G. Gereffi and D. L. Wyman (eds.), *Manufacturing Miracles: Paths of Industrialization in Latin America and East Asia.*

39) Wade, 앞의 책.

40) 같은 책, p. 297.

하다고 말한다. 암스덴은 대만에 대한 분석에서 "대만 정부는 결코 자유시장 원칙 그 자체에 의해 움직이지 않았으며 수출지향적 성장에 찬사를 보내는 자유주의 경제학자들이 인정하는 것 이상으로 대만경제에 깊숙이 개입하였다"고 쓰고 있다.[41]

　동아시아에 대한 국가중심론적 모델을 일본의 사례를 기초로 해서 정초한 것으로 보이는 존슨은 시장 자체가 취약한 상태에서 시장을 발전시키기 위한 국가의 적극적인 역할이 성장의 필수적인 요인이라고 지적한다.[42] 암스덴은 경제성장에서 국가의 시장육성적 역할을 강조하는 존슨의 입장에서 더 나아가 성장에서 이루어지는 국가의 적극적인 개입 자체를 독립적인 변수로 강조하고 있는 것으로 보인다. 즉 발전론적 국가개입의 '시장조응(market-conforming)적' 측면에 초점을 맞추기보다는, 개입 자체의 독립적인 의미와 역할을 강조하면서 그것을 후발자본주의화라는 세계사적 현상의 독특함을 설명하는 일반적 요인이라고 평가한다. 암스덴은 한국의 산업화를 브라질, 터키, 인도, 멕시코, 대만 등과 같은 후발자본주의 국가 가운데 대표적인 사례로 설정하고 있는데, 한국은 영국의 자유방임주의적인 산업화나 미국이나 독일이 공유하였던 19세기적 패턴과는 근본적으로 다른 발전패턴을 따랐다는 것이다. 그에 따르면 "한국의 성장은 후발 산업화의 고전적인 예이고 이러한 나라들에 공통된 모든 특징들을 보여주고 있다."[43] 한국의 사례는 "성장에 대한 단선적인 견해를 지니고 있는 고전적 견해나 자유시장을 성장의 열쇠로 규정하는 견해를 반박하고 있으며, 따라서 완전한 이해를 위해서는 새로운 패러다임이 필요하다. 왜냐하면 이들 후발 산업화 경제들은 새로운 패러다임을 구성하는 경제법칙에 따

---

41) Amsden, 앞의 책, p. 90.
42) Johson, 앞의 글.
43) Amsden, 앞의 책, p. 5.

라 행동하고 있기 때문이다."[44] 이 새로운 패러다임에서 핵심적인 것
은 바로 사회경제적 자원을 성장으로 통합·조정하고, 우선적 분야에
성취목표를 설정하여 지원하며 성장에 대한 저항을 효과적으로 통제
하는 데 있을 정도로 강력하고 자율적인 국가이다.[45]

  이처럼 동아시아 성장의 핵심적인 요인을 국가의 효과적인 개입으
로 보는 발전국가론은, 그러한 국가개입이 근본적으로 국가의 사회로
부터의 독립성·자율성에 의해서 가능하다고 주장한다. "주요한 동아
시아 신흥공업국은 국가의 상대적 자율성과 효율성이 좀더 능동적이
고, 기업가적 국가가 토착적인 수준에서의 성공적인 자본축적의 본질
적인 요인이었던 남미의 경우보다도 국가의 상대적 자율성과 효율성
이 현저히 높은 경우라고 할 수 있다."[46]

  국가중심론에서 국가의 자율성이란 관료적 자율성(bureaucratic au-
tonomy)과, 사회집단의 여러 압력으로부터의 자율성을 의미하는 구조
적 자율성(structural autonomy)으로 이해할 수 있다. 전자가 국가와의
관계 속에서 획득된다고 한다면, 후자는 국가와 사회의 관계에서 획득
되는 것이라고 할 수 있다. 국가는 그것이 발전론적 역할을 할 수 있다
면 한편에서는 제도적 자율성을 가져야만 하고, 다른 한편에서는 구조
적 자율성을 가져야 한다.

  이들은 국가의 자율성이 국가 자체의 내적 구조 혹은 내적 논리 등
국가 자체의 독특한 내재적 속성에서 나타나는 것으로 보기 때문에 국
가의 내적인 제도적 메커니즘의 특징을 찾는 데 주력하게 된다. 이러한
제도적 메커니즘의 원형이 되는 것은 일본의 의사결정체제(regime) 혹
은 관료제나 그와 유사한 계획기구, 예컨대 일본 국제통산성(MITI) 같

---

44) 같은 책, p. 140.
45) Johson, 앞의 글, p. 151.
46) Evans, 앞의 책, p. 221.

은 것으로, 그 역할을 부각시키는 데 초점이 모아지며,[47] 더욱이 이러한 국가의 내적인 제도적 능력으로 국가는 사회집단의 압력이나 개입으로부터 자율적일 수 있다는 논지로 나아가게 된다.

이처럼 국가중심론적 설명의 핵심 사항을 '국가자율성'으로 파악한다고 할 때, 동아시아 성장에 대한 국가자율성론의 배후에는 비교역사학 연구분야에서 훨씬 일반적인 국가자율성론이 있음을 쉽게 간파할 수 있다. 70년대에 "국가를 정치학의 중심으로 복귀시키려 했던 (bringing the state back in)" 일련의 국가중심적 이론은 한편으로는 구조기능주의(근대화론 포함)와 다른 한편으로는 마르크스주의(특히 구조주의 종속이론 등)에 대한 반발이었다.[48] 이들은 방법론적으로는 양자의 거대사회 이론적 추상성을 비판하면서 경험적 분석에 기초한 중범위 이론을 구축하려고 했으며, 분석적으로는 정치(국가 포함)를 사회로 환원하는, 특히 경제적 차원으로 환원하는 경향에 반대하고자 했다. 일종의 좌·우익 '구조환원론'에 대항하여 국가와 정치의 자율성과 독자성, 경제로의 비환원성을 사회과학 분석의 새로운 관점으로 도입하고자 한 것이다. 이러한 시도는 주지하다시피 스코치폴의 비교역사사회학 분야의 역작인 『국가와 사회혁명』[49]과 같은 저작으로 구체화되었다. 일련의 70년대 및 80년대 베버주의적 연구의 부흥계기가 되었던

---

47) Johnson, 앞의 책; 앞의 글; Gereffi, G., "Big Business and the State", G. Gereffi and D. L. Wyman (eds.), *Manufacturing Miracles: Paths of Industrialization in Latin America and East Asia*.

48) Migdal, J. S., A. Kohli and V. V. Shue, *State Power and Social Forces: Domination and Transformation in the Third World*, New York: Cambridge University Press, 1994, p. 1, 2.

49) Skocpol, T., *States and Social Revolutions: A Comparative Analysis of France, Russia, and China*, Cambridge: Cambridge University Press, 1979.

스코치폴의 분석은 국가가 단순히 (농촌) 계급관계로 환원할 수 없는 자율적인 실체임을 중국·러시아·미국 혁명에 대한 비교역사사회학적 분석에서 보여주고 있다. 스코치폴은 "국가의 사회적·경제적 힘으로부터의 분리를 가정하고 국가를 그 자체로 분석하며, 나아가 국가는 경제적·사회적 영역에서의 변화에 영향을 미치고 그것의 방향을 결정한다"고 말한다.[50] 이 입장에서는 국가가 영토와 국민에 대해 통제권을 가진 조직으로 간주되며 단순히 사회적 집단, 계급, 사회의 요구나 이해관계를 반영하지만은 않는 목표를 정식화하고 추구한다.[51] 바로 이러한 (준)자율적 국가관이 발전국가론의 근저에 놓여 있다고 할 수 있다.

3. 발전국가론 비판

동아시아 성장론의 흐름과 관련해서 볼 때 박정희시대 미화론은 발전국가론의 정치적 함의와 연관되어 있다. 발전국가론은 국가가 여러 사회집단의 요구 및 압력을 넘어서서 자율성을 가지고 수출산업 지원 등 발전정책을 효과적으로 추진함으로써 성장이 가능하였다는 논리로 요약될 수 있다.

발전국가론 논리는 분명히 신자유주의적 시장중심론에 비해 '국가주의'적 동아시아 성장의 '실제'에 좀더 근접하고 있다. 자유시장론에

---

50) Levine, R. F., "Bringing Classes Back in: State Theory and Theories of the State", R. F. Levine and J. Lembeke (eds.), *Recapturing Marxism: an Appraisal of Recent Trends in Sociological Theory*, NY: Praeger, 1987, p. 99.
51) Evans, 앞의 책, p. 9.

대한 암스덴의 강력한 비판은 주류경제학자나 경제신문들이 주창하는 자유방임주의적 신화—그것은 초국적자본의 이해관계와 같이 가는 것인데—에 대한 일정한 교정제 역할을 했다.[52] 그러나 그것은 이론적으로나 실제적으로 여러 측면에서 문제점을 지니고 있다고 생각된다. 첫째는, 발전국가론의 핵심적인 개념이라고 할 수 있는 '국가자율성(state autonomy)'의 이론적 문제점이다. 발전국가론에 따르면, 국가는 사회의 각 계급 및 집단의 사회적 압력으로부터 자유로운 상태에서 비로소 발전론적 개입을 극대화할 수 있다. 동아시아 성장의 비밀은 국가의 효율적인 개입역할에 있다는 것이고, 그 근거는 바로 국가의 자율성에 있다는 것이다.

어떤 점에서 발전국가론, 더 나아가 국가중심론자들은 국가가 사회경제적 변동의 중요한 직접적인 주체였다는 점을 올바르게 지적한다.[53] 이들은 사회적 변동에서 국가가 한 정당한 역할, 특히 국가의 '상대적 자율성'에 기초한 역할의 중요성을 회복하는 데 큰 기여를 했다. 이들의 주장에 따르면, 국가는 단순히 사회경제적 변수의 '종속변수'가 아니라 '독립변수'로 새롭게 위치지어져야 한다.[54] 왜냐하면 국가권력을 통제하는 위치에 있는 사람들의 경우 광범위한 사회경제적 결과를 갖는 의사결정의 주체가 되기 때문이다. 이러한 의사결정은 사회의 모든 집단이나 계급의 영향과 제한을 받아 이루어지는 것이기는 하나 자율적이고 독자적인 성격을 지니고 있다는 것이다. 국가는 단순

---

52) So and Stephen, 앞의 책.

53) Evans, 앞의 책, p. 2.

54) Kohli, A. and V. V. Shue, "State Power and Social Forces: On Political Contention and Accommodation in the Third World", J. S. Migdal, A. Kohli and V. V. Shue (eds.), *State Power and Social Forces: Domination and Transformation in the Third World*.

히 경제와 사회의 역동성을 반영하는 것만이 아니라,[55] 그 자체의 동력을 갖는 존재로 파악되어야 한다는 것이다.[56]

 필자가 볼 때 발전론적 역할의 효율적 수행을 위한, 국가의 '사회로부터의 자율성'은 현실적으로 분명히 존재하였다. 그러나 문제는 바로 그 자율성을 구조적 관계 속에 놓지 못하고 국가 자체의 내재적인 속성, 예컨대 내적인 관료제적 구조 혹은 내적 논리로 파악하는 데 있다. 국가론자들의 국가자율성은 두 가지 차원이 있다고 할 수 있는데, 첫째는 발전을 향하여 특정 계급관계를 통합·조정할 수 있는 자율적 능력이고, 둘째는 성장을 향하여 잠재적인 정책수단들을 통합·조정할 수 있는 자율적 능력이다. 국가주의자들은 주로 후자의 의미에서만 국가자율성을 보았기 때문에 그것이 가능했던 독특한 정치사회적·계급적 조건을 간과한 것이다. 첫번째의 능력이 없을 때 후자의 능력은 사실 부차적인 것이 될 수밖에 없으며 성장으로 이어지지도 않는다. 국가중심론은 전자에 대한 인식이 없이 주로 후자의 의미에서만 국가자율성을 파악하고 있다. 전자가 전제되지 않을 때 후자는 무의미하거나 혹은 발전을 가능케 하지도 않는다고 생각된다.

 이 글에서 언급하고자 하는 바는 바로 첫번째의 능력이 남한과 대만

---

55) Jessop, B., *State Theory: Putting Capitalist States in Their Place*, Pennsylvania: The Pennsylvania State University Press, 1990, p. 279.

56) 국가중심론의 초기단계와 후기단계 간에 일정한 이론적 변화가 있다고 평가할 수도 있다. 예컨대 전자는 국가의 자율성을 좀더 분명하게 강조하고자 했던 데 비하여(Trimberger, *Revolution from Above: Military Bureaucrates and Development in Japan, Turkey, Egypt and Peru*, New Bruiswick: Transaction, 1978; Skocpol, 앞의 책), 후자는 국가자율성의 한계를 인정하고 그것을 분석에 포괄하고자 하였다는 점이다(Evans, Rueschemeyer and Skocpol, *Bringing the State Back in*, Cambridge: Cambridge University Press, 1985). 그러나 이 글에서는 이러한 내부 구분을 중요게 생각하지 않았다.

의 독특한 정치사회적 조건에 의해 주어졌다는 점이다. 바로 그로 인해 후자의 정책적 조정능력이 성장으로 연결될 수 있는 조건이 주어졌다는 것이다. 이런 점에서 필자는 국가중심론이 후자와 연관된 국가의 행위적 측면만 보고, 그것을 가능하게 하는 계급적 조건은 적절히 보지 못하였다고 본다. 즉 국가의 자율성은 최소한 국가 자체의 내재적 속성으로서가 아니라, 특수한 계급적 조건, 넓은 의미의 정치사회적 조건이라는 외재적 조건에서 가능하였다는 것이다. 동아시아 국가의 '현상'적 자율성은 기본적으로 특정한 계급적 조건에서 가능했던 것이기 때문에 그러한 계급적 조건과의 연관 속에서야만 올바로 이해될 수 있다고 생각한다. 이런 점에서 발전국가론은 국가의 자율성을 가능케 하는 조건을 간과한다는 점에서 구조적 관점을 결여하고 있다고 비판할 수 있다.

둘째, 발전국가론이 내재하는 일종의 '국가절대화론'적 경향에 대한 비판이다. 동아시아 성장과 관련한 발전국가론에 대하여 필자는 "국가가 사회에 영향을 미치는 것만큼 사회도 국가에 대해서 영향을 미친다"는 점이 강조되어야 할 것이다. 국가론자들은 국가가 사회를 주조하는 데 기여한다는 것을 밝히려고 노력한 반면, 우리는 국가가 사회에 의해서 부단히 재주조된다는 점을 강조하여야 한다. 국가자율성론이 정치를 사회로 환원하는 구조주의적 경향, 국가와 정부의 활동을 사회경제적 기반의 반영으로 환원하는 경향에 대한 반작용으로 출범하였고, 그러한 경직성을 비판하는 데 일정하게 기여하였지만, "그들은 국가주의자들의 주장을 과도하게 밀고 나감으로써, 사회경제적 결정변수를 전적으로 무시하는 데까지 나아갔으며",[57] 또한 "국가의 자율성 혹은 중심성이라는 또 다른 신화에 빠져들고 있다."[58]

---

57) Migdal, Kohli and Shue, 앞의 책, p. 228.

이러한 이론적 문제가 제기되는 것은 발전국가론이 '국가의 사회로의 환원에 대한 반대' 과정에서 '국가의 사회로부터의 분리' 라는 잘못된 방법론적 전제로까지 나가는 데 있다고 생각된다. 그들은 국가를 자율적 실체로 전제하고, 국가를 사회로부터 분리시킨 후, 더 나아가 사회에 대해 자신의 의지를 강제할 수 있는 새로운 주체로 설정하고 있다. 이것은 국가와 사회의 분리를 물신화(reify)하는 것이라고 할 수 있다.[59] 이른바 사회중심론(society-centered theory)을 비판하는 과정에서 완전히 반대의 극단으로 가고 있는 셈이다. 국가를 계급관계로부터 '기계적'으로 연역하는 것을 하나의 극단이라고 한다면, 다른 의미에서는 국가를 생산양식이나 계급관계로부터 완전히 분리하는 것 역시 또 하나의 극단이라고 할 수 있다.

셋째, 이러한 역의 환원론이 나타나는 이유는, 국가를 경제로 혹은 특정 구조로 환원할 수 없다는 것을 인정한다고 하더라도, 그들이 국가를 갈등적인 계급적 관계 속에 놓여 있는 모순적 실체로 보지 못하기 때문이다. 즉 국가의 정책, 발전정책은 계급적 '편향성' 혹은 선택성을 갖기 때문에 그것의 수혜계급과 소외계급이 존재하고, 정책 시행 역시 수혜계급과 소외계급의 현실적인 갈등관계 속에서 추진된다. 국가중심론이 국가의 괄목할 만한 성취를 설명하는 데 초점을 맞추고 있고 그것의 사회적 비용과 부산물을 무시하는 경향이 있다[60]는 사실은

---

58) Lie, 앞의 글, p. 69.

59) Jessop, 앞의 책, p. 288.

60) Kim, Eun-Mee, *Big Business, Strong State: Collusion and Conflict in South Korean Development, 1960~1990*, New York: State University of New York Press, 1997, p. 1. 성장의 내적 비용과 성장의 부정적인 측면에 대해서는 다음을 참조. Kim, Dae-Hwan, "Korean Economic Development: Miracles and Mirage?", World Summit for Social Development NGO Forum '95, Special Workshop on Economics of Rapid Growth, 1995. 3.

국가중심론이 국가를 사회적 갈등의 맥락에 놓고 있지 않다는 것을 말해 준다. "암스덴은 시장의 신화를 격파하는 데 성공했음에도 불구하고, 한국 경제성장의 입안자들이 선전하는 자화자찬적인 상(像)을 지지하는 것으로 끝나게 되는"[61] 이유도 바로 여기에 있다.

이처럼 발전정책의 계급적 선택성에 대한 적절한 고려의 부재는 발전국가론이 경제성장률, 산업구조 선진화 등 근대화의 긍정적인 측면만을 부각시킬 뿐, 환경파괴, 사회경제적 불평등 등 부정적인 측면을 전혀 간과하는 한계를 낳는다.

어떤 의미에서 신자유주의적 이론이 시장절대화론에 빠짐으로써 결국 일국자본 혹은 초국적기업의 이해를 직간접적으로 옹호하는 것으로 귀결되었다고 한다면, 발전국가론은 '국가절대화론'에 빠짐으로써 국가권력 담당자나 국가엘리트의 이해를 옹호하는 것으로 귀결되었다고 비판할 수 있다. 국가중심론의 논리가 동아시아의 국가엘리트에게는 환영받는 이론이 되면서도 정작 동아시아 민중들에게는 의미를 갖지 못할 가능성도 여기에 있다. 국가중심론이 상당히 관변논리로 전락할 가능성은 바로 국가를 계급적 갈등관계 속에 있는 모순적 실체로 보지 못한다는 데 있다. 그런 점에서 "암스덴은 한국의 성장에 대한 한국 엘리트의 관점을 제공하고 있으며, 한국의 기적적 성공을 이끌었던 유능한 지도자와 관리자들의 무용담을 제공하고 있다"[62]는 비판은 바로 국가를 계급관계 속에 놓지 않을 경우 설득력을 가질 수 없다.

7; Landsberg, Martin, "Export-led Industrialization in the Third World: Manufacturing Imperialism", *Review of Radical Political Economics* 11(4), 1979년 겨울호; Bello, W. and S. Rosenfeld, *Dragons in Distress — Asia's Miracle Economics in Crisis*, San Francisco: A Food First Book, 1990, pp. 11-14.

61) Lie, 앞의 글, p. 68, 69.

62) 같은 글, p. 71.

넷째, 국가의 자율성 혹은 발전국가를 계급적 조건(넓은 의미의 정치사회적 조건)과 연관시키지 않고 그 자체를 국가의 내재적인 속성으로 파악할 때 발전국가의 논리는 곧바로 동아시아 국가를 서구 자본주의 국가와는 전혀 다른 별종의 국가로 상정하는 오류로 나아갈 수가 있다. 이는 서구의 자본주의화 과정에서의 국가의 역할을 축소해서 파악할 가능성이 있으며, 국가 주도성과 자율성을 기본적으로 가능케 하는 구조적 요인에 대한 적절한 고려를 가로막을 수 있다. 필자가 볼 때 국가자율성론 속에서 특정 맥락에서 가능했던 동아시아의 '현상'적 특징은 국가의 '본질'로 격상되고 있다.

발전국가론이 주장하는 국가자율성의 핵심은 그 자율성이 자본주의적 산업화의 맥락에 있다는 것을 고려할 때, 초기적 축적과정을 위한 부르주아지에 대한 폭넓은 지원 및 '자본제적 축적체제'의 정착을 위한 국가의 막강한 지원 역할로 해석될 수 있다. 국가중심론에 따르면, 서구 자본주의화 과정에서는 자본축적에서 국가의 역할이 부재했고, 후발자본주의화에서는 중요하게 작용하는 것으로 파악된다. 그러나 이는 자신들이 현재 비판하고 있는 시장중심적 이론들이 서구의 자본주의화 과정에서는 적용되고 단지 동아시아 등 후발자본주의화 과정에는 적용되지 않는다는 역설적인 논리를 만들어낼 수 있다. 즉 서구는 시장중심적 발전을 하고 후발자본주의는 국가중심적 발전을 한다는 논리를 함축할 수 있다는 것이다. 자본제 초기의 형성과 정착에서 이루어진 국가의 역할은 사실 동아시아에서만 고유한 것으로 판정할 수 없다. "실제의 자본주의, 유럽과 전지구상에 걸쳐 한 시기를 실제로 지배하였던 경제형태인 현실자본주의는 그 틀 속에 다른 권력형태, 특히 군사적·정치적 권력, 즉 근대 민족국가를 전제로 하여 발전하였다."[63] 실제 서구의 원

---

63) Mann, M., *The Sources of Social Power* vol. 1, Cambridge: Cambridge

시적 축적과정에서 국가의 중상주의적 역할은 자본주의 발전에서 결정적인 지위를 가지고 있었다. 선발자본주의화의 경우 중상주의적 발전을 경과한 후 비로소 '자유방임주의'적 단계로 이행하게 된다. 한 나라가 자본주의적 발전의 도정에 늦게 오르면 오를수록 이행을 순조롭게 하고, 성공적으로 만들기 위한 국가개입의 필요성이 강해지게 된다. 어떤 의미에서 동아시아 국가는 별종의 역할을 수행하는 것보다도 이러한 중상주의적 역할을 더욱더 크게 실행하는 것이라고 할 수 있다. 부르주아지가 사회에 대해 독자적인 힘으로 자신의 의지를 강제할 수 없는 사회, 부르주아지가 자신의 축적과정에서 전사회를 통할(統轄)할 수 없는 사회에서는, 더욱이 부르주아지가 자신의 발로 설 수 없는 상황에서는, 언제나 국가의 지원이 요구되는 것이다. 중세처럼 국가가 하나의 지주요, 생산수단의 소유자인 경우와 달리, 근대국가는 경제활동과 정치활동을 분리하여 경제활동에 대해 부과된 세금으로 유지되는 체제이다. 국가 및 국가권력 담당자들이 생산수단의 소유자였던 상황과 달리 근대국가에서 경제의 활성화는 국가활동의 중요한 척도가 되기 때문에, 이데올로기로서의 '자유방임주의'가 현실에서 그대로 관철되는 것은 자본의 힘이 극대로 강한 경우를 제외하고는 거의 없다고 해도 무방할 것이다. 실제 영국이 자유방임주의를 새로운 이데올로기로 부각시키고 있을 때 독일, 러시아 등 유럽 후발자본주의 사회에서는 그러한 자유방임주의적 상황과는 정반대로 경제성장을 지원하는 강력한 국가가 나타났다. 이런 점에서 서구자본주의 사회보다도 훨씬 더 열악한 조건을 상정할 때, 제3세계 후발자본주의의 산업화 과정에서 '초중상주의(super-mercantilism)'적 국가가 나타나는 것은 당연하다고 하겠다. 이미 중심국가의 강력한 지배력이 존재하는 상황에서, 그것이 강요하는 국제분업

University Press, 1986, p. 495.

적 조건 때문에 여러 가지 불리함을 감수해야 하는 조건에서 산업화를 수행하는 경우, 별종의 국가역할, 별종의 국가자율성으로 해석될 수 있는 '새로운 초중상주의 국가(neo-supermercantilist state)'가 필연화된다고 할 수 있는데, 문제는 그것이 반(反)시장적 혹은 반자본적인 어떤 것이 아니라는 점이다.

문제는 국가라는 것이 사회적 관계 속에 존재한다고 할 때, 그러한 국가의 자율적인 '초중상주의'적 역할에는 심한 내부적 갈등과 투쟁이 수반된다는 것이고 ─ 자본이나 권력의 입장에서 보면 ─ 그것들이 축적을 위협하지 않는 식으로 '관리'되느냐 하는 것이다. 사실 근대화란 자본주의적 산업화를 의미하고 이는 새로운 축적주체로서의 부르주아지가 형성되고 부르주아적 축적메커니즘이 정착되는 것을 의미한다. 즉 새로운 경제적 지배계급으로서의 부르주아지의 부상과 정착과정이라고 할 수 있을 것이다. 국가중심론이 보는 바와 같이, 자율적인 국가의 효과적인 개입이라는 것은 열악한 외적 조건에서 제한된 경제적·자연적 자원을 부르주아지의 급속한 성장과 착근을 위하여 집중배치하고 '불평등'하게 배치·배분하는 국가행위, 나아가 그를 통한 자본축적의 성공적 진전에 다름 아닌 것이다. 암스덴이 이야기하는 '가격을 왜곡시키는(making the price wrong)' 과정은 바로 이러한 사회적·자연적 자원의 불평등 배분과정 바로 그것이다. 계급적 각도에서 볼 때 이는 국가행위가 부르주아지의 이해에 더욱 전적으로 일체화되는 것을 의미한다. 마르크스적 의미에서 '부르주아지의 공동사를 관리하는 위원회'로서의 국가가 더욱 적나라하고 전면적으로 현실화되는 것을 의미한다. 이러한 불평등한 사회적·경제적 자원의 집중적 배분과정, 곧 국가의 전면적인 부르주아지 이해로의 일체화는 다른 의미에서 민중배제적인 과정일 수밖에 없고, 이것은 더욱 첨예한 내부 계급투쟁을 수반하게 된다. 문제는 바로 이러한 폭발적인 저항 잠재력을

수반하는 '초중상주의적 국가개입', 바꾸어 말하면 성장을 위한 국가
의 전면적인 '자율적' 역할이라는 것이 어떻게 위기적 맥락 속에서
'성공'적으로 진전될 수 있느냐는 것이다. 이른바 자율성이라는 이름
으로, 부르주아지의 성장을 위하여 국가가 전면적으로 개입하고 역할
을 수행하는 것은 모든 국가에서 실험될 수가 있다. 문제는 그것이 어
떻게 갈등 속에서도 '지속'될 수 있느냐 혹은 갈등이 적절히 관리될
수 있느냐 하는 것이다.

여기서 우리의 문제는 바로 그러한 균열적 잠재력에도 불구하고 발
전을 향한 통합이 일어나는 구조적 조건이라고 할 수 있다. 우리가 구
조적 관점을 회복해야 하는 이유도 여기에 있다. 이러한 특정한 조건
은 다음 장에서 서술하는 바와 같은 '반공규율사회'적 조건과 연관시
켜 분석되어야 한다. 국가자율성 혹은 발전국가에 대한 분석은 ─ 우리
가 국가자율성의 현실을 인정한다고 하면 ─ 바로 그 자체가 어떤 별
종의 국가성격에 대한 것이 아니라 바로 위와 같은 것이 가능한 조건
에 대한 분석이어야 한다.

다섯째, 발전국가 혹은 그 자율성이 한 사회 내의 계급적 관계, 넓은
의미의 정치사회적 조건과의 연관 속에서 파악되어야 한다는 이상의
논의는, 발전국가의 '자율적인' 역할을 가능케 하는 계급적 조건이 변
화하면 발전국가의 작동양식도 변화하고 또 변화해야 한다는 것을 의
미한다. 즉 자율적인 국가의 지원을 받은 부르주아지가 성장함에 따라,
또한 노동계급 및 민중부문이 활성화됨으로써 이전의 국가─계급관계
(즉 국가중심론에서 이야기하는 국가자율성)는 변화하게 된다는 것이다.
발전국가론에서 이야기하는 바와 같이 자율적인 국가의 성공적 개입
으로 성취된 성장 그 자체는 새로운 모순과 계급적 상황을 낳고 이는
국가를 이전과는 다른 계급적 관계 속에 놓이게 한다. 바로 그러한 계
급적 상황으로 국가는 이전과는 다른 계급관계 속에 놓이고 이는 당연

히 국가-계급관계, 그 일부로서의 국가개입 양식의 재조정을 낳게 된다는 것이다. 여기서 국가는 이러한 변화된 계급적 상황에 조응하는 새로운 국가행위양식을 개발함으로써 국가의 자율적 행위의 폭을 유지할 수도 있고, 아니면 전면적 국가구조(계급주체의 변동을 포함하는)의 변화가 나타날 수도 있다. 그동안 국가중심론은 국가와 사회의 관계를 정태적 관계로 파악해 왔으며, 그래서 "국가와 사회의 관계가 마치 제로섬 관계라고 하는 가정을 가지고 있기 때문에 국가 대 사회 내의 여타 행위자 간의 권력균형이 경제적 발전의 결과로 어떻게 변화하게 되는지를 검토하지 않는다"[64]고 평가할 수 있다. 이것은 그들이 국가를 절대적인 하나의 주체로 상정하고 있기 때문인데, 이 글의 관점에서 보면 발전국가를 계급적 조건과의 연관 속에서 파악해야 하기 때문에 그러한 계급적 조건 자체가 변화하면 국가자율성도 변화하게 된다고 보아야 한다.

최근 에반스[65]는 그의 저작 『연계된 자율성 *Embedded Autonomy*』에서 국가의 사회 및 계급으로부터의 자율성을 강조하던 기존의 입장에서 사회와의 연관성, 국가의 사회 내적 연관을 강조하는 방향으로 변화를 보이고 있다. 그는 발전론적 국가의 중요한 기초로서 국가의 내적 구조와 국가-사회관계를 들고 있는데, 전자를 위해서는 효율적인 관료제의 내적 일관성이 유지되어야 하고, 후자를 위해서는 사회와의 연계성이 요구된다. 바로 이러한 "내적 국가구조와 국가-사회관계의 편차가 발전능력의 정도 차이 — 약탈적 국가에서 고도의 발전론적 국가에 이르는 발전능력의 정도 차이 — 를 낳는다."[66] 연계성은 자율성을 보완하게 되고 국가의 사회로부터의 균형잡힌 결합은 효율성을 보완하게

---

64) Kim, Eun-Mee, 앞의 책, p. 16.
65) Evans, 앞의 책.
66) 같은 책, p. 72, 73.

된다. "어느 정도의 분리는 응집적 집단성을 만드는 데 필요하나, 실제의 효율성은 내적 응집성과 외적인 유대를 결합하는 것을 요구한다."[67] 이러한 최근 에반스의 언급은 이제 국가자율성이 사회로부터의 분리(insulation) 혹은 독자성에서 사회와의 연계성을 강조하는 것으로 변화하고 있음을 의미한다. 즉 이제 국가는 사회의 제집단관계와 그들의 이해관계를 조정하고 그 속에 연계될 수 있을 때 국가의 발전론적 역할이 성공적으로 수행될 수 있다는 것이다. 이전의 발전국가론이 여타 사회적 행위자를 무시하고 자신의 의지를 사회에 강제할 수 있는 국가엘리트의 능력을 강조하였다고 하면, 이제는 여타의 권력중심과 함께 일할 수 있는 능력을 전면에 부각시키고 있다.[68] 사실 이러한 국가의 '반(反)자율적' 측면의 강조는 현상적으로만 보면, 자율성론의 확대로 해석될 수 있지만, 다른 측면에서 보면 국가의 자율성에 대한 스스로의 반박이라고 할 수 있다. 국가가 사회로부터 분리되는 것과 국가가 사회에 대하여 연계(embeddedness)되는 것은 분명 모순적인 현상이기 때문이다. 즉 그간 국가중심론은 국가자율성을 주로 '사회로부터의 분리(disembeddedness from society)'를 의미하는 것으로 주장해 왔으나, 이제 정반대로 '사회 내의 연계(embeddedness in society)'를 주장하는 것이기 때문이다. 그러나 국가의 자율성을 그것의 계급적 조건과의 연관 속에서 보고자 하는 필자의 입장에서 보면 독특한 계급적 조건에서 가능했던 국가의 (사회로부터의) 자율성이 그 계급적 조건 자체의 변화로 이전의 자율성의 발현형태가 유지될 수 없기 때문에 새롭게 변화하게 되는 것으로 파악된다. 계급적 조건의 변화에 따라 이전의 국가의 자

---

67) 같은 책, p. 72.

68) 우리가 만의 용어를 빌린다면, 이러한 변화는 '전제적 권력(the despotic power)'에서 '인프라적 권력(the infrastructural power)'으로의 변화로 이야기할 수도 있을 것이다(Mann, 앞의 책).

율적 조직화 양식으로는 발전론적 자율성이 유지될 수 없다. 여기서 우리는 바로 국가를 계급관계, 넓은 의미의 정치사회적 관계 속에 놓고 보아야 하는 필요성에 다시 직면하게 된다. 사실 국가의 자율성은 계급 및 사회로부터 자유로웠기 때문에 주어진 것이 아니라, 오히려 계급관계의 특수한 정치사회적 구성(special political and social configuration of class relation)에서 주어졌기 때문에 그것이 변화함으로써 그 국가행위의 발현양상도 달라지게 되는 것으로 보아야 한다. 발전국가론이 이야기하는 국가자율성은 독특한 국가-계급관계의 현상형태이기 때문에, 필자는 국가를 계급관계, 더욱 특정하게는 '계급관계의 정치사회적 구성' 속에 놓을 때 비로소 그 자율성을 포함하는 국가행위가 총체적으로 이해될 수 있다고 생각한다.

4. 한국경제의 위기로 본 발전국가론 : 발전국가의 '약탈'적 구조

그동안 발전국가론은 주로 동아시아의 성장에 기댄 발전론이었다. 그러나 1997년 후반기 홍콩과 동남아시아의 금융위기로 촉발된 경제위기는 급기야 12월 3일 한국이 IMF로부터 550억 달러에 달하는 긴급구제금융을 받기로 하고 그에 상응하는 금융시장 개방 등 IMF 요구조건을 충족하기로 하는 협약으로 귀결되었다. 그동안 고도성장의 모델로서, 발전국가론의 현실적 근거였던 한국경제가 IMF, IBRD, 미국, 일본 등의 자금지원을 받지 않으면 안 되는 국가적인 신용파산상태에 놓임으로써, 이제 위기의 관점에서 발전국가론의 논지를 평가해야 하는 시점에 이르렀다. 지금까지 발전국가론에서는 발전국가에 의한 경제적 성취에 관심을 가졌을 뿐, 그것이 갖는 체제적 문제점에 대해서는 논의하지 못하였다. 그런 점에서 최근 동아시아의 금융위기 상황은 역설적으로 발전국가에 의해 주도된 고도성장경제 자체가 갖는 내적인 체제적 문제점을 투명하게 만들었다고 할 수 있다. 특히 한국의 경제위기는 더욱 극단적인 형태로 표출되었고 그만큼 동아시아 경제가 갖는 체제적 문제점을 극명하게 드러내고 있다고 생각된다.

동아시아의 성장과 관련하여, 발전국가론의 입장에서는 성장의 예외성만이 주목되었을 뿐, 그러한 예외적 성장이 갖는 모순과 내적 위기에 대해서는 적절하게 주목하지 못하였다. 즉 한편에서는 그것이 성장의 예외성을 운위할 정도로 성공적인 측면이 있었지만, 그 성공의 정도만큼 구조적인 문제점을 내장하고 있었다는 점을 못 보았던 것이다. 최근의 경제위기는 고도성장체제가 갖는 '체제적' 문제점이 국제적인 금융자본의 퇴출(退出)이 그 계기가 되어 위기적 상황으로 표출된 것이라고 할 수 있다. 한국의 경우에서는 바로 이 체제적 문제점이 훨씬 더 극단적인 형태로 존재하고 있었기 때문에 그만큼 위기가 심대한 형태로 표출되었다고 생각된다. 발전국가론에 특정한 체제로서의 고도성장체제의 내적 모순을 직시하지 못한 것이다.

바로 그 모순은 발전국가에 의한 국가주도형 성장 그 자체에 내재하는 것이라고 할 수 있다. 대만이나 한국에서 발전국가란 권위주의적 방식으로 한 사회 내에 존재하는 사회경제적 자원을 발전이라는 목표를 향하여 '일방적'으로 배치하는 것이었다. 즉 국가는 유치산업의 성장과 보호를 위한 전천후식 지원정책을 구사하게 되고, 취약한 내부시장을 보호하고 지원하는 정책을 폭넓게 구사하게 된다. 대만과 한국에서 국가의 역할은 서구와 같이 현존하는 자본의 재생산을 안정화시키기 위하여 개입하는 차원을 넘어서서 자본의 새로운 구성, 그것의 안착을 위한 대규모 직접적·간접적 지원을 포함하는 광범위한 것이었다. 산업화 드라이브 정책, 좁게는 수출 드라이브 정책의 형태로 표현된 국가의 개입전략은 모든 사회경제적 자원을 수출 드라이브에 '일방적으로' 배치하는 것으로 나타났으며, 신용과 자원의 배분에서 국가의 정책목표에 따른 선택성이 극단적으로 작용하는 것으로 나타났다.

여기서 중요한 점은 국가주의적 동원 자체가 사회경제적 자원의 동원과 배분에 국가의 막강한 역할을 전제하는 것인데, 바로 그 때문에 국가(관료)·기업·금융기관·정당세력 간의 왜곡된 유착관계가 나타날 소지가 있었다. 통상 발전국가론적 논의에서는 발전국가(developmental state)와 약탈국가(predatory state)를 유형화하고,[69] 동아시아의 국가는 약탈국가가 아니라 발전국가였다는 식의 전제가 있다. 그러나 사실 발전국가 자체가 이러한 약탈적 구조를 일정하게 내장하는 것이라는 점을 인식하는 것이 중요하다. 발전국가론은 동아시아 국가는 아프리카의 지대추구적(rent-seeking) 약탈국가와 달리 발전기여적이라고 평가해왔다. 이런 점에서 발전국가체제는 일면적으로 긍정적인 발전기여적인 것만은 아니라는 점을 알 수 있다. 그것은 여러 측면에서 이야기할 수 있는데, 중요한 측면으로서는 발전국가체제 속에서 고착된 '국가-기업(산업자본)-금융기관(금융자본)' 간의 관계가 — 초기 산업화 단계에서는 일정한 긍정성을 가지고 있었다고 하더라도 — 고착되고 기득권적인 폐쇄회로가 되면서 발전을 제약하는 질곡으로 전화하게 된 것을 지적할 수 있다. 발전국가론이 국가자율성의 중요한 근거로 설정하였던 관료제적 구조 혹은 관료주의가 동시에 바로 이러한 기득권적인 폐쇄회로의 중요한 근거가 된다. 그러한 발전국가적 기능 자체가 내장한 약탈구조에 대한 개혁구조를 갖지 못할 경우, 일정한 단계의 발전국가는 비발전적 국가로 전락할 소지도 있는 것이다.

이번 한국의 경제위기를 통하여 극명하게 드러난 바와 같이, 발전국가체제하에서 대재벌은 정경유착을 통하여 금융기관에서 받은 막대한

---

69) Evans, 앞의 책.

특혜적 차입에 의존하여 중복과잉 투자와 문어발식 확장을 할 수 있었다. 국가(국가관료)와의 연계는 대기업에 각종 재정금융상의 특혜에 독점적으로 접근할 수 있는 여지를 부여하였다. 대재벌의 확장지향형 차입의존 경영과 금융기관의 부실경영은 바로 발전국가체제 내에서의 부패 폐쇄회로 속에서 확대재생산되었다. 차입경영에 기초한 과잉투자와 사업확장, 관치금융에 의존하는 부실경영 등 비합리적이고 천민적인 축적구조는 글로벌한 개방경제화의 충격 속에서 도전을 받게 되고 거기서 한계상황에 처한 문어발식 대재벌과 부실 금융기관이 위기에 처하면서 금융기관의 전반적인 부실화를 낳게 되고 이것이 누적되면서 IMF의 구제금융을 받지 않으면 안 되는 상황으로까지 이어지게 된다.

한 가지 요인을 첨가한다면, 발전국가의 약탈적 구조에 대한 내적 개혁의 힘이 반공주의적인 사회조건에 의해 억압되었다는 것이다. 필자는 한국의 발전국가적 역할이 가능하였던 요인으로서 냉전과 내전의 결합을 통해서 형성된 조건을 중시한다. 이러한 사회적 조건은 발전국가론에서 이야기하는 발전국가의 막강한 '자율성'을 낳는 요인이 되는 동시에, 발전국가체제의 내적 모순에 대한 저항을 정치적·이데올로기적으로 용이하게 규율화하고 통제할 수 있는 여건을 제공하게 된다. 즉 이러한 반공주의적인 사회조건은 바로 발전국가체제의 원활한 가동을 가능하게 하였으나, 동시에 그러한 발전국가체제의 내적 파행성을 지속·심화시킬 수 있는 조건으로 작용하였다. 특히 이러한 사회조건에 직접적인 이해관계를 갖는 극우적 세력들은 발전국가체제에 대한 저항을 이데올로기적으로 매도하면서 억압하였고, 이는 역설적으로 발전국가체제의 파행성을 정정하는 계기를 상실하게 한다. 예컨대 '재벌해체'라는 것이 국유화나 사회주의적인 주장으로 동일시될 수 없음에도 불구하고 그것을 이데올로기적으로 탄압함으로써 역설적으로 발전국가체제의 '합리화' 가능성을 축소시키게 된다.

사실 이러한 천민적 성장구조에 대한 개혁은 70년대 말, 80년대 초·중반의 민주화투쟁의 고양을 통하여 국민적 요구로 제기되었다. 다시 말하면 천민적 성장구조에 대한 개혁의 계기를 갖게 된 셈이다. 그러나 1987년 이후 대만과 남한에서 위로부터의 보수화가 지배적인 것이 되면서 발전국가체제의 근본적 혁신이 아닌 타협적 변형이 나타나게 되었다. 제1차 보수적 민간정부는 이러한 국가주의적 동원화가 내포하고 있는 천민적 성장구조에 대한 개편 없이 신(新)성장논리로 포장된 새로운 동원화 전략을 구사하려고 노력하였다. 발전국가체제하에서의 내적 모순에 대한 척결 없이 그 발전국가체제하에서 고착된 질서의 변형적 강화를 지향하는 이러한 시도가 한국에서 성공을 거두지 못하면서 한국경제가 위기적 국면을 맞게 되었다고 할 수 있다.

최근의 한국 위기, 넓게는 동아시아 위기는 앞서 언급한 바와 같은 60년대에서 80년대 초에 이르는 예외적 성장 자체를 부정하는 것이 아니다. 왜냐하면 현재 나타나는 위기는 예외적 성장 초기의 '후진국적 위기'와는 다른 '포스트 후진국'적 위기를 의미하는 것이기 때문이다. 그런 점에서 '성장 이전의 모순'이 아니라 '성장 이후의 모순'이라고 할 수 있다. 즉 예외적인 성장 자체를 추동하였던 발전국가체제의 내적 모순이 글로벌 경제화 혹은 글로벌 경제변화의 상황에서 거시경제적 안정성을 상실한 데서 나타난 것이라고 할 수 있다.

요컨대 한국경제의 위기를 통해서 발전국가론을 접근할 때, 발전국가와 약탈국가의 유형적 구분은 색출적 가치를 가질 수는 있으나, 실제적으로는 발전국가 역시 약탈적 구조를 가질 수 있다는 점을 지적하였다. 국가주의적 동원화는 사회경제적 자원의 동원과 배분에서 국가의 막강한 역할을 전제하는 것이기 때문에 '발전국가체제하에서의 여러 행위주체(국가관료, 기업, 금융기관, 정당세력 등)간의 왜곡된 유착관계가 나타날 수 있고 이것이 정당한 개혁계기를 갖지 못할 때 위기상황으로 나아갈 수 있다는 것이다. 그런 점에서 국가개입의 적극적인 성장기여적 측면만을 주목한 발전국가론은 여러 측면에서 한계를 갖고 있다고 할 수 있다.

5. 맺음말

필자는 서구학계의 동아시아 성장론을 검토하면서 국가의 역할을 부각시키는 발전국가론에 대한 비판을 시도하였다. 한국을 포함하여 대만, 싱가포르, 홍콩 등 아시아 '네 마리 용'의 비약적인 경제성장은 미국의 많은 학자들에게 흥미로운 연구주제가 되어왔다. 이에 대해서는 자유로운 시장 및 사적 기업의 역할에 주목하는 시장중심론, 국가의 능동적 개입과 효과적인 산업정책 등의 역할을 강조하는 이른바 발전국가론, 교육 및 가부장제적 가족중심주의, 훈련된 엘리트의 충원구조 등 유교문화적 요인을 강조하는 문화론, 동아시아의 지정학적 조건과 세계체제적 조건을 강조하는 세계체제론 등이 경쟁하고 있다. 동아시아 성장론의 흐름과 연관시켜 보면 박정희시대 미화론은 발전국가론의 정치적 함의와 연관되어 있다. 발전국가론은 국가가 여러 사회집단의 요구 및 압력을 넘어서서 자율성을 가지고 효과적인 수출산업 지원 등 성장정책을 효율적으로 추진함으로써 성장이 가능하였다는 논리로 요약될 수 있다. 그러나 이러한 발전국가론은 국가의 자율성을 관료제의 효율성 등에서 찾는 등 구조적 관점을 결여하고 있고, 이론적으로도 국가의 자율성, 국가의 개입주의적 전략을 가능하게 하는 정치사회적 조건을 충분히 고려하지 못하는 등 일종의 '국가절대화론'에 빠지는 문제점을 지니고 있으며, 성장정책의 계급적 선택성, 즉 성장정책을 둘러싼 여러 사회집단 및 계급 간의 갈등을 적절히 고려하지 못하고 경제성장률, 산업구조 선진화 등 근대화의 긍정적인 측면만을 부각시킬 뿐, 환경파괴, 사회경제적 불평등 같은 부정적인 측면을 전혀 간과하고 있다. 또한 시장이 불완전하고 자본제적 축적기반이 불안정한 조건에서 나타나는 동아시아의 국가개입주의적 '현상'을 국가 일반의 '본질'적 차이로 일반화하고 있다는 점에서 이론적 문제를 갖고 있다고 할 수 있다.

한국경제의 위기를 통해서 우리가 발전국가론을 재평가한다고 할 때, 발전국가론 속에서 효율적인 경제적 성취를 향한 국가개입의 긍정성만이 주목될 뿐, 발전국가체제하에서의 모순구조에 대한 적절한 인식이 없었다는 점을 지적할 수 있다. 또한 발전국가와 약탈국가의 양분법적 구분에서는 발전국가 자체에 내장된 약탈적 구조에 대한 인식이 사상된다는 점을 지적할 수 있다.

Ⅱ. 동아시아 정치경제변동의 일반성과 특수성:대만과 한국의 발전과 위기

1. 동아시아의 국가주의적 발전모델 : 한국과 대만

대만과 한국은 동아시아의 '네 마리 용'으로서 유사한 정치경제적 변동과정을 밟아왔다. 첨예한 반공냉전적 대결 속에서 성장한 자본주의라는 점에서, 수출지향적 산업화의 사례로서, 그리고 80년대 이후 민주화의 '제3의 물결'을 타고 있는 사례로 양국은 유사성을 가지고 있다. 혹자는 대만은 한국보다 경제변동에서 10년 앞서가고, 정치변동에서는 10년 뒤처진다고 말한다. 이런 점에서 대만은 한국의 정치경제적 변동을 좀더 일반적인 시각에서 바라볼 수 있게 하는 비교사례인 동시에, 동아시아적 일반성을 고민하게 하는 사례로서 의미가 있다 하겠다.

지난 30여 년 동안 한국, 대만, 홍콩, 싱가포르는 높은 성장률과 지속적인 성장으로 세계의 이목을 집중시켰고 후발발전도상국들의 찬사와 모방의 대상이 되었다. 하지만 최근 들어서 동아시아는 예외적 성장 대신 급작스런 위기로 주목을 받고 있다. 필자는 이 위기의 원인을 단순히 금융위기나 외환위기 등 최근에 나타난 현상에서 찾아서는 안 되고, 전후(戰後) 정치경제적 변동의 총체적인 흐름 속에서 찾아야 한다고 생각한다.

이 글에서 한국은 유일한 특수사례라기보다는 대만과 함께 동아시아의 국가주의적 발전모델에 속하는 일반사례로 규정된다. 동아시아의 '네 마리 용'은 두 가지 유형으로 나누어볼 수 있는데, 첫째는 한국과 대만으로 대표되는 국가주의적 모델이고, 둘째는 홍콩과 싱가포르로 대표되는 시장주의적·개방주의적 모델이다. 동아시아의 '네 마리 용'에는 수출지향적인 산업화라는 공통된 특징이 있지만, 한국과 대만은 홍콩과 싱가포르에 비해 상대적으로 국가개입주의적 경향과 보호무역주의적 경향이 강했고 내부시장도 상대적으로 폐쇄적인 편이었다.

현상적인 측면에서 보면, 한국과 대만은 여러 유사점을 지니고 있음을 쉽게 확인할 수 있다. 먼저 중국의 경우 공산당과 국민당 간의 내전을 경험하였고, 한국 역시 한국전쟁을 경험하였다. 50년대 말, 60년대 초부터 본격화되는 근대화과정은 권위주의적 국가 혹은 개발독재국가가 주도하는 대외지향적·수출중심적 발전모델에 기초하고 있었다. 또 한국과 대만의 근대화과정은 박정희체제 및 장개석 국민당체제로 특징지어지는 권위주의적 정치체제하에서 수행되었다. 이처럼 개발독재국가에 의해 주도된 근대화는 민주화라는 내부적 저항에 부딪히게 되며, 민주화의 도전을 받으면서 기존의 개발독재체제는 형식적인 민주주의 체제로 이행해 간다. 즉 대만에서는 1988년 계엄령의 해제와 한국에서는 1987년 민주화대투쟁 및 6·29선언 이후 '위로부터의 민주화' 형태로 이행이 이루어지고 있다.

2. 대만과 한국의 정치경제적 변동의 일반적 특징 : '내전' '근대화' 그리고 '민주화'

필자는 이 두 나라의 공통성을 검토하면서, 한국이라는 개별사례를 넘어 동아시아의 국가주의적 발전모델에서 나타나는 정치경제적 변동의 특징은 두 나라가 겪은 내전·근대화·민주화의 상호관계 속에서 찾아야 한다고 보았다. 대만과 한국의 정치경제적 변동에 대한 필자의 비교에 따르면, 양국은 '내전'의 경험으로 독특한 '정치사회적 조건'이 형성되었고, 그러한 조건 위에서 개발독재체제하의 국가주의적 '근대화'가 수행되었다. 이 근대화의 모순은 다양한 측면에서 민중들의 저항을 촉발하였고 이것이 '민주화'의 계기가 된다. 하지만 이 민주화는 '능동혁명'적 방식으로 수행되지 못하고, 지배블록의 주도하에서 '위로부터의 민주화' 형태로 전개된다.

필자는 '내전'—중국과 한국이 겪은 전쟁의 성격은 다르지만, 여기서는 일반적인 개념으로서 '내전'이라는 개념을 사용한다—으로 형성된 독특한 정치사회적 조건을 '반공규율사회'(反共規律社會, anti-communist regimented society)라고 개념화한다.[1] 또한 이른바 '근대화'를 추동한 개발독재체제를 '국가주의적 발전동원체제(statist developmental mobilization regime)'로 개념화한다. 이 발전동원체제는 80년대에 들어서면서 지배에 대한 민중들의 '동의의 철회'로 위기에 직면하는데, 여기서 '위로부터의 민주화의 길'과 '아래로부터의 민주화의 길' 간의 각축이 벌어지고, 80년대 후반부터 '위로부터의 민주화'가 진행되게 된다. 이 논지를 그림으로 나타내면 다음과 같다.

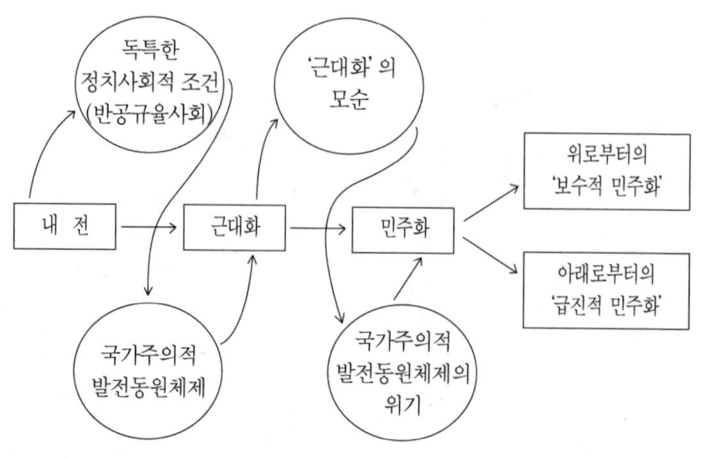

---

1) 이에 대한 좀더 자세한 내용은 제2장 1절 참조. 반공규율사회를, 반공논리가

1) 반공규율사회와 피난민사회

필자가 말하는 반공규율사회란 내전이라는 독특한 역사적 경험 때문에 반공이데올로기가 일종의 가상적인 국민적 합의(pseudo-consensus)로 내재화된 동질적인 '극우공동체'라고 할 수 있다. 한국과 대만에서 발생했던 해방공간에서의 좌우격돌, 내전 그리고 인적 대이동(한국전쟁에서의 대이동, 1949년 국민당 인사들의 중국본토에서 대만으로 대거 이주)이 반공규율사회의 역사적 조건이다. 반공규율사회는 반공이 국민들을 규율화하고, 국가적 목표를 향해 국민들을 '군기(軍紀) 잡는' 메커니즘이 중요하게 되는 사회라고 할 수 있다. 그리고 저항운동의 초토화 및 무장해제, 냉전논리의 내재화는 국가에 대한 사회적 압력을 조직할 수 있는 집단적 주체의 공백상태를 만들어 국가-시민사회관계에 심각한 불균형성과 비대칭성을 낳는데, 이것이 바로 동아시아에서 국가주의적 발전모델이 쉽게 정착하게 된 이유이다.

대만의 경우, 1949년 본토 내전에서 국민당이 패배하면서 대만으로의 대탈주가 이루어지는데, 이때 이주한 규모가 200만 명 정도였다. 당시 대만인구가 600만 명이었던 것을 감안하면 대만이 극적으로 극우적 사회로 변화한 이유를 짐작할 수 있을 것이다. 더구나 본토를 지배하던 정부기구·관료기구·군대·관변사회단체 등이 그대로 이식됨으

외부로부터 강제화 또는 내재화되는 정도가 낮은 '외적 반공규율사회'와, 반공논리가 대단히 높은 수준으로 내재화된 '내적 반공규율사회'로 나눌 수 있다면, 한국과 대만은 후자의 경우라고 하겠다. 백낙청 교수가 표현한 바와 같이, "한국의 경우 내적인 분화가 심화되어 심지어 단일민족이 일종의 두 개의 원형적 이민족(proto-nations)으로 분절화되었다"고 할 수 있다(Paik, Nak-chung, "South Korea: Unification and the Democratic Challenge", *New Left Review* 197, 1993년 1·2월호).

로써, 사회에 대한 국가의 전면적인 우위와 장악력이 강화된다. 반공규율사회의 경험적 지표의 중요한 예는 '극단적으로 비대화된 군대'라고 할 수 있다. 한국에서는 1950년 7만 5천에 불과하던 군인 수가 60만이라는 거대한 규모로 증가한다.[2] 대만 역시 1959년에 군인 수가 약 60만 명에 이르고 '8대계통(八大系統)'이라고 불리던 정보치안기구 종사자가 1960년에 12만여 명으로 당시 성인인구의 2.14%를 차지할 만큼 비대해진다.[3] 또한 개병제(皆兵制)라는 국민적 총동원체제는 자연스럽게 반공을 향한 국민적 동의와 반공의식에 기초한 자기통제 메커니즘을 정착시키게 된다. 한국전쟁 이후의 한국, 1949년 이후의 대만은 일종의 피난민사회(refugee society)가 되었고, 마치 반공냉전의 고도(孤島)처럼 변화한 것이다. 사회심리적으로도 반공적인 자기검열(self-censoring) 메커니즘이 존재하게 되는데, 레드 콤플렉스란 바로 이러한 사회심리적 조건을 지칭하는 말이다. 물론 이것은 단순히 사회심리적인 것만은 아니고, 한국의 국가보안법이나 대만의 '공산반란 진압을 위한 동원시기 임시조치법(動員戡亂時期臨時條款)'과 같은 법적·제도적인 뒷받침에 의해 가능한 것이었다.

경제적 발전은 특정한 정치사회적 조건에서 수행된다고 할 때, 50년대 및 60년대 초반 이후 두 나라에서 나타난 국가주의적 개발독재는 바로 이와 같은 정치사회적 조건에서 나온 것이다.

2) 근대화와 국가주의적 발전동원체제

바로 이러한 정치사회적 조건에서 막강한 권력을 갖는 '국가주의적

---

2) 김준, 「아시아 권위주의 국가의 노동정치와 노동운동 : 한국과 대만의 비교연구」, 서울대 사회학과 박사학위논문, 1993, 130쪽.
3) 같은 곳.

발전동원체제'가 작동하게 된다. 이 권위주의 국가는 '성장' 혹은 근대화라는 목표를 향하여 전사회를 동원하는 국가이다. 이런 국가에서는 서구의 후발자본주의 국가에서 나타났던 중상주의적 산업지원정책과 보호주의적 정책이 광범위하게 실시되며, 또 '안보'라는 명분으로 노동의 준전시적 동원화를 시도하게 된다.

 성장친화적 조건을 만들기 위한 국가의 역할은 세 가지 차원으로 나눌 수 있다. 첫째는, 노동과정의 차원이다. 이것은 노동—자본관계라는 자본주의의 기본적인 사회적 관계의 재생산을 둘러싼 투쟁의 차원이라 할 수 있는데, 국가는 사회적 차원에 존재하는 규율화(regimentation)를 작업장 수준으로까지 확장함으로써 새롭게 형성된 취약한 자본관계의 정착과 재생산을 지원한다. 주지하다시피 국가는 일상적으로 작업장 수준의 통제자로 등장하게 된다. 자본주의 확립의 가장 기초적인 조건은 작업장 수준에서 자본의 질서에 대한 노동의 복종을 확립하는 것이라고 할 때, 국가는 바로 이러한 측면에서 개입적 역할을 수행함으로써 성장에 기여하고자 했다고 할 수 있다.

 둘째는, 자본관계의 확대재생산(extended reproduction of capital relation)을 위한 국가개입을 들 수 있다. 즉 국가가 자본의 확대재생산을 위해 사회경제적 자원을 총동원하는 역할을 항상적으로 수행했다고 할 수 있다. 특히 국가의 통제하에 있는 신용(은행)을 소수의 민간 독점자본 혹은 국가자본 형성을 위해 동원하였다. 모든 사회경제적 자원을 수출 드라이브에 '일방적으로' 배치하는 것으로 나타난 산업화 드라이브 정책, 좁게는 수출 드라이브 정책은 바로 이것의 단편적인 표현이라고 할 수 있다.

 더 나아가 셋째, 자본축적의 논리가 사회통합의 지배적인 원칙이 되게 하기 위한 투쟁의 차원, 즉 사회통합화(societalization) 차원에서의 국가 역할을 들 수 있다. 국가는 반공주의를 성장주의와 결합시킴으로써 발전지향이 사회의 지배적 지향이 되게 만들었다. 이런 점에서 한국과 대만의 국가주의적 발전동원체제하에서 대단히 독특한 성장친화적(growth-friendly) 조건이 구축되었다고 할 수 있다. 암스덴이 발전국가의 역할은 성장친화적인 방향으로 '가격을 왜곡하는(getting the price wrong)' 것이었다고 표현한 바 있는데, 이런 점에서 보면 '전사회를 왜곡시키는(getting the society wrong)' 방향으로 작용했다고 할 수 있다.

이상의 측면에서 한국과 대만의 자본주의는 '반공자본주의' 혹은 '대결자본주의'라는 성격을 가지고 있다. 휴전형 사회로서의 대결구조는 한 체제에서 적대적 대결을 내부의 국가주의와 권위주의를 강화하는 수단으로 사용하게 된다. 이러한 대결의 구조가 갖는 체제왜곡적 요소를 필자는 반공규율사회로 표현하고자 했는데, 이 규율사회적 측면은 북한 사회주의 및 중국 본토 사회주의의 발전도 왜곡시킨다. 즉 북한 및 중국 사회주의의 '병영사회주의' 혹은 규율사회적 요소도 바로 여기에서 나왔다는 것이다.

대만과 한국을 비교사회적 관점에서 볼 때, 대만이 "한국에 비해 더욱 빠르고 순조로운 산업적 이룩을 시작하였고, 초기에 더욱 높은 1인당 소득을 구가할 수 있었다."[4] 한국과 대만은 미국의 정치군사적 고려로 미국의 '가격경쟁 시장(price-competition market)'[5]에 좀더 '특권적 접근(privileged access)'을 할 수 있었다. 즉 케네디 행정부하에

---

4) Winkler, Edwin A. and Susan Greenhalgh, "Analytical Issues and Historical Episodes", E. A. Winkler and S. Greenhalgh (eds.), *Contending Approaches to the Political Economy of Taiwan*, Armonk: M. E. Sharpe, Inc., 1988.

5) Shin, Kwang-Yeong, "The Political Economy of Economic Growth in East Asia: South Korea and Taiwan", Eun-Mee Kim (ed.), *The Four Asian Tigers, Economic Development, and the Global Political Economy*, San Diego: Academic Press, 1998.

서 "남한과 대만은 수출지향적 정책으로 재정향되고, 당시 고조되던 일본경제의 붐에 재통합되게 하는" 데 가장 적합한 모델로 설정될 수 있었다.[6]

3) 박정희체제와 장개석체제의 위기와 변동 : 위로부터의 '보수적 민주화'

대만과 한국에서 이루어진 장은 반공주의와 성장주의를 결합시킨 국가주의적 개입에 의하여 그 정치사회적 조건이 마련되었다고 할 수 있다. 이상에서 서술한 바와 같은 여러 차원에서의 성장친화적인 총동원화는 위기를 함께 잉태하게 된다. 먼저 첫번째 차원, 즉 자본-노동관계에서의 친자본적인 국가개입의 항상화(恒常化)는 곧바로 '위기의 국가화'를 낳는다. 대만의 경우 노동조합 내적인 통제를 통해 국가가 개입하는 빈도가 적었으나, 한국의 경우 개별 작업장 수준에서 발생한 노사분규에 대한 경찰 및 공안기관의 개입이 경제적 이슈를 해결하기 위한 노사분규마저도 '용이하게' 정치화하고 반(反)정부화하게 만든다. 그리고 두번째 차원, 즉 자본관계의 재생산을 위한 외적인 국가개입은 그에 대한 민중적 저항을 수반한다. 특히 국가가 친자본적인 실체로 '투명하게' 나타남으로써 국가에 대한 저항이 쉽게 확산되며, 더구나 정경유착 혹은 관치금융으로 상징되는 타락은 민중저항의 기반을 확충시켜 준다. 다음으로 '과잉반공주의'에 의해 정당화된 '과잉성장주의'적 사회는

---

6) Arrighi, G., "The Rise of East Asia: World Systemic and Regional Aspects", *International Journal of Sociology and Social Policy* 16(7), 1996. 여기서 그는 대만과 한국이 미국의 냉전적 체계의 가장 첨예한 통합국가이자 동시에 일정한 수혜국가가 된다는 점을 '냉전의 모순'으로 표현하고 있다.

사회적으로 이데올로기적인 경직화를 수반한다. 예컨대 한국의 97년대 선에서 드러난 ‘북풍사건’은 성장주의를 정당화하기 위한 반공주의의 극단적인 타락상을 보여준 것이라고 할 수 있다. 이러한 과잉반공주의적 사회통합은 탈냉전의 세계체제적 변화에도 불구하고 한국과 대만을 ‘냉전의 고도(孤島)’로 남아 있게 한 요인이었다. 이러한 현상은 한국에서 더욱 첨예하게 나타난다고 평가할 수 있다.

70년대 후반 그리고 80년대에 나타난 민주화투쟁의 발전은 바로 국가주의적 발전동원체제가 주도하는 발전의 위기를 반영한 것이라고 할 수 있다. 대만의 경우 이러한 저항의 발전에 지배의 ‘유연화’로 대응한 반면, 한국은 70년대의 군부권위주의 정권보다 더 강성의 군부권위주의 정권이 출현하면서 대만보다 훨씬 격렬한 저항과 억압의 악순환을 경험하며, 대만에서의 당외(黨外)운동,[7] 한국에서의 민중운동의 위협적 발전은 장개석체제와 박정희체제(그를 이은 전두환체제)의 민주주의적 변화를 불가피하게 한다. 한국에서는 군부독재가 최고조에 이르렀던 시기에서조차 제도정치적 자유공간이 일정하게 존재하고 정치적 반대자가 누릴 수 있는 자유와 활동의 폭이 일정하게 열려 있었던 데 비해, 대만의 경우는 거의 폐쇄되어 있었다고 할 수 있다.[8]

80년대는 국가주의적 발전동원체제의 위기가 현재화되면서 그것의 변형을 향한 진통이 진행되는 단계라는 점에서, 대만과 한국 모두에게 이른바 ‘민주주의 이행’의 시기라고 할 수 있다. 현재 우리가 겪고 있는 민주주의 이행국면은 바로 위기의 국가화를 극복하기 위한 변동과정이라고 할 수 있다. 민주화 유형은 위로부터의 ‘보수적 민주화’의 길과 아래로부터의 ‘진보적 민주화의 길’, 혹은 위로부터 점진적인 타협

---

7) 이에 대해서는 Gold, Thomas B., *State and Society in the Taiwan Miracle*, (Armonk: M. E. Sharpe Inc., 1986)을 참조.
8) 김준, 앞의 글, 386쪽.

적 이행의 길과 아래로부터 급진적인 이행의 길로 나눌 수 있다. 전자에서는 기존의 국가와 지배블록의 이니셔티브가 붕괴되지 않고 유지 혹은 변형되는 데 반해, 후자에서는 기존의 국가와 지배블록의 이니셔티브가 상실되면서 급진적 이행이 나타나게 된다.

1987년부터 현재까지의 역사적 경험을 통해 볼 때, 한국과 대만은 전형적으로 급진적 발전경로보다는 기존 지배블록의 해체를 동반하지 않은 '위로부터의 민주화'를 경험하고 있다고 규정할 수 있다. 대만의 경우 이러한 위로부터의 민주화는 1987년 계엄령 해제 및 정당결성의 자유화, 1990년 (통일주체국민회의와 유사한) 국민대표회의의 재편, 1947년부터 실시된 '공산반란 진압을 위한 동원시기 임시조치법' 폐지 (1990), 1992년 2월 국회의 완전개선, 1992년 5월과 1994년 7월의 헌법개정, 1996년 직선에 의한 이등휘의 대통령 당선 등으로 나타난다.

3. 대만과 한국의 정치경제적 변동의 특수성

여기서 우리는 두 가지 문제를 생각해 볼 수 있다. 하나는, 정치변동에서 왜 대만이 한국에 비해 지배블록의 주도성이 더 강한가 하는 점이고, 또 하나는 경제변동에서 왜 대만에 비해 한국의 경제위기가 더 심각하게 표출되었는가 하는 점이다.

먼저 대만과 한국의 민주화과정을 비교해 보면, 양국 모두 '위로부터의 민주화'라는 공통성이 있지만, 대만에서는 구지배블록의 주도성이 상대적으로 더 크다고 할 수 있다. 예컨대 한국의 경우 1987년 6·29선언은 직접적으로 6월 민주화대투쟁이라는 절박한 상황에 강제된 것이라고 볼 수 있으나, 대만의 경우 1949년 이후 권위주의적 통치체제 변형의 중요한 출발점이라고 할 수 있는 계엄령의 해제가 아래로부터의 민중투쟁의 발전을 조기에 차단하기 위한 '예방적 개혁' 혹은 '선점적(preemptive)' 개혁으로 이루어졌다. 이러한 차이는 대만과 한국에서 진행된 사회운동의 발전과정을 비교해 볼 때 훨씬 더 분명해진다. 한국의 사회운동은 70년대 말의 부마항쟁으로 지배블록 내의 분열을 촉발시켜 박정희체제의 '분열적 붕괴'를 낳을 정도로 대중적으로 성장하였고, 1987년 무렵에는 군부정권의 '망명'을 예견할 정도로 위협적으로 발전한다. 결국 반공규율사회 형성을 통해 조성된 국가-시민사회의 심대한 비대칭성이 70년대를 거치면서 역전되는데, 이러한 역전의 정도가 대만보다 한국에서 훨씬 컸고 그만큼 정치적 위기의 정도도 크게 나타났다.

대만과 한국의 이러한 위기의 차이 및 민주주의 이행에서 나타난 지배블록의 주도성의 차이는 여러 구조적 요인이 복합되어서 나타나게 된 것으로 보인다. 먼저 국가주도형 발전과정에서 대만이 한국에 비해 초기 산업화의 출발도 빨랐고, 그후 산업화의 달성속도도 빨랐으며, 그것의 경제적 위기 정도도 크지 않았다. 예를 들어 경제위기의 간접적 지표라고 할 수 있는 흑자구조로의 전환이 대만의 경우는 이미 70년대 중반에 나타나기 시작했던 데 비해, 한국은 70년대 중·후반에 심각한 경제위기에 직면하고 있었다. 게다가 한국에서는 중화학공업화로 이행하는 과정에서 심각한 갈등이 여러 차례 뒤따랐으며, 80년대 중반 이후 3저호황 등 세계경제의 호조건에 힘입어 위기를 극복하기는 했지만, 한국이 대만보다 위기의 심도나 강도가 상대적으로 더 컸다고 평가된다.

다음으로, 국가의 발전정책에서도 중요한 차이가 있다. 한국이 대만에 비해 대기업중심 정책이 좀더 강력하였으며 그로 인한 경제적 집중화의 정도도 더 심했다. 이것이 대만에 비해 한국의 저항의 구조적 기반이 확대된 중요한 요인으로 작용하였다고 생각된다. 대만의 산업구조는 대기업보다는 중소기업이나 국영기업이 좀더 중심적인 지위를 갖고 있다.[9] 예컨대 미국의 원조와 차관이 국영기업과 사기업에 배분되는 비율을 보면, 대만은 전자와 후자의 비율이 92%대 8%였다. 더구나 사기업이 조직화되고 초기자본이 축적되는 방식과 국가-기업관계가 상이했는데, 대만은 국가가 중소기업의 성장을 지원하고 사적 대기업의 성장을 적극적으로 지원하지 않았던 데 비해, 한국은 국가가 사적 대기업의 성장에 적극적이었고, 그 결과 대기업은 빠른 속도로 여

---

9) 이에 대해서는 여러 가지 원인이 지적되고 있다. Gereffi는 대만에서는 기업들이 성장할 때 기업가들은 원래 기업을 확장하기보다는 새로운 기업을 출범시키는 경향이 있었다고 지적한다(Gereffi, G., "Big Business and the State", G. Gereffi, and Donald L. Wyman (eds.), *Manufacturing Miracles: Paths of Industrialization in Latin America and East Asia*, Princeton: Princeton University Press, 1990). 반면 Abbergglen은 이주(immigration)가 중요한 요인이라고 말한다. 즉 피난민과 이주민들은 기존의 정착민들보다 더 독립적이거나 자영적인 경향이 강하고, 따라서 중소기업을 발전시키는 경향이 있다는 것이다(Abegglen, J. C., *Sea Change: Pacific Asia as the New World Industrial Center*, NY: The Free Press, 1994, p. 115). Walden Bello와 Rosenfeld는 사적 기업들에 대한 방임주의적 정책이 대기업의 막강한 발전을 가져왔고, 이는 본토에서 경험한 바와 같은 정치적 패배를 경험할 수 있다는 국민당의 정치적 경각심(fear)을 불러일으킨 중요한 요인이라고 지적하기도 한다(Bello, W. and S. Rosenfeld, *Dragons in Distress —Asia's Miracle Economics in Crisis*, San Francisco: A Food First Book, 1990, p. 235). 또 다른 해석으로는 국민당의 정치적 의도, 즉 남한과 달리 대안적인 권력중심이 나타나는 것을 방지하려는 의도가 작용했다는 분석도 있다(Shibusawa, M., *Pacific Asia in the 1990s*, London: Royal Institute of International Affairs, 1992, p. 74). 신광영도 남한이 대기업중심의 발전전략을 펼쳤던 데 비해 대만은 중소기업 중심의 발전전략을 펼쳤다는 점, 그 결과 남한에서는 대기업과 공업단지에 노동자계급이 집중된 반면, 대만에서는 중소기업과 농촌지역에 노동자계급이 분산적으로 배치되었다는 점을 강조한다(신광영, 「'산업화와 노동조합운동' —남한과 대만의 비교연구」, 『아시아 문화』 6호, 아시아문화연구소, 춘천 : 한림대 출판부, 1990).

러 산업분야와 국부의 핵심적인 부분을 지배하게 된다.[10] 또 대만의 경우는 한국과 달리 재벌 대신 국영기업의 비중이 더 높았는데, 1987년 현재 6대 대기업 중 4개가 국영기업이다.[11]

　이상과 같은 차이는 한국에서 대기업으로의 경제적 집중화 정도가 더욱 심화되는 결과를 가져왔고, 결국에는 저항의 잠재력을 크게 하는 구조적 요인 중 하나로 작용하게 된다. 대만의 경우 상위 10대기업이 국내총생산(GDP)에서 차지하는 비중은 14.3%이지만, 한국의 경우는 63.5%나 된다.[12] 또 대만은 1983년 현재 100대 기업집단이 국민총생산(GNP)에서 차지하는 비중이 31.7%, 고용비중이 4.7%인 데 반해, 한국은 1985년 현재 30대 상위기업 집단이 출하액 비중에서 40.2%, 고용비중에서 17.6%를 차지할 정도로 재벌의 비중이 크다.[13] 대만과 한국의 노동소득 분배율[14]을 비교해 보면, 1975년에는 대만과 한국이 각각 58.4%, 41.0%였으나, 1985년에는 62.2%, 53.2%로 상대적으로 대만이 더 높다.[15] 이것은 대만에 비해 한국이 경제력 집중의 정도가 크며, 구조적 불평등이 더욱 심각하다는 것을 의미한다.[16]

---

10) Kim, Eun-Mee, *Big Business, Strong State: Collusion and Conflict in South Korean Development, 1960~1990*, New York: State University of New York Press, 1997.

11) Gereffi, 앞의 글, p. 94, 95.

12) 같은 글, p. 96; World Bank, *World Tables*, Baltimore: The Johns Hopkins University Press, 1989; CEPD, Executive Yuan, ROC, *Taipei: Taiwan Statistical Data Book*, 1988.

13) 김준, 앞의 글, 76쪽에서 재인용.

14) (피고용자 보수＋대외 순수취업 피고용자 보수)/요소비용 국민소득×100

15) 한국은행, 『세계 속의 한국경제』, 1991.

16) 물론 대만에서 국가관료와 사기업의 유착이 없다는 것은 아니다. 암스덴은 이를 극명하게 표현하기 위해 대만의 자본주의를 '관료자본주의(bureaucratic capitalism)'라고 명명하고 있다(Amsden, A., "Taiwan's Economic History", *Modern China* 5(3), 1979년 7월호, p. 362).

다음으로, 발전전략의 사회정책 면에서도 대만이 한국에 비해 배제적 정책보다는 포섭적인 정책의 비중이 상대적으로 컸던 것으로 보인다.[17] 이 점이 대만의 노동체제를 조합주의적(corporatist)인 것으로 보게 하는 이유이기도 하다.[18] 이러한 차이는 대만의 경우 본토에서의 패배로 인해, 앞서 지적한 바와 같이 '예방적 감수성'이 발달하였기 때문에,[19] 모순의 완화를 위한 정책을 한국에 비해 상대적으로 확대시행했다고 볼 수 있다. 당외운동의 발전에 대응하여 당외인사를 포섭한다거나 대만인을 등용하는 폭을 확대하는 등의 조치는 정치적 차원에서 이루어진 포섭적 정책의 일환이라고 하겠다. 경제적·사회적 정책으로 복지제도를 비교해 본다면, 한국의 경우 60년대 이후에야 산업재해보상보험제도와 의료보험제도가 일부 대기업을 대상으로 적용되기—그것도 강제규정이 아니고 임의선택으로—시작하였다. 그후 1972년 남북대화를 전후로 북한의 사회보장제도에 대한 '비교열위'를 상쇄하기 위하여 사회보장제도의 확대가 고민되기 시작하면서, 70년대 후반에 들어서야 공무원의료보험, 산재보험 및 의료보험 작업장의 확대 등의 조치가 실시된다. 물론 70년대 초반에도 이러한 제도가 부분적으로 확대되기는 하

---

17) Haggard, S. and Robert Kaufman, *The Political Economy of Democratic Transition*, Princeton: Princeton University Press, 1995, p. 280, 281.

18) Deyo, Frederic C., *Beneath the Miracle: Labor Subordination in the Newly Asian Industrialism*, Berkeley: University of California Press, 1989.

19) 구하근은, 대만에서는 정부가 노동자계급의 요구투쟁이 있기 전에 선점적으로 노동자계급에게 일정한 복지혜택을 제공함으로써 노동자들의 저항을 예방하려 했으나, 남한의 경우는 노동자들의 요구에 대해 수세적으로 반응하거나 억압적으로 대응하는 데 급급했다고 분석하고 있다(Koo, Ha-gen, "The State, Industrial Structure and Labor Politics: Comparision of South Korea and Taiwan", Proceedings of the 5th Asian Regional Conference of Sociology, The Korean Sociological Association, 1989).

지만 지극히 제한적인 것이었고, 저항운동이 점차 확산되기 시작하는 70년대 후반까지도 매우 한정적이었다. 그에 비해 대만은, 비록 실질적으로는 제한성을 가지고 있었음에도 불구하고, '예방적 개혁'의 차원에서 사회보장제도의 조기실시 및 확대적용을 일찍부터 시도한다. 즉 노공(勞工)보험제도가 50년대부터 실시되기 시작했으며, 60년대 말부터는 대폭적인 확대를 거쳐, 80년대에는 전체 취업자의 56%를 포괄하는 보험으로 발전하였다. 이러한 복지제도의 도입이 한국에 비해 빨랐다는 것은 대만이 예방적 정책의 실시에 상대적으로 적극적이었음을 의미한다. 물론 이는 산업화 과정에서 발생한 경제적 위기의 정도가 한국에 비해 상대적으로 낮았던 것과 연관이 있다고 할 수 있다. 또 이러한 차이가 질적 차이를 가질 정도로 큰가에 대해서는 이견이 있을 수 있고,[20] 필자가 보기에는 양적인 차이지만, 대만에서 예방적 감수성이 상대적으로 더 발전하고 포섭적 정책이 더 확대되었다는 것은 사실이다.

또한 앞에서 언급한 바와 같이, 조합주의적 측면에서도 한국이 노조를 부정하고 억압하는 방식으로(against trade unions) 노동정책을 구사했던 데 반해, 대만은 노조를 통하여(through trade unions)[21] 통제하려 했다는 점이 발견된다. 국민당정부의 이러한 측면은 노조의 확대[22] 및

---

20) 정치체제와 노동정책의 특성을 강조하는 김준은 이러한 차이가 결정적인 것이 아니고 사실상 노동복지와 관련하여 두 나라 모두 사회보장 차원에서 노동복지를 확대하는 데는 인색하였다고 평가하고 있다(김준, 앞의 글, 310쪽).

21) 국민당 중앙개조위원회에서는 1950년 8월 「현단계 정치주장(現段階 政治主張)」이라는 문서에서 "적극적으로 노동조직을 부식할 것"을 공표하고 그 구체화로서 '중국국민당 현단계 노공운동 지도방안(中國國民黨 現段階 勞工運動 指導方案)'을 만들게 되는데, 이것이 그후 대만국민당에 의한 당적 노동통제의 중요 원칙이 된다. 즉 노동조합을 건설하는 경우, 당의 핵심조직을 먼저 만들어서 이 조직이 주도가 되어 노동조합을 건설하고 선진노동자들을 당원으로 포섭했다. 국민당 노동정책의 내용은 공산주의 세력의 노조침투 방지, 노조의 국민당 외곽조직화, 노사분규의 사전예방을 통한 '노조합작(勞組合作)'

노조를 통한 단체협약 결성을 촉진하는 캠페인 등에서도 알 수 있다. 80년대에는 60년대 중반과 70년대 중반의 단체협약 체결 캠페인에 이어 단체협약이라는 형식적 '합의'를 통해 노동자의 체제 내화를 도모하려는 목적으로, 100인 이상의 사업장에 대해서 강도 높게 단체협약 체결을 촉구하는 캠페인을 벌인다. 물론 이에 대해 형식적이라고 평가하는 견해도 있지만 조합주의적 요소를 도입하려는 국민당정부의 의도를 엿볼 수 있는 대목이다. 또한 국민당정부는 형식적으로나마 노동조합의 정치적 대표성이나 사회보장제도의 전달자로서의 지위를 강화함으로써 그러한 노력을 뒷받침하게 된다. 예컨대 80년대 이후 국민대표회의에 3명의 대표, 입법위원에 4명의 정원이 자동적으로 배정되는 등 미미하나마 형식적인 노조대표권은 인정되고 있다. 또한 70년대 후반부터는 전국총공회(全國總工會)의 이사장이 본토 출신에서 대만 출신으로 바뀌는 등 아래로부터의 요구를 상층조직으로 흡수하는 양상을 보이는데, 이 또한 조합주의적 노력의 일환으로 해석할 수 있다.[23] 어떤 의미에서 국

실현 등이다(Lee, Jeseph S., "Labor Relations and the Stages of Economic Development: the Case of the Republic of China", Conference on Labor and Economic Development, Chung-Hwa Institute for Economic Research, 1988). 이는 사실 '준(準)볼셰비키적 당/노조' 관계의 중국적 적용으로 보이는데, 이에 따라 대대적인 노조건설운동을 실시하고 그 노조를 당의 통제하에서 '청사(淸査)' 작업을 전개하게 함으로써 어용적인 당의 외곽조직으로 만든다. Bello와 Rosenfeld는 "국민당 국가는 조합주의적 국가이다"라고 말한다(Bello and Rosenfeld, 앞의 책, p. 221).

22) 대만의 노조조직률은 노조확대 캠페인에 의하여 70년대의 25%에서 1985년에는 32.5%, 1986년에는 34.1%로 증가한다. 반면에 한국에서는 80년대 전반에 전두환정부의 노동억압정책으로 1979년 16.7%에서 1985, 86년에는 각각 12.4%, 12.3%로 오히려 하락하는 경향을 보이다가 1987년 정치적 개방화 이후 다시 급속히 증가한다.

23) 김준, 앞의 글, 331쪽.

민당은 노동조합이나 노동조직을 국가체계의 유기적인 일부로 간주하는 경향이 있었다. 물론 이러한 조합주의적 측면은 노동계급의 정치적·경제적 통합(inclusion)보다는 통제에 더 많은 무게가 두어졌다는 점에서 '배제적 조합주의(exclusionary corporatism)'[24] 성격이 강했다고 하겠다.

그러나 이러한 객관적인 조건의 차이, 그리고 거기에서 유래하는 객관적인 저항잠재력의 차이에도 불구하고, 그것이 곧바로 저항운동 및 저항연합 발전의 정도를 규정하지는 않는다고 생각된다. 저항 및 저항연합의 발전에는 정치체제의 차이, 특히 권위주의 국가가 보이는 통제양식의 차이가 중요한 영향을 미친다고 본다. 즉 대만의 경우 계엄령을 통한 자유정치공간 자체의 원천적 부정과 당을 통한 제도적 통제를 병행했던 데 비해, 한국은 형식적인 자유정치공간의 존치와 그를 뛰어넘는 저항에 국가가 직접 개입하는 물리적 통제방식을 취하였던 것으로 보인다.[25] 대만에서는 1987년까지 계엄령이 존재하였는데, 이것은 '준전시상황'이라는 전제하에 일체의 자유정치공간을 원천적으로 부정하는 것이었다. 반면에 한국에서는 고도성장의 전기간 동안 억압적인 권위주의 정권이 연속되었는데도 내부에서나마 의회주의의 형식적 제도와 자유주의적 제도가 유지되고 있었다. 한국의 경우, 주기적으로 대통령선거과 국회의원선거가 실시되었고, 바로 그 기간에 국가의 통제체제가 일정하게 이완됨으로써 저항운동이 향유하는 운신의 폭이

---

24) Bello and Rosenfeld, 앞의 책에서 재인용.

25) 이러한 차이는 김준에서 심도있게 분석되고 있다. 그는 이러한 분석과정에서 대만이 한국에 비해 '유연한 권위주의'(Koo, Ha-gen, 앞의 글)였다거나 덜 억압적이었다거나, 혹은 대만의 노동통제가 남한에 비해 훨씬 이완적이고 헤게모니적이었다(Deyo, 앞의 책)는 것은 사실과 정반대라고 주장한다. 그는 "대만의 정치체제는 한국의 그것에 비하여 훨씬 더 억압적이고 배제적이었다"고 주장한다. 김준, 앞의 글.

제한적으로나마 존재하였다고 할 수 있다. 물론 이러한 공간의 제한성은 선거영역이 노동계급 이해의 대표체계로 기능하지 않은[26] 점에서 찾을 수 있다.

또 한국은 국가와 자본의 관계에 국가가 직접적으로 개입하는 국가통제형 사회였던 데 반해, 대만은 당조직이 노조 내부에 존재하면서 노조를 내부에서부터 통제하는 '정당을 통한 제도적 통제'가 강하게 나타났다는 점은, 저항이 국가로 수렴되는 데 차이가 있다는 사실을 보여준다고 하겠다. 가령 한국의 경우는 개별기업에서 노사분규가 발생하면 국가가 경찰력을 동원해 직접적으로 억압하는, 그래서 저항이 곧바로 국가로 수렴되는 구조였으나(일종의 국가중심의 외재적 통제체제),[27] 대만은 국민당이 노동조합을 외곽조직으로 거느리면서 노동대중에 대한 제도적 통제와 통합을 시도하는 유형이었다고 할 수 있다.[28] 이러한 국가의 직접적인 물리적 개입을 통한 통제는, 한국에서는 역으로 국가에 대한 저항을 중심으로 운동이 쉽게 결집하고 수렴될 수 있는 조건을 부여했다고 생각된다. 즉 '위기의 국가화' 혹은 '위기의 정치화'가 나타날 수 있는 조건이 한국에서 더욱 강했던 것이다.

바로 이러한 사회경제적 조건과 정치적 조건이 상호 작용하면서 한

---

26) Choi, Jang-Jip, "The Strong State and Weak Labor Relations in South Korea: Their Historical Determinants and Bureaucratic Structure", K. D. Kim (ed.), *Dependency Issues in Korean Development: Comparative Perspectives*, Seoul: Seoul National University, 1987.

27) 이것은 역으로 노동분야 외부의 정치투쟁 활성화 정도가 노동운동 발전에 지대한 영향력을 미친다고 볼 수 있다(Koo, Ha-gen, "The State, Minjung, and the Working Class South Korea", in Ha-gen Koo (ed.), *The State and Society in Contemporary Korea*, Ithaca: Cornell University Press, 1993, p. 162).

28) Deyo, 앞의 책, p. 188.

국에서는 대만에 비해 좀더 전투적이고 광범한 기반을 갖는 노동운동과 저항운동이 발전하게 된다.[29] 즉 한국의 경우 저항의 구조적 잠재력을 높은 수준으로 생성시키는 사회경제적 조건이 대만에 비해 강력하게 존재하였고, 나아가 노조운동·노동운동·저항운동의 활동을 제한적으로나마 허용하는 자유로운 저항공간이 존재하였으며 저항운동이 대(對)국가투쟁으로 용이하게 수렴되도록 하는 국가중심 통제방식이 시행됨으로 말미암아, 한결 높은 수준의 노동운동과 저항운동이 발전하게 된다. 그리하여 한국에서는 80년대 전반과 후반을 거치면서 국가주도형 자본주의화를 주도하는 권위주의 정권의 위기가 대단히 높은 수준으로 나타나고, 지배연합과 저항연합의 각축국면이 조성되는 상황까지 갔으나, 대만의 경우는 지배연합의 이니셔티브 정도가 저항연합에 비해 더 강하였던 것으로 판단된다. 그러나 이러한 '개체적 차이'는 반공형 병영사회로서 한국과 대만이 갖고 있는 '계통적 동일성'의 범위 내에서의 차이라고 규정할 수 있겠다.

  지금까지 언급한 구조적 조건 외에 이른바 '성적모순(省籍矛盾)',[30] 즉 인종갈등이 대만 정치변동의 특수한 성격을 구성하고 있다는 점도 고려될 수 있다.[31] 국민당은 1949년 중국공산당과의 투쟁에서 패배한

---

29) 노동운동과 관련하여, 한국의 경우는 대만에 비해 좀더 빠른 속도로 저항운동이 성장하였고 조직적 저항역량을 강화했다고 볼 수 있다. 노동운동 이념에서도 대만은 '노사협조주의' 범주를 크게 벗어나지 못했으나, 한국은 70년대 후반에 이미 노사협조주의에 균열이 생기기 시작하였으며, 80년대 중·후반에는 전투적 조합주의가 나타나는 등 노사대결주의 노선이 확대된다.

30) 대만에는 크게 네 부류의 종족이 있다. 복건성(福建省) 남부 출신의 본성인(本省人), 광동성(廣東省) 출신의 객가인(客家人), 1949년에 본토에서 이주한 외성인(外省人), 원주민들을 지칭하는 산지인(山地人)이 있다. 여기서 성적모순이란 본성인과 중국본토 출신, 특히 외성인들간의 인종적 갈등을 말한다.

31) 若林正丈 編, 『臺灣 : 轉換期の政治と經濟』, 田畑書店, 1987.

뒤 대만으로 대거 이주하였는데, 이때 이주한 본토인을 중심으로 한 지배체제를 강고하게 구축하게 된다. 이 지배체제는 인종적으로는 대만 토착민을 피억압민으로 하는 체제였다. 따라서 국민당 중심의 지배체제에 대한 저항은 개발독재체제에 대한 저항이었을 뿐만 아니라 대만 토착민들이 정치적으로 자각하고 저항화하는 과정이었다. 이러한 대만 토착민들의 저항은 민주진보당이 강력한 저항야당으로 성장하는 계기가 된다. 민주진보당은 대만독립을 주장하는 데 반하여 중국국민당을 주도하는 본토인들은 본토와의 통일을 기본 정책으로 하고 있었다. 이처럼 정치적 갈등, 계급적 갈등 그리고 인종적 갈등이 착종되어 있다는 것이 대만 정치변동의 특수성이라고 할 수 있다. 이는 한국에서 정치적 갈등, 계급적 갈등 그리고 지역갈등이 중첩되어 있는 것과 유사하다. 대만은 현재 인종갈등이 더욱 중요한 쟁점으로 되어 있는데, 바로 이러한 상황에서 국민당은 지배체제를 유지하기 위해 국민당의 '대만화(Taiwanization)'를 추진함으로써 민주진보당의 정치적 기반을 흡수하려는 노력을 한[32] 결과, 대만 토착민 출신인 이등휘가 국민당 내에서 주도권을 잡고 1996년 대통령에 당선됨으로써 위기에 처한 국민당체제가 유지된다. 이처럼 대만사회에서는 인종적 갈등 때문에 계급·계층적 갈등, 여타의 정치적·사회적 갈등이 주변화·부차화되며, 집권당인 국민당은 '대만화'를 통해 인종갈등의 쟁점을 흡수해 감으로써 '위로부터의 민주화'가 실현시키고, '헤게모니'적 지배를 유지하게 된다.

　다음으로, 경제변동의 차이를 보기로 하겠다. 앞서 언급한 대로 대만과 한국의 국가주의적 발전동원체제는 성장을 위한 총력동원체제라는

---

32) Chu, Yun-han, *Crafting Democracy in Taiwan*, Taipei: Institute for National Policy Research, 1992.

성격을 지니고 있었다. 여기서 중요한 점은, 국가주의적 발전동원체제란 사회경제적 자원의 동원과 배분에서 국가가 막강한 역할을 하는 것을 전제하는 것이라고 할 때, 바로 그 때문에 국가(관료)·기업·금융기관·정당세력 간의 왜곡된 유착관계가 나타날 소지가 있다는 것이다. 국가주의적 발전동원체제는 미국의 발전국가론에서 이야기하는 것처럼 한편으로는 성장을 추동하는 데 효율적인 측면도 있으나, 또 한편으로는 파국적 위기로 발전할 수 있는 위기의 잠재력을 갖고 있는 체제라고 할 수 있다. 그것은 여러 측면에서 이야기될 수 있는데, 중요한 측면으로는 국가주의적 발전동원체제 속에서 '국가-기업(산업자본)-금융기관(금융자본)'의 관계가 왜곡되게 고착되면서 반(反)생산적이고 기득권적인 폐쇄회로로 전화되고 그것이 발전의 질곡이 될 수 있다는 점이 있다. 최근 한국의 경제위기는 이를 잘 보여주는 예로서, 모순의 심도가 깊을수록 위기의 강도도 크다고 할 수 있다.

이번 한국의 경제위기에서 극명하게 드러난 바와 같이, 국가주의적 발전동원체제하에서 재벌은 정경유착을 통하여 국가통제하에 있던 금융기관으로부터의 막대한 특혜적 차입에 의존하여 중복과잉투자와 문어발식 확장을 할 수 있었다. 재벌은 순환출자와 상호지급보증, 부당내부거래 등의 방법을 통해 모기업의 자본금으로 그것의 수백 배 자본을 통제하면서 방대한 기업군을 거느려왔고, 금융기관은 국가주의적 통제하에서 재벌 및 국가관료와의 유착구조 속에 안주하였다. 또 금융의 특혜적 배분과정에서 정치인 및 국가관료와 재벌 간의 부패유착이 구조화된다. 부패유착구조란 학연이나 지연 등의 연줄망을 통해서 특혜와 검은 돈이 교환된다는 점에서 '정실자본주의'적 성격을 갖는다고 할 수 있다. 이처럼 대재벌의 확장지향형 차입의존 경영과 금융기관의 부실경영은 바로 국가주의적 발전동원체제 내에서의 부패 폐쇄회로 속에서 확대재생산되었다. 차입경영에 기초한 과잉투자와 사업확장, 관치금융에 의존하는 부실경영 등 비합리적인 천민적 축적구조는 글로벌한 개방경제화의 충격 속에서 도전을 받게 되고, 그 결과 한계상황에 이른 문어발식 재벌이 붕괴하게 되면서 금융기관의 전반적인 부실화를 낳고, 또 이것이 누적되면서 IMF의 구제금융을 받지 않으면 안 되는 상황으로까지 이어지게 된 것이다.

국가주의적 발전동원체제하의 이러한 구조적 왜곡성은 나라에 따라서 상이하게 나타날 수 있는데, 한국의 경우 바로 그러한 왜곡성이 좀 더 심각하게 나타났으며, 발전국가의 내적 왜곡성과 모순이 더욱 투명하게 드러난 사례라 할 수 있다. 대만과 한국을 비교해 볼 때, 한국의 경제위기가 다른 나라보다 심하게 나타난 데는 여러 요인이 작용하였다고 할 수 있다. 그러나 구조적인 차원에서 보면, 재벌이 기득권적인 폐쇄회로 속에서 막강하게 성장하고, 이들이 민주화로 인하여 군부국가가 약화되는 틈을 타 강력한 기득권세력으로 부상하면서 기존의 구조를 더욱 고착화시켰다는 점을 들 수 있다. 대만은 앞서 지적한 바와 같이, 본토에서의 패배 경험으로 '예방적 경각심'이 상대적으로 커서 대기업중심 정책이 일정하게 통제되었던 것으로 보인다. 그런 반면 한국에서는 대기업이 중소기업 및 국영기업에 비해 막강한 경제력을 갖고 있는데, 사적 독점자본, 특히 재벌이 막강한 경제력을 갖게 된 중요한 출발점은 귀속재산 불하과정이었다. 대만에서는 많은 대규모 기간산업이 국영기업으로 남아 있었지만, 한국에서는 그것이 모두 사적 독점자본의 수중으로 이전된 것이다. 이처럼 사적 독점자본이 막강한 경제력을 가진 상황에서, 70년대 이후의 중화학공업이 이 대자본에 의해 추동됨으로써 80년대 이후에는 재벌중심적 경제구조가 부동의 경제구조로 고착화되었다. 대만에서도 글로벌한 신자유주의적 물결 속에서 80년대 이후 민영화가 진행되기는 하나, 70년대에 주요 중화학공업이 대부분 국영기업 형태로 추진되었다는 점에서 차이가 있다. 인상적인 것은 한국에서는 자동차공업 등 중화학공업이 1983년 이후 3저호황에 힘입으며 자리잡으면서 재벌체제가 확고하게 정착하게 된 반면, 대만에서는 자동차공업 등 핵심 중화학공업이 실패하여 민간독점의 강화가 상대적으로 덜 진전된다(예컨대 대만에서는 대부분 외제차를 사용한다). 한국에서는 이러한 막강한 재벌중심체제하에서 대만에 비해 경제적 집중화가 더욱 심화된다. 바로 이 점이 현재 상대적으로 안정적인 대만과, 심대한 위기를 겪는 한국을 가르는 분기점을 형성한다고 생각된다.

4. 맺음말

대만과 한국을 비교하면서 얻은 결론은, '위로부터의 민주화'로 특징지어지는 정치변동 과정에서 대만이 한국에 비해 상대적으로 지배블록의 주도성이 강하게 관철되어 왔고 더 지체된 이행을 경험하고 있다는 점이다. 경제변동의 측면에서 보면 국가주의적 발전동원체제의 내적 파행성이 교정의 기회를 갖지 못한 채 강화되어 온 한국에서 더 심각한 경제위기가 도래했다는 점이다.

대만은 최근 풍부한 외환보유고를 외교적 고립을 탈피하기 위한 경제적 무기로 사용하는 '여유'마저 보이고 있다. 반면에 한국은 이제 IMF의 구제금융에 목매달고 신용평가기관의 일거수일투족에 일희일비(一喜一悲)하는 초라한 신세가 된 셈이다. 한국경제의 추락은 언제 멈출 것인가. 그것은 아마도 허겁지겁 달려온 성장의 과정을 '성찰'할 수 있느냐 없느냐에 달려 있다 하겠다.

제2장 민주주의 이행의 구조적 조건

제2장에서는 제1장에서 서술한 논의를 배경으로 하면서, 이 책의 중심적인 주제라 할 수 있는 한국의 민주주의 이행에 대한 분석으로 나아가게 된다. 구체적으로는 한국의 민주주의 이행과 정치변동의 구조적인 선행조건을 분석할 것이다. 여기서 그 선행조건은 한국사회의 분단반공적 구조와 —민주화의 대상이 되는—박정희시대 개발독재체제이다.

1절에서는 한국사회의 분단반공적 구조가 어떻게 형성·재생산되며 나아가 그것이 사회구조를 어떻게 굴절시키면서 민주주의 이행의 조건을 특수하게 규정하는지를 서술할 것이다. 그리고 2절에서는 박정희 개발독재체제의 구조적 성격과, 그것이 어떻게 위기에 직면하게 됨으로써 민주주의 이행의 조건이 마련되는지를 서술한다. 또 2절은 박정희 신드롬에 대한 비판의 성격도 담고 있다.

I. 분단과 '반공규율사회'

1. 머리말

한국사회는 지난 30여 년 동안 종속적 상황에서 독점자본주의 사회로의 이행을 경험해 왔다. 이러한 이행과정에 따른 한국 경제 및 정치체제의 변화, 사회문화적 수준에서의 변화에 대해서는 일반론적인 이론을 준거로 한 설명이 많이 시도되어 왔다. 그러나 우리는 이 같은 일반론적 접근만으로 해명되지 않는 특수한 한국 사회현실을 직면해 온 것 또한 사실이다.

한국사회의 특수성을 구성하는 요인으로는 여러 가지가 있으나, 그 중 가장 핵심적인 것은 바로 분단현실이라고 할 수 있겠다. 이 분단현실이 지난 30여 년간의 산업화과정에 지속적으로 작용하여 오늘날 우리 사회가 자본주의 사회와 자본주의 국가로서의 일반적 특징을 가지면서 동시에 우리만의 독특한 사회적 특성을 갖게 된 것으로 보인다. 분단은 한국사회의 특수성을 규정하는 기본적인 변수였다고 할 수 있다. 그러나 분단현실에 대한 학문적 대면(對面)이 정치적 이유에서건 비정치적 이유에서건 그동안 깊이 천착되지 못했으며, 이 고유한 현실은 학문 분석의 대상이기보다는 심정적 차원의 문제로 전치(轉置)되어 왔다. 이 글은 바로 그러한 분단현실을 사회과학적 연구대상으로 설정하여, 분단의 정치사회학적 범주화를 시도해 보고자 하는 것이다.

이 글에서의 주제는 곧 "우리에게 엄연한 역사적 사실로 존재하고 있는 남북분단이라는 조건이 우리 사회구조를 어떻게 주조시켰는가?" 하는 것이다. 분단은 우리 사회구조를 일정한 형태로 변형시키고, 한국 사회성원의 생활·의식에 일정한 형태로 표출될 것이며 나아가 그것을 개혁하는 운동이 대면하는 '운동적 현실' 그 자체도 변형시킬 것이라는 가정 아래, 주로 '분단과 사회적 모순의 상관성'을 밝히는 것이 이 글의 목적이다. 특히 지난 30여 년의 산업화과정에서 형성된 사회적 문제구조가 분단현실 때문에 어떻게 다시 재형성·재구조화되는가에 초점을 맞추고 있다.

분단현실에 대한 학계의 기존 연구는 대체로 분단을 왜곡된 현실로 파악하고, 그것의 극복, 즉 통일의 필요성을 당위적으로 전제하면서—모든 사회성원이 동의하는 것으로 간주하면서—통일을 지향하는 운동의 사적 전개과정을 해명한다거나, 통일된 상태를 이념형적으로 가정하고 현재의 기형성을 드러내거나 혹은 분단 이후의 역사적 과정이 어떻게 비통일적 현실로 전락해 가는지를 제시하는 접근방식을 취하고 있는 것이 특징이다. 이와 같은 접근방식에서는, 통일은 사회성원 모두가 동의하는 바이므로, 바로 그 통일의 측면에서 현재의 분단적 현실을 왜곡된 것으로 파악하고 그것을 극복해 가야 하는 것을 전제하기 때문에 현재의 문제상황에 대한 비판근거가 당위적인 차원의 통일에 놓여 있다. 물론 한국사람 치고 통일에 반대하는 사람은 분단의 일부 수혜집단—그들까지도 외관상으로는 통일을 지지한다—을 제외하고는 거의 없을 것이다. 그러나 통일의 당위성에 대한 전국민적 합의가 분단에 대한 논의를 여전히 감정적 차원에 머무르게 하거나, 개념적 중립화의 과정을 거치지 않고 통일을 바로 사회과학적 분석에 끌어들이는 것을 정당화시키지는 못한다. 기실 분단과 통일은 불가분의 것으로 파악되어야 하고, 또 분리하는 것 자체가 분단된 현실에 의식적으로 매몰되는 것일 수도 있다. 하지만 분석적으로 볼 때 분단은 사실적 측면에 관한 것이고 통일은 당위적 측면에 관한 것이다. 따라서 기존의 접근방법은 '당위로부터 사실로' 접근해 가는 방식이라고 볼 수 있다.

　그러나 이 글에서는 이 같은 접근방식의 타당성을 인정하면서도 이 방식을 취하지 않고, 현재의 문제상황을 해명하는 데 초점을 맞추어 분단이라는 사실적 특수성이 그 상황을 어떻게 변형시키는가를 해명하는 방식을 취하고자 한다. 여기서는 통일의 당위성·중요성을 인정하지만 그것은 메타이론적(metatheoretical) 전제일 뿐이고, 구체적으로 현사회구조의 문제점을 규명함에 있어 분단현실을 하나의 설명변수로 도입하고자 하는 것이다. 따라서 논의의 출발점은 당위로서의 통일이 아니라, 어디까지나 현재 분단이라는 한국사회의 객관적 모순 그 자체이다. 그렇기 때문에 통일이라는 당위적 측면보다도 분단이라는 사실적 측면에 강조점이 두어진다. 분단과 통일이 비록 감정적·심적 차원에서는 동일한 것일지라도, 분석적 차원에서는 분리해서 파악할 필요가 있다는 것이다. 이처럼 사실로부터 당위로 접근해 가는 연구는 그동안 그렇게 많지 않았다.[1] 이런 조건에서 이 글은 분단이 어떻게 구

---

1) 분단의 사회구조적 영향과 그로 인한 사회구조의 전환에 대한 연구로서는 다음 몇 가지를 참조할 수 있다. 이효재, 「분단시대의 사회학」, 『창작과 비평』 제14권 1호, 1974년 봄; 이효재, 「민족분단과 가족문제」, 『분단현실과 통일운동』, 민중사, 1984; 박노영, 「분단과 통일에 대한 사회학적 연구의 필요성—문제제기에 초점을 맞춤」, 『한국사회학연구』 제6집, 서울대학교 사회학연구회, 1982; 강정구, 『분단과 전쟁의 한국현대사』, 역사비평사, 1996. 이효재 교수의 첫번째 논문은 분단과 분단된 현실을 사회과학적 연구대상으로 할 것을 제시한 사회학계 내부의 거의 최초의 논문이라고 볼 수 있다. 그는 "분단이라는 역사적 사실이 이 시대 사회구조의 성격을 어떻게 특징지었으며 이로써 형성될 우리의 인식상태, 가치관 및 인간관계가 사회행동, 즉 모든 사회적 현실이 우리에게 무엇을 의미하는가를 연구해야 할 것이다"(253쪽)라고 쓰고 있다. 또 두번째 논문에서는 국토분단과 민족분열이 가족생활을 어떻게 해체시키고 이산(離散)시켰는가를 파악하는 한편, "분단과 분열의 역사적 과정이 개별가족의 인간적 삶에 미친 비인간적 피해"(196쪽)를 주로 신문과 소설을 분석해서 제시하고 있다. 박교수의 글은 분단과 통일에 대한 사회학적 연구의 학문 내적 필요성을 지적하면서 분단이 현재의 사회구조에 미치는 왜곡과 변형의

조적 현실로 정착해 가며 나아가 현재의 사회적 문제상황을 왜곡시키고 복잡하게 했는지를 살펴보고자 한다.

2. 분단과 '반공규율사회'의 형성·재생산

1) 분단반공의식의 형성과 반공규율사회의 '사회실재'화 과정

여기서는 공산주의에 대한 피해의식과 그에 대한 적대의식으로서의 반공분단의식이 해방 후의 역사적 전개과정에서 어떻게 형성·확대되는가를 탐색해 보고자 한다.

1945년 8·15해방은 일제 식민지통치에 의해 왜곡되어 온 정치·경제적 모순을 극복하고, 기층민중들의 요구에 입각한 경제체제를 제도화하며, 그간의 독립운동과정에서 제기되어 온 민족주의적 요구가 현실화될 수 있는 가능성을 제시하였다. 그러나 역설적으로 해방 이후의 전개상황은 그러한 가능성의 배제·왜곡 과정으로 나타나게 된다. 일제가 패망하여 한국에서 물러갔음에도 불구하고, 미국과 소련의 진주로 한국민족에게는 남북분단과 세계적 냉전체제가 '운명처럼' 주어졌다. 이러한 상황은 해방과 더불어 한국 민족주의가 나아가야 할 방향을 반성하는 계기를 주지 않고, 식민주의 유산과 더불어 과거의 역사적 모순을 한국 민족주의의 기준에서 청산시키지 않은 채 분단과 냉전체제가 남북한의 각 사회구조를 특정화시켜 나가게 할 뿐이었다.[2]

작용에도 착안하고 있다. 그리고 강정구 교수는 민족분단의 여러 측면을 '지리적 분단' '이념적 분단' '사회적 분단' '정치적 분단'으로 분류하면서 분단이 가져온 여러 결과를 분석하고 있다.

2) 김진균, 「발전과 내생적 변동이론의 필요성」, 『비판과 변동의 사회학』, 한울,

당시의 국제정치적인 변화는 2차대전을 통해 드러나 파시스트 국가 대 반파시스트 국가의 대립을 미·소의 대립에 상응하는 자유진영 대 공산진영의 대립으로 재편시키는 방향으로 이루어지고 있었다. 그리하여 첨예한 무력적 대립까지 수반하면서 기존의 국가들을 그 대립구조에 포섭해 들어간 것이 전후의 냉전체제이다. 이러한 냉전의 진행과정에서 "'자유세계'의 주도국인 미국은 공산진영(공산주의 체제)을 '악의 세력'으로, 공산진영의 맹주인 소련은 자유세계(자본주의 체제)를 '악의 세력'으로 규정하면서 각각 자기 진영을 '선의 세력'으로 자처하였다."[3] 그러나 이러한 동서냉전의 논리가 얼마만큼 그것에 휩싸인 특정 사회의 내적 논리로 되느냐 하는 것은 그 사회의 내부 역학관계 혹은 계급관계에 따라 달라진다.

한국사회에서는 일본제국주의에 대한 저항과정에서 형성된 독립운동의 각 분파가 민족주체적 입장으로 수렴되지 못하고 또 각 분파와 민중들의 잘못된 상황인식으로, 즉 외세가 시혜적인 것으로서 독립을 가져다 준 해방자로 받아들여졌기 때문에,[4] 미·소 냉전체제로의 편입에 저항할 민족 내적 통합역량이 부재하고, 그 결과 해방 이후 한국사회는 급속도로 냉전체제에 편입되어 가며 분단의 고착화로 치닫게 된다.[5] 이러한 상황은 한반도 내 각 사회세력의 정치적 향배를 결정하는 원심력으로 작용하지만, 이 원심력에 대항하는 구심력적 통합축이 형성되지 못함으로 해서 냉전논리에 즉응(卽應)하는 내부 사회세력(예컨

1983, 133쪽.

3) 성유보, 「분단, 사회, 인간」, 『실천문학』 제5권, 실천문학사, 1984, 148쪽.

4) 박현채, 『한국자본주의와 민중운동』, 한길사, 1984, 64쪽.

5) 이러한 과정에 대한 상세한 연구로는 다음을 참조. 강만길, 「민족분단의 역사적 원인」, 한국기독교사회문제연구원 편, 『분단현실과 통일운동』, 민중사, 1984; 한정일, 「분단전후의 정치사적 이해」, 앞의 책.

대 이승만세력)이 현실적인 정치권력을 장악한다. 이러한 외적 상황의 내화(內化)는 반공분단의식이 형성될 수 있는 상황적 조건을 이루었다.

물론 냉전체제의 민족 내화와 그에 따른 분단의 고착화에 대한 저항·거부(구심력적 노력)가 없었던 것은 아니다. 예컨대 1945~50년의 남북협상을 통한 통일운동 시기의 여러 노력들을 들 수가 있다.[6] 그러나 이것 역시 냉전체제의 비호 아래 분단을 기정사실화하면서 정치권력의 장악을 목표로 하는 극우세력에 의해 실패한다.

해방 이후 대한민국 정부수립 때까지 이와 같은 냉전체제의 원심력적 작용은 어디까지나 외적 운동논리로서 작용하고 있었으나, 그것이 극우파를 중심으로 한 남한정부로 현실체제화함으로써[7] 그러한 외적 논리는 민족 내적 논리로 정착하게 되는데,[8] 이것은 외적 운동논리를 자신의 정치적·경제적 이해의 근거로 삼는 내부 정치세력이 제도적인 권력을 장악했기 때문이다. 그러나 이 세력은 어디까지나 외부로부터 타율적으로 강요된 것이어서 그 이후 민족적인 저항논리로부터 도전받을 수 있는 내적 취약성을 가진 것이었다. 1948년 남한 단독정부의 수립은, 그 자체로서는 여기서 지적하려는 반공분단의식의 형성에 결정적인 계기가 되지는 않는다.

그런데 이 상황은 6·25의 발발로 전혀 다른 국면으로 접어들게 된다. 여기서 6·25는 이 글에서 초점을 맞추고 있는 '반공분단의식의

---

6) 당시 이루어졌던 다양한 남북협상 시도를 예로 들 수 있을 것이다(송건호, 「60~70년대의 통일 논의」, 강만길·송건호 편, 『한국민족주의론』Ⅱ, 창작과비평사, 1984, 145, 146쪽).

7) 남한과 북한에서 '분단정권'의 성립과정에 대해서는 다음을 참조. 정해구, 「남북한 분단정권 성립과정 연구: 1947. 5~1948. 9」, 고려대학교 정외과 대학원 박사학위논문, 1995; 박명림, 『한국전쟁의 발발과 기원(2)』, 나남, 1996.

8) 남한에서의 단독정부 수립과 UN의 승인은 분단사에서 바로 이상과 같은 의미를 갖는다.

내면화에서 하나의 계기적 사건'으로 볼 수 있다. 6·25 이전에는 미국의 후원을 받으면서 성립한 남한정권이나, 소련의 후원을 받으면서 성립한 북한정권이 내부적인 역학관계의 재편과정에서 출현한 것이 아니기 때문에, 내부적으로는 아직까지 다양한 세력집단들이 존재하여 내적인 취약성과 변동 가능성이 상존해 있었다. 즉 분단적 현실에 대한 내부 저항 논리와 세력이 존재하고 있었던 것이다. 그러나 6·25는 남북한 각 내부세력들이 극단화된 정치적 태도를 표명할 수밖에 없게 만들었다. 즉 남한정부의 정통성을 인정하느냐 아니면 북한정부의 정통성을 인정하느냐 하는 양자택일을 강요받았으며, 이것은 남한 집권세력의 동조자냐 아니면 북한 집권세력의 동조자냐 하는 선택으로 이어지고, 더 나아가 자유진영 동조자냐 아니면 공산진영 동조자냐 하는 선택으로 이어져 있었던 것이다. 요컨대 첨예화된 상황 —전쟁—을 매개로 외적인 냉전체제의 요구에 내적인 정치세력의 분화가 일치되는 것을 의미한다. 그래서 자유진영 동조자=남한 집권세력 동조자=남한정부 정통성 인정, 공산진영의 동조자=북한 집권세력 동조자=북한정부 정통성 인정이라는 대립적 등식이 현실화된다. 결국 6·25를 통해 남한 내부세력의 극단화된 분화가 일어나고 또 정치적 입장의 극단화된 분화가 일어남으로써, 민족통합적 입장의 민족 내적 근거가 파괴되고 외적인 냉전논리가 대중의식 속에 일정한 기반을 갖게 된다. 분단과 그후의 6·25를 통해 내부정치적 구도가 전혀 상이하게 변화된 것이다. 즉 남한과 북한이 분단되고 그것이 6·25를 통해 국민의식 속에서 첨예화됨으로써, 남한사회와 북한사회는 각각 미국과 소련을 중심으로 하는 냉전의 두 중심국들에 직접적으로 밀착된다.

여기서 내부 정치세력의 정치적 위상 변화가 일어나게 되는데, 분단 이전의 중도파는 남한 내부에서는 마치 '극좌파'와 같은 정치적 위상을 갖는 것으로 투영된다. 이것은 6·25를 거치면서 냉전의식이 내면화됨으로써 남북한의 통합적 상태가 아니라 남한만의 단독 사회가 하나의 독립적인 사회단위로 상식화되어 간 데서 연유하며, 또한 냉전체제·냉전의식을 거부할 내부의 세력균형이 소멸되었기 때문이다. 이는 "진정한 민족해방의 내용을 8·15에 부여하기 위한 민족주의 운동의 흐름이 6·25동란을 계기로 하여 대중운동으로서는 사실상 소멸된다"[9]는 것을 의미한다. "그리하여 해방에서 6·25동란에 이르는 기간에 주어진 상황은 그것의 정당성 여부와 관계없이 기정사실로 받아들여지고 반공이라는 이름 밑에 정당화되기에 이른다."[10] 즉 냉전논리와 분단체제의 정당화, 그것의 의식적 일상화가 기정사실화되는 것이다. 이러한 현상은 곧 냉전논리의 민족 내화, 반공분단의식의 내면화이다. 여기에 한국 사회과학도 주체성을 상실하고 냉전형으로 획일화됨으로써 이 현상이 더욱 가속화된다.[11] 그리하여 "남북한의 대립된 이데올로기에 의한 가치판단에 모든 사실판단의 기능마저 철저하게 예속시키는 현상까지 나타나게 되었다."[12] 실제 6·25동란에 의한 대중의 반공분단의식은 사회상황 자체를 전적으로 이데올로기적 의식으로 파악하게 만들고 있다. 이리하여 국제정치 논리로서의 '외적인 냉전'은 이제 '내전'이라는 독특한 민족적 경험을 통해 하나의 '내적 논리'로 전화된다. '체험적 반공'이 하나의 '의사(擬似)합의'로 나타나는 상황이 대두하는 것이다.[13]

---

9) 박현채, 앞의 책, 70쪽.

10) 같은 책, 71쪽.

11) 황성모, 「사회과학의 토착화에 대하여」, 한국사회과학연구소 편, 『현대사회과학 방법론』, 민음사, 1977, 242쪽.

12) 김진균, 「사회과학에 있어서 이데올로기와 사실판단문제」, 앞의 책, 181쪽.

13) 해방 이후 1946년 8월 미군정청 여론국이 국민 8,453명을 대상으로 실시한 여론조사에서는 "자본주의 14%, 사회주의 70%, 공산주의 7%, 모른다 8%로 좌익이념의 선호도가 무려 77%"에 달하였다는 점을 염두에 두면(강정구,

이상과 같은 의미에서 6·25는 반공분단의식의 내적인 생산계기였다. 필자는 해방공간의 정치적·계급적 투쟁 및 한국전쟁의 경험을 통해서 남한사회에 정착한 독특한 '극우공동체'적 상황을 '반공규율사회'로 명명한다. 해방공간의 정치적·계급적 투쟁이 '내전'[14]으로 발전하고 그 과정에서 남한 내부의 저항운동의 초토화와 무장해제, 대중의 탈동원화, 그를 통한 국가와 (시민)사회의 극단적인 비대칭성 출현, '레드 콤플렉스'의 내재화 등이 나타나게 되는데 이것이 반공규율사회 형성의 직접적 조건이 된다. 이제 반공이라는 논리가 여타 모든 논리를 압도하고 반공이라는 논리로 민중들을 통제(discipline)하고 규율화(regimentation)할 수 있는 조건이 조성된 것이다. 반공규율사회란 바로 분단반공의식의 내재화로 나타난 하나의 '사회실재(social reality)'라고 할 수 있다.

주지하다시피 냉전질서란 2차대전 이후 미국과 소련의 자본주의 대 사회주의의 격렬한 대립의 세계체제라고 할 수 있으며, 이데올로기적으로 적대적인 사회에 대한 대결이 단순히 국제정치적인 논리를 넘어서서 일국 내의 정치사회적 관계를 규정하는 체제를 의미한다. 이러한 냉전이 일국 내에 내재화되는 방식으로는 여러 가지 형태가 가능하리라고 본다. 반공규율사회라는 것은 냉전의 내재화의 극단적인 하위유형의 하나라고 할 수 있는데, 냉전이 내전과 같은 극단적인 역사적 경험을 통하여 극우적인 방향에서의 의사합의적 질서로 내재화된 경우

『통일시대의 북한학』, 당대출판사, 1996, 20쪽), 이러한 변화는 국민의식의 근본적인 변화라고 할 수 있다.

14) 대만과 한국의 역사적 경험을 일반화한다면 '내전'적 경험이라고 할 수 있다. 전후의 세계체제에서 동아시아, 특히 동북아시아는 첨예한 냉전적 대립 지역이었는데, 이것은 중국에서의 국공내전과 한반도에서의 한국전쟁을 통해 가능해졌다.

이다. 전후의 냉전적 세계체제 내에 소속되어 있으면서도 냉전의 논리가 외재적으로 강요되었을 뿐 내재화되지 못한 '외재적 냉전형 사회'(베트남 등)와 그것이 더 이상 외재적이지 않고 내재적인 논리로 전화된 '내재적 냉전형 사회'를 구분할 수 있다고 한다면, 대만과 한국은 냉전에의 자발적인 통합사회의 전형적인 예라고 할 수 있겠다.[15]

반공분단의식의 측면에서 보면, 6·25 이후의 50년대는 6·25를 통한 이데올로기적 정지작업 위에서 반공을 전국민적 합의기반으로 확대해 가면서, 좌익잔류들을 인적인 측면에서 제거·소외시켜 가는 과정으로 파악될 수 있을 것이다. 중도파 정도에 속하는 세력들조차 친북세력으로 규정하여 제거하는 것이 바로 그것이다. 이승만정부의 북진통일론을 비판하고 '남북한 총선거를 통한 평화통일안'[16]을 들고

---

15) 싱가포르나 홍콩 같은 사회도 냉전과 내전의 특수한 결합으로 설명할 수 있는가. 필자의 견해는 성장에 유리한 계급적 상황이 조성되는 구체적인 조건이 남한과 대만에서는 내전과 냉전의 특수한 결합에서 주어졌다는 것이고, 여타의 사회에서는 또 다른 구체적인 조건에 의해 그것이 조성된다는 것이다(주된 것은 '특정한 계급적 조건'이지 내전이나 냉전 그 자체는 아니다). 이것이 베트남의 경우와 대만/한국을 구별짓는 중요한 요인이다. 즉 베트남은 프랑스의 식민지지배가 끝나고, 미국의 지배 아래 들어가면서(즉 2차대전의 구제국주의 국가와 신제국주의 국가 모두가 연합군에 속함), 과거의 민족해방투쟁의 연속성이 보장되고 새로운 '지배자'로서의 미국에 베트남사회가 헤게모니적으로 통합되지 못했다. 이에 반해 대만과 한국은 냉전논리가 내재화된 '반공적 폐쇄참호(anticommunist enclave)'가 되었다는 점에서 결정적 차이가 있다. 40, 50년대 '자발적'인 우익공동체의 형성과 60년대 이후의 산업화가 가져오는 사회구조적 변화의 효과까지 결합될 때, "단일 인종이 이미 두 '원형적 민족'으로까지 분립되어 나가고 있다"(Paik, Nak-chung, "South Korea: Unification and the Democratic Change", *New Left Review* 197, 1993년 1·2월호, p. 83)는 견해에는 동의하지 않더라도, 남한과 북한, 중국본토와 대만 간의 대립 성격은 여타 나라와 질적인 차이를 지니고 있다고 할 수 있다.

16) 송건호, 앞의 글, 147, 148쪽.

나온 진보당의 조봉암을 제거한 사실은 바로 그 한 예이다. '연좌제'를 통해 제도적으로 진보적 세력을 통제하는 것도 이 시기부터이다. 6·25를 계기로 내면화되기 시작한 반공분단의식이 대중 속에 일정하게 정착되어 가고 반공이 '의사(擬似)국민적 가치'로 확대되어 감에 따라, 한국에서는 민족통일 주체적 의식이 힘을 잃어가고, 그 공백에 미국식 자유민주주의적인 가치가 더욱 깊숙이 이식된다. 전후 세계체제에서의 패권국가인 미국에 대해 '혈맹'적 인식을 갖는 예외적인 경우가 남한과 대만이라고 할 수 있는데, 냉전체제의 고착화가 한국을 냉전의 중심국인 미국으로 정치적·경제적 차원에서뿐만 아니라 지적·정신적으로 근접시키게 만드는 조건을 부여한 것이다. 한국에 '해방'을 가져다 주고 공산진영의 무력침공에서 한국을 구출하였다고 인식되었기 때문에, 그 결과 미국의 정치이념·가치 등이 쉽사리 내면화되고,[17] 친미(親美) 인식이 강하게 사회의식을 지배하는 사회가 된다.

이렇게 해서 국민의식 속에 '레드 콤플렉스'가 자리잡고, 반공분단의식이 하나의 '의사합의'처럼 존재하는 상황이 등장했다고 볼 수 있다. 반(反)공산주의적 냉전의식이 일체의 사회적 가치들을 초월하는 것으로 인식되기에 이르렀고, 통일에의 요구는 이제—의식적 차원이 아니라—감정적 차원의 문제로 전락하게 되었다. 이러한 과정은 극단적인 상태로까지 나아가 가치판단에 일체의 사실판단을 종속시키는 상태—이것을 '반공분단의식의 과잉사회화(oversocialization)'[18]라고

---

17) 물론 민주주의적 가치와 정서가 전국민적 합의사항으로 수용되는 데 작용한 역사적 요인을 간과할 수는 없다. 즉 3·1운동 이후 상해 임시정부 및 그외 독립운동이 모두 공화주의를 표방했었고, 그것이 무리없이 대한민국 헌법에 계승되었다는 점도 중요하다.

18) 과잉사회화 개념은 Dennis Wrong, "The Oversocialized Conception of Man in Modern Sociology", L. A. Coser and B. Rosenberg (eds.), *Sociological Theory*, Macmillan Publishing Co. Inc., 1969, pp. 104-13을

말할 수 있을 것이다 —에까지 이르게 되었다. 어떤 점에서, 이 시기에 한국사회의 의사합의처럼 간주되는 '반공분단의식'은 이미 사회생활을 규제하는 하나의 '사회실재'화했다고 표현할 수 있다. 그리고 이 같은 반공분단적 가치는 사회생활 속에서 부단히 확인되고, 사회생활을 통해 끊임없이 재생산되고 있으며, 대중들의 내면에서 일종의 자기검열(self-censoring) 기제로 작동하게 된다.[19] 이러한 사회실재를 필자는 '반공규율사회'로 규정한다.

이처럼 분단구조가 '의사합의'적 현실로 간주됨으로써 지배권력은 저항집단을 의제(擬制)적으로 공산세력과 동일시하여 제거할 수 있게 된다. 이 시기 사회성원들에게 남한·북한 사회는 이미 각각 독립되고 자율적인 사회단위가 되어버렸고, 그 각각이 개인에게 유의미한 영역이 되어버렸기 때문에, 지배권력은 주변적 인물이나 집단에 대해 의제적 연계관계를 설정하여 배제할 수 있게 되었다. 물론 이것은 물리적 탄압 때문이지만, 그것의 기저에 이와 같은 반공분단의식이 있음으로해서 정당화가 용이해진다.

1960년 4·19혁명은 그것이 '혁명'이지만 동시에 바로 이러한 반공

참조.

19) 반공분단의식이 —최소한 공식적인 수준에서는 —하나의 의사합의로 간주되고 그것이 일정하게 내면화되었음을 보여주는 또 다른 현상은 처음 반공분단의식의 외적 계기가 된 냉전체제가 국제정치적으로 해체되어 감에도 불구하고, 국내에서는 그것이 지속되고 있다는 점이다. 70년대 이후 미국과 중국의 관계 개선 등에서도 나타나듯이, 이미 동서 냉전체제는 경향적으로 변해 가고 있는데, 이러한 세계체제적 수준에서의 변화에도 불구하고 내적인 반공분단체제는 강인하게 지속되고 있다. 이는 바로 분단구조가 단순히 외적 현실이 아니라 내적 현실로 전화되었고, 그것이 대중의식 속에 강력하게 정초하고 있기 때문이다. 물론 반공분단의식의 강화 자체를 자기정당성의 근거로 삼은 정권의 의도적 작용 때문이기는 하나, 이 또한 그 근저에 반공분단의식이 의사합의처럼 존재하기 때문에 가능한 것이다.

분단의식의 조건 위에서 나타나게 된다. 4·19혁명은 처음에 분단현실에 대한 저항에서 비롯된 것이 아니라, 그 분단현실이 철저히 의식적으로 일상화된 후에 이식된 미국적 민주주의에 대한 파괴에의 저항에서 비롯된 것이다. 미국적 가치가 기실 민족적 가치에 대해 일정한 배반으로 도입된 현실을 염두에 두고 보면, 반공분단의식이 내면화된 상황에서 일어나는 이념적 한계성이 4·19에서 분명히 드러난다. 60년대 당시 한국사회의 가장 주요한 모순은 역시 분단 고착화였다. 그러나 대중 속에 내면화된 반공분단의식을 매개로 분단현실이 일상화되어 있었기 때문에, 4·19혁명은 그러한 주요한 모순보다도 현상적인 모순에 기인하여 일어날 수밖에 없었던 것이다.[20] 물론 4·19민주혁명이 성공한 후 선진운동세력들에 의해 민족통일과 관련된 문제제기로 발전하였지만, 4·19민주혁명의 발단 자체는 반공규율사회의 이념적·정치적 한계 속에서 진행되었다는 점에서, 제3세계 변혁운동의 선구적인 위치를 차지하면서도 제3세계의 혁명형태 중에서 완수되지 않은, 그러나 동시에 완수되어야 할 혁명의 한 유형으로 남게 되었다[21]고 평가할 수 있다.

4·19혁명을 부정하면서 출현한 5·16군사쿠데타는 4·19혁명 이념의 의제적 계승 측면과 거부 측면이 있다. 계승 측면이라고 하면 50년대 원조경제의 파탄으로 말미암은 민중의 생활현실을 근거로 4·19혁명에서 제기된 자립경제·경제발전의 요구를 경제개발계획을 통하여 의제적으로 흡수하게 된다는 점이다. 거부 측면은, 앞에서 언급한

---

20) 그렇다고 해서 4·19혁명의 적극적 측면을 부정하는 것은 아니다. 4·19혁명은 비록 분단현실에 대한 저항에서 비롯된 것은 아니지만, 민주주의적 가치의 파괴를 일차적으로 극복한 후, 곧 이어 남북통일이라는 민족주의적 과제를 학생운동과 사회운동의 전면에 부각시켰다.

21) 김진균, 「완성이 추구되는 4·19민주혁명」, 백낙청·염무웅 편, 『한국문학의 현단계』Ⅲ, 창작과비평사, 1984, 502-11쪽.

바와 같이 4·19는 민주주의적 가치의 파괴에 대항하여 발생했지만 그것을 매개로 남한사회의 보다 본질적인 모순인 분단구조에 대한 문제제기로 발전하였는데 이러한 측면에서는 명백히 '반혁명'적 성격을 지녔다는 점이다. 이처럼 5·16에 의한 4·19의 부정이 가능했던 이유는 비판적인 지적 사유로 이데올로기적 허위의식으로부터의 탈각이 용이한 학생층과, 생활상의 경험을 통해서 반공분단의식의 허구성을 체득해 가는 일반국민의 의식발전 사이에 괴리가 존재했기 때문이다. 일반국민들의 경우, 6·25를 거치면서 반공분단의식이 깊숙이 내면화되어 있는데다 50년대 이승만정부의 '국가테러(state terrorism)'와 반공주의적 정책으로 그러한 의식이 심화되었기 때문에, 대중들의 의식과 일부 학생들의 급진적 의식 간에는 일정한 시간적 편차가 생기는데, 여기서 민주주의로 가는 과도기적 모색과정이 국민들에게 '혼란'으로 투영될 소지가 있었다. 5·16군사쿠데타는 바로 이와 같은 괴리·편차를 활용하면서 이루어졌다. 이미 반공분단의식이 일정하게 '의사합의'화된 상태에서 이러한 편차와 괴리는 상대적으로 컸고 이를 군부세력이 이용하여 증폭시키면서 정권을 장악한 것이다. 4·19혁명의 부정 주체가 군부인 것은 학생과 시민의 연합에 대항할 수 있는 시민사회 내부의 정치적·사회적 집단이 존재하지 않았던 점 때문이기도 하지만, 또 한편으로는 반공분단의식이 가장 철저하게 내면화된 집단이 군부라는 점도 그 한 이유였다.

그러면 5·16 이후 정치사적 과정이 반공분단의식의 고착 및 반공규율사회적 상황의 재생산과 어떻게 연관작용을 하고 있는지를 살펴보기로 하겠다.

먼저 4·19혁명에서 5·16까지의 기간은, 앞서 언급한 대로 은폐된 민족적 모순, 즉 남북분단에 대해 다양한 논의가 전개되고, 그것을 해결하기 위한 구체적인 통일운동이 출현한 시기였다.[22] 혁신계의 통일

논의도 이러한 현상에 일조하였고 남북학생회담 추진에서 그 절정에 달했지만, 5·16 이후 군사정부가 통일논의에 적극적이었던 혁신계 세력을 강력히 탄압하면서 이 흐름은 자취를 감추게 된다. 이것은 50년대의 냉전고착화 과정에서도 완벽하게 제기되지 않고 잔존한 민족적·진보적 요구가 정치의 전면에 제기되었던 것인데, 이것이 다시 탄압받음으로써 대중들의 분단 피해의식이 더 가중되는 결과를 가져왔고, 이미 확대되어 온 반공분단의식를 더욱더 확장시키는 데 기여하게 된다. 이처럼 5·16쿠데타는 출발부터 분단구조에 대한 도전을 억압하는 위에 서 있었다. 따라서 통일문제는 정치적 무대에서 사라지고, 3년 후 역설적으로 '한일관계'를 중심으로 민족문제가 대중적 저항으로 나타나게 된다.[23] 5·16쿠데타 이후 반공분단의식에 기초한 반공규율사회적 조건은 정권 재생산과 자본주의 재생산의 직접적인 기제로 작동하는데, 박정희 군사정권은 정치적 위기를 극복하기 위하여 이미 존재하는 반공규율사회적 요소를 정치적 반대자를 억제하고 정권을 안정화시키는 데 활용하였던 것이다. 또한 급속한 자본주의적 산업화를 위한 정치사회적 조건을 확보하는 데도 반공규율사회적 조건을 활용한다.

둘째, 5·16쿠데타 이후의 군부통치는 남북대립이라는 민족적 모순구조를 사회통합의 기조로 전화시켰다.[24] 5·16은 반공을 이전에 비해

---

22) 4·19혁명 후의 활발했던 통일논의에 대해서는 성유보, 「4월혁명과 통일논의」, 송건호·강만길 편, 『한국민족주의론』 Ⅱ, 109-43쪽 참조.

23) 여기서 해방 후 한국 민족주의에는 남북한의 통일과 외세로부터의 자립이라는 두 가지 과제가 상존하고 있음을 지적할 필요가 있다. 그런데 5·16쿠데타 후 전자에 대한 정치적 탄압으로 전자에 대한 민족적 요구는 잠재화되고, 한일회담을 계기로 후자가 민족주의적 요구의 전면에 부각한다.

24) 박준식, 「한국에 있어서 노동조합과 정부의 관계—민간제조업부문의 경우를 중심으로, 1970~80」, 연세대학교 사회학과 석사학위논문, 1985, 13-19쪽.

더욱더 전면적인 사회통합 및 통제의 기조로 제도화하면서 정권 재생산의 논리로 활용하게 된다. 그에 따라 정부의 시책에 도전하는 사람은 단순히 정책적 도전이 아니라 남북의 대립구조에 도전하는 것이 되며, 이러한 경향은 군부의 경직된 성향(mentality)에 의해 가속화되어 사회 내적 저항을 이데올로기적 저항으로 환치시켜 탄압하게 된다. 뿐만 아니라 정치적 탄압은 이데올로기적 탄압의 성격도 수반함으로써 대중들의 반공분단의식에 기초한 피해의식을 증폭시킨다.

이처럼 분단반공의식에 기초한 반공규율사회적 조건을 정권 재생산에 활용하는 것은 유신체제 이후 더욱 강화된다. 5·16 이후 60년대부터는 경제개발계획의 추진으로 한국사회의 '압축형 자본주의화'가 진전되고 이 결과 자본주의 사회에 고유한 여러 사회적 문제와 저항이 속출하여, 정당성이 없는 박정권의 정치적 기반을 균열시키게 된다. 여기서 박정권은 공산주의와의 대결에서 자신의 정당성을 찾았으며 그에 따라 민간부문보다 군부가 반공의 측면에서 더 상위질서로 군림하게 되고, 이 과정에서 군부의 성향·이념·구상에 의해 민간사회 부문을 재편하려는 시도가 나타나는데, 이것이 바로 유신체제 성립이다.

유신체제는 60년대 이후 경공업 중심의 수출지향적 산업화의 위기에 대한 '반혁명적' 대응이었지만, 동시에 정권위기에 대응하기 위하여 반공분단의식을 정권 재생산에 더 직접적·전면적으로 활용하려는 체제였다. 그리고 민간부문과 국민의식 속에 냉전의식을 체계적으로 정착시키려는 시도였으며, 이 체제하에서 매스컴·교육 등 사회화의 주요 기구를 군부의 구상대로 작동시킬 수 있었다.[25] 유신체제는 자신

---

25) 1973년에 단행된 국정교과서 개편이 그 단적인 예이다. 이 개편은 반공의 비중을 더욱 높이려는 시도를 담고 있었다(배규환, 「국민학교 교과서 내용분석에 의한 정치사회학의 일고찰」, 『한국사회학연구』 제3집, 1979, 107-84쪽).

100

의 정권기반을 공산주의와의 대립에서 찾음으로써 '사실'적 상황과는 무관하게 반공분단의식을 가일층 체계적으로 강화시키는 운명에 놓이게 되며, 반공분단의식의 고착이란 각도에서 보면, '반공분단의식의 제도적인 재생산 메커니즘'을 더욱 강화하는 것을 의미한다. 즉 6·25동란과 그 이후 이승만정부의 노력으로 생산된 반공분단의식이 박정권 하의 조작적 노력에 의해, 재생산의 제도적 메커니즘을 갖게 되었다는 것이다. 그리고 정권 재생산을 위하여 '반공적 규율화'를 더욱 강화시킴으로써, 유신체제에서는 통일문제나 분단문제가 운동이슈로 제기되기가 그만큼 어려워진다.[26] 이것은 유신 이후 분단과 통일 문제를 둘러싼—주요 쟁점으로 한—대중운동이 부재했다는 사실로써 증명될 수 있다. 따라서 박정희정부 이후의 상황을 '반공분단의식의 재생산기'라고 규정할 수 있을 것이다.

다음으로, 자본주의의 재생산에 바로 반공분단의식과 그에 기초한 반공규율사회적 조건을 적극적으로 활용하게 된다는 것이다. 이것은 두 가지 차원에서 이루어지는데, 먼저 반공분단의 논리를 경제성장을 위한 통합논리로 활용하게 된다.[27] "북한과의 대결에서 승리하기 위해서는 경제성장에 전적으로 매진하여야 한다"는 논리가 지배하게 되면서, 성장을 위한 전사회적 동원화를 위해 반공분단의식이 활용된다. 한마디로, 북한과의 대결에서 승리하기 위해서는 부국강병(富國强兵)에 매진해야 한다는 것이다. 이것은 역설적으로 성장 및 성장의 모순에 대한 저항을

---

26) 70년대 후반 조직된 '남조선민족해방전선'에서는 남한을 미국의 신식민지로 규정하고 분단을 극복하는 통일의 당위성을 강령적 방향으로 설정하는데, 이는 '비합법적' 조직의 수준에서나 가능한 것이었다(조희연, 『한국사회운동과 조직』, 한울, 1993).

27) 한국사회는 이 시기에 '극우공동체'에서 극우'성장' 공동체로 전환된다고 표현할 수 있다.

반공논리로 탄압하게 되는 것을 의미한다. 5·16쿠데타 이후 남북한의 대립은 경제적 경쟁관계로 치환되는데, 이러한 구도 속에서 군사정권의 경제개발계획은 남북대립에 대처하는 것이 된다. 또 하나, 자본주의적 산업화란 작업장 수준에서 '자본에 대한 노동의 복속'이 정착되는 것을 의미하는데, 전사회적 차원에 존재하는 '반공규율화(anticommunist regimentation)'를 작업장 수준에서의 노동자 규율화 및 통제화에 활용한다. 박정희정부 시기의 노사분규 배후에는 언제나 불온세력이 있는 것으로 선전되었던 것도 이를 반증한다. 자본주의 전역사에서 자본과 권력은 기존의 모든 요소 가운데 자본지배의 확립과 재생산에 유리한 요소들을 총동원하는데, 한국에서는 현존하는 반공분단의식이 바로 이러한 요소들 중 가장 기축적인 요소가 된다.

그러나 이처럼 반공분단의식을 정권 재생산과 자본주의 재생산의 기제로 직접적으로 활용하게 되면서 역설적으로 그 내적 균열을 맞이한다. 즉 정권에 대한 저항이 거세어지고 또한 자본주의적 모순에 대한 저항이 강화되면서 그러한 정권과 자본주의 재생산과 밀착되었던—혹은 그것을 가능케 하였던—반공분단의식 및 반공규율사회적 성격이 균열되어 가게 된다. 주지하다시피 70년대 유신체제하에서 박정희체제는 점차 정치적·경제적 위기에 처한다. 반공분단의식을 매개로 그 확산이 제약당하고 있던 저항운동이 70년대 중후반 이후 점차 대중적인 반독재운동으로 발전해 가자, 박정희정부는 이를 일련의 긴급조치[28]로 억압하고자 했으나 유신체제의 근본적인 균열을 막을 수는 없었다. 이러한 균열은 곧 유신체제의 중요한 정권 재생산 기제로 활용되고 있던 반공분단의식에 대해서도 일정한 균열을 동반한다. 또한 취약한 축적기반을 확충하기 위하여 반공분단의식을 그 재생산의

---

28) 이에 대해서는 조희연, 앞의 책 참조.

중요한 기제로 활용하던 60년대 한국 자본주의는 60년대 말, 70년대 초 이후 자본주의화의 모순이 본격적으로 노정되면서 그에 대한 도전이 점차 전면화한다. 1971년 11월 전태일의 자살로 표현되는 노동자들의 저항은 천민적 자본축적체제 자체에 대한 저항이기도 했지만 동시에 자본지배 재생산의 기제로 활용되던 반공분단의식 자체에 대한 저항의 의미를 담고 있있다. 모든 종류의 노동자 저항을 '용공'적인 것으로 규정하고 탄압하는 정권의 이러한 방식은 80년대 이후 반공분단의식에 대한 전면적인 도전의 기초가 이 시기에 쌓여가고 있었음을 의미한다.[29]

이상에서 우리는 냉전체제가 어떻게 민족 내적 현실로 전화되었으며, 그것이 반공분단의식의 내재화를 통하여 어떻게 반공규율사회라고 하는 '의사합의'적 사회실재가 되었는가를 살펴보았다. 다음에서는 반공분단의식의 내재화와 반공규율사회적 조건이 어떻게 사회적·경제적 모순의 발현형태를 특수하게 만드는지를 살펴보기로 하겠다.

2) 반공분단의식에 의한 사회구조의 재구조화와 그 결과[30] : 반공규율 사회의 특수성

분단이라는 외생적(外生的) 사실이 반공분단의식의 내면화를 매개로

---

29) 반공분단의식의 현재화된 균열과 그에 대한 전면적인 도전은 80년대 이후 사회운동의 혁명적 급진화, 급진적 운동의 통일운동으로의 발전을 통해서 나타난다.

30) 여기서 사용하는 구조화 개념은 단순히 구조의 정착과정, 구조의 변화과정이라는 의미로 사용되고 있다. 이것을 구조(structure)와 구조화(structuration)의 개념을 구분하고, 행위의 목적지향성을 매개로 해서 구조의 고착적 함축을 배제하는 Giddens의 논의와는 직접적으로 연관짓지 않는다(Giddens, A., *Central Problems in Social Theory*, Macmillan, 1979).

반공규율사회라는 형태로 사회실재화함으로써 여러 차원에서 사회구조의 왜곡화를 낳는다. 반공분단의식에 의한 반공규율화는 사회의 여러 영역들에서 사회적 실천을 일정한 방향으로 한정하거나 제약함으로써 그 결과 사회구조의 변형을 가져오게 되는 것이다.

첫째, 내면화된 반공분단의식은 국민 대다수에게 노동운동을 포함하는 계급적 대중운동에 대한 부정적 견해를 만들어냄으로써 계급적 대중운동 성장의 조건을 불리하게 만든다. 공산주의에 대한 적대의식은 노동운동을 불온시하는 사회적 관념을 형성시키며, 이러한 사회적 관념은 반공분단의식의 재생산과정에서 노동계급 성원의 의식에도 내면화되고, 또 이것은 다시 계급적 이해관계에 대한 의식화를 저지하게 된다. 일반적으로 종속적 산업화사회에서는 국가가 자본의 후원체로서 노동계급의 경제투쟁과 정치투쟁을 억압하는데, 한국의 경우는 종속적 산업화사회의 논리가 기본적으로 관철되는 동시에 분단구조에 의한 반공적 의식이 노동운동을 이미 '내면적으로' 억압하게 된다. 따라서 한국에서는 의식화된 계급적 이해가 억압된다는 측면뿐만 아니라, 계급적 이해의 의식화 자체가 사회화과정을 통해 무의식적으로 억압되는 측면이 있다. 이처럼 노동계급·노동운동이 주관적 의식 속에서 억압됨으로써 노동계급 일반의 계급적 인식이 제약되며, 자신의 객관적 이해관계를 반영하는 정치세력화는 더욱더 제약을 받는다.

반공분단의식에 의한 이와 같은 의식상의 부정적 측면 때문에, 객관적인 노동계급은 존재하지만 프롤레타리아 계급으로의 자기호명(自己呼名)은 존재하지 않는 역설이 성립하게 된다. 이것은 마르크스가 말하는 즉자적(卽自的) 계급(class in itself)에서 대자적(對自的) 계급(class for itself)으로의 발전이 억압된다는 것이다. 전자에서 후자로의 발전 저지는 지배계급의 갖가지 통제에 의해 일어나지만, 한국사회에서는 노동계급을 포함하는 대다수 국민들 사이에 광범위하게 확산되어 있는 반공분단의식이 그러한 발전 저지에 중요하게 작용한다.

더구나 공산주의에 대한 부정적 의식은 노동운동의 사상적·이념적 기반을 더욱 제약한다. 서구에서 노동운동의 가장 강력한 사상적 기반은 역시 마르크스주의이지만, 한국에서는 마르크스주의가 단순히 하나의 사상·운동이념이기 이전에 적대국가의 사상적 기반이라는 점에서 거부당한다. 그리하여 노동운동이 반(反)자본주의적인 경향을 띠거나, 그러한 이념적 기치를 내거는 것이 대단히 어려워진다. 이것은 노동운동이 그 내적 속성 여하에 관계없이 체제 내적 이념으로 스스로를 치장할 수밖에 없는 한계를 부여한다. 또 이것은 80년대 운동의 혁명적 급진화를 통해 실질적으로 많은 노동운동세력에게 마르크스주의는 주도 이념이 되었지만 그것이 공식적 이념이 될 수 없는 '공식성과 비공식성의 괴리' 현상을 낳는다.[31]

따라서 노동계급의 정치적 행위양식의 범위는 좁아지고, 역으로 자본의 행위양식 범위는 넓어지게 된다. 다음 그림[32]에서 보는 바와 같이 A와 B는 한 사회가 유지되기 위하여 벗어나서는 안 되는 — 사회계급의 관용범위의 극대치 — 지점이라고 할 수 있다. 왼쪽 방향은 자본의 이익이 극대화되는 방향이고, 오른쪽은 노동계급의 이익이 극대화되는 방향이다. A는 노동계급이 관용할 수 있는 최대치, B는 자본가

---

31) 80년대 이후 많은 공안사건에서 검찰 공소의 중요한 내용은 피고가 마르크스주의나 주체사상으로 무장되어 있다는 것이고, 이에 대한 피고나 변호사의 변론은 진보사상을 가지고 있었을 뿐 마르크스주의나 주체사상을 가진 것은 아니라는 점은 역설적이다. 이것이 반공분단의식이 작동하는 반공규율 사회의 한 단면이다.

32) 이 그림은 서구 자본주의 국가의 헤게모니 상황을 나타내기 위해 만든 최장집 교수의 도식을 기초로 한 것이다(최장집, 「그람시의 헤게모니 개념」, 『한국정치학회보』 제18집, 1984 참조).

계급이 관용할 수 있는 최대치이다. 그래서 A와 B 사이에서 두 계급의 정치적 타협으로 현실적인 이해지점이 설정된다. 그런데 한국의 경우 반공분단의식의 내면화로 A와 B가 A′와 B′로 이동하게 된다. 즉 자본가계급의 이해가 한층 증대되는 동시에 노동계급의 이해가 축소되는 방향으로 투쟁의 지평이 변화된다는 것이다. 이것은 안보라는 이름 아래서 노동계급의 이익이 제한되고, 사회적으로 생산된 경제잉여에 대한 노동계급의 참여 폭이 더욱 제한되는 것으로 나타난다.[33] 이와 같은 상황이 고착화된 결과, 자본가계급에게 여타의 종속적 산업화사회에서보다 더 좋은 자본축적 조건이 주어진다. 대재벌에의 엄청난 경제력 집중 현상도 이것과 무관하지 않다. 이것이 의미하는 바는 분단구조가 역으로 자본가계급의 소득점유율을 높임으로써 한국사회의 소득분배구조가 지극히 기형적으로 되었다는 것이다. 여기서 우리는 반공분단의식이 곧 노동에 대한 자본의 위치를 강화하는 계급적 본질을 갖는다는 점을 지적할 수 있다.

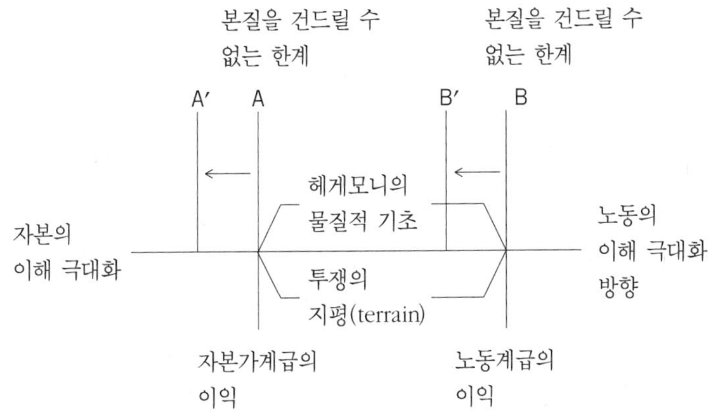

---

33) 박현채, 앞의 책, 70쪽.

　한편 노동계급에 대한 부정적인 사회관념은 노동계급 내부의 집단관계에도 일정한 영향을 미친다. 즉 노동계급 성원 일반의 의식 내부에서 노동운동에 대한 부정적 관념이 뿌리깊게 자리잡기 때문에 노동운동의 주도세력과 노동대중 간의 의식적 연대의 강화가 제약당한다. 노동계급 성원 스스로 자신들의 생활현실에 일정한 문제를 느끼지만, 그것이 운동적으로 해결되어야 한다거나, 더구나 노동운동 주도세력과의 연대 위에서 해결되어야 한다는 의식을 적극적으로 생성시키지 못하는 것이다. 그래서 일반적으로 70년대 초반까지 노동대중의 자연발생적 폭발력[34]은 그 자체로 발산될 뿐, 조직적 역량으로 전환되지 못했다. 한국의 노동운동은 바로 이러한 열악한 조건을 극복하면서 발전해 왔다고 할 수 있다.

　둘째, 노동운동뿐만 아니라 여타 계층의 운동형태에 대해서도 똑같이 부정적 관념이 일반화되어 있어서 여러 사회운동의 발전을 질곡하는 요인으로 작용한다. 물론 이것이 집권층의 부단한 의도적 조작에 의해 확대된 것임은 두말할 나위가 없다. 이러한 부정적 관념은 남북의 군사적 대립 속에서 사회 내의 저항이나 혼란은 곧 상대방을 이롭게 한다는 평면적 사고에 기초하고 있는데, 이러한 사고는 반공분단의

---

34) 노동대중의 자연발생적 폭발력이 지대하다는 점을 간접적으로·시사하는 예로서, 정치체제가 유동적일 때 노사분규가 급증한다는 사실을 들 수 있다. 김성국 교수는 이렇게 쓰고 있다. "정치적 공백기(4·19 직후나 10·26 직후)에는 국가의 통제력이 약화되어 노사분규를 폭증시킨다. 반면 이 같은 정치적 위기를 수습하면서 등장하는 새로운 체제의 안정화정책은 노사분규를 감소시킨다. 구체적으로 본다면, 1950년대 전반에는 노사분규가 증가되어 오다가 4·19혁명과 함께 함께 폭증한다(1959년 95건에서 227건으로). 그러나 5·16 이후 1979년까지 대체로 1백여 건 내외의 발생빈도를 유지하다가, 1980년에는 분규 건수가 206건으로 전년도 105건에 비해 거의 2배로 증가하게 된다"(김성국, 「노사갈등의 구조와 역사적 전개」, 한국사회학회, 『한국사회학』 제18집, 1984년 겨울호, 162-64쪽).

식에 의해 강화된다. 아무튼 이와 같은 의식을 근거로 하여, 60, 70년대 박정권은 언제나 반대 저항세력을 일부 극소수 혼란주의자로 규정하여 탄압하였고, 그 탄압의 정당성은 '국가안보' '사회혼란 제거' '국민총화' '국민화합' '질서' 등에서 찾았다.[35] 6·25를 통한 반공분단의식의 생성과 집권층의 의도적인 노력이 상승작용을 하여 국민의식 속에서 사회의 여러 세력과 계급의 저항운동이 불온시되거나 적어도 부정적으로 파악하게 되는 경향이 강화되었던 것이다. 이러한 의식·관념의 상황 속에서 저항의 임계점(臨界點)[36]은 여타 사회에 비해 당연히 높아진다. 이 임계점이란 대중이나 각 계급성원들의 국가에 대한 불만이 명시적인 저항으로 현재화(顯在化)되는 시점을 가리키는데, 한국의 경우 반공분단의식 때문에 일반적인 종속적 산업화사회보다 저항의 임계점이 한층 높아지게 되는 것이다. 그만큼 한국에서는 부정적인 사회관념 때문에 저항의 현재화가 어렵다는 것이고,[37] 그렇기 때문에 합법적 운동공간 역시 좁아진다.

이처럼 저항에 대한 부정적 관념이 저항의 주체에게만 영향을 미치는 것이 아니라, 탄압주체에 대해서도 일정하게 작용한다. 국가를 중심으로 한 집권세력의 내부 응집성(solidarity)을 강화시켜 주며, 특히

---

35) 성유보, 「분단, 사회, 인간」, 158쪽.
36) 임계점이란 고체가 액체로, 액체가 기체로 전환하는 등 사물의 현상형태가 변화하는 상황과 지점을 가리킨다. 여기서는 물리학의 용어를 비유적으로 사용하였다.
37) 민중부문의 불만·저항잠재력을 제약하는 요인으로는 여러 가지가 있을 수 있는데, 여기서 말하는 분단의식은 이러한 잠재력의 표출을 제약하는 의식상의 요인이라고 볼 수 있다. 제약요인 가운데 구조적 요인으로는 예컨대 하청구조 등이 있는데, 이것은 불만의 잠재력을 객관적으로 분산시키는 기능을 한다(조희연, 「한국기업의 하청관계와 노동자계급의 구성에 관한 조사연구」, 『계급과 빈곤』, 한울, 1992).

군부 내의 분파조성[38]을 제한하는 역할을 한다. 이것은 저항운동에 대해 집권층이 상당히 일관된 억압을 할 수 있는 집권층 내부의 근거가 된다.

그런가 하면 이 같은 부정적인 저항관념은 지배층의 안정성 범위를 상대적으로 넓혀주는 역할도 한다. 저항은 곧 혼란이고 혼란은 분단위기의 고조로 이어져 스스로의 생존을 위협한다는 연쇄적 사고형태에 의해 저항이나 혼란을 제지하여 최소한의 생존 가능성을 확보하는 것 자체가 한 정권의 정당성의 근거가 된다는 것이다. 한국의 경우, 5·16 군사쿠데타로 출현한 군부가 그 이후의 민정이양 과정에서의 선거를 통한 정당성 시험에서 일정하게 국민의 지지—그것이 조작된 것이건 아니건 간에—를 확보하게 되는데, 군사정권의 정당성의 중요한 한 근거가 북한의 위협에 대한 철저한 안보태세 확립이었다. 반공분단의식을 매개로 하여 정권에 대한 '환상적인 최소동의'가 이루어질 수 있는 조건을 만들어낸 셈이다. 극우반공 군부정권이 전반적으로 위기에 처하게 되는 70년대 후반 제3세계 국가들 중에서 1975년 베트남혁명이나 1978년 이란혁명, 1979년 니카라과혁명과 달리, 남한은 1979년 박정희 암살 및 신군부정권의 재등장이라는 경로를 밟는 것은 반공분단의식의 내재화로 인한 정치변동의 굴절로 설명될 수 있다.

셋째, 반공분단의식의 부정적 작용은 중간층[39] 의식의 과다(過多)와

---

38) 한국과 같이 종속적 산업화를 행하는 아르헨티나에서는 군부 내의 여러 분파(segment)가 상당히 명확하게 구분되고, 각 분파가 표상하는 계급적 성격 또한 분명하게 나타나지만, 한국의 경우는 분단구조 때문에 그러한 내부분파의 조성과 그 정치적 성격의 표출이 제한된다는 것이다(최장집, 「아르헨티나의 정치변동과 갈등구조」, 『제3세계 연구』, 한길사, 1984, 138-40쪽).

39) 중간층의 내적 구성과 성격에 대해서는 서관모의 「한국사회의 계급구조」(고려대 평화연구소 편, 『한국사회의 갈등구조』, 한길사, 1990)와 「중간제계층의 구성과 민주변혁에서의 지위」(학술단체협의회 편, 『80년대 한국인문사회과

중간층의 정치적 태도의 보수화에 영향이 미친다. 한국사회에서 중간층 혹은 중산층 의식이 높은 것[40]은 객관적으로 그 층이 수적으로 많은 데서 연유하는 것이 아니라, 노동계급을 부정시하는 사회적 관념에 대한 소극적 반응 때문이다. 중간층 의식의 과다는 반공규율사회에서 나타나는 의식 전도(顚倒)의 한 예이다.

주지하다시피 중간층은 나름의 고유한 계급적 속성이 없어서 상황에 따라 유동적인 정치성향을 펼 수밖에 없다. 그런데 이들은 종속적 산업화의 수혜계층이기 때문에 80년대 초까지 대체로 체제동조적인 계층으로 존재해 왔다. 더구나 노동계급에 대한 부정적인 사회관념과 더불어 국민 일반의 의제적인 중산층 의식은 중산층의 정치적 성격을 더욱더 체제근접적인 방향으로 유도하며, 극단적으로 노동계급 등 민중부문과의 간접적 대립의식까지 설정되어 스스로의 정치의식을 더욱 고착시킨다. 일반적으로 한 정권의 안정성은 중산층의 정치적 태도에 의존하는 바가 큰데, 한국 중산층의 정치적 태도의 비탄력성은 정권의 정당성 여부와 관계없이 정권의 안정성을 강화할 수 있게 한다(이것은 체제의 본질, 문제구조가 첨예하게 현재화된 80년대 초의 상황에서 중산층이 침묵을 지켰다는 사실을 보면 잘 알 수 있다).[41]

학의 현단계와 전망』, 역사비평사, 1988) 참조.

40) 한국사회에서는 자신의 계층적 지위를 중산층으로 평가하는 사람의 비율이 거의 60%에 이른다. 그러나 이것은 중산층의 객관적 비율이 그러하기 때문에 나타나는 현상이라기보다, 오히려 노동계급에의 귀속감이 사회적 관념에서 제약되기 때문에 기형적으로 나타나는 현상이다. 지금까지의 사회조사 가운데서 중산층 귀속의식의 비율이 어느 정도인가에 대해서는 홍두승, 「한국 사회계층 연구를 위한 예비적 고찰」(서울대학교 사회학연구회 편, 『한국사회의 전통과 변화』, 법문사, 1983)을 참조.

41) 남미의 군부권위주의 국가의 해체양상과는 달리, 한국의 경우 70년대 말 80년대 초 정치변동에서 오히려 군부권위주의 체제의 강화로 나타났다. 이 차

　반공분단의식은 특히 이데올로기적인 측면을 중심으로 한 체제탄력성을 축소시키고 또 이는 여타의 사회제도에 대한 중압(重壓)이 기형적으로 커지게 만든다. 예컨대 한 사회가 운동을 통해서 '엘리트의 순환'을 경험한다거나, 하층계급 성원 중 자질 있는 인자나 집단이 계급적 상향이동을 할 수 있는 가능성이 지극히 제한된다.[42] 이것은 반공분단의식으로 인해 권력·소비·분배가 사회정책적 방식을 통해 계급별로 재분배되는 것을 제약하고, 근원적으로 자본주의적 계급분화에 따른 계급인식의 분화가 억압됨으로써 나타나는 것이다. 객관적인 자본주의적 분화는 진전되면서도 의식적인 자본주의적 분화는 지체되는 이유도 여기에 있다.

　또한 노동자의 집단적 단결을 통해 노동계급의 집단적 지위가 사회 전체적으로 상승하고 평등화되는 과정보다는, 전통적인 요소로 형성되는 연줄망·연줄결속체가 사회관계를 구성하거나 사회적 지위상승의 계기를 만드는 데 큰 중요성을 갖는 구조도 부분적으로 이러한 조건과 관련이 있다. 따라서 비(非)이데올로기적인 사회영역—교육—의 중요성이 커지게 된다. 특히 한국에서 교육제도의 중압이 큰 것은 한국인의 전형적인 교육열 때문이라기보다, 집단적 행동에 의한 사회적 상승통로가 차단되어 있기 때문이다. 예를 들어 노동계급운동을 불온시하는 사회적 관념은 집권층의 저임금전략과 상승작용을 하여 노동계급의 임금조건이나 노동조건 그리고 여러 사회적 보상을 극히 열악하게 만든다. 일반적으로 노동조합운동을 통하여 노동계급 일반의 계급적 조건이 개선되고 학력별 임금격차나 사회적 지위 격차가 축소되면, 과잉교육열은 상대적으로 누그러질 수 있지만, 반공분단의식적 조건이

　이를 규정하는 요인의 하나로, 중간층의 정치적 태도를 들 수 있을 것이다.
42) 예컨대 노동운동 지도자가 정치적 지도자가 되는 경로가 많이 제약된다.

이러한 집단적 통로의 강화에 질곡으로 작용함으로써 교육에서 개인적인 노력에 의한 지위상승 통로를 찾는 경향이 강화되는 것이다. 필자는 반공분단의식이 바로 한국 교육제도에 대한 사회적 중압의 한 요인이라고 생각한다.

넷째, 반공분단의식에 기초한 반공규율사회적 조건은 '계급의 운동'과 '계급의 정치'를 괴리시키는 요인으로 작용한다. 계급운동의 발전에도 불구하고 그것이 계급정치로 이행하는 동력으로 작용하는 것은 제약된다. 달리 표현하면 이것은 이른바 '시민사회'와 '정치사회'의 괴리라고 표현할 수 있다. 즉 시민사회 내에 존재하는 다양한 집단 및 계급 간의 정치적·사회적 관계는 정치사회 내에 대의(代議, representation)되는 것이 바로 민주주의의 핵심 사항이다. 그러나 남한사회에서는 반공분단의식의 매개적 작용으로 '시민사회'의 '정치사회'적 대의는 굴절 혹은 제약된다. 예컨대 1987년 7·8·9월 노동자대투쟁 이후 '시민사회' 내에서의 노동운동의 '운동적' 중요성은 더욱 증대되어 왔다. 그러나 1987, 92, 97년으로 이어지는 정치사회의 변화는 이러한 '시민사회' 내의 변화가 전혀 '대의'되지 않았다. 앞서 지적한 바와 같이 노동계급에 대한 부정적 관념, 노동대중 일반과 노동운동 주도세력의 의식적 연대성 결여, 중산층의 체제동조적인 정치적 성향 그리고 사회구조의 모순에 도전하는 저항운동을 불온시하는 일반적 태도에서 비롯한 합법적 운동공간 위축 등과 같은 요인이 상승작용을 하여 체제도전적인 세력들의 역(逆)헤게모니 형성을 지극히 어렵게 만들고, 계급적 세력이 제도정치 내에서 자신을 정치적으로 표출할 수 있는 가능성을 제약한다. 단적으로 진보정치세력의 제도정치 진입의 장벽을 높이게 된다는 것이다. 계급적 차원에서는 진보적 정치세력이 일정한 동원력과 대중성을 가지나, 이것이 제도정치적 차원에 반영되지 않는 이유 중의 하나도 여기서 발견할 수 있다. 한국에서 진보정치세력이 제도정치 영역에서 자기기반을 갖지 못하는 이유 역시 바로 여기에 있다.[43] 그리고 학생운동이 '주력운동'으로 설정되고 정치투쟁에서 중요한 동력이 되는 이유의 하나도 여기에 있다고 생각된다. 반공분단의식에 의한 여타 사회운동·계급운동의 제약이 강력하게 존재함으로써, 반공분단 이데올로기에 의한 '매도'로부터 상대적으로 자유로운 학생운동이 '전방'에 나서게 되는 것이다.

다섯째, 반공분단의식에 의한 반공규율화는 한국사회에 '과대성장국가(over-developed state)'[44]의 발달과 '과잉군사화(over-militarization)'를 낳는 요인으로 작용한다. 앞서 해방공간에 대한 서술에서 보았듯이, 해방공간의 정치적·계급적 투쟁과 한국전쟁 과정에서 저항운동이 초토화됨으로써 국가와 시민사회의 심대한 불균형이 나타나고, 이는 식민지 국가권력이 침식당하지 않고 신식민지적(post-colonial) 과대성장국가로 존속·재생산되는 기초로 작용하게 된다. 이것은 나중에 60년대 이후 국가주도적인 발전모델을 가능케 하는 요인이자, 또 한국사회가 과잉군사화된 사회로 존속하는 이유가 되기도 한다. 한국사회의 과잉군사화는 60년대 군부정권하에서 더욱더 제도화되고 강화되었다. 한국전쟁 이후 국민개병제는 군국주의적 교육과 군대적 규율이 전사회적 규

---

43) 세계적으로 한국 노동운동과 사회운동은 그 전투성이나 체제위협력 면에서 수준이 높다는 것이 일반적인 평가이다. 그런데 한국의 진보정치세력은 87·92·97년 대선을 통틀어 지지율이 2%를 넘지 않았다. 반면에 일본의 경우 노동운동이나 사회운동이 한국에 비해 국제적 주목을 받는 수준에 있지 않음에도 불구하고, 사회당은 한때 20%의 지지를 받았고 공산당의 지지율도 7% 안팎이다. 필자는 바로 이러한 괴리현상 역시 분단상황에서 비롯한 조건에 그 원인이 있다고 생각한다.

44) 이 개념은 Alavi가 파키스탄 등 전후 신생독립국의 계급관계의 복합성 속에서 나타나는 국가비대화를 분석하기 위해 도입한 것이다(Alavi, H., "The State in Post-Colonial Societies: Pakistan and Bangladesh", *New Left Review* 74, 1972년 7·8월호).

율로 확산되는 계기가 되는데, 2년여의 군대생활은 한국과 같이 가부장제가 강한 사회에서 사회적 군사화와 규율화를 유지하는 계기로 작용하기 때문이다. 이것은 과잉군사화로 다양한 사회통제적 기제가 광범위하게 제도화되고, 또 작동하는 것을 의미한다. 중등교육에 교련교육의 도입이나 70년대 후반 80년대 초반 대학의 학도호국단 창설 등도 그 예라고 할 수 있겠다. 그 밖의 예로는 민방위제도와 예비군제도 등이 있을 것이다. 사회 전체적으로 공안적 사찰기구들이 국가기구의 중심 기구로 작동하게 되는 것을 포함하여, 기무사 등 군사찰기관이 중요한 사회사찰기구로 존재하는 것도 이러한 예에 속한다.

이와 같은 사회의 과잉군사화는 한국의 민주화과정에서 박정희 군부체제의 균열이 바로 자유화나 민주화로 나아가지 않고 신군부정권의 등장이라는 우회로를 거치게 되는 것을 설명해 준다. 70년대 말의 상황은 60, 70년대 개발독재하의 종속적 산업화의 위기가 고조되고 있던 시기였다. 자본 내부의 위기를 비롯하여, 산업화과정에서 소외된 민중부문의 정치적 저항이 강력해서 체제가 재편되지 않고는 체제 자체의 존립이 위태로운 시점이었다. 이것은 남미의 종속적 산업화과정에서 나타난 이른바 '관료적 권위주의'[45] 체제가 붕괴하는 시기와 대체로 일치한다. 그러나 한국의 경우는 이러한 권위주의 체제의 위기가 정치적 민주화로 전환되지 못하고 다시 군부의 재개입을 통해 '권위주의 체제'로 복귀하였다. 이것은 80년대의 과도기적 혼란이 반공분단의식의 관용범위를 넘어갔다는 측면뿐만 아니라, 60, 70년대 동안에 남미와는 달리 군부의 정치적 비대화가 훨씬 더 진전되었다는 것을 의미

---

45) 이에 대해서는 O'Donnell, G. A., *Modernization and Bureaucratic-Authoritarianism: Studies in South American Politics*, Institute of International Studies, Berkeley: University of California Press, 1973; 한상진 편, 『제3세계 정치체제와 관료적 권위주의』, 한울, 1984 등 참조.

한다.

이상과 같은 과잉성장국가와 과잉군사화는 반공분단의식에 바탕을 둔 반공규율사회의 '구조적 부정합성(structural dislocation)'이라고 할 수 있을 것이다. 그리고 과대성장국가와 과잉군사화는 이처럼 민주주의 이행의 우회로를 만든 중요 요인이었을 뿐 아니라, 우회로를 거쳐 시작되는 80년대 중반 이후 우리 사회의 민주화가 '통제된 이행(controlled transition)' 형태로 '위로부터의 보수적 민주화'가 되는 원인(遠因)이 되기도 한다.

여섯째, 필자는 반공분단의식에 기초한 반공규율화 속에서 구축된 고도성장체제를 '국가주의적 발전동원체제'[46]로 명명하는데, 성장을 위한 국가주의적 동원체제는 반공에 의한 전사회적 규율화 속에서 그 목적을 달성하는 데는 효율적이었다. 그러나 이러한 동원체제하에서 고착된 관계·문화·관행 등이 구조화됨으로써, 국내적·국제적 조건이 변화하면서 요구되는 전환과 혁신이 지체되는 결과를 가져온다. 박정희체제는 성장주의와 반공주의를 결합시킴으로써 국가주의적 동원화를 도모하게 되는데, 성장주의·반공주의·국가주의의 이러한 결합은 고도성장체제하에서 필연화된 특수한 관계나 문화, 관행을 고착화시킴으로써 새로운 모순을 낳게 된 것이다. 국가관료－자본－금융기관 등 각 행위주체간의 왜곡된 관계가 고착화함으로써 IMF 지원체제와 같은 경제파탄의 한 구조적 원인을 만들게 된다. 문화적 차원에서 보면, 국가주의 및 반공주의에 의해 재생산되는 성장주의하에서의 사회적·문화적 획일화가 나타나고 이것은 성장의 진전에 따라 요구되는 사회적 유연화와 탄력화를 오히려 제약하는 요인으로 작용하게 된다. 즉 자본과 권력은 반공규율사회적 조건을 이용하면서 성장을 향해 사

---

46) 이에 대해서는 이 책의 제1장 2절을 참조.

회의 획일적 동원화를 시도하지만, 바로 이러한 과정이 문화적·사회적 다양성 자체를 제약하여 사회적 진보를 차단하는 요인으로 작용하는 것이다.

한국사회는 문화적으로 매우 규율화되어 있고 이는 반공규율화의 왜곡된 고착화에 중요하게 기초하고 있다. 문화적 규율화는 문화적 다양화와 혁신화를 제약하게 되는데, 한국사회는 정치적으로 억압되어 있을 뿐만 아니라 문화적으로도 억압되어 있다. 이는 공식적 문화(넓은 의미의 공식성)와 비공식적 문화(비공식성) 간의 괴리로 나타난다.[47] 일종의 '군국주의'적 규율화는 전사회가 성장이라는 일면적 목표를 향하여 정향화되게 하는 데는 일정하게 효율적이었으나, 규율화는 사회의 과도한 획일화를 동반함으로써 사회적 혁신을 질곡하게 된다. 반공주의적 성장체제하에서 한국사회는 일종의 '단일기준 사회(society of

---

47) 문화적 차원에서 한국사회의 중요한 특징은, '반공주의에 의해 지원을 받는 국가주의적 발전동원체제'하에서 공식성과 비공식성 간의 괴리가 커진다는 점이다. 국가에 의해 강화되는 공식적인 규칙과 논리가 반공규율화에 의해 고착됨으로써, 사회적 조건의 변화에 따라 요구되는 공식적 차원 자체의 변화가 억제되고 그 결과 공식성과 비공식성의 괴리가 커지게 된다는 것이다. 어떤 사회에서도 공식성은 사회변화에 따라 비공식성과 괴리를 갖게 마련이지만, 여기서 공식성은 비공식성을 공식화하는 방식으로 양자 사이의 괴리를 조정해 간다. 그러나 우리의 경우, 공식성이 반공규율화에 의해 강화됨으로써 더욱 폐쇄적인 공식성으로 존재하며 사회변화에 맞는 공식성의 조정이 상대적으로 제약된다. 구체적인 예로서, 한국사회에서 공식적인 성모랄과 비공식적인 차원에서 실제로 나타나고 있는 '문란한' 성모랄 사이의 괴리를 들 수 있다. 공식적으로는 대단히 엄격한 모랄이 지배하고 있으나, 이미 자본주의화가 동반하는 자본주의적 상품논리의 확산이 성의 영역에도 침투하여 극단적으로 문란한 성의 상품화가 비공식적인 차원에서는 나타나고 있다. 물론 이는 우리 사회에 특유한 '유교문화'적 특성이기도 하나, 그러한 유교문화적 특성이 반공분단의식에 의해 왜곡되게 작용함으로써 나타난 것으로 파악할 수 있다. 필자는 일종의 공식적 문화에 저항하는 '문화급진주의'적 전망이 요구된다고 생각하고 있다.

116

the single standard)'로 고착되었고 이는 사회적·문화적 다양성이 성장하는 것을 어렵게 만들었다. 반공규율화에 의한 사회적·문화적 경직화는 국가주의적 발전동원체제에 의한 화려했던 고도성장의 이면이라고 할 수 있다.

3. 맺음말

이 글에서는 반공분단의식과 그를 계기로 한 '반공규율사회'가 어떻게 형성·정착되며, 더 나아가 반공분단의식의 내재화가 어떻게 사회적 모순구조를 변형·왜곡시키는지를 중점적으로 살펴보았다.

먼저, 분단이 어떤 역사적 과정을 밟아 한국사회 내에 하나의 독특한 사회실재가 되었는가를 살펴보고, 그렇게 사회실재화된 분단이 어떠한 매개과정을 거쳐 한국사회 구조를 재구조화하는가를 규명해 보고자 노력하였다. 해방 후 세계적 냉전체제에 의해 한국민족에게 타율적으로 주어진 분단현실은 '반공분단의식이 형성될 수 있는 상황적 조건'이었다. 이것이 한국전쟁을 계기로 민족 내적인 현실로 정착하게 되며, 국민대중에게 반공분단의식으로 '내면화' 된다(한국전쟁은 "반공분단의식의 내적인 '생산' 계기"였다). 이러한 역사적 과정을 거쳐 국민들의 '레드 콤플렉스'가 정착했으며, 분단은 단순히 외적 현실이 아니라, '반공규율사회'라는 형태로 국민들의 의식을 지배하는 내적인 사회실재로 전화되었다. 이와 같은 반공분단의식은 60년대 군부정권하에서 지배층의 정권안정이라고 하는 목표에 맞추어 체계적으로 확대·재편되었고, 유신 이후에는 더욱 가속화되어 반공분단의식이 제도적으로 '재생산' 될 수 있는 메커니즘까지 확립된다.

이처럼 군부권위주의 정권은 정권 재생산과 자본주의 재생산을 위한 직접적인 기제로 반공분단의식을 직접적·항상적으로 활용하였는데, 정권에 대한 도전이 확대되고 자본주의 모순이 전면화하면서 일정한 균열이 나타나게 된다.

분단이라는 외생적 사실이 반공분단의식의 내면화를 매개로 반공규율사회로 나타남로써(분단의 사회실재화) 여러 방면에서 사회상황의 변화를 유발하는데, 첫째로 노동운동에 대한 부정적인 사회적 관념과 노동계급성원에게 부정적인 자의식을 형성시켜서 계급적 대중운동의 성장을 불리하게 하는 한편 자본에는 유리한 조건을 부여한다. 둘째로, 사회운동에 대한 부정적 관념을 확대함으로써 사회운동의 발전을 질곡하는 조건으로 작용한다. 즉 반공분단의식의 내재화로 사회운동의 합법적 공간은 위축되고, 반대로 지배층의 내부응집성은 강화됨으로써 지배층의 안정성 범위를 넓혀주었으며, 그 결과 정권유지를 위한 최소동의를 획득하기가 용이해진다. 셋째, 반공분단의식의 내면화로 중간층의식의 과다와 중간층의 정치적 태도의 보수화가 촉발되고 그에 따라 정권의 안정성을 획득하는 것이 상대적으로 쉬워지는 결과를 낳는다. 또한 계급적 단결을 통하여 사회적 불평등구조를 집단적으로 해결하는 길보다는 개인적 상승노력을 지배적인 것으로 만들게 된다. 총괄적으로 이러한 상황은 체제의 탄력성을 축소시키고 자본주의적인 사회분화를 억제함으로써, 지역감정의 극심한 분화나 전통적인 결속관계(연줄결속체)의 지속, 교육제도의 과도한 중압 등과 같은 왜곡현상을 낳게 된다는 것이다. 넷째, 반공규율사회적 조건은 '계급의 운동'과 '계급의 정치'를 괴리시키는 요인으로 작용한다. '시민사회와 정치사회의 괴리'로 표현될 수 있는 이 현상은 반공분단의식에 의해 시민사회의 정치사회 내의 대의(代議)가 제약됨으로써 나타나는 현상이라고 할 수 있다. 다섯째, '과대성장국가'와 '과잉군사화'를 촉발함으로써 사회의 구조적 부정합성이 강화된다. 이러한 조건은 군부권위주의 정권의 파국적 위기가 민주화로 이어지지 않고 재권위주의화라는 우회로를 거치게 하고 80년대 중반 이후의 민주화의 경로가 '위로부터의 보수적 민주화'로 전개되는 원인(遠因)을 제공하게 된다. 여섯째, 반공분단의식에 기초한 반공규율화 속에서 국가주도적인 성장을 성취하려는 과정에서 고착된 관계·문화·관행 등이 구조화됨으로써 새로운 모순이 야기된다는 것이다. 특히 반공주의의 지원을 받는 국가주도적인 획일적 동원화 과정에서 사회적·문화적 경직화가 나타나고, 이는 개방화와 범지구화의 진전에 따라 요구되는 문화적·지적·사상적 다양화와 풍부화를 지체시키는 결과를 가져온다.

II. 박정희체제의 성격에 대한 비판적 고찰

1. 머리말

1961년 군사쿠데타로 정권을 획득하고 1979년 10월 26일 측근에 의해 비운의 생을 마감한 박정희는 30여 년 후 '박정희 신드롬'이라는 형태로 부활하여 1997년을 '광기'의 한 해로 만들었다. 이러한 현상을 반영하듯, 97년대선에서 각 후보들은 앞다투어 '박정희와의 화해'를 시도하였다. 하지만 그 신드롬의 근저에 있는 박정희식 발전방식, 더 근본적으로는 60년대 이후 근대화 양식 자체에 대한 비판은 충분히 수행된 것 같지 않다. 그래서 이 글에서는 박정희식 발전양식에 대해 좀더 근원적으로 구조적이고 이론적인 비판을 하고자 한다.

필자는 박정희체제를 "'반공규율사회'라는 독특한 정치사회적 조건에서 나타난 국가주의적 동원화와 권위주의적 통합화 체제"라고 규정하고 그것의 신드롬적 부활은 역설적으로 대안적 방식을 구체화하지 못한 현시기 한국의 내적 위기를 반영하는 것이라는 점을 밝히고자 한다.

2. 박정희체제의 성격

1) 정치사회적 과정으로서의 성장과 박정희체제의 성격

박정희체제의 성격을 논하기에 앞서 우리는 성장의 과정은 단순히 경제적 과정만이 아니라 정치사회적 과정이라는 점을 강조할 필요가 있다. 경제성장의 과정은 2차산업 생산 증가, 산업생산의 확대를 포함하는 물적 생산의 확대과정뿐만 아니라 계급적 갈등에 의해 매개되는 정치사회적 변화과정이다. 여기서 정치사회적 과정이라는 것은, 성장은 특정한 정치사회적 조건을 전제로 진행된다는 의미(성장의 정치사회적 전제조건)와 함께, 정치사회적 변화를 그 결과로서 수반한다(정치사회적 과정으로서의 성장)는 사실을 의미한다. 성장의 진전에는 경제적 자원의 발전적 재조직화뿐만이 아니라 사회의 정치사회적 재조직화를 수반하기 때문이다.[1]

　정치사회적 과정으로서의 성장을 상정할 때, 성장은 다음과 같은 두 가지 측면을 의미한다고 할 수 있다. 첫째는 성장을 향하여 사회의 인적 자원과 물적 자원을 동원화하는 것이고, 둘째는 성장이라는 목표를 향하여 사회성원들을 통합화하는, 혹은 국가를 중심으로 발전 프로젝트(국가 헤게모니 프로젝트)[2]를 통한 사회성원의 통합화를 달성하는 것이라고 할 수 있다.

　먼저, 성장이란 한 사회 내에 존재하는 물적 · 인적 자원의 자본주의적 생산체계 내로의 재배치와 그것의 지속적 재생산을 의미한다. 더구나 동아시아처럼 자원이 빈약한[3] 나라에서는 성장을 향하여 제한된

1) Bonefeld, Werner, "The Reformulation of State Theory", W. Bonefeld and J. Ilolloway (eds.), *Post-Fordism and Social Form*, London: Macmillan, 1991.

2) Jessop, B., "The Schumpeterian Workfare State", *Studies in Political Economy* 40, 1993, 제7장.

3) World Bank, *The East Asian Miracle: Economic Growth and Public Policy*, Oxford: Oxford University Press, 1993; Landsberg, Martin, "Export-led Industrializition in the Third World: Manufacturing Imperialism", *Review of Radical Political Economics* 11(4), 1979년 겨울호. Landsberg는 자원이 풍부하고 제국주의의 이해가 특정 자원의 추출이나 특정 농업생산물의 생산(커피 등)에 집중화되어 있는 그룹과, 동아시아의 여러 나라와 같이 제한된 자연자원, 좁은 국내시장 등으로 특징화되는 그룹으로 나누고 있다.

물적 자원을 집중적으로 재배치하고 인적 자원을 특정한 방향으로 집중적으로 동원하는 것이 관건이 된다. 둘째로, 성장을 중심으로 하는 물적·인적 동원화는 성장이라는 목표를 향한 사회성원의 합의와 그것을 중심으로 하는 통합이 달성되지 않는다면 효과적으로 추진될 수 없다. 국가가 주도하는 산업화의 과제를 중심으로 사회적 합의가 조성되지 않는다면 성장의 효과적인 조직화는 어렵게 된다는 말이다. 왜냐하면 성장이란 사회적 재조직화 과정이기 때문이다. 이것은 어떻게 구(舊)계급과 노동계급 및 민중부문, 기타 제계급의 친발전론적 통합이 달성되느냐에 달려 있다.

동원화의 방식으로는, 첫째 '최대국가주의(maximalist statism)'적 동원화 방식에서부터 '최소국가주의(minimalist statism)'적 동원화 방식에 이르기까지 그 방식이 다양하다. 둘째, 통합화 방식과 관련해서도 권위주의적 방식에서부터 민주적인 방식에 이르기까지 역시 다양한 방식이 가능하다. 전자와 관련하여 필자는 국가와 시장의 단순대립은 적절하지 않다고 생각한다. 즉 국가주의적 동원화와 시장주의적 동원화를 대립시키는 것은 적절하지 않다. '국가개입 없는 시장' '반(反)시장적인 국가'는 허구에 불과하기 때문이다. 국가개입은 자본축적 위기의 정도, 시장을 통한 자율조절체제의 취약성 정도 등과 관련되어 있다. 시장과 국가의 단순대립은 국가의 계급성을 간과하는 것이라고 할 수 있다.

이러한 두 가지 측면에서 박정희체제는 국가주의적 동원화와 권위주의적 통합화의 체제(regime)라고 규정할 수 있다. 첫번째의 동원화 성격 면에서 박정희체제는 국가주의적 동원화 체제라고 할 수 있으며, 두번째 통합화 성격 면에서 박정희체제는 권위주의적 통합화 체제라고 할 수 있다. 이것을 그림으로 표시하면 다음과 같다.

동아시아 성장을 둘러싸고는 시장중심론(market-centered theory),

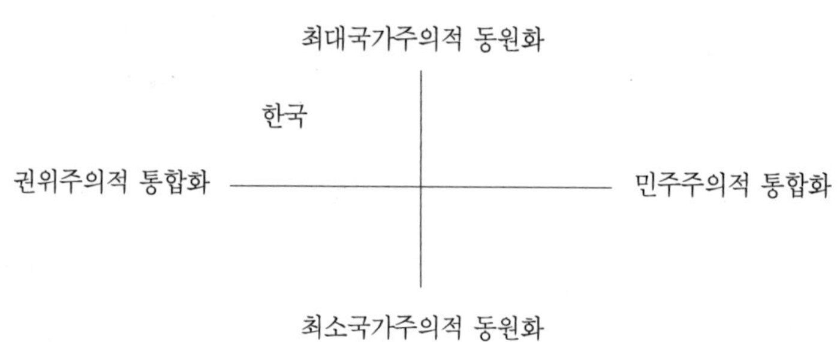

발전국가론(developmental state theory) 혹은 국가중심론, 문화론, 세계체제론 등이 경쟁하고 있다.[4] 국가중심론의 핵심적인 주장은 국가의 전면적이고 효과적인 개입, 집중화된(targeted) 산업정책, 구체적인 표준성취 원칙의 설정 등이 동아시아 성장의 중요한 요인이었다는 데서 출발한다. 이중에서 특히 효율적인 성장의 핵심적인 조정자(coordinator)로서 국가의 개입주의적 역할을 강조한다. 박정희체제는 이러한 서구 발전국가론의 하나의 중요한 경험적 전거로 인식되어 왔다. 필자가 여기에서 강조하는 동원화의 국가주의적 측면은 발전국가론에서 지적하는 성장을 위한 발전국가적 역할에 대응하는 것이라고 할 수 있다.

2) 박정희체제의 선행조건 : 반공규율사회 형성

필자는 이러한 국가주의적 동원화와 권위주의적 통합화는 바로 박정희정부에 선행적으로 존재하던 '반공규율사회'적 조건에 기초하고 있으면서 동시에 그것을 자신의 정치적 이해관계를 위해 증폭시킴으로써 구조화된 것이라고 생각한다. 성장을 향한 동원화가 발전국가론

---

4) 이에 대해서는 제1장 참조.

에서 이야기하는 '최대국가주의'적으로, 막강한 '국가자율성'을 갖는 양태로 또 대단히 권위주의적이고 억압적인 방식으로 전개되는 것은 반공규율사회적 조건에 힘입은 것이며, 동시에 반공규율사회적 조건을 정치적으로 악용, 증폭시킴으로써 가능한 것이었다.

앞절에서 서술한 바와 같이 한국은 — 대만과 함께 — "냉전과 내전의 특수한 결합으로 반공이데올로기가 '의사합의(pseudo-consensus)'로 내재화된 특유한 우익적 사회"라고 할 수 있는데, 필자는 대만과 한국의 특수한 정치사회 상황, 계급관계의 독특한 정치사회적 구성을 개념화하기 위하여 '반공규율사회'라는 개념을 사용한다. 전쟁과 50년대 국가적 테러(state terrorism)를 통해서 형성된 반공규율사회는 냉전의 논리가 내전이라는 독특한 역사적 경험을 통해 내적인 의사합의로 전화되고 그것이 개인 및 집단의 사회적 관계와 행위를 우익적으로 규정하고 있는 사회라고 할 수 있다. 발전국가의 자율성, 특히 동아시아에서 이루어진 발전국가의 최대개입주의적 역할은 이러한 정치사회적 조건, 계급관계의 정치사회적 구성을 고려하지 않고서는 설명되지 않는다.

구체적으로 해방 공간에서의 정치적 격동과 한국전쟁은 남한과 대만에서 공통적으로 좌익적·저항적 세력들이 대거 제거되고, 우익적 세력이 공간적으로 밀집되면서 양국 모두 '극우적인 공동체'로 전화되어 가는 역사적 계기가 된다. 이 과정에서 식민지민족해방운동 과정에서 축적된 노동계급 및 민중 부문의 경제적·정치적 능력, 조직능력은 광범위하게 파괴되고 탈동원화된다(demobilized). 이러한 조건으로 내전 이후 일정 기간 대만과 남한에서는 노동계급 및 민중 부문의 탈정치화, 비활성화 및 저항운동 일반의 '공백상태'를 맞게 된다.

이것은 국가와 사회의 관계에서 국가에 대한 사회적 압력을 조직할 수 있는 집단적 주체의 공백상태를 만듦으로써 '강력한 국가와 통제된 사회'라는 국가-사회관계의 심각한 불균형과 비대칭성을 낳는다.

이러한 인적 재배치와 저항운동의 '초토화' 과정이 전후 미국 중심의 냉전질서가 헤게모니적으로 내재화되는 과정과 함께 진행된다는 점에 바로 남한과 대만의 특수성이 존재한다. 이 시기에 반공냉전적 세계질서는 남한과 대만에서 각각 자발적 실체로 전화하게 된다. 냉전질서는 기본적으로 사회주의를 적으로 하는 미국의 패권적 체제(hegemonic system)로, 일종의 '국제정치 질서'라고도 할 수 있다. 이것은 개별사회의 내적 조건에 따라 상이하게 국내적 질서로 전화될 수 있는데, 남한과 대만은 특수한 정치사회적 조건에서 냉전적 질서에 헤게모니적으로 통합되며, 냉전적 대결의 논리가 자발적인 내적 논리로 전화하게 된다. 남한과 대만에서 냉전적 국제정치 논리는 국내적인 정치논리, 사회운영 원리가 된다. 앞서 언급한 바와 같은 내재적 반공형 사회가 형성되는 것이다. 단순히 공산주의에 대한 외적 적대감을 넘어서 자발적인 적대의식으로 전화된 결과인 이른바 '레드 콤플렉스'는 바로 이러한 냉전논리 내재화의 반영이라고 할 수 있다.

이처럼 냉전, 냉전적 내전, 그로 인한 사회운동의 말살, 냉전적 논리의 내재화는 대만과 한국을 '극우적 공동체(ultra right-wing community)'로 전화시키게 된다. 냉전과 내전이라는 역사적 경험의 우익적 결합, 그 과정에서의 사회운동의 '초토화', 냉전적인 논리의 내재화로, 남한과 대만에는 특유한 '극우적 공동체'가 형성되고, 이것이 60년대 이후 국가 주도적인 권위주의적 산업화 및 그 과정에서의 국가자율성, 그를 계기로 한 국가주의적 동원화와 권위주의적 통합화의 근거가 된다.

여기서 60년대 이후 '최대국가주의'적 동원화를 가능하게 한 요인을 첨가한다면, 먼저 식민지시대부터 비대한 국가기구가 지속되었고 그것이 전후의 정치사회적 변화과정 속에서 변화하지 않고 오히려 강화되었다는 것이다. 극우적 공동체의 형성 및 운동의 공백상태는 이미 식민지시기에 과잉성장국가(overdeveloped state)[5]가 해방 이후 공간에서 파괴되거나 축소재편되지 않고 그대로 계승되면서 지배기구로 작동할 수 있는 상황을 조성하게 된다. 한국의 경우 일본제국주의에 대신하는 미군정 및 이승만정부가 식민지관료의 인적 기반을 그대로 계승하고 식민지 국가기구를 신식민지적 통치기반으로 전환함으로써 이러한 강력한 억압적 국가기구의 존재가 가능해진다.[6] "한국전쟁이 남한국가를 극도로 불안정하고 취약한 반공국가에서 권위주의적 체제로 유지되는 강력한 관료제적 국가로 변화시켰다."[7] 대만의 경우 이러한 변화는 남한보다 더욱 극명하게 진행되었다고 할 수 있는데, 본토에서 국민당세력이 전면적으로 이주하였고 본토를 지배하던 정부기구·관료기구·군대·관변사회단체 등이 그대로 이식됨으로써, 사회에 대한 국가의 전면적인 우위와 장악력이 강화된다.[8] 한 예로 양국 모두 '극단적으로 비대화된 군대'[9]를 가지게 된다.

---

5) Alavi, H., "The State in Post-Colonial Societies: Pakistan and Bangladesh", *New Left Review* 74, 1972 7·8월호.

6) 커밍스 "강력한 국가구조는 1945년 이후 전혀 손상되지 않고 계승되었을 뿐만 아니라 발전에 있어서 일본식 국가개입 모델이 남한과 대만에 의해 받아들여지고 활용되었다"고 해석하고 있다(Cumings, "World System and Authortarian Regimes in Korea", Edwin A. Winkler and Susan Greenhalgh (eds.), *Contending Approaches to the Political Economy of Taiwan*, Armonk: M. E. Sharpe Inc., 1988, p. 269).

7) Choi, Jang-Jip "Political Cleavage", Ha-gen Koo (ed.), *The State and Society in Contemporary Korea*, Ithaca: Cornell University Press, 1993, p. 22.

8) 김준, 「아시아 권위주의 국가의 노동정치와 노동운동 : 한국과 대만의 비교연구」, 서울대 사회학과 박사학위논문, 1993, 130쪽.

9) Cumings, "The Origins and Development of the Northeast Asian Political Economy: Industrial Sectors, Product Cycles, and Political Consequences", 1984, F. Deyo (ed.), *The Political Economy of the New Asian Industrialism*, Ithaca: Cornell University Press, 1987, p. 69.

다음으로, 반공규율사회의 형성과정에서 구지주계급이 정치사회적으로 약화됨으로써 발전을 향한 국가주의적 동원화와 통합화에 저항할 지배계급 내의 저항력이 결정적으로 약화되었다는 점을 들 수 있다. 반공규율사회라고 하는 국가-계급관계의 전도가 냉전과 내전의 특수한 결합효과의 부정적 측면이라고 한다면, 긍정적인 측면은 반공규율사회의 형성과정에서 구지주계급이 계급적으로 붕괴함으로써 60년대 이후 성장을 향한 동원화와 통합화를 용이하게 하였다는 점이다. 즉 냉전형성기에 나타난 초기적인 냉전적 대결은 구지주계급의 물질적 기초를 박탈하는 토지개혁을 가속화함으로써 구지주계급의 경제적 나아가 정치적 붕괴를 가져오게 된다는 것이다. 토지개혁의 시행, 구지주계급의 물질적 기반의 붕괴, 친부르주아적 발전에 저항할 수 있는 구지배계급의 저항잠재력의 소멸은, 농업 과두세력이 경제성장의 강력한 브레이크[10]로 작용하고 있는 남미와 비교했을 때 동아시아가 갖는 특징이라고 할 수 있다. 이 점에서도 남한과 대만은 동질성을 지녔다고 할 수 있다. 남한과 대만의 토지개혁은 분배의 형식(유상몰수 유상분배), 토지개혁의 범위(분배된 토지), 분배에서의 농민의 이익 등의 측면에서 많은 부분이 철저하지 못했지만, 구지주계급의 경제적 기초의 박탈이라는 점에서 상당한 '진보성'을 가지고 있었다고 평가할 수 있다.[11]

---

10) Lie, John, "Review: Rethinking the 'Miracle' — Economic Growth and Political Struggle in South Korea", *Bulletin of Concerned Asian Studies* 23(4), 1991년 10~12월호, p. 71.

11) 남한과 대만의 토지개혁의 진보성에 대해서는 상당한 견해차이가 있다. 필자는 북한과 중국본토에서의 토지개혁과 비교할 때 남한과 대만에서의 그것은 매우 불철저했다고 생각한다. 그러나 구지주계급의 계급으로서의 소멸 및 산업화에 저항하는 구지주계급의 저항능력 약화라는 점에서는 상당한 진전이 있었다고 평가한다. 단지 남한의 경우 후속조치(농지법 제정 등)에 실패함으로써 소작제도가 부활한다는 것이 대만과 차이가 있다. 그러나 이 경우에도

대만의 경우 공산당과의 오랜 내전 경험과정에서 관료들의 부패, 토지개혁을 포함한 개혁의 실패가 자신들의 패배 원인이라는 자각이 국민당 지도부에 있었기 때문에[12] 대만의 토지개혁은 '예방적 개혁(preventive reform)'이라는 성격을 띠고 있었다. 반면 남한의 경우 북한의 토지개혁의 효과가 농민들에게 강한 영향을 미치는 조건에서 나타난 '경쟁적 개혁(competitive reform)'의 성격을 띠고 있었다고 할 수 있다. 즉 대만의 경우, 본토에서의 패배가 직접적으로 토지개혁의 진전에 영향을 미쳤다고 한다면, 남한의 경우 북한과의 경쟁이 직접적으로 토지개혁의 진전에 영향을 미쳤던 것이다.[13]

이러한 반공규율사회에서의 토지개혁과 그를 통한 구지주계급의 정치적 소멸은 박정희정부가 구지배세력의 심각한 저항을 받지 않고 국가주의적 동원화와 권위주의적 통합화를 추구하는 구조적 근거가 된

계급으로서의 지주계급의 재생을 보장하는 것은 아니었다. 이미 산업화가 지배적인 것이 되면서 지주계급의 지배계급으로서의 권력이나 산업화를 저지할 수 있는 비토권력을 상실하였다는 점이 강조되어야 할 것이다.

12) Gregor, James A., Maria Hsia Chang and Andrew B. Zimmerman, *Ideology and Development: Sun Yat-Sen and the Economic History of Taiwan,* Berkerley: University of California Press, 1981, p. 25.

13) 반공규율사회는 반제민족해방운동의 '혁명'적 발전이 포스트 식민지적(post-colonial) 상황의 특수성으로 인하여 한쪽에서는 '과잉혁명', 다른 한쪽에서는 '과소혁명'이라는 전도된 모습으로 '분단'된 결과로서 성립한 것인데, 그러한 반공규율사회가 농지개혁과 같은 구조적 개혁에서 일정한 진보성을 갖는 이유는 그러한 전도의 과정에도 불구하고 반제민족해방운동의 성과 위에 선 것이기 때문이다. 이러한 성과의 간접적 증거를, 강정구 교수 같은 경우 해방공간에서의 여러 발전지향 중 사회주의적 지향의 다수화에서 찾고 있다(Kang, Jeong-Ku, "The Role of the United States in the Division of Korea and Korean War", paper presented at the 'Southern California Korean and Korean-American Studies Group Colloquium', USC, 1996. 4. 20).

128

다. 또한 반공규율사회의 형성이 가져온 구조적 변화는 박정희정부의 수출 드라이브 정책의 성공을 규정하는 중요한 요소로 작용하였다.

50년대 이후 남한과 대만에서 국가중심론자들이 주목하는 시민사회에 대한 국가의 자율성 및 우위성은 기본적으로 '비대칭적 국가-시민사회관계'에 기초하고 있고, 이는 바로 계급적 역관계의 우익적 불균형화 및 그를 기초로 한 식민지 지배기구의 연속 등에 의해 가능하게 되었던 것이다. 이러한 시민사회에 대한 국가의 압도적인 우위상황이 60년대 이후 국가주의적 동원화와 권위주의적 통합화의 조건이 된다. 바로 이러한 특수한 정치사회적 조건을 고려하지 않고는 박정희체제의 성립과 발전추동을 올바로 분석할 수 없다는 것이 필자의 생각이다. 이러한 반공규율사회적 조건은 민주적인 대안적 동원화의 가능성을 봉쇄하고 박정희정부에 의한 국가주의적 동원과 권위주의적 통합을 더욱 강력한 것으로 만들게 되었다.[14]

3) 박정희정부의 국가주의적 동원화와 권위주의적 통합화

박정희체제는 바로 이러한 반공규율사회적 조건에 기초한 60년대 이

---

14) 이러한 반공규율사회가 어떻게 성장궤도로 진입하게 되느냐 하는 데는 전후의 세계체제적 조건, 그 내에서 동아시아가 갖는 지정학적 조건 등 복합적인 요인이 작용함은 두말할 나위가 없다. 이러한 측면에 대해서는 다음을 참조. Shin, Kwang-Yeong, "Industrialization and Economic Development in East Asian Nations", Eun-Mee Kim (ed.), *The Four Asian Tigers, Economic Development, and the Global Political Economy*, San Diego: Academic Press, 1998; Cumings, "The Origins and Development of the Northeast Asian Political Economy: Industrial Sectors, Product Cycles, and Political Consequences"; Arrighi, G., "The Rise of East Asia: World Systemic and Regional Aspects", *International Journal of Sociology and Social Policy* 16(7), 1996.

후 (최대)국가주의적인 동원화와 권위주의적 통합화로 나아가게 된다. 박정희체제로 대표되는 국가주의적 동원화와 권위주의적 통합화는 한편으로는 선행하는 전도된 국가-시민사회관계(강력한 국가-통제된 시민사회)가 존재함으로써 가능하였고 다른 한편으로는 그것을 자신의 재생산을 위하여 악용하고 증폭함으로써 가능하였다. 이러한 점은 박정희 정부가 초기 근대화 프로젝트로 인하여 일정한 헤게모니적 요소를 가지고 있던 60년대에 비해 지배 프로젝트가 균열되어 나가는 70년대 이후의 시기에 극명하게 드러난다.

반공규율사회적 조건 위에서 나타나는 국가주의적 동원화와 권위주의적 통합화는 다음과 같은 방식으로 나타났다. 먼저, 국가는 자본관계의 확대재생산을 위하여 물적·인적 자원의 총동원과 배치를 시도하게 된다. 국가는 유치산업의 성장과 보호를 위한 전천후식 지원정책을 구사하고, 취약한 내부시장을 보호하고 지원하는 정책을 폭넓게 구사하게 된다. 또한 노동계급이 새롭게 정립되는 자본의 질서에 순응적으로 적응하도록 하기 위하여 사회적 차원에서 존재하는 병영사회적 규율화(social regimentation)를 작업장에서의 노동에 대한 규율화(regimentation on the labor process)로 전환하고 국가 프로젝트에 대한 저항을 극단적으로 억압하는 방식으로 나타났다. 노동의 재생산을 위한 국가의 개입은 안보 준거틀(national security framework) 내에서의 노동의 준(準)전시적 동원화(pseudo-wartime mobilization)의 형태로 나타났다.[15] 이와

---

15) 이러한 대만과 한국에서의 안보 준거틀 속에서 전개되는 신중상주의적인 국가는 서구의 케인스적인 복지국가(Keynesian welfare state)나 혹은 최근 글로벌 신자유주의적인 상황 속에서 국가경쟁력 강화, 생산과정 혁신 등을 추동하는 슘페터적인 노동국가(Schumpeterian workfare state)와 구별되는 리스트적 준전시국가(Listian warfare state)로 규정될 수 있다. Jessop, B., 앞의 글; Cho, Hee-Yeon and B. Jessop, "The State and Society in the East Asian Accumulation — 'The Political Sociology of East Asian

130

함께 박정희체제는 '의사합의'적으로 존재하는 반공이념을 체계적으로 이용함으로써 사회의 권위주의적 조직화를 시도하였다.

남한과 대만에서 성장을 향한 국가주의적 동원화와 권위주의적 통합화를 강화한 또 다른 요인으로는 '냉전의 내재화'로 인한 '분단사회' 간의 '적대적 대결'의 효과를 지적할 수 있다. 반공규율사회는 그것이 '종전'이 아니라 휴전의 성격을 갖는다는 점에서 적대적 대결이 일상적으로 재생산된다는 특징을 갖는다. 휴전형 사회로서의 대결구조는 한 체제 내에서 적대적 대결을 내부의 국가주의와 권위주의를 강화하는 수단으로 사용하게 된다.

초기 발전 프로젝트에 대한 헤게모니적 요소가 일정하게 존재하였던 60년대를 넘어 70년대에 이르면 헤게모니적 요소에 균열이 생기면서 박정희체제는 대결의 이데올로기적 표현인 반공·안보를 더욱 강화하는 형태로 자신들의 국가주의와 권위주의적 방식을 강화하게 된다.

4) 국가주의적 동원화와 권위주의적 통합화에 대한 저항의 발전과 그 위기

박정희정부의 국가주의적 동원화와 통합화 체제는 70년대 초반을 거치면서 '균열기'로 돌입하게 된다. 후발자본주의화의 경로는 압축형 성장인 만큼, 더구나 제한된 차원의 편향된 총력집중 체제인 만큼 크나큰 균열의 잠재력을 가지고 진행되었다. 서구에서 여러 세기에 걸쳐 표출된 모순이 단기간에 집약적으로 표출된다는 점에서, 균열의 잠재

Accumulation' and Dialectic of the Civil War, Modernization and Democratization in Taiwan and South Korea", unpublished; Peck, J., *Workplace: The Social Regulation of Labor Markets*, NY: The Guilford Press, 1996.

력은 그만큼 더 컸다. 더욱이 한국의 후발자본주의적 산업화체제는 성장을 향한 물적·인적 자원의 일방적인 집중화만 있었지 성장의 모순을 보완하는 일체의 사회보장적 체계가 부재한 천민자본주의적 축적체제였기 때문에, 그러한 균열의 잠재력은 더욱 컸다고 할 수 있다.

이러한 균열의 잠재력이 현재화된 것은 역설적으로 그러한 '후발자본주의화'의 '성공적' 전개로 인한 산업화 모순의 확대에 의해서였다. 박정희체제가 내장하고 있던 잠재적 모순의 현재화에 대응하여 초기 반공규율사회 속에서 압살되었던 저항운동이 70년대에 들어서면서부터는 점차 가시화되고 지배연합에 도전하는 세력으로 부상하게 된다. 반공규율사회의 균열 속에서, 그리고 헤게모니적 발전 프로젝트의 통합력 균열에 의해 그간 통제되고 있던 사회운동과 저항운동이 확산되어 간 것이다. 저항운동이 민중운동이라는 자기정체화를 이룬 것도 이러한 발전의 한 반영이라고 할 수 있다. 이러한 모순의 현재화와 저항의 발전은 박정희정부의 통합화 방식을 더욱 권위주의적인 방향으로 경화(硬化)시키게 된다. 박정희체제의 말기는 바로 이러한 권위주의적 억압과 저항의 일상적인 악순환으로 특징지어진다. 이러한 저항의 발전 속에서, 박정희체제의 국가주의적 동원화와 권위주의적 통합화를 가능하게 했던 국가와 시민사회의 비대칭적인 관계도 점차 변화해 간다. 저항의 발전에 의한 국가와 시민사회의 비대칭적 관계의 변화는 박정희식 동원화·통합화 방식의 유효성을 근본에서부터 침식하게 된다.

80년대 민주화투쟁의 발전은 바로 국가주의적 동원화와 권위주의적 통합화의 위기를 반영하는 것이라고 할 수 있다. 80년대에는 국가주의적 동원화와 권위주의적 통합화 체제에 대한 저항이 대중화되면서, 군부권위주의 정권의 위기가 현재화된 시기라고 할 수 있다. 70년대에는 균열이 확대되면서도 억압적 정책 자체를 통하여 저항의 확산 및 현재화를 통제할 수 있었으나, 이 시기에는 그러한 억압적 정책 자체의 유효성이 약화되면서 저항의 전국화, 저항의 '심화', 사회운동의 '구심력적 심화(centripetal deepening)'가 나타나는 시기라고 할 수 있다. 대만의 경우 이러한 저항의 발전에 대응하여 지배의 '유연화'로 대응하였던 데 반해, 남한의 경우 70년대의 군부권위주의 정권보다 더욱 강성의 군부권위주의 정권이 출현하였기 때문에 대만보다 훨씬 격렬한 저항과 억압의 순환과정을 경과하게 된다.

반공규율사회가 구조화하고 있던 피지배계급의 권위주의적 통합, 국가의 우위와 시민사회의 종속화는 이 시기의 민주화투쟁을 통하여 서서히 변화하게 된다. 발전지배연합에 대항하여 저항연합이 좀더 가시화되어 가며, 이것은 지배연합과 경쟁하는 국면으로까지 발전한다. 60년대에는 발전지배연합이 지배적인 상태로 존재하였고, 70년대에는 이것이 균열되고 갔고, 80년대에는 역으로 저항연합이 발전지배연합과 각축할 수 있는 수준, 부분적으로는 지배적인 위치에까지 이르고, 이로써 발전지배연합과 저항연합이 이른바 '전략적 상호작용(strategic interaction)'[16]을 하는 수준에 이르게 된다.

이러한 저항의 발전은 '투쟁의 국가화(statization)'를 낳고, 권위주의적 통합화가 '저항의 전계급·계층화'를 낳음으로써 가능하였다. 1987년을 정점으로 하는 민주화투쟁의 고양은 이러한 투쟁의 국가화와 저항의 전계급·계층화가 총제적으로 '위기의 국가화'에 다다랐음을 보여주는 사건이었다고 할 수 있다. 여기서 박정희식 체제의 재편과 변형은 불가피한 시대적 추세가 된다.

이러한 투쟁의 공개화와 분출, 그 발전은 어떤 형태로든 변화된 반

---

16) Cheng, Tun-jen and Eun-Mee Kim, "Making Democracy: Generalizing the South Korean Case", Edward Friedman (ed.), *The Politics of Democratization: Generalizing East Asian Experiences*, Boulder: Westview Press, 1994, p. 127, 128.

공규율사회의 균열 속에서 변화되어 온 지배계급 내의 관계 및 지배계급과 민중블록의 관계, 넓은 의미의 정치사회적 제관계를 조정할 것을 요구하게 되는데, 군부를 정점으로 하는 지배연합의 재편에서부터, 국가자율성의 발현양식의 변화, 더 넓은 의미에서 지배연합의 재편 등이 이 시기에 중요한 과제로 등장한다. 그 이전까지의 국가주의적 동원화와 권위주의적 통합화 체제는 반공규율사회가 부여하는 내부 계급적 조건 때문에 노동자와 민중의 수동적 침묵과 적응 및 규율화에 기초하는 체제였다고 한다면, 이러한 대중적 활성화와 민주주의 투쟁의 확대는 이전의 계급적 관계를 변화시키고 이에 따라 이전 체제의 변화를 요구하게 된다.

80년대는 반공규율사회의 균열과 그에 따른 저항이 현재화되면서 반공규율사회가 위기에 처하고 그것의 변형을 향한 진통이 진행되는 단계라는 점에서 이른바 '민주주의 이행'의 시기라고 할 수 있다.[17] 이러한 이행의 과정에서 국가주도형 자본주의화의 성장전략과, 국가주도형 자본주의화의 상부구조로서의 권위주의 정권의 재편 및 변형이 불가피해진다. 현재 우리가 겪고 있는 민주주의 이행국면은 바로 위기의 국가화로 인한 국가변동·정권변동·정부변동의 과정이라고 할 수 있다.

민주화의 과정을 그것이 위로부터의 경로를 밟느냐, 아래로부터의 경로를 밟느냐에 따라 크게 두 가지 유형으로 나눈다면, 사회가 어떠한 변화경로를 밟을 것인가는 투쟁의 결과 및 정치적 개방화 이후 민

---

17) 60년대가 반공규율사회의 심화기였다면, 70년대는 반공규율사회의 균열기/저항운동의 초기 발전기라고 할 수 있고, 80년대는 반공규율사회의 위기/저항운동의 심화기라고 할 수 있다(Cho, Hee-Yeon and Eun-Mee Kim, "'State Autonomy' and Its Social Conditions for Economic Development in South Korea and Taiwan", Eun-Mee Kim (ed.), *The Four Asian Tigers, Economic Development, and The Global Political Economy*).

주주의 투쟁의 결과에 따라 달라진다. 단적으로 기존의 국가와 지배계급의 이니셔티브하에서 실현되느냐, 아니면 저항블록의 이니셔티브하에서 실현되느냐 하는 것이다. 다시 말해 위로부터의 보수적 이행을 경험하느냐, 아니면 아래로부터의 급진적 이행을 경험하느냐로 표현할 수 있다. 1987년부터 현재까지의 역사적 경험으로 볼 때, 남한의 국가주의적 동원화와 권위주의적 통합화 체제는 기존의 국가와 지배계급의 이니셔티브하에서 위로부터의 보수적 이행의 길을 겪고 있는 것으로 보인다.

1987년 이후의 일련의 정치변동과정은 반공규율사회의 위기국면에서 위로부터의 보수적 이행이 지배적인 것이 됨으로써 국가주의적 동원화와 권위주의적 통합화의 타협적 변형이 나타나고 있는 것으로 보인다.[18) 이러한 변동의 과정은 이전의 국가주의적 동원화와 권위주의적 통합화를 대체하는 '새로운 민주적 동원화/통합화'의 방안이 만들어져야 하는 과정이라고 할 수 있다. 현재까지의 경과를 볼 때 1차 및 2차 보수적 민간정부는 국가경쟁력 강화, 정보화, 노동시장의 유연성, 민영화 등을 하위담론으로 하는 지배담론을 통해서 '신국가주의'적인 동원화와 '신권위주의'적 통합화를 달성하려는 것으로 규정할 수 있다. 지금까지의 체제에서는 성장을 향한 물적·인적 자원의 일방적인 집중화만 있었지 축적된 부의 재분배, 천민자본주의적 성장의 소외를 보완하는 일체의 사회보장 및 사회복지 체계가 부재하였던 천민자본주의적 축적과정이었던바, 보수적 민간정부는 이러한 국가주의적 동원화가 내포하고 있는 천민자본주의적 축적체제 자체에 대한 개편 없이

---

18) 이 시기의 정치변동은 크게 보면 군부권위주의 정권에서 일종의 '저강도 민주주의(low-intensity democracy)'로의 변형과정을 밟고 있는 것으로 보인다(Graf, William, "The State in the Third World", *Socialist Register 1995*, London: The Merlin Press, 1995, p. 154).

신성장논리로 포장된 새로운 동원화 전략을 구사하려고 애쓰고 있는 것으로 보인다. 또한 과거의 권위주의적 통합화가 반공규율사회에서 통제화된 노동자 및 민중, 저항운동, 협애화된 제도정치 속에서 기능하였다고 한다면, 이제 상황 자체는 활성화된 민중부문, 대중화된 저항운동, 분화된 사회, 일정하게 자율화된 제도정치 등으로 변화하였고, 체제재편은 이러한 변화를 포함하는 것이어야 함에도 불구하고[19] 보수적 민간정부는 변화에 부응하는 사회적 관계, 국가-시민사회관계의 재편으로 혹은 대만적 통합화로 나아가고 있는 것으로 보이지 않는다. 보수적 민간정권의 구조적인 불안정성 근거는 바로 여기에 있다.

위로부터의 이행은 그 자체가 불철저하고 불완전한 것임에도 기존의 국가주의적 동원화와 권위주의적 통합화 체제의 위기에서 출발하는 것이기 때문에 이전의 것을 대체하는 새로운 동원화와 통합화 방식이 발견되고 제도화되어야 한다. 박정희 신드롬과 박정희 회귀적 경향은 바로 이러한 새로운 대안적인 양식을 발전시키지 못하고 있는 과도기적 상황에서 나타난 현상이라고 할 수 있으며, 위로부터의 보수적 민주주의 이행의 과도기에서의 대안부재의 현실을 반영하는 것이라고 할 수 있다.

박정희의 근대화체제가 전제하였던 전도된 국가-시민사회관계, 그에 기초한 국가주의적 동원화와 권위주의적 통합양식을 극복하려는 노력 없이 변형된 신국가주의적·신권위주의적 양식으로 나아가려는 데서 우리사회의 만성적인 정치사회적 불안정성이 나타난다고 할 수 있다. 앞서 서술한 바와 같이 성장의 과정을 정치사회적 과정이라고 할 때, 현재의 경제위기 또한 단순히 경제체제 내적인 문제일 뿐만 아니라 이러한 정치사회적 위기에서 출발하고 있다고 하겠다.

---

19) Cho, Hee-Yeon and Eun-Mee Kim, 앞의 글.

3. 맺음말

박정희체제는 반공규율사회라는 독특한 조건 위에서 성립한 '국가주의적 동원화와 권위주의적 통합화'의 체제라고 할 수 있다. 대만과 한국은 '냉전과 내전의 특수한 결합으로 인하여 반공 이데올로기가 '의사합의'로 내재화된 특유한 우익적 사회', 즉 '반공규율사회'라고 할 수 있다.

바로 이러한 반공규율사회라고 하는 '국가-시민사회의 극단적인 비대칭 상황'에서 박정희식 발전체제, 즉 성장을 향한 국가주의적 동원화와 권위주의적 통합화의 체제가 출현하였다고 할 수 있다. 박정희체제의 사회통합화 방식은 근대화에 대한 저항이 강화되는 70년대 이후 더욱 권위주의적인 방향으로 변화되어 갔다. 그리고 80년대에 이르면 이러한 국가주의적 동원화는 '투쟁의 국가화'를 낳고, 권위주의적 통합화는 '저항의 전계급·계층화'를 낳음으로써 '위기의 국가화'를 낳고 이로써 민주주의 이행(80년대 민주화투쟁 고양기)이 본격화된다. 현재 우리가 겪고 있는 민주주의 이행국면은 바로 위기의 국가화로 인한 국가변동·정권변동·정부변동의 과정이라고 할 수 있다.

민주화투쟁의 고양과 '위로부터의 민주주의 이행'은 이미 박정희식 동원화/통합화 방식의 현실성이 무너졌음을 말해 주는 것이고, 현재는 새로운 '지배'의 형성기, 새로운 포스트 권위주의 양식의 개발기라고 할 때 박정희로의 회귀는 바로 그러한 대안적 사회통합 양식의 부재를 반증하고 있다고 하겠다. 군부권위주의 정권에서 포스트 군부권위주의적 시대로 이행하고 있는 현재의 '보수적 민간정부' 시기에 박정희 신드롬이 부활하는 것은 "미래의 비전을 상실할 때 과거로 회귀한다"는 고전적 명제의 진실을 보여주는 것이다. 즉 박정희정부가 상징하는 국가주의적 동원화와 권위주의적 통합화를 대체하는 새로운 방식이 만들어져야 하는 조건 속에서, 이전의 국가주의적 동원화와 권위주의적 통합화의 방식을 부활시키려고 하는, 최소한 그것에 대한 퇴행적 향수를 전제하고 있는 박정희 신드롬은 민주화의 목표를 상실한 현시대의 정신적 혼돈, 사회발전의 방향상실로 인한 지적 혼미를 반영하는 것이라고 할 수 있다.

박정희 신드롬은 박정희시대에 대한 국민적 향수가 있다는 식으로 해석됨으로써 우리 사회 기득권세력의 강력함을 반영하는 것으로 해석되고 있으나, 필자가 보기에는 대안적인 동원화와 통합화의 방안을 찾지 못한 현시기 기득권세력의 내적 허약성과 불안정성을 드러내는 것이다. 대안이 부재한 과도기적 상황에서 나타나는 이러한 과거회귀적 양상은 바로 현재 지배세력의 강력함을 말해 주는 것이 아니라 취약성을 반증하는 것이라고 할 수 있다.

역설적인 것은 바로 지금까지 박정희식 체제를 가능하게 했던 반공냉전구조, 전도된 국가—시민사회관계, 그 안에서 특혜적으로 성장한 한국의 부르주아지와 기득권세력이 바로 새로운 통합화 양식을 발전시키는 데 장애요인이 되고 있다는 점이다. 그것은 박정희식 체제에서 '손쉬운' 축적에 길들여진 한국의 부르주아지와 '손쉬운' 권력유지에 길들여진 한국의 기득권세력은 국가주의적 동원화와 권위주의적 통합화를 대체하는 새로운 대안체제를 창출하는 긴장과 갈등, 희생에 개방되어 있지 않기 때문이다. 이러한 모순적인 측면은 "산업화에는 뒤졌지만 정보화에는 앞서가자"고 하면서 이승만과 박정희를 미화하는 이율배반적인 모습에서도 잘 나타나고 있다. 이승만·박정희를 미화하는 사고구조, 그러한 과거회귀적인 정신으로 정보화사회에 앞서가려는 모순적인 모습이 우리 사회 일각에 존재하는 보수의 현주소라고 할 수 있다.

박정희 신드롬이 세기말의 격변기에 처한 한국사회 발전에 장애가 되고 있는 이유도 바로 여기에 있다. 박정희 신드롬은 구사회의 해체와 새로운 사회로의 이행의 과도기에 존재하는 건전한 고통과 진통으로부터의 손쉬운 도피이기 때문이다.

박정희 신드롬은 이미 그 '광기'의 순간을 넘긴 것으로 보인다. 그러나 그것은 우리 사회의 보수기득권세력의 정당화 이데올로기로서 여전히 우리 사회의 일각에 강고하게 존재하고 있다. 이 글은 바로 소멸하지 않은 이 이데올로기에 대한 하나의 비판으로서의 성격을 갖는다.

제3장 한국의 민주주의 이행과 정치변동

　제3장에서는 본격적으로 80·90년대 전개된 민주주의 이행과정을 구체적으로 분석한다. 먼저 민주주의 이행을 분석하기 위한 몇 가지 전제적인 이론적 논의를 한 후, 그것을 기초로 1987년과 1992년을 분기점으로 하여 세 시기(전두환정부·노태우정부·김영삼정부)로 시기구분을 한 후, 각 시기별로 지배블록과 민중블록의 역동적 상호관계 속에서 민주주의 이행과정을 서술할 것이다.

　시기적으로는 1979년 10·26사건으로 표출된 유신체제의 해체에서부터 1998년 2월 김대중정부 출범까지를 대상으로 한다. 한국의 민주주의 이행과정은 최초의 민선민간정부나 최초의 야당정권이 수립되었다는 일회적 사건이 아니라, 군부정권의 위기로 1979년 말부터 시작된 군부정권 '해체'에서부터 민선민간정부의 수립을 통하여 '포스트 권위주의'적 민주정부를 형성해 가는 거시역사적 과정을 포괄한다고 할 수 있다.

　따라서 이 글의 목적은 60년대 이후 한국을 통치해 온 군부정권의 퇴진과정 및 민주화과정을 분석함으로써 민주주의로 이행과정

(transition to democracy)의 한국적 특성을 해명하는 데 있다.

우선 민주화과정을 '과정'으로서 이해하고 80·90년대의 역사적 과정이 어떻게 전개되었는가를 몇 개의 역사적 시기로 나누어 민간정부로의 이행과정을 살펴보고자 한다. 80·90년대 민주화의 역사적 흐름에서 몇 개의 중요한 사건들을 그 계기로 삼아 군부정권의 '해체' 및 민선민간정부화 과정이 어떻게 전개되는가를 분석할 것이다. 덧붙여 이 글에서 시도하고자 하는 중요한 점은 민주화의 과정에서 국가·정치사회·시민사회의 상호관계가 어떻게 역동적으로 변화해 가는가를 분석하는 것이다. 그러므로 사회적 실천의 구조적 조건이 어떻게 상이하게 변화되는가도 관심의 대상이 된다.

마지막에서는 이처럼 변화무쌍하게 전개되는 80·90년대의 정치변동을 거시역사적 관점에서 국가론적으로 어떻게 이해해야 할 것인지를 서술한다.

I. 80, 90년대 민주주의 이행의 분석틀과 시기구분

한국의 민주화 과정을 분석하는 데 있어서는 본질적으로 민주주의가 확립된다는 것이 무엇을 의미하는지 규정할 필요가 있다. 필자는 민주주의를 "다수 국민이 공적(公的) 결정의 실질적인 주체가 되는 제도"라고 규정한다. 이런 의미의 민주주의는 여러 가지 차원을 갖는다고 할 수 있다.

첫째, 사회의 다수 국민, 즉 민중의 정치적 의사가 왜곡되지 않게 반영되는 공적 절차의 확립이다. 인류가 발전시킨 이러한 공적 절차의 대표적인 예를 '선거'라고 할 때, 선거라는 절차가 불가피한 일반적인 정치적 경쟁의 형식으로 정착하는 것을 의미한다(합의된 게임규칙 내에서의 경쟁의 제도화). 둘째, 그러한 공적 절차에 따른 정치적 경쟁의 공정성이 보장되고 그것이 다수 국민에 의해 인정되는 것이다. 공적 절차가 기존 지배권력의 정당화를 위한 '요식행위'로 전락하는 곳에서 민주주의를 이야기할 수는 없을 것이다(경쟁의 공정성 확립). 셋째, 다수 국민의 공적 결정에의 참여가 사회 각 영역, 사회 각 수준에서 제도화되는 것이다. 즉 민주주의적 원리가 사회의 모든 차원과 영역에 확산되어 다수 국민의 참여가 일반화되는 것을 의미한다. 여기에는 노동자들의 단결권이 보장됨으로써 경제적 영역에서 노동자 다수 대중이 공적 결정에 참여하는 것이 보장되는 것도 한 예가 될 수 있을 것이다(민주주의적 원리의 사회적 확산). 넷째, 다수 국민의 공적 결정에의 참여가 허구화되지 않도록, 사회경제적 평등을 향한 실질적 참여가 보장되는 것이다(민주주의의 실질화). 여기서 사회경제적 평등은 각 역사적·사회적 발전에 따라, 그에 상응하는 다수 국민들의 의식에 따라 결정되는 상대적인 문제로 규정될 수 있다. 즉 평등의 실질적 내용은 상대적이고 가변적인 성격을 띠고 있다는 것이다. 근대에 들어오면서 형식으로서의 민주주의가 사회경제적 내용을 가질 수 있었던 것은, 경제적 불평등이 완화되지 않으면 다수 국민의 공적 결정에의 참여는 허구화된다는 사회의식의 발전이 전제되었기 때문이다.

첫째와 둘째를 형식적 민주주의 차원이라고 한다면, 셋째와 넷째는 실질적 민주주의 차원이라고 할 수 있다. 오도넬이 이야기한 자유화(liberalization)는 첫째 차원의 민주주의를 실험하기 위한 제한된 조치를 의미한다고 할 수 있으며, 민주화(democratization)란 두번째 차원을 의미하는 것으로 볼 수 있다. 그리고 네번째 차원은 오도넬이 말하는 사회화(socialization)의 차원을 의미한다고 할 수 있는데,[1] 사회화의 체제적 형태는 다양할 수 있을 것이다.[2]

여기서는 기존에 두 가지 방향에서 행해진 연구를 보완하고자 한다. 첫째는, 군부독재정권에서 민간정부로의 변화과정에 대한 계급본질론적 규정을 중심에 두고, 그러한 변화의 역동적 과정에 대한 분석을 적극적으로 못한 경우이다. 박정희정부·전두환정부·노태우정부에 대한 기존의 분석은 주로 그것들의 '본질론적' 혹은 계급적 성격을 규정하는 방향에서 이루어져 왔다. 그래서 이 정부들은 '신식민지국가독점자본주의' 혹은 '종속적 독점자본주의'적 토대에 상응하는 상부구조로서의

---

1) O'Donnell, G. and P. C. Schmitter, *Transitions from Authoritarian Rule: Tentative-conclusions about Uncertain Democracies*, Baltimore and London: The Johns Hopkins Uni. Press, 1986, pp. 6-14. 첫째와 둘째 차원과, 셋째와 넷째 차원을 셰보르스키의 구분에 따라, 절차적 민주주의관(procedural coception of democracy)과 실체적 민주주의관(substantive conception of democracy)으로 구분할 수도 있을 것이다(Przeworski, *Sustainable Democracy*, 1992).

2) 민중민주주의, 인민민주주의, 사회민주주의 등도 이러한 범위에 포괄될 수 있다.

‘신식민지파시즘’ 혹은 ‘종속적 파시즘’으로 규정되어 왔다.[3]

종속적 파시즘이나 신식민지파시즘이 초기 산업화에서 나타나는 개발독재체제의 성격을 지칭하는 것이라고 한다면, 박정희 개발독재체제는 종속적 독점자본주의 형성기의 상부구조라고 할 수 있고, 박정희 개발독재체제에서 민간정권으로의 이행과정은 그러한 토대적 변화에 상응하는 부르주아적 상부구조의 변화 혹은 합리화 과정으로 이해할 수 있다. 민주주의 이행이라는 것은 바로 이러한 토대적 변화에 상응하는 상부구조의 변화 혹은 합리화 과정이라고 할 수 있다. 초기 산업화 과정에서 ‘불가피’했다고 할 수 있는 개발독재적 국가하에서 산업화가 달성되면서 역설적으로 그러한 ‘변화된 토대’에 상응하는 상부구조적 변화는 계급적·사회적 투쟁을 매개로 해서 일어나게 된다. 민주주의 이행은 바로 그러한 상부구조적 변화의 현상적 측면을 지칭하는 것이라고 하겠다.

이 글에서 필자가 중점적으로 다루고자 하는 것은 이와 같은 전제에서 상부구조의 형태적 변화과정, 즉 상부구조의 합리화와 역동적 변화과정을 분석하는 것이다. 그런 점에서 유신정권의 성립이나 전두환정부의 성립은 “신식민지국가독점자본주의로의 평화적 이행이 보장되지 않는 위기적 상황에 대응하는 반혁명적 체제”로서 성립하는 것이라고 한다면, 필자는 다른 측면에서 그것들이 남한자본주의 축적구조의 안착(安着)과 상대적 안정화 및 변혁운동의 전투적 투쟁 등의 요인에 의해 규정되면서 내재적으로 변화하게 된다는 점을 이 글에서 분석하고자 한다. 사실 80년대 전시기를 통하여 변혁운동은 양적·질적 성장을 이룩하였으나, 그에 대응하는 지배권력의 변화도 나타났고 지배권력과

---

3) 서울사회과학연구소 경제분과, 『한국에서의 자본주의 발전─시론적 분석』, 새길, 1991; 이성형, 「신식민지파시즘의 이론구조」, 『현실과 과학』 제2집, 새길, 1988; 윤소영, 「식민지반봉건사회론과 신식민지국가독점자본주의론」, 앞의 책.

변혁운동의 대응관계 속에서 변혁운동의 독자적·연합적 집권이 실패로 돌아가면서 위로부터의 '보수적 민주화'가 나타나게 된다. 필자는 바로 이러한 지배권력의 본질론적 성격을 기초로 하면서도 변혁운동의 양적·질적 변화에 대응하여 지배권력이 어떻게 역동적으로 변화되어서 김영삼정부나 김대중정부의 성립으로 표상되는 '부르주아적' 정치권력의 초보적 형태를 실현하는지, 그 과정을 분석할 것이다. 박정희정부나 전두환정부가 독점적 축적구조 확립기의 지배권력 형태이자 '위기의 토대적 조건'에 대응하는 '위기관리적' 지배권력이라고 한다면, 노태우정부를 과도기로 하여 성립한 김영삼정부 및 김대중정부는 독점적 축적구조의 착근기에 대응하는 '체제합리화적' 지배권력이라고 규정할 수 있다.[4] 이 글에서는 바로 이러한 변화의 역사적 과정을 분석해 보고자 하는 것이다.

둘째로, 민주주의 이행의 역동적 과정에 대한 분석을 주로 행위주체들간의 '전략적 선택'의 문제로 파악하는 연구들이다. 셰보르스키[5]나 오도넬[6] 같은 경우, 이행과정에 대한 분석을 하고 있지만 그것을 군부

---

4) 여기서 한 가지 언급해 두어야 할 점은, 이처럼 자본주의적인 독점적 축적구조가 정착하고 그에 상응하는 초보적인 부르주아적 정치체제가 확립되었다고 하더라도, 일종의 근대화론처럼 '근대화의 진전된 민주적 정치제도의 확립'이라는 식으로 평가해서는 안 될 것이다. 김영삼정부의 성립으로 현재의 지배체제가 비(非)파시즘적 정치형태로 변화하는 방향을 취하고 있으나, 독점자본 축적구조의 경제적 위기상황에서 혹은 정치경제적 모순에 대응하는 정치적 위기의 고양에 따라 반대 형태로의 변화도 가능하기 때문이다. 이 점은 독점자본주의적 축적구조하에서 취할 수 있는 정치형태는 다양할 수 있음을 인식해야 한다는 의미이기도 하다. 이에 대해서는 한국정치연구회, 「신식민지파시즘의 이론구조」(학술단체협의회편, 『80년대 한국사회와 지배구조』, 풀빛, 1989) 참조.

5) Przeworski, *Democracy and the Market: Political and Economic Reforms in Eastern Europe and Latin America*, Cambridge: Cambridge University Press, 1991.

정권이나 저항운동 행위자들의 전략적 선택의 상호작용에 따른 과정
으로 파악하고 있다. 그러나 민주주의 이행과정은 사회적 투쟁 혹은
계급적 투쟁을 매개로 전개되는 과정으로 이해되어야 한다. 사회적 투
쟁이나 계급적 투쟁 등을 포괄하는 사회운동은 그러한 이행 행위자들
의 전략적 선택의 폭을 제한하기도 하고 때로는 확장하기도 하며, 어
떤 경우에는 일정한 선택을 불가피하게 하기도 한다. 예컨대 한국에서
도 1987년 6월항쟁 전후에 다양한 '전략적 선택지' 중에서 군부세력
이 선택할 수 있었던 폭은 저항운동에 의해 제한되거나 일정한 방향을
전환하는 것이 불가피했다. 또한 1996년 전·노의 구속은 김영삼에 의
해 단행된 것이었지만, 이것은 김영삼의 '자유로운' 전략적 선택이라
기보다는 그 이전부터 사회운동이 줄기차게 요구해 오던 광주항쟁 진
상규명 및 책임자 처벌 요구투쟁에 의해 '제한된 선택'이었다고 할 수
있다.

전략적 선택을 중시하는 분석이 가진 문제 중 하나는 그것이 민주주
의 이행에서 행위자들간의 '타협'을 '바람직한' 것으로 상정하는 '가
치론적' 전제를 가지고 있다는 것이다. 셰보르스키와 오도넬은 이행과
정에서 군부세력의 온건파와 강경파, 저항진영의 온건파와 강경파의
분화가 나타나고 성공적 이행을 위해서는 군부세력의 온건파와 저항
진영 온건파의 타협이 중요하다고 주장한다. 셰보르스키는 이행과정에
서 행위자들은 "민주주의의 반대급부로 양보를 단행할 준비를 해야 한
다"고 말한다.[7] 물론 이행과정에서 타협은 중요하게 다루어져야 한다.

---

6) O'Donnell and Schmitter, 앞의 책.
7) 같은 책, p. 97. 또한 오도넬과 슈미터는 탈권위주의화 과정에서 타협이 갖는
   중요성을 강조한다. 특히 결정적인 국면에서 동원화가 지나치면 군부강경파의
   반동적인 회귀를 자극할 수 있다는 점에서, 적정한 수준의 동원화를 유지하는
   속에서 타협적으로 이행하는 경로를 '합리적'이라고 주장한다. 이는 민주화

그러나 그것은 가치론적 평가의 관점에서가 아니라 이행의 과정에서 나타나는 결과론적 행태로서 분석되어야 한다. 또한 일정한 시기의 타협은 영속적인 것이 아니라 일정한 국면에서 유효한 것으로 파악되어야 한다. 일정 국면에서 타협이 이루어지면 그것은 이후의 이행과정을 규정하게 되지만, 지배블록과 저항블록의 역관계의 변화에 따라 새로운 변화를 강요받는 가변적인 것으로 이해되어야 한다.

이 글에서는 이 두 가지 방향의 연구의 '합리적' 측면을 계승하면서도[8] 사회적·계급적 투쟁에 대한 적극적 고려를 통해 그것을 넘어서고자 한다.

한 사회에서 민주화가 본격적인 도정에 오르게 되는 시기는 일정 기간 동안 진행된 사회운동의 투쟁을 통해 군부정권의 퇴진이 불가피해질 때이다.[9] 이런 점에서 군부정권의 퇴진과 민주화과정을 두 단계로

과정에 대한 그들의 분석이 탈권위주의화의 온건한 전략을 선호하는 한계성을 지니고 있음을 보여준다(같은 책, pp. 37-47, 65-72).

8) 민주주의 이행에 대한 설명 가운데 구조분석에 기초하면서도 이행과정에서 나타나는 지배블록·야당·사회운동의 전략적 행위 분석을 결합시키려고 하는 시도로는 다음을 참조할 수 있다. 정대화, 「한국의 정치변동, 1987~1992: 국가-정치사회-시민사회의 관계를 중심으로」, 서울대학교 정치학과 박사학위논문, 1995; 조현연, 「한국정치변동의 동학과 민중운동: 1980년에서 1987년까지」, 외국어대학교 정외과 박사학위논문, 1997.

9) 이처럼 군부정권의 변화가 불가피해지는 국면에서, 해체의 과정을 기본적으로 규정하는 여러 요인들 가운데 중심적인 요인은, 군부정권의 통치역량(ruling capacity)이라고 생각한다. 여기서 통치역량이라고 할 때, 그것은 ① '국가운영자'로서의 군부의 역할에 대한 국민적 동의 정도, ② '국가안보의 보위자'로서의 군부의 역할에 대한 국민적 동의 정도, ③ 군부세력의 단일한 결집 정도 등에 따라 규정된다고 할 수 있다. 군부정권의 통치역량이 강한 상태에서는 군부정권의 통치를 반대하는 조직화된 급진운동세력을 온건운동세력이나 대중과 분리시킬 수 있고, 자신의 정치변동 플랜을 국민들에게 관철할 수 있는 능력을 갖게 된다. 특히 ①과 ②가 대(對)국민관계에서의 군부의 역량을 규정하는 변수라고 한다면, ③은 통치역량에 대한 자체 내의 주체적인 규정변

나누어볼 수 있다. 첫째는 군부정권에 일정한 변화가 불가피하다는 사실이 명확하지 않고 그러한 변화를 위한 실천이 주로 비제도적인 '전위'적 운동으로만 표출되는 상황, 둘째는 그러한 운동이 대중화된 결과, 기존의 군부정권의 통치방식만으로는 더 이상의 안정적인 통치가 불가능해지고 따라서 지배 혹은 통치 자체를 가능하게 하기 위해서는 어떤 형태의 대책이든 취해져야 하는 것이 대중적으로 명확해지고 실제로 그러한 대책이 어떤 형태로든 취해지는 상황이다. 전자는 군부정권이 일정하게 안정된 단계이고, 후자는 군부정권이 전면적으로 불안정해지는 단계이다. 전자의 단계에서는 사회 전체가 병영화되고 집권당 혹은 집권세력이 사회의 각 부문을 통제하고 경영하며, 국민의 저항을 반영하는 통로인 야당은 집권당의 외곽정당처럼 되고, 각종 시민단체들은 관변어용단체를 제외하고는 결코 자발적인 비판적 단체로 존재할 수 없는 상황이 조성된다. 따라서 전자의 시기에 통치는 거의 억압정책으로 단순화되고 저항적 실천은 주로 비타협적인 장외투쟁의 성격을 띤다. 반면 후자의 시기에는 초보적인 자유화가 이루어짐으로 해서 최소한의 정치영역이 가능하며, 따라서 반군부정권적인 저항이 표출되는 통로가 존재하게 되어 정치변동이 좀더 복잡한 양상을 드러낸다.

필자가 민주화 과정 혹은 탈군부정권화 과정이라고 규정하는 시기는 후자의 시기 이후를 가리킨다. 한국사회에서 전자의 시기는 1979년

수라고 할 수 있다. ①과 ②가 현저히 약화되어도 ③의 군부 내의 결집력이 강하면 상당 기간 동안 '통치'를 유지하는 것이 가능하다. 그러나 위의 변수들은 일반적으로 상호규정 관계를 유지하므로 국민적 입지가 약화되면 자체 내의 분열도 확대된다고 할 수 있다. 민주화의 진전은 이러한 군부의 균열에 반영되고 역으로 바로 그것을 주요 계기로 해서 진행된다고 할 수 있다. 80년대 민주화과정은 이러한 군부정권의 통치능력이 지속적으로 약화되는 상황에서 진전되었다고 볼 수 있다.

148

10·26 이전까지라고 할 수 있는데, 필자는 전자에서 후자로의 변화를 보여주는 상징적인 사건을 박정희 대통령이 살해된 10·26사건이라고 생각하므로, 민주화 과정은 1979년 말에서 현재까지의 시기라고 할 수 있다. 민주화 과정을 일회적인 사건이 아닌, 역사적인 '과정(process)'이라고 할 때, 유신군부정권의 위기가 극대화되어 어떤 형태로든 대안적 시도가 이루어지지 않으면 체제의 정상적인 재생산이 어려워지게 된 유신체제 말기(특히 그러한 대안적인 시도가 나타나는 10·26사건)부터 민선민간정권 시대를 경과하고 있는 현재까지의 시기가 바로 후자의 시기가 될 것이다.

이 글에서는 민주주의 이행과정을 다음과 같은 몇 단계로 나누어 분석하고자 한다. 먼저 유신체제의 붕괴에서 노태우정부의 성립에 이르는 시기, 다음 노태우정부 수립에서 김영삼정부의 수립에 이르는 시기, 마지막으로 김영삼정부의 수립에서 김대중정부의 수립에 이르는 시기이다.

그리고 각각의 단계를 다시 세분하면 다음과 같다.

① 유신체제의 파국적 위기에 대응하는 10·26사건에서부터 전두환정부의 초보적인 자유화 조치가 취해지는 1983년 후반의 유화국면 시기

② 유화국면 시기부터 저항운동의 확산, 군부정권의 공세적 탄압에 뒤이은 1986년 말, 1987년 초의 교착국면

③ 박종철사건 이후 저항진영의 공세기에서 권력교체를 둘러싼 전면적인 투쟁과정을 거쳐 군부정권의 합헌적인 재집권에 이르는 87년 대선 시기

이상이 유신체제 붕괴에서 노태우정부 성립까지의 첫번째 단계이며 다음은 두번째 단계인 노태우정부 수립에서 김영삼정부의 수립에 이르는 시기이다.

④ '민선군부정권'의 성립에서부터 군부집권세력과 온건야당의 타협으로 3당합당이 이루어지는 시기

⑤ 3당합당에서 김영삼의 당선으로 '위로부터의 민주화' 경로가 우위화(優位化)되는 1차 '보수적 민간정권' 성립 시기

마지막으로, 김영삼정부 수립에서 김대중정부 수립으로 이어진 세번째 시기는 다음과 같이 나눌 수 있다.

⑥ 1차 '보수적 민간정권'의 성립에서부터 3당합당체제에 균열이 생기고, 지역주의적 구도로 회귀하는 1995년 6·27지자체선거 시기

⑦ 1995년 지자체선거에서부터 2차 '보수적 민간정권'이 성립하는 시기

이상과 같은 시기구분은 80년대 민주화의 전과정에서 제3세계 민주화의 일반적 과정에 비추어볼 때 결절점이 되는 사건을 중심으로 한 것이다. 필자의 분석에 따르면, 결절점이 되는 사건은 1983년 후반의 유화정책, 1987년 초의 박종철사건, 1987년의 대선, 1990년 3당합당, 1995년 지자체선거 등이다.

민주화의 경로에는 유형적 종별성(種別性)이 존재하는데, 그것은 '위로부터의 보수적 민주화' 경로와 '아래로부터의 급진적 민주화' 경로이다. 전자는 '점진적인 타협적 민주주의 이행'의 경로이고 후자는 '급진적 민주주의 이행'의 경로이다. 이것은 사회구성체적인 변화의 수준에서도 적용될 수 있고, 정권적 변화의 수준에서도 적용될 수 있다. 이 두 유형의 결정적인 차이는, 군부세력과 단절된 저항세력으로 이전되느냐 아니면 국가권력의 담당주체가 군부정권 담당세력과의 연속성 속에서 변화하느냐, 다시 말해 새로운 집권세력과 구지배세력의 단절 여부이다. 후자의 경우에는 저항세력인 야당의 독자적인 집권으로 나타나는 형태와 혁명적 저항세력의 독자적인 집권 혹은 양자의 연합집권 등의 형태가 있을 수 있다. 그에 비해 아래로부터의 형태는 다양할

수 있는데, 국가기구를 이용한 집권 군부세력의 후원을 기초로 해서 군부 출신의 인물이 수반이 되는 경우, 한국과 같이 야당 출신의 인물이 수반이 되는 경로, 구지배블록과 야당의 연합집권 경로 등 여러 가지가 있다.

한편 민주화 과정은 단선적이지 않고 그 진전과정에서 민주화의 향배를 가름하는 일정한 교착국면이 있게 마련인데, 대개 이러한 상태는 군부집권세력과 저항세력 간의 힘이 균형을 이룰 때 형성된다. 즉 군부정권이나 한 집권세력의 통치주도권이 약화되었지만 아직 결정적인 붕괴 수준에 이르지 않고, 반대로 저항진영이나 반대세력의 능력이 강화되었지만 지배적인 역량으로 전화될 수 있는 정도에 이르지 못한 상태라고 할 수 있다. 이러한 교착국면으로는 지배권력의 이니셔티브적 대응에 의해 다른 국면으로 이행하는 경우, 반대로 저항운동이 이니셔티브를 취하는 경우, 우연적인 요인이 이러한 균형상태를 깨뜨리게 되는 경우가 있다. 1986년 말의 국면이나 1989년 여소야대 국면 말기도 이러한 상태였다고 할 수 있다. 전자는 1984, 85년 저항세력의 공세로 집권군부세력의 입지가 축소되었다가 1986년 공안정국을 계기로 대공세를 펼쳐 민주화운동의 고양이 일시 주춤거리던 상태였다고 할 수 있는데, 이러한 불안한 교착국면이 '박종철사건'이라는 통치과정의 '대실수'로 반전된다. 다음으로, '합헌적으로' 재집권한 노태우정부에 1988년 광주청문회, 5공비리 청문회 등으로 저항진영이 공세를 가함으로써 집권세력의 입지가 축소된 상태에서 1989년에 '신공안정국'의 조성으로 지배진영이 대공세를 감행하게 되고 이것이 저항진영의 공세를 둔화시키면서 불안정한 교착국면이 조성된 경우를 들 수 있다.

이러한 교착국면에서 이른바 '타협'이 일어날 가능성이 생기게 된다. 타협은 교착국면에서 어느 한쪽의 배타적인 우위가 확립되지 않고 쌍방이 모두 비토능력을 가지고 있을 때 성립한다. 1987년 6·29선언이나 1990년 3당합당, 1997년의 국민회의와 자민련의 연합 등은 모두 이러한 교착국면을 극복하기 위한 시도로 출현한 것이라고 평가할 수 있다. 또 타협은 군부정권의 극적인 붕괴를 피하는 하나의 방법으로서도 성립하는데, 이러한 교착과 타협 국면에서 결정적인 전략적 실수를 범하면 한 정권의 급속한 퇴진을 동반할 수 있다. 민주화가 진전되면서 정당정치 영역이 확장되면 이러한 타협은 집권군부세력과 온건야당진영 사이에서뿐만 아니라 온건야당 상호간에도 나타날 수 있으며, 때로는 이러한 타협이 사회운동진영의 저항으로 무력화되면서 새로운 교착국면이 조성되기도 한다.[10]

---

10) 이러한 변동의 과정에 구조적·주체적 요인만으로 설명할 수 없는 상황이 있음을 알아야 한다. 일종의 우연적 혹은 상황적 요인을 들 수 있는데, 군부정권의 해체와 민주화로의 이행과정은 고도의 우연적인 요인들의 작용으로 그 경로가 변화무쌍하게 전개된다. 이행과정의 고도의 '비정상성(abnormality)'과 '비결정성'(indeterminacy)'이 출현하는 것도 바로 이러한 이유 때문이다. 정치변동에 대한 정치사회학적 분석에서 나타나는 역동성은 일정한 전략적 선택의 결과에 대한 예측 불가능성(unpredictability of the results)에 의해서도 주어진다. 이것이 의미하는 바는 급변하는 상황, 민주화를 둘러싼 각 계급간의 역동적인 상호작용 속에서 군부정권 혹은 한 과도적 정권이 일정한 선택을 하고 그것을 시행하였을 때 국민적 반응, 저항진영의 대응, 양자간의 결합이 어떻게 나타날 것인지에 대한 예측이 불가능하다는 것이다. 이것은 바로 민주화가 성취되지 않았다는 사실의 반증으로, 앞서 지적한 대로 민주주의란 합의된 게임규칙 내에서의 경쟁의 제도화라는 의미도 있지만, 다른 한편으로는 변동에 대한 국민적·계급적 요구가 명시적인 여론으로 표현될 수 있는 정당정치 혹은 사회운동 영역이 존재하는 것을 뜻하기도 한다. 이처럼 정당정치 영역, 사회운동 영역이 분화되어 있고 그러한 영역에 존재하는 대표기구들이 일반국민·계급계층별 여론과 요구를 제기하고 표현한다면 집권층의 입장에서는 이러한 요구를 준거로 하게 되므로 정치변동의 예측 불가능성을 줄일 수 있다. 그러나 비민주정권하에서는 이러한 매개적 표출기구들이 없음으로 해서 '공식적'으로 표현된 '여론'과 실제적인 '여론' 사이에는 크나큰 차이가 존재한다. 비민주정권이 자유화와 민주화의 과정에서 취하는 정책들을 '공식적' 여론에 준거하여 결정하고 시행하게 되면 그러한 정책에 대한 예기치 않

필자는 민주화의 과정에서 나타나는 중요한 변화를 포착하기 위하여 국가·정치사회·시민사회[11]의 세 층위(層位)로 나누고자 한다. 민

은 반응들이 나타나고 그것이 새로운 정치변동의 추동력으로 작용하게 되는 것도 바로 이러한 이유 때문이다.

11) 정치사회는 국가와 시민사회의 중간층위라는 성격을 가지고 있으며, 국가와 시민사회 모두로부터 '상대적 자율성'을 갖는다. 따라서 정치사회에는 제도화된 정치의 대표체계로서의 정당정치 영역을 중심으로 하면서 공적 의사소통을 매개하는 언론 등의 영역이 포괄될 수 있으나, 이 글에서는 정치사회를 전자의 영역으로 한정하여 파악하고 있다. 그리고 여기서 지칭하는 시민사회는 '협의의 시민사회'가 아닌 '광의의 시민사회'이다. 한국에서 시민사회는 현재 시민운동이 그 대표적 활동으로 지칭되는 영역으로 인식되고 있으며, 기존의 민중 및 민중운동의 활동은 시민사회의 장외(場外)활동으로 인식되고 있다. 그러나 구조적 분화 개념으로 시민사회를 사용할 때는 이러한 상식적인 시민사회관(觀)과는 다르다. 여기서는 통치의 반대영역, 국가의 기본이 되는 다양한 계급계층집단들의 비(非)통치적 제반 활동을 포괄하는 것으로 규정되어야 한다. 따라서 근대 이후의 시민사회가 계급사회를 기본 특징으로 하고 있다는 점에서 시민사회의 중심 영역은 계급적 문제 영역으로 규정될 수 있다. 그러나 자본주의의 구조변화에 따라 시민사회의 문제 영역은 그러한 생산영역에서의 문제를 주된 것으로 하는 계급적 문제 영역뿐만 아니라 다(多)계급적 문제 영역(환경문제 등), 소비·생활상의 다양한 문제 영역으로 분화된다.

한편 국가의 계급성을 전제로 한다고 했는데, 이것은 국가의 본질론적 규정이라고 할 수 있다. 현실적으로는 "국가는 지배계급이 자신의 지배(domination)를 보수(保守)할 뿐만 아니라 피치자(皮治者)의 능동적인 동의를 획득하기 위한 실천적이고 이론적인 행위의 총체"라고 할 수 있다. 따라서 국가는 정치사회와 시민사회의 전영역에 걸친 (포괄적인 의미의) 이론적·실천적 행위를 통해서 자신의 지배에 대한 자발적인 동의와 — 그것이 불가능하다면 강압력으로 수동적 적응을 촉발한다고 볼 수 있다(Gramsci, A., *Selections from the Prison Notebooks*, Quintin Hoare and Geoffray Nowell Smith (eds. and trans.), New York: International Publishers, 1971, p. 244).

그람시의 논의를 변용·수용하여 한국의 정치변동을 분석하고 있는 글로는 최장집, 『한국민주주의 이론』, 한길사, 1993, 367-98쪽. 최근 한국사회에

주화과정에서 나타나는 중요한 변화라면, ‘국가’의 외재적 통제 아래에 있는 ‘정치사회’와 ‘시민사회’의 분화와 자율화가 나타난다는 점이다. 그람시에 따르면, 계급적 지배도구인 국가에 의해 수행되는 ‘정치적 통제 혹은 통치(political control)’는 강압(coercion)에 기초하는 지배(domination)와, 부르주아적 대의체계 등 다양한 방식을 이용한 국민적 동의(consent)를 통해 형성되는 헤게모니 두 측면이 있다. 그람시의 주장에서는 ‘국가=정치사회+시민사회’라는 식의 사고와 ‘국가=협의의 국가(강압적 국가)+정치사회’라는 식의 사고가 병존하는 것으로 보인다.[12] 그런데 그람시가 살았던 서구는 오랫동안 부르주아적 민주주의의 제도화를 경험한 상태에서 파시즘적 지배구조가 나타나자 그에 대해 투쟁한 반면, 한국에서는 그러한 부르주아적 민주주의의 제도화 과정이 없는 상태에서, 즉 강압적 지배도구로서의 국가에 반하는 준(準)자율적인 정치사회 혹은 시민사회가 존재하지 않는 상태에서 시민사회의 외곽에 존재하는 군부가 ‘외삽적’으로 국가권력을 장악하여 강압적 지배를 통해서만 통치를 해왔다고 할 수 있다. 또한 그런 상태가 지속되는 상황에서 시민사회의 민중적 투쟁을 통하여 자율적 시민사회, 자율적 정치사회를 국가로부터 ‘탈취’ 혹은 획득하는 과정을 밟았다. 이러한 변화는 다른 측면에서 보면, 민중적 투쟁에 의하여 국가의 통치방식이 일방적 지배에서 ‘일방적 지배+헤게모니적

서의 시민사회 및 시민사회운동에 대한 논쟁(‘시민사회론 논쟁’)에 대해서는 다음을 참조. 김세균, 「시민사회론의 이데올로기적 함의 비판」, 『이론』 1992년 가을호; 강문구, 「민주적 변혁운동 지반(地盤)의 심화, 확장을 위하여 — 김세균 교수의 ‘시민사회론’ 비판에 대한 토론」, 『경제와사회』 1992년 겨울호, 한울; 김세균, 「그람시를 넘어서 나아가야 한다」, 앞의 책; 백욱인, 「시민운동이냐, 민중운동(론)이냐」, 『경제와사회』 1993년 봄호; 강문구, 「변혁 지향 시민사회운동의 과제와 전망」, 『경제와사회』 1993년 여름호.

12) Callinicos, *Gramsci's Marxism*, London: Pluto Press, 1976, p. 130.

통치'로 이행하는, 혹은 이행하고자 하는 과도기에 있다는 것을 의미한다고 하겠다. 이런 점에서 본다면, 군부정권에서 민간정권으로의 이행은 '지배' 자체를 중지시키는 것이 아니라 통치의 구성을 강압적 지배에서 헤게모니적 통치를 배합하는 식으로 그 방식이 변화함을 의미한다. 이것은 나아가 지배가 일정하게 자율화된 정치사회 및 시민사회를 전제로 재생산되는 것을 의미한다. 한국의 지배진영은 군부를 배후로 후퇴시킴으로써, 더 나아가 민선민간정권으로 지배의 정치적 형식을 변화시킴으로써 통치의 안정화와 고도화를 향한 궤도를 경과하고 있다고 하겠다.

한국의 경우 군부국가하에서는 정치사회·시민사회의 자율적 분화가 존재하지 않았고, 따라서 '헤게모니를 갖지 못한 독재'로 존재해 왔다고 할 수 있다. 물론 더 엄밀하게 이야기한다면, 폭압적인 군부정권하에서도 정치사회와 시민사회는 형식상으로는 분화된 상태로 존재하게 된다. 그러나 그것은 자율적인 영역으로서보다는 국가기구에 종속된, '외곽기구'화된 상태로 존재한다. 따라서 여기서 각 영역이 분화된다는 것은 자율적인, 국가에 반할 수 있는 자율성을 갖는 집단과 활동이 나타나게 된다는 것을 의미한다. 물론 이러한 분화에는 기존에 국가기구에 종속적인 상태로 존재하던 기구들이 내적 혁신으로 자율적인 영역으로 전화되는 것도 포함될 수 있다.

여기서 시민사회라는 개념 자체에 대해 전제적으로 언급해 두겠다. 시민사회는 기본적으로 서구 근대의 사회형태를 지칭하는 것이다. 서구에서 시민사회가 형성되기 위해서는 봉건사회의 경제적 해체와 근대 자본주의적 토대의 형성이라는 경제적 전제가 있었고, 시민혁명을 통한 봉건사회의 정치적 해체과정이 있었다. 이러한 정치경제적 전제의 성숙에 더하여 르네상스로부터 이어지는 근대적 개인, 근대적 사유 및 개인의 자유관념 확산 등 지적 성숙이 있었다.

한국에서도 60년대 이후—더 소급한다면 식민지시대부터—이러한 정치적·경제적·지적 전제의 발전과정이 진행되었다고 생각된다. 60년대 이후 산업화과정에서 서구와 같이 시민사회를 운위할 수 있는 경제적 기초가 확충되었고, 또 민중운동 및 민주화운동의 발전은 무소불능의 권력이 가지고 있던 개발독재를 약화시킴으로써 시민사회적인 정치적 기초를 성숙시켰다고 할 수 있다. 그리고 이러한 정치적 투쟁과정에서 확산된 권리의식, 반독재의식, 자주적인 의식은 시민사회를 가능하게 하는 지적 기초를 성숙시켰다. 그러나 문제는 60년대 이후 이러한 정치적·경제적·지적 변화과정은 단순히 서구 시민사회로의 성숙의 성격만이 아니라 서구의 근대사회를 뛰어넘는 급진적 요소를 동시에 잉태시켰다. 즉 70, 80년대 저항운동의 발전은 혁명적 변화의 가능성도 지니고 있었고, 민중운동은 시민사회적 지향으로 가둬둘 수 없는 요소도 지니고 있었다는 것이다. 그러나 1987년을 분기점으로 한국사회에서 '위로부터의 보수적 민주화'가 지배적인 것이 되면서 그러한 혁명적 가능성은 주변화된다. 우리가 현재 시민사회라는 표현을 사용하게 된 것은 바로 이와 같은 조건 위에서이다. 즉 1987년을 분기점으로 하여 혁명적 가능성이 부차화되면서, 이전에 복합적인 정치적·경제적·지적 요소를 지니고 발전해 오던 우리 사회는 시민사회라는 용어로 표현해도 좋은 객관적 조건으로 전화되었다는 것이다.[13] 물론

____

13) 우리 사회에서 시민사회라는 용어는 보수적인 이데올로기적 함의를 지닌 채 사용되기 시작하였다고 생각한다. 그런데 문제는 이러한 보수적 함의를 부정하면서—필자도 보수적 함의 자체에 대해서 반대한다—시민사회라는 용어를 사용하느냐 혹은 그렇지 않느냐가 아니라, 1987년을 분기점으로 객관적으로 주어진 시민사회적 조건 자체에 대해 어떻게 대응할 것인가 하는 점이다. 다시 말해 시민사회적 조건 속에서 이전의 정치적·경제적·지적 발전과정에서 성장해 온 초(超)시민사회적 요소들을 어떻게 발전시키고 운동의 동력으로 전화할 것인지가 중요하다는 것이다. 이것이 그람시가 말한 이른바 '시민

156

이렇게 '객관화된' 시민사회가 완전하다거나 서구적 합리성의 수준을 갖고 있다는 것은 아니다. 그것은 불완전한 민주주의, 천민적 자본주의를 반영하여 질적으로 불완전하고 여전히 왜곡된 상태로 존재하고 있다. 또한 60년대 이후 고속성장과정에서 동원된 여러 부정적 요소들—권위주의, 가족주의, 혈연주의, 지역주의, 학연주의 등등—이 시민사회의 왜곡성으로 내재화되어 있기도 하다.

민주화의 전개과정에서 결정적으로 중요한 것은 군부정권의 위기가 극대화된 시점에서 나타나는 투쟁의 과정에서 '위로부터의 보수적 민주화'가 지배적인 것이 되느냐 아니면 '아래로부터의 급진적 민주화'가 지배적인 것이 되느냐 하는 것이다. 이 양자가 각축한 결과는 민주화의 과정에서 나타나는 '구조적 분화' 그리고 그에 대응하여 전개되는 지배전략과 저항전략의 상호관계에 따라 그 경로가 결정된다고 하겠다. 여기서 구조적 분화는 국가·정치사회·'시민사회'의 분화를 의미하며, 이렇게 분화되어 가는 각 단계에서 정치사회 및 시민사회 영역을 '온건화'하려는 지배권력의 전략과 '급진화'하려는 저항진영의 전략이 역동적으로 상호 작용하면서 '위로부터 민주화' 경로와 '아래로부터 민주화' 경로의 향방이 결정된다는 것이다.

민주주의로 이행한다는 것은, 국가에 반하는 시민사회·정치사회의 미분화 상태에서 국가에 반하는 '시민사회'의 분화[14)]와 그것을 반영하는 정치사회의 형성, 궁극적으로는 시민사회·정치사회를 반영하는 국가로의 전환(국가에 대한 시민사회의 우위)이 확립되는 방향으로 변화하는 것을 의미한다. 국가권력이 정치사회·시민사회의 상위질서로서 후자를 절대적으로 지배하는 것이 아니라, 후자가 반영되는 구조가 형

사회 내에서의 헤게모니 투쟁'의 정확한 실천적 의미라고 본다.
14) 최장집, 앞의 책, 413쪽.

성되는 것, 변동에 대한 국민적·계급적 요구가 다양한 집단적 이해로 표현될 수 있는 정치사회적 영역, 시민사회적 영역으로 분화되어 가는 데서 우리는 민주사회로의 이행을 확인할 수 있다. 군부쿠데타란 시민사회 영역에서 표출되는 국민들의 의견과 정치사회 영역에서 표출되는 모든 정치집단의 의견과는 무관하게 '외삽적'으로 군부세력이 국가권력을 점유하는 것을 의미한다. 이러한 상태가 극복될 때 비로소 우리는 민주화를 이야기할 수 있다. 필자는 80·90년대의 민주화 진전과정에서 바로 이러한 방향에서의 변화를 확인할 수 있다고 생각한다.

정치변동에서 중요한 것은 정치사회가 확장되면서 국가권력을 누가 점유하느냐가 정치사회 내에서의 정당 혹은 정치적 분파들간의 '합법적' 경쟁에 더욱더 좌우된다는 점이다. 정치사회가 군부국가에 의해 제약되고 축소되는 시점에서는 주로 투쟁이 국가와 시민사회 내의 급진분파들 사이에서 나타나지만, 정치사회가 확장되고 자율화되면 정치사회 내에서의 합법적 경쟁의 중요성이 더욱 커진다. 민주화가 진전되면 혁명적 투쟁의 확산을 방지하면서 '장외' 투쟁을 제도정치 내로 흡수하게 되는 이유도 바로 여기에 있다. 민주주의 이행과정이 이른바 '저강도 민주주의(low-intensity democracy)'로 변화되는 이유 또한 이것이다.

앞서 지적한 대로 민주주의 이행을 토대의 변화에 상응하는 상부구조적 변화과정으로 이해할 때, 상부구조의 전환에서 중요한 점은 정치사회의 재정비라고 할 수 있고, 그러한 정치사회의 재정비는 직선제라는 민주주의 제도의 복원이라는 점뿐만 아니라 지배블록의 재정비를 포함한 인적 재정비 과정이기도 하다. 지배블록의 입장에서 보면, 변화에 상응하는 안정적인 재편을 도모해야 하며, 정치사회가 확장되면 지배블록의 재편은 정치사회에서의 정치적 개인이나 세력간의 정치적 경쟁과 합종연횡을 통해 이루어진다. 그런데 분화는 국가로부터 시민사회·정치사회가 분화되는 방향에서만 나타나는 것이 아니고, 민주화의 과정에서 정치사회 및 시민사회 자체 내에서도 나타난다. 즉 군부정권의 퇴진 및 민주화에 대해 상이한 정치적 입장을 갖는 집단 또는 세력이 모든 영역에서 분화된다는 것이다. 사실 이러한 분화는 군부정권하에서는 극도로 억제되어 있다가, 민주화과정이 진전되면서, 그리하여 군부정권이 혁명적으로 퇴진하지 않더라도 '자유로운' 정치사회적 활동을 할 수 있는 가능성이 확대되면서, 분화도 확대되어 나타나게 된다. 정치사회의 분화는 온건제도정당과 급진제도정당의 분화로, 시민사회의 분화는 민중적 운동형태와 시민적 운동형태의 분화로, 그리고 급진 지향 운동과 온건 지향 운동의 분화로 나타나게 된다.[15] 분화된 정치사회 및 시민사회가 계속적으로 '급진화'되는 경우, 군부정권의 '혁명적 퇴진' 가능성이 높아지고, 계속적으로 '온건화'되면 '위로부터의' 이행 가능성이 높아진다.

　여기서 지적할 점은 민주화의 진전과정에서 이러한 분화가 이루어지면서 일정 단계의 분화는 다음 단계의 정치변동 형태를 결정하게 된다는 점이다. 1985년 2·12총선에서의 신민당의 부상이라든가 1988년

---

15) 시민사회에 존재하는 각종 운동을 그 형태와 정치적 지향성에 따라 분류하자면 다음과 같다. 민중적 운동 형태와 시민적 운동 형태가 있고, 그 각각은 이념적 지향에 따라 급진적 운동 형태와 온건한 운동 형태가 있다. 경향적으로 보면 급진적 민중운동과 온건한 시민운동이 대세를 이루었다고 할 수 있다. 군부정권의 억압이 최고조에 이르렀던 시기에, 저항은 주로 급진적인 민중운동(혹은 그러한 지향을 갖는 세력들)이 주도하였다. 이 시기에 온건한 '민중'운동은 시민사회의 기구로서보다는 국가기구의 하부기관으로 존재하고 있었다(예컨대 농협이나 노총). 또 저항운동이 확장되면서 급진적 시민운동도 나타나게 되는데, 80년대 여성운동의 급진화를 예로 들 수 있겠다. 그러다가 노태우정부하에서 경실련의 등장 등 온건한 시민운동이 나타난다. 민주화의 중요한 시금석의 하나는 국가기구의 하부기관화되었던 어용적 운동이 자율성을 갖는 운동으로 분화되느냐 하는 점이라고 할 수 있다.

4·26총선에서 여소야대 구조의 조성은 다음 단계에서의 민주주의 이행방향을 변화시켰다고 할 수 있다. 즉 한 단계의 분화는 한편으로는 민주화를 향한 국민들의 요구가 제도적인 경로를 통해 표출될 수 있는 가능성을 확대하여 군부정권의 혁명적 퇴진을 향한 저항역량이 단일하게 수렴되는 것을 막으며, 다른 한편으로는 저항운동 영역을 사회의 다양한 영역으로 확산시키는 계기를 제공함으로써 민주화의 구조적 기반을 확장하게 된다. 그 결과 다음 단계의 이행형태에 규정력을 발휘하게 되는 것이다.

자유화와 민주화의 진전에 따라 나타나는 이러한 분화로, 단순히 '군부가 장악하고 있는 국가'와 '급진적 민중운동이 주도하는 시민사회'의 대립구도에서, '군부가 장악하고 있는 국가' '분화되는 정치사회' '분화되는 시민사회'의 역동적인 대립구도로 변화하게 된다는 것이다.[16] 또 이러한 분화에 대응한 지배권력의 전략과 저항진영의 전략이 일정한 구조적 분화의 정치적 효과를 상이하게 만든다. 예컨대 분화된 정치사회가 계속적으로 '급진화'하고 급진적 민중운동과 정치사회적 영역에서의 급진적 세력과 결합하려는 저항진영의 전략이 성공적으로 작용함으로써 민주화가 가속화되고 '아래로부터의 민주화'가 관철될 가능성이 높아질 수도 있다. 반대로 그것을 '온건화'하고 급진적 민중운동과의 결합을 약화시키고 급진적 민중운동을 고립화하려는 지배전략이 성공함으로써 '위로부터의 민주화'가 관철될 가능성이 높아질 수도 있다. 필자는 군부정권의 퇴진과 민주화를 규정하는 가장 기본적인 변수는 군부정권에 저항하는 조직화된 저항운동의 힘(강도)이라고 생각한다. 그러나 민주화 과정이 진전되면서 그 결과 자율적 정치사회와 시민사회가 확장되면서, 이러한 힘이 국가권력의 퇴진에

---

16) 이에 대해서는 이 책의 자매편인 『한국의 민주주의와 사회운동』 제5장 참조.

작용하는 과정이 복잡해지고 중층적으로 되어간다고 할 수 있다.[17]

군부정권의 해체와 민주정권으로의 이행은 일회적으로 선거에서 군부집권당이 패배함으로써 퇴진하는 것뿐만 아니라, 이러한 구조적 변화가 기저에서 일어나는 것을 의미한다. 따라서 이 글은 80년대에서 현재에 이르는 전과정 속에서 이러한 변화를 확인하고자 한다.[18]

---

17) 이상의 논의를 그림으로 나타내면 다음과 같다.

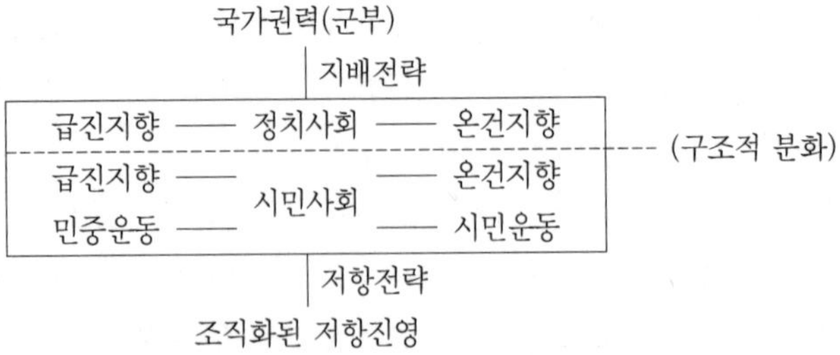

18) 이 글에서 필자는 국가·정치사회·시민사회를 이론화하면서 그 개념을 보완했다는 점을 전제해 두어야겠다. 이 글에서 사용하는 정치사회 개념은 '정당정치 영역'이라는 한정된 개념으로 규정되어도 무방하다. 그러나 엄밀하게 필자는 정당정치 영역과 시민사회적 영역의 국가로부터의 분화를 이론화하기 위한 가설적 범주로서 이 개념을 사용하고 있다. 필자는 이러한 개념을 분화시켜 사용함으로써 80년대 민주화과정의 근저에 나타난 변화를 좀더 명확히 하고자 하는데, 이른바 색출적(heuristic) 의미에서 이 개념을 사용하는 것이 목적임을 밝혀둔다. 즉 이러한 개념들을 중심으로 한 논쟁보다는, 이 개념들을 통한 80년대 민주화과정의 전모를 파악하는 데 일조하고자 하는 것이다.

II. 군부정권의 해체와 민선군부정권으로의 이행

1. 1979년 10·26사건〜1983년 유화국면

먼저 10·26사건은 군부정권의 내부모순이 심화되어 어떤 형태로든 그 재편이 불가피한 상황에서 그 대응책을 둘러싼 군부정권 내부의 '파국적' 균열이라는 성격을 띠고 있기 때문에 군부체제 해체의 출발점이라는 의미를 갖는다고 할 수 있다. 역설적으로 군부정권의 위기의 상징적인 표현은 1979년 10월 26일 김재규가 울린 총성에서 극명하게 드러났다고 하겠다. 10·26사건의 발생은 유신체제, 더 나아가 60년대 이후 군부정권의 위기에서 그 원인을 찾을 수 있다. 근대화 및 산업화를 시대적 과제로 하여 출현하였고 그것을 정당성의 근거로 삼았던 군부정권의 위기는 첫째 정작 근대화 및 산업화의 진전으로 인한 사회경제적 모순의 심화를 저지할 수 없었고, 둘째 근대화 및 산업화가 진행되면서 초기에 그것을 촉진하던 군부 테크노크라트 지배체제가 비효율적인 것으로 전화되었으며, 셋째 군부정권의 존재가 오히려 저항운동의 성장을 강화하는 호조건으로 전화되었다는 점 등에서 그 원인을 찾을 수 있다. 70년대 중화학공업화를 축적의 돌파구로 하여 강화되어 오던 남한의 축적체제는 70년대 말에 이르러 또다시 축적의 위기 상황에 직면하고, 이러한 경제적 조건을 계기로 대중들의 경제적 불만과 민중저항이 가속화되면서 유신체제는 결정적인 위기로 내몰리게 된다. 경제적 위기와 민중적 저항의 가속화는 '국가운영자로서의 군부'의 역할에 대한 국민적 동의의 수준이 현저히 떨어졌음을 의미하는데, 유신체제에 대한 민중들의 강력한 저항의 표출은 권력의 지역적 기반이라고 할 수 있는 영남지역, 부산·경남지역(부마사태)에서 나타났다. 부마사태는 권력에 대한 저항을 극적으로 표현했으며, 지배권력 내부도 어떤 형태로든 변화가 불가피하다는 것을 심각하게 인식케 했던 것으로 보인다. 그 결과 군부 내 온건파라고 할 수 있는 김재규 등 일부 군부의 궁중쿠데타가 일어난다. "어떠한 이행도 직접적이든 아니든 강경파와 온건파 사이의 유동적 균열에 따른 중요한 분열의 결과"라는 점은 한국에서도 예외가 아니었다.[1]

그러나 10·26이라는 궁중쿠데타는 강경파의 반격을 받아(12·12사태) 곧 실패로 돌아간다. 10·26이 온건파에 의한 군부정권의 위기 해소로 이어지지 못하고 실패한 원인으로는 첫째 군부온건파의 민주화 및 변화에 대한 프로젝트 부재, 둘째 쿠데타 주도세력의 우유부단함, 셋째 민중부문의 활성화를 저지함으로써 궁중쿠데타가 민주화 지향 시도로서 갖는 정당성을 상실한 점 등을 들 수 있다. 특히 세번째 요인이 중요하다고 보는데, 10·26 이후 쿠데타 주도세력은 자신의 입지가 민중부문의 활성화를 통한 군부독재 해체 요구의 가시화에 있다는 것을 인식하지 못하고, 단순히 억압자인 박정희를 제거한다는 소극적 전망에 묶여 있었다. 이것은 대표적으로 YWCA사건을 억압적으로 대응하는 것으로 나타났다. 군부정권의 해체에 대한 국민적 요구를 가시화하려는 시도를 억압한 상태에서, 온건파의 쿠데타는 전혀 정당화될 수 없었고, 역쿠데타를 위한 강경파의 결집을 저지할 수 있는 국민적 분위기 또한 형성하기 어려웠다. 결국 온건파의 쿠데타는 '궁중' 속의 대립구도로 왜소화되고 강경파의 반격으로 패퇴하고 만다.

결국 강고한 1인집중형 군부정권하에서 대안적인 세력이 성장하지 못한 상태에서 돌발한 박정희의 제거는 내부의 온건한 프로젝트가 현

---

1) O'Donnell, G. P. C. and Schmitter, *Transitions from Authoritarian Rule: Tentative-conclusions about Uncertain Democracies*, Baltimore and London: The Johns Hopkins Uni. Press, 1986, p. 19.

실화되는 것으로 이어지지 못하고 1인독재자가 고착시켜 온 강경기조로 선회하게 된다.

한국의 경우는 이러한 분열이 1인권력자 때문에 잠재되어 있다가 내부에서 '건설적인' 균열로 현재화되지 못하고, 온건파의 '파국적인' 돌발행위로 나타났다가 역으로 강경파의 돌발행위로 진압되는 형태로 전개되었다. 이러한 10·26세력과 12·12세력의 대립은 70년대까지 박정희를 정점으로 해서 유지되고 있던 군부세력의 단일한 결집이 이미 균열되고 있음을 시사한다고 할 수 있다.

12·12사태에서 1980년 5월 17일 비상계엄 확대까지의 시기는, 군부세력 내부에서 온건파를 무력으로 제압하고 군부 내의 실질적인 권력을 장악한 신군부세력이 '이면(裏面)의 실세'에서 제도권력의 장악에 이르는 과도기적 시기라고 할 수 있다. '80년 봄'의 정치공간은, 12·12사태로 지배권력 내에서 강경파가 다시 권력을 잡았으나 제도권력으로 전화되지 못한 상태에서 생긴 과도기적 해빙이라고 할 수 있다. 따라서 80년 봄의 공간은 군부정권 해체를 촉진하는 민중부문이 활성화된 시기라기보다는, 오히려 이면에서 권력을 잡은 신군부 실세들이 제도권력으로 진입하는 '명분비축' 시기라는 의미를 담고 있었다. 이른바 '80년 봄'이 왔지만 군부정권의 퇴진에 이르지는 못하였는데 이미 군부 내의 단일한 재정비가 끝난 상태였기 때문에, 군부는 민중부문의 활성화를 명분으로 자신의 집권을 정당화하면서 제도권력을 장악한 것이다. 이러한 과정에서, 신군부는 '국가안보'의 파수꾼이라는 '메시아적 이미지'를 활용하고자 하였으나, 그것은 이미 이전 시기와 달리 일부 정치군부가 재집권하려는 '허구적 명분'이라는 사실이 확실시되고 있었다.

군부의 실세들은 1인독재자가 제거되자 봇물 터지듯 쏟아지면서 고양된 각계 민중들의 저항을 명분삼아 '비상계엄'을 확대하면서 제도권력의 전면에 나타나게 된다. 이것이 바로 5·17비상계엄이다. 비상계엄을 통하여 강경군부는 '국가보위를 위한 비상대책위원회'라는 이름으로 제도권력을 장악하고 이러한 작업은 1980년 8월 '통일주체국민회의'에서 전두환이 대통령으로 추대되는 것으로 완결을 보게 된다.

이와 같은 군부체제의 해체과정에서 특기할 만한 사실은, 신군부의 제도권력 장악과정에서 그에 대한 민중적 저항의 '선진적' 표출인 광주항쟁을 유혈진압한 것이 역으로 새로 등장한 강경군부정권의 정치적 정당성을 박탈하고 더욱 급진적인 혁명운동, 반군부독재 투쟁이 가속화되는 도덕적·정서적 기초를 제공하였다는 점이다. 민주정권에 대한 요구를 압살하는 과정에서 민간인 2천여 명을 살해한 군부는 이후 끊임없이 살상행위에 대한 정치적·도덕적 비판에 직면해야 했다. 이런 점에서 전두환정부는 위기에 처한 박정희 군부정권의 '유혈적(流血的) 재강화'라는 성격을 띠고 있는데, 바로 이 '유혈성'이 군부의 이미지를 결정적으로 위축시킴으로써 이후 군부정권의 위기적 상황에서 군부정권의 '전략적' 선택의 범위를 제한하는 역할을 한다. 요컨대 광주항쟁은 '국가안보의 보위자로서의 군부'라는 이미지에 결정적으로 타격을 주고 정치군부라는 부정적 이미지를 전국민적으로 각인(刻印)하는 계기가 되었던 것이다.

이 시기부터 1983년 중반까지는 정치적 정당성이 취약한 전두환정부가 자신의 권력기반을 주로 강압에 기초하여—그 이전 시기에 요구되던 사항들을 부분적으로 수용함으로써—다져가는 시기라고 할 수 있다. 그러나 이러한 강성군부정권의 재등장은 당시 제3세계의 전반적인 탈(脫)군부권위주의화에 역행하는 것이었고, 부마사태가 일어날 정도로 군부정권에 대한 반대가 고조되던 현실에 역행하는 것이었다. 물론 이러한 현실은 그 축적이 불안정한 독점재벌들에게는 자신의 취약한 축적기반을 정부의 재정금융적 특혜의 연장을 통하여 보완할

수 있는 기회가 되었다는 점에서, '군부정권과 유착된 독점자본'의 축
적양식을 연장한다는 의미를 갖고 있었다. 당시 독점재벌들은 한국은
행 특별구제금융 등 다양한 재정금융적 특혜의 연장 및 창출을 통해
축적의 위기를 벗어나려는 시도를 하며, 이러한 노력은 1983년 이후
형성된 세계경제의 호조건(3저호황 등)에 힙입어 성공을 거둔다.

2. 유화국면～1997년 초의 교착국면

탈권위주의화의 대세에 역행하여 성립한 군부정권의 '부드러운 독
재' 혹은 '온건독재'로의 전환은 1983년 후반 유화정책의 시행에서부
터 나타났다. 이 유화정책은 군부정권의 안정화와 위기수습을 위한
'자유화'[2] 조치의 일단으로 이해할 수 있다. 즉 그간 억압당하던 민주

---

2) 세보르스키는 자유화의 핵심을, 시민사회 내에 집단적 대안을 추구하고 대항
헤게모니를 조직화할 수 있는 독립적인 조직이 성립할 수 있게 하는 조치로
보고 있다(Przeworski, *Democracy and the Market: Political and
Economic Reforms in Eastern Europe and Latin America*, Cambridge:
Cambridge University Press, 1991, pp. 54-58). 일반적으로 학계에서는
1987년 6월을 분기점으로 정치적 자유화와 민주적 이행기가 나뉘는 것으로
파악한다(송호근, 『열린 시장, 닫힌 정치』, 나남, 1994; 조효래, 「민주화와 노동
정치—한국, 브라질, 스페인 비교연구」, 서울대학교 사회학과 박사학위논문,
1995; 윤상철, 『1980년대 한국의 민주화 이행과정』, 서울대 출판부, 1997). 필
자는 광의의 민주화 또는 민주주의 이행의 개념을 사용하였다. 그것은 1979
년 10・26 이후 현재까지의 거시역사적 과정을 통해—전진과 후진의 우여곡
절을 겪으면서—민주주의의 여러 차원에서 변화가 나타나는 과정이다. 그러
나 협의의 개념과 연관해서 보면, 1983년 말 유화국면에서 취해진 초보적인
자유화 조치로 정치적 자유화가 시작되고 정치사회 및 시민사회가 확장되는
것을 계기로 정치사회와 시민사회가 활성화됨으로써(1985년 2・12총선이나
이 시기의 노동운동 및 민중운동의 분출 등), 1987년 6월투쟁과 그것을 수용

화 요구를 체제 내로 수렴하면서 군부정권의 재안정화를 도모하려는 시도였다고 할 수 있다.[3] 이 정책은 이미 단순한 억압정책만으로는 유지되기 어려울 정도로 민중들이 군부정권에서 이반되어 있는 현실을 배경으로 하고 있었다. 제3세계 민주화의 일반적인 경로에 역행하여 성립하였던 전두환정부는 유혈적 탄압을 동반하면서 집권의 기초를 다진 후 그러한 강경기조만으로는 저항적 정서의 확산을 억제할 수 없다는 판단 아래 이러한 유화정책을 시도하게 되는데, 이는 '한 단계의 시행착오 뒤에 출현한 온건화 시도'라고 평가할 수 있다. 물론 이 시기에 시행된 자유화 조치는 해직교수 복직, 제적학생 복교 등 지극히 초보적인 것이었다.

그런데 이러한 초보적인 자유화마저도 집권층 내 온건-강경 세력의 분화에 의한 것이 아니라, 단일한 군부정권 내의 전술적인 대응으로 나타났다. 내부 온건파의 성장을 통한, 온건파의 이니셔티브에 의한 개혁이 아니라, 대중의 포섭을 위한 전술적 선택으로서의 성격을 지니고 있었던 것이다. 또 이 자유화의 핵심적인 목표는 저항운동을 제한된 정치공간에 흡수함으로써 군부체제의 재안정화를 달성하고, 강경군부정권의 온건화를 통해 국민과 운동세력의 급진화를 저지하는 것이었다고 할 수 있다.

한편 자유화를 계기로 나타난 대중이 가진 역동성의 추이에 따라, 군부정권의 해체과정이 상이한 형태로 전개될 수 있는데, 저항이 약화되고 저항진영의 조직적 기반이 축소되는 경로, 그리고 전면적으로 민중

하는 6·29선언을 분기점으로 첫번째 차원의 민주주의, 즉 직선제라는 민주주의 절차가 복원되는 것으로 나아갔다고 생각한다.

3) 유화국면의 성격 및 이후 시기의 운동확산에 대해서는 조희연, 「80년대 한국사회운동의 전개와 90년대의 발전전망」, 조희연 편, 『한국사회운동사』, 한울, 1990, 17-20쪽 참조.

부문이 활성화됨으로써 정치적 민주화의 조건을 형성하는 경로로 나눌 수 있다. 일반적으로 제3세계 민주화 경로는 후자의 경로를 밟았고 한국도 예외는 아니었다. 이 경로에서는 그간 장외에서 제도언론에 보도도 되지 않던 일부 비합법적인 투쟁행동이 갑자기 국민적 공감을 얻고 도덕적인 행동으로 인식되며, 그 결과 '모방적' 확산까지 낳게 된다. 유화조치는 군부체제를 안정시키기 위해 국민의 불만이 배출될 수 있는 통로의 확장이라는 의미에서 시작되었지만, 그것을 계기로 민중부문의 활성화와 저항운동의 확산을 동반함으로써 자유화를 뛰어넘는 정치적 민주화에 대한 대중적 요구를 확장하는 계기로 발전하게 된 것이다.

　이 시기에 나타난 저항운동의 확산과 민중부문의 활성화는 다음과 같은 변화양상을 보이는데, 먼저 그간 선진적인 인텔리 중심이던 저항운동이 대중적인 저항운동으로 변화해 간다. 유신시절 저항운동의 인적 기초는 학생, 해직 언론인 등 지식인·종교인이었으나, 이러한 상태가 극복되면서 대중적 저항운동, 민중적 저항운동으로 발전해 나간다.[4] 그간 소그룹 수준에서, 제도언론이 아닌 시정(市井) 유언비어 수준에서 떠돌던 반군부독재 투쟁은 '공식적인 사건들'로 전환되는가 하면, 이전에는 운동이 은폐의 대상이었던 데 반하여, 유화정책에 의해 합법공간이 확대되자 공개적이고 반(半)합법적인 투쟁이 확산되고 저항운동에 대한 대중적 참여의 폭이 '폭발적으로' 확장되었다.[5] 또한 저항운동의 이념적 급진화가 나타났으며 그러한 급진적·혁명적 의식이 각계 선진운동가들 사이에 전반적으로 확산된다. 그리고 군부독재 퇴진을 요구하는

---

4) 정대용, 「재야민주화노동운동의 전개과정과 현황」, 『한국노동운동의 이념』, 정암사, 1988; 이종오, 「80년대 노동운동론 전개과정의 이해를 위하여」, 앞의 책.

5) 이 시기의 투쟁에 대해서는 조희연, 「80년대 한국사회와 민족민주운동의 전개」(박현채·조희연 편, 『한국사회구성체논쟁』 1, 죽산, 1989) 참조.

저항진영 내부에서는 혁명적 의식으로 무장한 급진적 세력들이 형성, 주도권을 갖게 되며 동시에 전반적으로 운동가와 선진대중들의 의식과 운동이 급진화된다.[6] 이러한 현상을 반영한 예로는 반정부적·반체제적 출판산업이 신종 '호황산업'이 된 것을 들 수 있다.

또한 이 시기에 저항운동의 계급적 기초가 확장되어, 노동운동을 포함한 기층민중운동의 반군부독재 투쟁 참여가 확대되고 그간 군부정권의 계급적 기초였던 중간층의 광범한 이반현상이 나타난다. 80년대 초만 하더라도 정치투쟁의 주력은 학생운동이었고 그만큼 저항운동에 제한성이 있었으나, 이 시기에 이러한 계급적 한계가 어느 정도 극복되어 간다. 정치투쟁의 성격도 이전에는 이념적 세례를 받은 선진적인 학생운동의 투쟁이었던 데 반하여, 이 시기에는 대중들의 생활상의 이슈를 기초로 한 자발적인 투쟁이 확산된다. 대구 택시기사들의 파업투쟁, 대우자동차의 노동자투쟁 등이 이 시기 투쟁의 자발적 고양을 상징적으로 보여준다고 하겠다.

하지만 이 시기에 시민사회 내의 자율적인 조직은 급진적 저항운동, 특히 민중운동뿐이었다고 할 수 있다. 노총이나 농협 등 온건 민중조직들은 군부가 장악하고 있는 국가권력의 종속적 외곽기구로 존재하는 등, 분화된 시민사회의 조직이라기보다는 국가기구의 하부조직이라고 할 수 있었다. 따라서 시민사회는 전투적이고 급진적인 민중운동으로 대표되었다고 할 수 있다.

자유화 조치를 계기로 한 저항운동의 확산과 민중부문의 활성화는 1985년 2·12총선에서 저항야당이 제1야당으로 부상함으로써 새로운 국면을 맞이한다. 2·12총선은 민주화운동의 야당지도자인 정치 피규제자들을 중심으로 결성된 신생정당인 신민당이 관제야당인 민한당을

---

6) 박현채·조희연 편, 『한국사회구성체논쟁』1~4, 죽산, 1989~1992 참조.

붕괴시키면서 제1야당으로 부상하게 된 계기였다. 자유화를 계기로 제기된 더 높은 수준의 민주화 요구는 한편으로는 각계 저항운동을 활성화하였으며, 다른 한편으로는 군부정권에 반대하는 강성야당을 등장시켰던 것이다. 2·12총선 결과, 반군부독재 해체에 대한 요구는 제도정당의 형태를 갖게 되었으며, 저항운동이 제도정치권으로까지 확산되는 경로를 밟게 되었다고 할 수 있다. 이것은 그간 국가의 종속영역으로 존재하던 정치사회 영역이 (군부세력이 주도하는) 국가에 반하는 새로운 영역으로 분화되어 가는 것을 의미한다고 하겠다.

당초 군부정권의 목표는 어용야당인 민한당을 제1야당으로 만듦으로써 여전히 정치사회적 영역을 국가의 강력한 통제영역에 두고자 하는 것이었다. 그러나 강성야당이 제1당으로 부상하고 민한당이 해체되면서 강성야당이 정치사회 영역에서 헤게모니적 지위를 갖는 변화가 나타났다. 이는 당면국면에서 정치사회 영역의 분화가 정치사회의 급진화를 동반함으로써 저항운동의 영역을 시민사회 영역에서 정치사회 영역으로까지 확장한 것을 의미한다.

제한된 범위에서의 저항야당의 인정, 소수의석을 갖는 강성야당 및 관제야당의 제1야당화, 혁명적 잠재력을 가진 재야운동의 제도정치로의 흡수를 지향하였던 2·12총선이 군부정권의 의도에 반하는 형태로 현실화됨에 따라 다음의 정치적 국면은 본격적인 정치적 민주화가 불가피해지는 국면으로 이행하게 된다. 자유화 조치가 저항운동 및 민중부문의 활성화를 동반함으로써 민주화 단계로의 이행이 불가피해진 것이다.[7] 그런 의미에서 1985년 2·12총선은 민주주의로의 이행과정 가운데 자유화 단계에서 민주화 단계로 진입하는 출발점이 된 사건이

---

7) 시민사회 영역에서 이루어진 군부정권 퇴진이라는 저항운동의 이슈가 정치사회 영역에서는 군부집권의 상징이라고 할 수 있는 '헌법개정' 문제로 표상되었다. 이것이 정치사회 영역에서의 '핫이슈'가 된 것은 1986년 이후이다.

라고 할 수 있다.

군부정권 쪽에서 보자면, 1985년과 86년은 국가권력을 이용한 강성 야당의 순화와 급진재야운동의 억압과 통제를 지향하는 일련의 시도를 한 시기이고, 제도야당과 급진적 민중운동 쪽에서는 군부정권 퇴진의 대중적 압력을 강화해 가던 시기라고 할 수 있다. 이 시기에 학생운동을 비롯한 급진운동은 반군부독재 운동을 '반외세 자주화 운동' '혁명적 정치운동'으로 정립시키려는 시도를 하였다(1985년 5월 '미문화원 점거농성사건', 1985년 6월 구로연대투쟁 등). 그리고 신민당은 '지구당 개편대회'를 장외 재야저항운동과 연합하여 '개헌 현판식' 행사로 치르면서 군부정권에 대한 압력을 강화해 간다. 유화국면 이후 반(半)합법적인 수준에서 고양·활성화되어 가고 있던 저항운동은 이 시기에 더욱 명확한 '혁명적 투쟁'으로 자신을 정립시키며, 투쟁의 지평을 반정부적 수준에서 반외세·민중혁명·반파쇼 등의 수준으로 고양시켜 갔다. 한편 2·12총선으로 정치사회적 영역의 구도가 군부정권 퇴진 압력을 강화하는 방향으로 변화된 후, 군부정권은 저항운동의 고양에 대응하여 공세적 탄압전략으로 전환한다. 1986년 5월 3일 인천 개헌 현판식에서의 투쟁, 1986년 후반 건국대 점거농성사건 등을 계기로 군부정권은 저항운동에 대한 대대적인 이념공세와 더욱 강도 높은 탄압정책을 구사한다.

이처럼 저항운동의 공세와 군부정권의 역공세가 대치하면서 1986년 말에 이르면 민주화과정에서의 이른바 '교착국면'이 조성된다. 이 교착국면에서는 정치사회 영역에서 강성야당과 저항진영의 결합관계가 부분적으로 이완되어 가며 급진적 민중운동이 주도하던 시민사회에 전반적인 위축이 나타난다. 한편에서는 저항운동이 군부정권에 대한 공세를 강화하여 군부정권 퇴진의 위협을 높여놓았지만 군부정권의 퇴진과 권력이전을 결정적으로 강제할 수 있는 대중적·조직적 역량의 수준에 이르지 못하였다는 점에서, 다른 한편에서는 군부정권이 대대적인 이념공세와 탄압으로 확고하게 저항운동의 성장과 공세를 둔화시켰는데도 결정적으로 저항운동의 대중적 기반을 박탈할 수 없었다는 점에서 교착국면에 놓이게 되었던 것이다. 어느 한쪽이 자신에게 유리한 방향에서 민주화 경로를 강제할 수 없을 정도로 불안한 교착국면이 바로 1986년 말에서 1987년 초의 국면이었다고 평가할 수 있다.

3. 저항진영의 공세기 ~ 87년대선

교착국면에서는 집권세력의 전략적 선택행위에 따라 상이한 국면으로 이행하기도 하고, 저항운동의 공세로 새로운 국면으로 이행하기도 하며, 경우에 따라서는 우발적 사건이 이러한 불안정한 교착국면을 벗어나게 하기도 한다. 공안기관의 수사과정에서 학생이 고문살해된 1987년 초 박종철사건은 이 불안정한 교착국면을 타개하면서 저항진영이 군부퇴진을 향해 전면적인 투쟁에 돌입하는 계기가 된다. 이 사건은 1986년 대대적인 탄압국면에서 잠재되어 있던 국민들의 반군부독재 정서를 급격하게 고양시킴으로써 민주화의 결정적인 기반이 된다. 그리고 정치사회 영역에서는 교착국면에서 부분적으로 이완되어 있던 강성야당과 저항운동의 결합관계가 다시 강화되며, 시민사회적 영역에서는 급진적 민중운동의 정치적 공세도 다시금 강화되어 간다.

이러한 전환에 또 하나 촉매제가 된 것은 저항진영에서 대중이 광범하게 참여할 수 있는 '직선제 개헌'이라는 슬로건을 중심으로 투쟁하는 전략의 선택이다. 당시 저항진영 내부에서는 다양한 방안이 제시되었는데, 직선제 개헌은 다수파가 대중성이라는 관점에서 낮은 수준의 슬로건을 선택한 결과였다. 이러한 선택은 한편으로는 대중들이 직선제 개헌이라는 슬로건을 내걸고 반군부독재 투쟁에 나설 수 있는 계기를 마련하였으며 1987년 상반기를 거치면서 계속 고양되어 가게 된다.

저항운동이 새롭게 고조되고 군부정권 퇴진 압력이 강화되면서 군부정권으로서는 다양한 가능성이 주어졌다고 할 수 있는데, 군부정권의 혁명적 퇴진이 아닌 방안으로는 다음과 같은 경로가 있었다. ① 군부정권과 제도야당이 권력을 분점하는 내각제 형태의 타협, ② 당시의 헌법(간선제)을 통한 재집권, ③ 직선제 수용 및 직선제를 통한 경쟁, ④ 강경통치체제로의 회귀 등이 그것이다.

여기서 ①의 방안은 민주화 이행과정에서 흔히 나타나는 타협적 이행경로라고 할 수 있고, ② ③ ④는 ①의 방안이 실패했을 경우 선택할 수 있는 선택지였다고 할 수 있다. 그리고 ②는 간선(間選)기구인 '통일주체국민회의'에 대한 집권세력의 강한 통제력을 전제할 때 위험부담이 가장 작은 재집권 플랜이라고 할 수 있는 반면에, ③안은 일정한 불안정성과 더불어 급격한 퇴진 가능성도 내포한 경로라고 할 수 있었다. 그에 비해 자유화와 민주화 경로에서 분출되는 정치적 불안정을 계기로 ④의 방안인 강경통치정책으로의 복귀는 당시로서는 그 가능성이 부재한 상태였다고 할 수 있다. 이 방안은 급진운동세력의 고립, 대중운동의 침체, 대중의 정치적 체념 등과 같은 요인이 있을 경우 시행될 수 있는데, 당시로서는 그러한 가능성이 없었고, 앞서 지적한 바와 같이 강경군부정권 출범과정에서 나타난 광주항쟁으로 군부의 이미지가 결정적으로 나빠짐으로써 ④의 방식은 선택할 수가 없었다.[8]

---

8) 물론 한국에서 그러한 가능성이 전혀 없었다고는 할 수 없을 것이다. 이 시기에 실제 군병력이 서울 근교에 배치되었던 사실은 당시에 확인된 바이다. 그러나 그것은 일종의 '시위용 배치'였다고 필자는 판단한다. 당시 권력 핵심부에 있던 한 인사는 다음과 같은 증언을 했다. "애초부터 청와대에서는 계엄령을 선포하지 않는다는 입장을 굳히고 있었다. 다만 사태가 악화될 경우를 겨

그런데 한 가지 특징적인 점은 1986년 8월 신민당에서 개헌안으로 채택된 '직선제 개헌안'의 확정이나 1987년 이후 저항운동의 슬로건으로 채택된 '직선제 개헌'이 사실 군부정권의 단절적 퇴진이 아닌 '퇴진의 형식'을 규정한 것이라는 점에서 군부정권의 수용 가능성, 군부정권과의 타협 가능성이 있었다는 사실이다.[9] 사실 당시 야당인 신민당의 경우 군부정권 퇴진이라는 것이 상대방에게 '외통수'를 사용하는 것과 같을 수 있다는 판단에서 '퇴진'보다는 '직선제 개헌'이라는 방침을 설정한 것으로, 그 자체가 타협 가능성을 내재한 안이었다는 점도 주목되어야 한다. 이것은 야당과의 타협이 실패하고 군부정권 퇴진 압력이 극대화된 상황에서는 군부정권이 수용할 가능성이 있었음을 의미한다. 철저한 권위주의적 지배로 복귀하는 것을 피하려는 온건 야당세력과, 군부정권의 파국적 붕괴를 피하려는 군부정권의 온건파(혹은 그러한 정책적 고려)의 이해관계가 일치할 수 있었다는 말이다.

박종철사건으로 군부정권 퇴진 압력이 고조되는 1987년 초반의 시기에 ①의 방안, 즉 군부세력 내의 온건파와 저항진영의 온건파의 타협 시도가 나타난 것이 바로 '이민우 구상'이다. '이민우 구상'의 주요 내용은 군부정권이 일정하게 민주화 조치를 취한다면 내각제로의 개헌 협상이 가능하다는 것이었다. 이 구상은 1985년 2·12총선 이후 저항운동이 고양되고 그 결과 군부정권 퇴진 압력이 고조되어 본격적인 민주화가 불가피해지면서, 1986년 말부터 군부세력이 내놓은 타개책으로 나타나기 시작한 것으로 보인다. 군부정권은 1986년 후반 대대

냥해 '계엄령 포고 분위기를 잡아 시위대를 해산시키려는 전술'을 갖고 있었다는 얘기다"(『한겨레신문』, 1993. 5. 30). 필자는 이 증언이 사실에 근접한 것이라고 판단한다.

9) 이 말은 슬로건 자체의 문제 여부를 떠나, 그러한 슬로건을 매개로 하여 결과적으로 나타난 타협 가능성을 의미한다.

적으로 펼친 공세적 탄압의 이면에서 이러한 타협 가능성을 모색하였던 것으로 생각된다. 군부정권의 총체적 몰락 가능성이 일정하게 가시화되면서, 이를 막기 위한 '타협'의 방안은 군부세력이 자신의 기득권을 일정하게 양보하면서 권력을 분점할 수 있는 내각제였다. 이를 통해 군부정권은 야당 내의 온건파와 타협하여 내각제라는 형식을 띤 '부드러운 독재'로 이행하는 것이 그 목표였다고 할 수 있다. 정치사회 영역에서 강성야당이 가진 주도성을 현실적으로 인정하면서 '타협'을 통한 견인을 이용하여 정치사회 영역의 통제를 시도한 것이라고 평가할 수 있다. 그러나 당시에는 군부정권에 대한 국민들의 반대정서가 강하고 급진운동세력의 대중적 여론 선도능력도 강했기 때문에 이러한 타협은 배제되고 만다. 결국 양김씨의 비타협적인 노선과 저항운동의 반대로 이 타협은 무산되고 군부정권은 새로운 재집권 시나리오를 찾아야 할 상황에 돌입하게 된다.

군부정권은 재집권과정에서 제기될 위험을 최소화하기 위해 일차적으로 ②의 방안을 선택하는데, 그것이 구체화된 것이 바로 4·13호헌조치이다. 사실 이 '편한' 방법을 채택하기 위한 사전 정지작업이 이미 1986년에 실시된 일련의 공안적 탄압, 급진운동세력의 '이념적 과격성'에 대한 냉전적 부각(1986년 인천사태 등의 부각)과 같은 방식으로 전개되었다고 할 수 있다. 앞서 지적하였듯이, 일정한 전략적 선택의 결과에 대한 예측 불가능성이 정치변동을 더욱 역동적으로 만들었는데, 4·13호헌조치가 그 전형적인 사례라고 할 수 있다. 그러나 군부정권의 '과신'과는 반대로 '4·13호헌조치'는 각계각층의 전면적인 저항을 받게 된다.

군부정권하에서는 실제적인 여론을 반영하는 시민사회의 제반 채널과 정치사회의 독자적인 반영기능이 극히 위축되기 때문에, 실제적인 여론과 관제기구를 통해 파악된 여론은 크나큰 괴리를 보일 수 있다.

군부정권의 이러한 전략적 선택 역시 일정한 사전 여론탐사 작업을 전제로 한 것이었으나, 정반대의 대중행동을 촉발하였다고 할 수 있다. 이 시기에 이루어진 '박종철 고문치사사건' 조작에 대한 천주교정의구현사제단의 폭로, '민주헌법국민운동본부'라는 저항진영의 단일한 연합지도력 구축, 6월 시위과정에서 연세대 이한열군의 최루탄에 의한 사망 등은 반군부독재 운동을 최고점으로까지 끌어올리는 결정적인 계기가 되며, 이 정점에 나타난 것이 바로 6월 민주화대투쟁이었다. 6월 민주화대투쟁은 급진민중운동 중심의 시민사회 구성을 변화시키고 다양한 비(非)민중적 영역에서의 운동을 활성화시킴으로써 '급진시민운동'을 대두시키는 결과를 가져왔다. 예컨대 약사, 의사, 교수, 변호사 등 전문직종에서의 급진적인 운동, 각 지역에서의 지역운동 등이 그것이다. 시민사회의 급진화와 영역의 확대가 6월 민주화투쟁이 가져온 결과였던 것이다.

　4·13호헌조치라는 위험부담이 작은 '편한' 이행방안이 역으로 군부정권에 대한 저항을 최고조로 높이는 과정에서 군부세력이 전략적으로 선택한 방안이 바로 6·29선언이다.[10) 6·29선언은 군부체제의 해체과

---

10) 6·29선언의 내용은 ① 직선제 개헌 ② 대통령선거법 협상 ③ 사면·복권 단행 ④ 언론자유 최대보장 ⑤ 기본권 신장 등 명시 ⑥ 지방·교육 자치 실현 ⑦ 정당활동 자유 보장 ⑧ 모든 사회비리 척결 등으로 이루어져 있다. 이 6·29선언은 군부정권 내부의 전략적 선택이기는 하나, 미국의 개입도 일정한 영향을 미쳤다고 할 수 있는데 여기서는 논외로 한다(「6·29선언과 미국의 대한 공작」, 『말』 12호 참조). 6·29선언은 한편에서는 국민들의 투쟁에 굴복하여 군부정권이 대중적 투쟁요구(즉 직선제)를 수용하는 것이었으나, 다른 한편에서는 대중의 투쟁을 위축시키기 위한 '고도의 전술', 군부의 재집권을 위한 '고도의 각본'이기도 하였다. 6·29선언이 군부정권의 전략적 시나리오 가운데 하나로 '신중하게' 고안된 것이며 그 결과 하나의 '정치적 쇼'로서 행해졌다는 것은 6·29선언이 "지배세력 내 강경파와 온건파의 분열 및 강경파에 대한 온건파의 헤게모니에 의한 선택이 아니라 전체로서의

정에서 군부세력이 취할 수 있는 여러 시나리오 중에서 저항운동의 요구를 최대로 수용한 안이라고 할 수 있었고, 이를 통해 노태우는 자신을 — 당시 규탄받던 전두환과 구별되는 — 집권세력 내 온건민주화 세력으로 위치지으면서 양김과 달리 민주화의 상징성이 없던 자신의 이미지를 국민적인 인물로 전화시킬 수 있었다. 군부정권의 직선제 수용은 자신들의 권력을 박탈할 수도 있는 불확실성을 제도화하는 것이었다는 점에서 전향적인 조치로 받아들여졌고 이를 통해 노태우는 광주항쟁을 진압한 주도적인 인물이라는 오명을 딛고 군부정권 내에서 민주화를 지향하는 '촉망' 받는 인물로 인식될 수 있었던 것이다.

또 6·29선언은 6월 민주화투쟁을 통해 ① 정치사회 영역의 급진화 ② 시민사회 영역에서 급진민중운동과 연대하는 각계각층의 비(非)민중적 시민운동, 급진시민운동의 확장(급진시민사회 영역의 확산) ③ 양자의 결합에 의한 군부정권의 혁명적 퇴진 가능성의 제고를 저지하려는 지배전략으로 이해될 수 있다. 6·29선언은 '파격적인' 정책으로 받아들여졌던 만큼 이러한 지배전략의 의도를 일정하게 관철시킬 수 있었다.

슈미터의 구분처럼, 이행의 형태를 첫째 집권자들이 국가의 통제권을 자신들이 지지하는 분파에 넘겨주는 식의 단순한 권력이전(transfer of power), 둘째로 그들 내부의 온건한 반대파들과 이행을 협상하는 '권력의 굴복(surrender of power)', 셋째 민주주의를 수립하고 형성하는 데 화해할 수 없는 적대자들에 의한 권력의 타도(overthrow of

---

군부정권의 선택"이었으며, "6월항쟁의 시점에서 의미있는 온건파는 존재하지 않았으며, 따라서 온건파의 대립지점으로서의 강경파 역시 존재하지 않았다"고 하는 것을 의미한다(정대화, 「한국의 정치변동, 1987~1992: 국가-정치사회-시민사회의 관계를 중심으로」, 서울대학교 정치학과 박사학위논문, 1995).

power)로 나누어본다면 6·29선언을 통한 대선에서의 승리는, 비록 직선제라는 선거에서의 경쟁을 매개로 하고 있다 해도, 6·29선언의 '각본설'을 인정할 때 첫번째 유형에 가깝다고 할 수 있다.[11]

6·29선언 이후 전반적인 변화의 방향은 두 측면에서 이루어졌다고 할 수 있는데, 하나는 민주화투쟁의 민중투쟁으로의 전환에 해당하는 노동자대투쟁의 확산, 또 하나는 급진적 운동의 상황·통제력 상실과 제도야당의 군부세력과의 개헌을 통한 타협적 틀 내에서의 경쟁이다.

먼저 6·29선언은 국민들의 민주화투쟁으로 국가권력의 억압적 방안을 철회시켰다는 점에서 국가기구의 통제력을 현저히 약화시키는 계기가 되었는데, 바로 이를 계기로 그간 잠재되어 있던 노동자대투쟁이 전국적·전산업적으로 전개된다. 이것은 비록 낮은 수준에서나마 그간 선진 노동자 및 노동운동가들 중심의 운동을 노동자대중운동으로 전환시키는 결정적인 계기가 된다. 상대적으로 제한된 대중적 기초에서 전개되고 있던 급진민중운동의 대중적 기초를 강화함으로써 시민사회의 폭과 깊이를 심화시키는 중요한 계기로 작용하였던 것이다. 그러나 이 투쟁은 6·29선언으로 인해 중간층 중심의 저항운동이 소강국면에 돌입한 시점에서 전개됨으로써 민주화투쟁 자체를 더욱더 철저한 군부퇴진투쟁으로 발전시키는 계기로 작용하지는 못하였으며,[12] 또 당면 정치투

---

11) O'Donnell and Schmitter, 앞의 책, p. 11.

12) 1987년 6월투쟁의 공간에만 한정한다면 Rueschmeyer 등이 분석한 바와 같이, 노동자계급이 조직되지 못한 상황에서, 즉 민주주의를 위하여 비타협적인 투쟁을 할 준비가 되지 않은 상황에서 타협적 지배블록과 6·29선언 이후 온건화된 중간계급이 연합함으로써 제한된 민주주의가 성립한 경우라고 할 수 있다. 이들의 분석에 따르면, 자본주의 발전은 계급구조와 계급들 간의 권력관계를 변화시킴으로써 민주주의의 가능성에 영향을 미치게 되는데, 여기서는 중간계급과 노동자계급의 행위가 중요하며, 남미처럼 노동자계급의 규모와 조직력이 제한된 경우에는 중간계급이 주도적 역할을 하게 된

쟁과 연결되지 못하고 경제투쟁의 범위에서 전개되었다고 할 수 있다.

다음으로, 6·29선언으로 직선제 개헌안이 수용되자 야당과 재야저항운동의 분리가 나타난다. 즉 직선제 개헌으로 이제 자신들이 국가권력을 장악할 수 있다는 낙관적 전망을 갖게 된 야당과, 좀더 높은 전략적 목표의 전술로서 직선제 개헌을 주장하였던 재야저항운동의 이해관계가 대립하면서 연합적 관계에 균열이 온 것이다. 6·29선언은 명시적인 형태의 타협을 수반하지는 않았지만, 군부정권과 저항진영이 '경쟁의 민주적 형식'에 대해 타협했다는 의미가 담겨 있다고 할 수 있다. 6·29선언을 계기로 야당은 재야저항운동과 연합하여 투쟁하는 자세에서 '경쟁규칙의 시행세칙'을 제정하는 과정에서 실리를 얻기 위한 협상으로 나아가게 된다.[13] 이것은 6·29선언이 목표하였던 정치사회 영역을 온건화하는 효과가 일정하게 관철되었음을 의미한다. 정치사회 영역에서 독자적인 정당이나 '분견대'를 보유하고 있지 못한 급진민중운동은 여기에 신속한 대처를 할 수 없었고, 결국 군부정권은 6·29선언을 통하여 양김씨와 경쟁 가능한 군부 출신 대표자를 국민적 후보로 격상시킨 여세를 몰아, 군부정권의 재집권에 성공한다. 13대대선에서 노태우 후보의 당선은 군부세력에게는 가장 '위험성이 많은' 방법을 동원하여 군부의 재집권을 실현함으로써 '최선의' 결과를 만들어낸 셈이었다.

이러한 경쟁과정은 그 이전 시기의 군부정권하에서 치러진 형식적 선거보다는 공정성에서는 진일보한 면을 지니고 있으나, 기본적으로

다(Rueschmeyer, D., J. D. Rueschmeyer, and E. H. Stephens, *Capitalist Development and Democracy*, Chicago: University of Chicago Press, 1994).

13) 이러한 보수야당의 선회를 '뿌리깊은 계급성'의 발현으로 이해하는 견해도 당시 제출되었다(박형준·정관용, 「한국 보수야당의 계급적 성격과 정치적 위상」, 『창작과비평』 1989년 여름호).

불공정 게임의 성격을 지니고 있었다. 그 예로서는 국가기구를 총동원한 군부집권당 후보의 총력지원, 양김씨의 지지를 분산시키기 위한 전근대적인 지역분할전략의 구사, 투표과정에서의 광범위한 관권·금권 개입 등을 들 수 있다. 특히 노태우 후보 진영은 양김씨의 이미지를 각각 영남 및 호남의 지역적 지도자로 굳히면서 전국적인 지지를 받지 못하게 하는 지역분할전략을 구사하였는데 이것은 양김씨의 지지를 제한하는 중요한 요인이 되었다.

주체적인 측면에서 본다면, 이러한 군부의 재집권에 결정적인 작용을 한 것은 야당 및 재야저항진영의 효과적인 대응부재라고 할 수 있다. 즉 민주화운동의 역사적 성과를 담보하고 있던 양김의 분열이 가장 큰 요인으로 작용하였으며, 재야저항진영이 이러한 양김의 분열을 효과적으로 통제하지 못하고 '경쟁자 중 선진적인 김대중'을 지지하는 '안이한' 방식을 선택한 것도 중요하게 작용했다. 재야저항진영은 자유화의 공간 속에서 헌신적으로 투쟁하여 민주주의의 절차를 정립한 상태였으나 그러한 절차를 통한 경쟁에서 자체 내의 분열로 민주정권을 수립하는 데 실패하고 말았다고 할 수 있다.

노태우정부의 성립으로 군부정권은 합헌적으로 재집권하게 되었으며, 집권과정의 정당성 부재라는 '원초적 취약성'을 극복하는 계기를 만든다. 군부정권은 선거라는 규칙을 통하여 자신을 재생산함으로써 '민선군부정권(electoral military regime)' '연성(軟性)군부정권' '부드러운 독재(soft dictatorship)'[14] '의사(疑似)군부정권(pseudo-military

---

14) 오도넬과 슈미터는 군부정권과 민주주의의 중간형태로 '부드러운 독재' 혹은 '자유화된 권위주의(dictablanda)'와, 제한된 (정치적) 민주주의(democradura)를 들고 있다(O'Donell and Schimiter, 앞의 책, p. 13, 14). 필자는 노태우정부를 전자, 김영삼정부를 후자로 파악하는 데 특별한 이견이 없다. 여기서는 선거에 의해 성립한 군부정권이라는 의미에서 민선군

regime)’ ‘온건한 군부정권’으로 이행하게 된다.[15] 노태우정부의 성립

부정권이라는 표현을 주 개념으로 사용한다. 또한 김영삼정부는 기본적으로 군부정권을 승계하는, 구(舊)군부정권의 국가기구 및 관료기구의 지원 속에서 성립하였다는 점에서, 그리고 국가기구 및 구관료기구의 민주적 개편—궁극적으로는 ‘정권교체’도 가능한 권력의 ‘개방성’을 갖는 상태에 이르는 것—이 이루어지지 않고 있다는 점에서 ‘의사(擬似)민주정권’으로 규정한다. 여기서는 그 이념적 성격과 선거에 의해 성립하는 ‘민간인’ 대통령 정부라는 점을 부각시키는 의미에서 ‘보수적 민간정권’이라는 개념을 주 개념으로 사용한다.

15) 노태우정부를 최장집 교수는 ‘이완된 독재’의 성립으로, 임현진 교수는 ‘자유화된 권위주의 정권의 틀 안에서 민주화를 수용하는 유형’으로 파악하고 있다(최장집, 『한국민주주의 이론』, 한길사, 1993; 임현진, 「스페인, 아르헨티나 제2차 민주화의 동태와 모순」, 『역사비평』 1993년 봄호). 노태우정부 시기에, 비판적 사회과학계에서는 전두환정부를 기본적으로 ‘신식민지파시즘’으로 이해하고, 노태우정부 역시 ‘신식민지파시즘’의 본질에는 근본적인 변화가 없는 것으로 보았다(송주명 외, 「신식민지파시즘의 이론구조」, 학술단체협의회 편, 『1980년대 한국사회와 지배구조』, 풀빛, 1989). 또 한편에서는 노태우정부에서의 변화를 ‘제한된 민주화’ ‘의사개량화’라는 개념으로 파악하려는 시도도 있었다(한국사회연구소 정세분석실, 「현정세의 구조적 특질」, 『동향과 전망』 제4호, 백산서당, 1989). 이에 대한 필자의 입장은 다음과 같다. 즉 60년대 이후 한국현대사는 종속적 독점자본주의의 정착과정으로 이해할 수 있다. 60년대 이후 현재까지는 종속적 독점자본주의의 확립과정에서의 모순, 그 과정에서 필연화된 종속적 파시즘의 모순을 매개로 한 계급투쟁의 고양국면이었다고 할 수 있다. 이런 점에서 본다면 박정희정부, 전두환정부는 한국의 종속적 독점자본주의 정착과정에서의 불안정한 상부구조로서 종속적 파시즘이라고 할 수 있는데, 이것은 노태우정부라는 과도기를 거쳐 종속적 독점자본주의의 ‘정착화’ 시기의 위기를 일정하게 극복한—독점부르주아지를 포함한 지배세력의 이니셔티브하에서—포스트 파시즘적 상부구조(‘권위주의적 자유주의’ 혹은 ‘신자유주의적 통치형태’ ‘신보수주의적 정치체제’ 등도 이러한 의미의 개념들이다)로 이행하고 있다고 할 수 있다. 김영삼정부나 김대중정부는 정착화된 종속적 독점자본주의의 상부구조로의 이행과정에 있는 정부라고 할 수 있다. 토대적 수준에서 보면, 60년대 이후 한국사회는 독점자본주의의 종속형적 확립과정을 경과한 것이고, 상부구조적 수준에서 보면 한국형 파시즘적 통치형태에서 한국형 ‘부르주아 자유민주주

으로 한국의 민주화 이행과정은 '아래로부터의 길'이 무산되고 '위로부
터의 길'이 지배적인 것이 되었다. 군부세력이 주도하는 국가기구가 그
대로 존치하는 상황에서 선거를 통하여 군부세력이 집권함으로써 훨씬
불철저한 민주화 경로가 관철되었다고 할 수 있다.[16]

　13대대선과 대선에서의 경쟁은 다수 국민의 정치적 의사가 반영되
는 공적 절차로서의 선거가 일반적인 정치적 경쟁의 형식으로 정착되
어 가는 데 단초 역할을 했다. 국민이 요구한 직선제라는 경쟁의 형식
을 군부정권이 수용하였고 그 경쟁에서—비록 관권·금권 부정이 개
입되었지만—기본적으로 양김의 분열을 주된 계기로 하여 노태우 후
보가 승리함으로써, 정작 선거라는 경쟁의 일반적 형식이 어느 경쟁
당사자도 거부할 수 없는 당연한 제도로 정착되어 가게 된다. 이런 점
에서 87년대선은 민주주의의 첫번째 차원에서 이루어진 발전을 의미
한다고 생각한다. 그러나 민주주의의 두번째 차원, 정치적 경쟁의 공정
성에 대해서는 대선 이후 '컴퓨터 부정선거' 의혹이 제기되고 구로구
청 사건에서 드러난 관권부정선거에 대한 저항이 존재하는 등 여전히
문제가 있었다고 판단된다.

　의적' 통치형태로 이행하는 과정에 있다고 하겠다.
16) 노태우정부의 초기에 이루어진 일부 연구들은 노태우정부 시기를 민주주의
　　가 공고화되는 단계로 파악하고 있다(Cotton, James, *Korean Politics in
　　Transition*, Boulder, CO: Lynn Rienner, 1993). 윤상철은 노태우정부를 긍
　　정적으로 보았던 여타 연구들과 달리, 권위주의적 지배블록이 복원되면서 확
　　장적인 민주화가 억제되는 이른바 '제한된-정체된 민주주의의 공고화기'로
　　규정하고 있다(윤상철, 앞의 책).

Ⅲ. 민선군부정권에서 1차 민선민간정권으로의 이행

1. 민선군부정권 성립～3당합당의 성립

노태우정부의 성립으로 한국의 민주화는 새로운 단계로 돌입한다. 노태우정부는 군부정권의 위기에 대한 대응 차원에서, 또 그것이 절차적 민주주의의 기본이라고 할 수 있는 선거를 통하여 집권하였기 때문에 과거 전두환정부에 비해 정치적으로 일정하게 안정성을 확보하게 된다. 노태우는 집권 후 전두환과 달리 '연성 군부정권'으로서의 형식적 변화를 도모하는바, 이전 시기의 권위주의적인 통치방식에 일정 정도 변화를 도입하여 억압적인 방식보다는 정치력에 의존하는 방식을 구사한다. 그래서 노태우정부 초기에는 민주화과정이 더욱 진전되고 '변형된 민주정권' 상태로 나아가는 듯한 인상을 주기도 했다.

민선군부정권의 성립은 민주화운동을 퇴조시킴으로써 변형된 정권의 안정화를 수반할 가능성도 있고, 저항운동이 다시 활성화되어서 민주화를 더 높은 수준으로 추동하는 결과를 낳기도 하는데, 한국은 후자의 경우라고 할 수 있다. 노태우정부 수립으로 주어진 통치상의 이니셔티브를 약화시키고 더 높은 단계의 민주화를 추동하는 기초가 된 것은 1988년 4·26총선을 통한 '여소야대 국회'의 성립이었다. 이 여소야대 의회구조야말로 6공화국하에서 저항운동이 활성화된 계기이자 김영삼정부 성립의 계기이기도 하다. 여소야대 구조는 '연성독재'의 불안정성을 촉발시킴으로써 한국의 민주화를 '연성독재' 수준에 머물지 못하게 한 결정적인 계기가 되었다. 이 구조는 군부정권의 재집권을 통하여 강화된 통치헤게모니를 결정적으로 약화시켰으며, 오히려 야당이 이니셔티브를 갖는 상태를 창출하였던 것이다.

또한 87년대선 과정에서 군부정권이 활용한 지역분할전략이 낳은 '예기치 못한 부수현상'이라고 할 수 있는 여소야대 구조는 민주화운동진영의 대선 패배를 반전시키고 저항운동을 공세적 위치로 전환시키는 계기가 되었다. 87년선거에서 노태우가 펼친 주요한 당선전략은 양김을 반독재 민주화운동을 상징하는 전국적 지도자가 아닌, 지역적 지도자로 왜소화시키는 것이었는데, 바로 이러한 노태우의 선거전략은 자신이 예상치 않았던 결과, 즉 양김이 가진 전국적 지도자로서의 위상은 축소되었지만 지역적 지도자로 확실하게 정착하는 결과를 낳았던 것이다. 그것이 투표행태로 표출된 것이 바로 1988년 봄 국회의원 선거이다. 이른바 여소야대 구조(김영삼은 영남, 김대중은 호남, 김종필은 충청을 대표하는 확고한 지역적 지도자로 자리잡는 구도)는 바로 양김을 포함한 야당지도자의 전국적 대표성은 약화된 반면, 지역적 대표성은 강화되는 것을 의미하였다. 이러한 왜곡된 투표행태는—1987년까지의 민주화투쟁의 성과와 1987년의 정치적 경험을 통하여 대중들의 정치의식이 상승하게 된 상태에서—적극적인 전망이 부재한 과도기적 상황에서 '차선책'으로 각각의 지역적 지도자를 압도적으로 지지하면서 나타난 것이라고 할 수 있다. 즉 1987년까지 명확한 호소력을 가지고 있던 반군사독재전선이 군부정권의 합헌적 재집권으로 약화된 상태에서, 87년대선에서 관철된 지역적 분할구도의 결과로서 지역적 몰표현상이 나타났다는 것이다.

여소야대 구도의 모순은 이후 새로운 민주화단계를 추동하는 계기가 되는바, 입법부에서 정국주도권이 야당으로 이전됨으로써 군부정권의 재생산에 장애가 나타난다. 기존의 군부정권이 중앙집권적이고 일사분란한 집중구조에서 운영되어 온데다, 더욱이 여소야대 구도가 일시적이라기보다 상당히 고착성을 가진 지역당적 구조를 기반으로 하고 있었기 때문에, 이 구조의 모순은 더욱 심화되었다.

여소야대 구도 성립이라는 요인 외에도, 노태우정부의 정치적 불안정을 촉발하고 다음 단계의 민주화를 추동한 대중적·운동적 조건을 창출한 요인으로는 다음과 같은 것들이 있다. 먼저 노태우정부가 개혁을 추진하면서 보인 불철저성과 5공화국과의 비(非)단절성이 국민대중에게 널리 인식되었다는 점을 들 수 있다. 뿐만 아니라 여소야대 구조에서 야당의 공세로 열린 '광주청문회' '5공비리 청문회'는 6공화국이 가진 5공화국과의 본질적인 동질성을 극명하게 드러내었고, 국민 전반의 정치의식을 높이는 계기로 작용하였다. 이 때문에 비록 과정상에서는 합헌적 집권이라는 형식을 밟기는 했지만 기본적으로 군부정권의 연장이요 변형이며, 민주정권이 아닌 '변형된 군부정권'이라는 인식이 확산된 것이다.

그런데 여기서 특기할 점은 '광주청문회'와 '5공비리 청문회'를 통해서 5공화국 세력에 대해 제재(전두환의 백담사 '유배' 등)가 가해지자 이것은 오히려 군부세력 내의 불화와 반목을 심화시켜 이들의 단일한 결집을 방해하였다는 점이다. 박정희의 죽음으로 표면화하기 시작한 군부세력 내의 균열은 12·12사건을 통한 대립을 거쳐 5공화국 신군부세력이 주도하는 형태로 정리되었으나, 6공화국으로 이행되면서 5공세력과 6공세력의 균열까지 가세한데다, 더구나 군부의 정치개입을 반대하는 세력이 스스로 분리됨으로써 이전처럼 군부의 단일한 결집, 그 결과가 가능했던 정치사회 및 시민사회에 대한 군부의 일사불란한 통제가 어려운 지경에 이르렀다.

6공화국의 정치적 불안정을 심화시키고 민주화의 진전을 가속화한 또 하나 요인으로는 1989년 1월 '전국민족민주연합(전민련)' 형태로 조직정비를 한 재야저항운동, 전교조운동 등 민주화의 내용적 깊이를 가능케 한 새로운 운동의 등장 및 통일운동 등 저항운동의 새로운 이슈 등장을 들 수 있다. 이러한 변화는 노태우정부의 성립으로 반군부독재전선이 '희석화' 되었음에도 새롭게 저항전선을 활성화시켜 민주화의 동력을 강화하였다.

또한 전투적 민주화운동을 통하여 군부통치가 약화되면서 시민사회의 자율적인 영역들이 성장하게 되었다는 점을 들 수 있다. 즉 전투적 저항운동이 열어놓은 공간에서 다양한 사회적 목소리가 조직화되었고, 그 결과 온건한 개혁을 요구하는 주장, 그동안 반군부독재의 목표 속에서 드러나지 않았던 입장들이 분화·표출된다. 그 예로 경실련[1]의 태동 등을 들 수 있다. 앞서의 여소야대 구도는 국가의 종속영역이었던 정치사회의 자율성이 더욱 확대되는 것을 의미하고, 이러한 다양한 기구들의 등장은 국가에 종속되어 극도로 위축되어 있던 시민사회 영역이 전투적인 운동의 투쟁 결과 점차 확장·분화되고, 전투적 투쟁행위로 단일화되어 있던 시민사회 영역에서의 분화가 나타났음을 의미한다. 이에 따라 급진민중운동뿐만 아니라 온건시민운동이 시민사회 영역에 나타나게 된다.

한편 정치적 통치세력인 군부의 입지가 결정적으로 축소되고, 따라서 새로운 군부 출신 인사를 정점으로 하는 지배권력 구축이 어려운

---

1) 1988년 경실련은 지가 및 주택가격의 급등 속에서 '경제정의'를 캐치프레이즈로 내걸고 '토지공개념'과 '금융실명제'를 제도개혁의 대안으로 제시하였다(서경석, 「경실련 3년의 평가와 반성」, 『사회평론』 1992년 8월호). 경실련 초기는 노태우정부의 경제정책을 비판하는 것을 주된 특징으로 하고 있으며, 이념적 성격이 명확하지는 않았으나, 그 기반이 강화되면서 급진적 민중운동과 구별되는 '체제 내적인 개혁주의 노선'을 표방하는 이념적 노선, 민중과 구별되는 중간층 '계급'에 기초하는 계급적 노선으로 자신의 이념을 명확하게 드러낸 것으로 보인다. 앞서 필자가 범주화한 데 따르면, 경실련은 온건시민운동이라고 할 수 있는데, 경실련이나 급진적 성격을 띠지 않은 시민적 운동단체들의 출현은, 시민사회의 내적 분화가 나타나고 있다는 것을 의미한다. 이러한 현상은 시민사회 영역에서의 급진민중운동의 '단일 헤게모니'가 약화되고 상호경쟁관계가 조성되고 있음을 의미하기도 한다.

상황이었다. 이러한 군부의 입지 약화는 광주항쟁 당시 행한 대량 양민학살이라는 '원죄적' 오류, 80년대 내내 전두환정부하에서 정치적 억압으로 인하여 성장한 국민적 반대의식 외에도, 앞서 지적한 바와 같이 한국경제가 성장하고 시민사회의 분화 등 사회적 분화가 진전됨에 따라 군부정권의 리더십 혹은 군부 테크노크라트의 리더십이 매우 축소되었다는 점을 들 수 있다. 이것은 60, 70년대 산업화과정에서는 과감한 군부 리더십이 나름대로 국민들에게 설득력을 발휘하였으나, 경제성장과 사회적 분화의 진전으로 사회적 조직자·운영자로서의 군부의 역할은 더 이상 사회적 수요를 갖지 못하게 되었음을 의미한다.

합헌적 재집권이라는 정당성에 의해 초기에 안정적으로 보였던 6공화국 정권은 이상의 여러 요인들 때문에, 정치적으로 불안정해지고 다음 단계의 민주화로 추동된다. 이 과정에서 정치적 불안정을 반전시키기 위하여 부분적으로 강경통치로 전환하는데, 다름아니라 문익환 목사의 방북으로 촉발된 1989년 봄부터의 공안정국이다. 이 시기 공안정국은 6공화국 이후 다시 강화되어 가던 저항운동을 억제함으로써 1989년 말에는 다시금 새로운 교착국면을 맞이하였다고 할 수 있다. 이와 같은 교착국면은 군부정권의 합헌적 재집권으로 인한 군부정권의 이니셔티브 강화, 여소야대 구조에서 이루어진 그것의 반전과, 야당 및 저항진영의 재공세, 이를 뒤집기 위한 노태우정부의 부분적인 강경통치로의 회귀라는 과정을 거치면서 조성된 것이다. 이 교착국면은 앞에서 서술한 바와 같이 어느 한쪽의 이니셔티브를 허용하지 않는, 서로의 비토역량이 존재하는 불안한 상황이기 때문에 어떤 형태로든 변화를 요구받는 상태라고 할 수 있다.

그런데 여기서 한 가지 주목할 점은 여소야대 구조로 인하여 민선군부정권의 새로운 정치적 불안정이 조성되고 다음 단계의 민주화를 추동하는 정치사회 영역에서의 추동력과 시민사회 영역에서의 추동력이 높아졌는데도, 또 한편으로 여소야대 구조가 정치사회적 영역을 확장함으로써 이 영역의 결합관계를 변화시켜 정치변동을 이룰 수 있는 가능성도 커졌다는 것이다. 이것은 80년대 전시기를 통하여 국가권력에 일방적으로 종속되어 있던 정치사회 영역이 어느 정도는 자율성을 갖게 되었음을 의미하며, 또한 군부정권의 변동이 이전 시기에는 국가 대 시민사회의 대치관계 속에서 결정되던 것과 달리 정치사회 영역에서의 변동을 통해 반영·흡수될 가능성도 생겼음을 의미한다.[2]

한편 1985년 12대총선으로 관제야당인 민한당이 붕괴하고 강성야당인 신민당이 정치사회 영역에서의 저항을 단일하게 주도하였던 데 반하여, 13대총선에서는 군부정권에 타협적이던 '신민주공화당' 같은 정당이 '야당'으로 정립되었다는 점도 특기할 만하다. 분화된 정치사회 영역에 온건보수적인 야당이 정립됨으로써 정치사회 영역 자체에도 내부분화가 일어난 것이다. 그러나 88년총선에서 이른바 '민중세력의 독자적인 정치세력화'가 이루어지지 못함으로 해서 이러한 정치사회 구조 변화에 대해 시민사회 영역의 저항운동은 — '내재적인 통제력'을 확보하지 못하고 — 여전히 '외재적인 영향력 행사 구조' 밖에 못 가지는데, 이는 정치사회 영역의 분화가 급진적으로 이루어지면서 군부정권의 퇴진 가능성을 높였던 1987년 이전 시기와는 반대 상황이 조성되었음을 의미한다. 다시 말해 시민사회적 영역에서 급진민중운동이 주도하는 '군부국가'에 대한 저항이 작용하는 매개영역의 내적 구조가

---

2) 정대화 교수는 6월항쟁 국면을 시민사회 주도의 정치변동이고 (여소야대 구도 형성 이후의) 5공청산 국면을 정치사회 주도의 정치변동으로 규정하고 있는데, 이는 지배의 재생산에서 정치사회 내의 정치적 경쟁이 더욱 중요하게 되었다는 것을 의미한다(정대화, 「한국의 정치변동, 1987~1992: 국가-정치사회-시민사회의 관계를 중심으로」, 서울대학교 정치학과 박사학위논문, 1995).

변화하고, 나아가 국가·정치사회·시민사회의 상호관계와 내용이 변화하고 있음을 의미한다고 하겠다.

이상에서 서술한 교착국면에서, 정치사회 영역의 변동을 통해 새로운 반전국면으로 전환하려고 한 시도가 바로 3당합당이다. 여소야대 구조에서 야당적 지위에 있던 김영삼의 통일민주당, 김종필의 신민주공화당이 군부집권당인 민정당과 결합하여 새롭게 민주자유당이 탄생한 것이다. 3당합당은 '범(汎)보수세력연합'을 시도함으로써 여소야대 구조의 모순으로 인한 통치의 비효율성을 극복하는 동시에 지배권력의 재생산을 위한 '재집권연합' 구축이라는 성격을 갖는다고 할 수 있다. 3당합당은 그간에 진전된 정치사회 분화를 반영하는 것이며, 그러한 분화된 정치사회 영역을 재편함으로써 정치변동의 압박을 흡수하고, '위로부터의 민주화'의 기초를 닦은 사건이라고 할 수 있다.

3당합당은 세 당사자의 이해관계가 일치하는 위에서 성립하는 것이었다. 먼저 군부집권당의 입장에서 보면 통치의 불안정성을 극복하고 나아가 야당정권 혹은 급진정권의 성립을 저지하고 지배권력을 재생산해야 할 필요성이 있었다. 다시 말해 한편으로는 여소야대 구조에서 야당의 여당화를 통하여 안정의석을 확보함으로써 취약해진 권력기반을 강화할 필요가 있었고, 다른 한편으로는 지배권력의 주도자라는 군부의 국민적 이미지가 매우 악화되어 있는데다[3] 직선제하에서 대안이 될 만

---

3) 80, 90년대의 전과정을 통하여 '국가안보의 보위자로서의 군부'의 이미지는 일정하게 보존되어 왔으나, '국가운영자로서의 군부'의 이미지는 결정적으로 약화되었다. 군부통치 초기에는 바로 이러한 이미지가 강력하였고 또 이것이 박정희정부의 안정적 지지기반을 이루었지만, 한국자본주의의 성장에 따라 군부 테크노크라트적 효율성의 의의는 축소되고 군부통치가 역으로 ─성장의 '견인차'가 아니라 ─성장의 장애로 인식되는 상태에 이른다. 이것이 바로 군부정권 퇴진에 대한 국민적 압력의 기초가 된다. 이와 함께 군부세력의 단일한 결집은 지속적으로 붕괴되어 왔다. 80년대의 민주화 전진을 가능케 하였던

한 적절한 대통령후보가 존재하지 않은 상태였기 때문에 3당합당을 통해서 권력재생산을 효과적으로 달성해야 할 필요가 있었다. 군부집권세력이 이와 같은 타협을 더욱 강력하게 추진할 수밖에 없게 만들었던 요인으로, 여소야대 구조가 지역당적 분할구도로 고착되어 '연합'이 아니고서는 정치적 지지의 이전이 불가능했다는 점을 들 수 있다.

그리고 김영삼의 입장에서도 이러한 타협적 연합이 필요했다. 여소야대 구도 속에서 자신의 입지가 불안하고 위축되어 고사(枯死)되는 것을 반전시켜 정치적 입지를 강화해야 하는 절박한 요구가 있었던 것이다. 과거 제2야당이던 김대중의 평민당이 제1야당이 되자 평민당보다 보수적인 정치적 입장을 취한 통일민주당이 갖는 불안과 김영삼 자신의 정치적 입지 축소가 만들어낸 '타협'에 대한 요구가 3당합당과 같은 '야당에서 여당으로의 변신'을 가능케 하였다고 할 수 있다. 당시 대선은 김대중이나 김영삼이 대권에 도전할 수 있는 마지막 기회로 보여졌기 때문에 어떤 형태의 '희생'(지배권력에의 투항)을 무릅쓰고라도 대선승리의 기반을 확보해야 하는 것이 양김의 절박한 요구였고, 이것은 김대중에 비해 김영삼에게는 더욱더 그랬다고 할 수 있다.

신민주공화당의 경우는, 여소야대라는 구도에서 '캐스팅 보트'라는

중요 요인 중 하나는, 이러한 군부의 분열과 단일한 결집 부재였다고 할 수 있다. 10·26사건과 12·12사건에서 표출된 군부 내 '정치지향적' 군부세력과 '정치중립적' 군부세력의 분열과 대립, 1988년 5공화국 유산의 청산과정에서 5공화국 집권세력과 6공화국 집권세력의 분열과 반목, 3당합당 이후 민자당 내에서 발생한 군부 출신 분파들간의 분열, 그리고 일부 분파의 야당으로의 합류 등으로, 5·16 이후 박정희를 중심으로 단일하게 결집되어 있던 군부세력이 분열되는데, 바로 이것이 민주화에 반하는 반동적인 시도가 성공하지 못한 원인이었다. 지배진영의 헤게모니적 지위를 가지고 있던 군부의 분열 자체가 민주화의 한 동인일 수 있다는 점은 제3세계 저항운동이 전략을 선택할 때 고려할 사항이라고 하겠다.

불안정한 입지에 있었고 또한 군부집권세력과 '혈연적' 뿌리가 같아 이념적으로는 보수적이면서도 야당으로서의 위치가 강요하는 비판적 역할 때문에 일종의 '역할갈등'을 느끼고 있었으므로 부차적인 연합주체로나마 3당합당에 적극적으로 참여하게 된다.

당시의 재집권연합에는 다양한 가능성이 있었는데, 그 예로 정계개편이라는 이름으로 제기되었던 안들을 들 수 있다. 결국 이 안들은 군부정권의 기득권에 일정하게 양보하면서 권력을 공유하는 범보수연합체제를 구축하는 것이 주요 골자라 할 수 있는데, 크게 부각되었던 방안으로는 두 가지가 있다. 첫째는 호남을 대표하는 김대중과 연합하는 방안, 둘째는 김영삼과 연합하는 방안이다. 연합형식으로는, 당의 분립을 전제로 한 것과 당간의 통합을 전제로 한 것이 있었고, 연합의 제도적 형식으로는 내각제 개헌하의 연합과 대통령제하의 연합이 있었다. 이것을 그림으로 나타내면 다음과 같다.

	당 분립하의 연합	당 통합하의 연합
김대중과의 연합	A	B
김영삼과의 연합	C	D

당시에 나온 여러 방안 중 집권군부세력은 A 혹은 C 방안을 선호하였고, 현실적으로도 A와 C안을 일차적인 방안으로 상정하였다고 평가된다. 그중에서도 초기에는 김대중과의 연합을 선호하였던 것 같다. 당시로서는 제1야당인데다 자신의 지역기반과 중첩되지 않는 호남당적 성격을 띤 김대중과 연합하는 것이 확실한 타협적 결과를 보장하는[4] 이상적인 형태라고 할 수 있었다. 그러나 이 연합은 무산되었는

---

4) 타협과정에서는 타협 쌍방의 이념적·정치적 차이보다는 타협 당사자가 얼마나 확실한 조직적·지역적·계급적 기초를 가지고 있느냐가 더욱 중요하다고 할 수 있다. 이 점에서 군부정권과 김대중은 정치적 차이가 김영삼에 비해 크

데, ① 연합의 실익이 적고 서로 이용만 당할 가능성, ② 진보적인 지역대중이 가장 많은 호남을 지역기반으로 하는 김대중의 정치적 기반이 상실될 가능성, ③ 야당세력의 일부는 이념적으로 군부세력과 대척점에 놓여 있는 점이 그 이유였던 것으로 보인다.

앞서 지적한 대로 김영삼은 연합에 좀더 이해관계를 갖고 있었기 때문에 훨씬 적극적으로 연합을 추구하게 된다. 그러나 그 과정에서 김영삼의 입장에서는 C안이 집권군부세력에게 이용만 당하고 실익을 얻지 못할 위험성이 있었기 때문에 그보다 적극적인 연합의 형태인 D를 시도하게 되고 그것이 3당합당으로 나타났다고 할 수 있다. 당초에는 각각의 정당이 독립성을 가지면서 각료추천권 등을 갖는 연합형태를 상정하였던 것으로 파악되지만, 김영삼의 적극적인 합당제의로 여소야대 구도 재편작업은 3당합당 형태로 추진되었던 것으로 보인다. 역설적으로 권력에의 접근을 김대중은 분립 속에서 시도하였고 김영삼은 통합 속에서 시도하였다고 할 수 있다.

연합의 제도적 형식은 권력의 단일집중 가능성이 큰 대통령제보다는 권력분점이 제도적으로 가능한 내각제였다고 판단된다. 집권군부세력은 김영삼이 요구하는 전격적인 합당을 수용하고 반대로 김영삼은 권력분점이 가능한 내각제로의 개헌을 수용함으로써 합당이 이루어진 것으로 보인다. 이런 점에서 3당합당은 집권군부세력과 온건파 야당의 '대타협'이라는 성격을 갖는다고 할 수 있다. 앞서 지적한 대로 1987년 이민우 파동으로 표현되었던 타협의 시도는 이제 3당합당이라는 형태로 구체화된 것이다. 대안이 없던 불안정한 노태우정부와 역시 대안이 없던 김영삼이 타협한 결과 3당합당이 성립한 것이다.

다고 할 수 있으나, 김대중의 기반이 좀더 확실했고 유동성이 적었기 때문에 초기에는 타협의 파트너로 더 선호했을 가능성이 높다.

2. 3당합당 ~ 1차 '보수적 민선민간정권' 성립

3당합당은 정치사회 영역에서의 여소야대 구조를 인위적으로 개편하는 성격을 띠고 있는데, 이를 통하여 집권군부세력을 중심으로 하는 새로운 절대다수당이 탄생함으로써 통치행위의 일방적 수행을 저지하고 있던 정치사회 영역의 정당구조를 변화시키고, 나아가 지배권력의 안정적인 재생산을 위한 기초를 예비하게 된다.

3당합당 이후 대선까지의 국면은 그간의 지배연합이 균열되면서 새로운 지배연합을 향한 권력투쟁과 이합집산이 이루어지는 시기라고 할 수 있다. 이 시기에 그간 군부를 정점으로 하여 연합하고 있던 모든 세력이 자신의 이해관계에 따라 '핵분열'하면서 새로운 지배연합 내에서의 입지를 강화하기 위해 전면적인 투쟁에 돌입하게 되며, 더욱이 3당합당이라는 것이 지배진영 내에서의 '아래로부터의' 합의에 의해 추동된 것이라기보다는 최고위 집단이 밀실에서 합의한 것이었기 때문에 지배진영 내에서도 다차원의 갈등을 유발한다.

3당합당 후에 생긴 지배진영 내의 권력투쟁은 두 가지 시기를 경과하였던 것으로 보이는데, 첫째는 합당에서 김영삼이 민자당의 대통령 후보로 결정되는 시기까지의 권력투쟁, 둘째는 대통령후보 결정 후부터 대통령선거까지의 권력투쟁이다.

전자의 시기에 김영삼은 (양자로 들어가서 상속자가 되어야 하는 사람의 어려움을 감안하여) 은인자중하면서 지배진영 내의 비토세력들을 무마시키는 한편 대선후보로 결정되기를 기다린 것으로 판단된다. 합당 이전과 이후에 집권당 내에서는 민정계(핵심적으로는 TK세력)의 명시적인 분열이 나타나는데, '대세론'으로 스스로를 정당화하면서 김영삼과의 연합으로 자신의 기득권을 유지·보전하려는 세력과, 김영삼 집권 후의 '거세'를 우려하면서 김영삼의 대권장악을 거부하고 저항하는 그룹으로 분화되었다. 합당 후 초기에는 전자가 주도권을 갖고 상황을 대처해 갔으나, 경선이 임박하면서 후자의 반발도 확산되었는데, 지배권력 내의 비토집단의 저항이라든가 합의사항의 노출로 인한 김영삼의 내각제 합의 번복,[5] 집권층 내의 부정부패에 대한 동반책임의 거부 등으로 합당 후 내부반발은 점차 확산되어 간다. 더구나 지배진영 내의 다양한 기득권 집단들은 1991년 가을에 내각제라는 권력분점 형태의 합의가 파기되면서 자신들의 입지를 상실할까 봐 두려움을 갖게 되었고 그에 따른 반발도 확대되었던 것으로 보인다. 이러한 반발은 1992년 4월 민자당 대통령후보 경선 때 합당 이전의 집권군부세력을 대표하는 민정계의 조직적인 반발로 나타났는데, 민정계의 당시 '관리자'였던 박태준의 경선출마 시도와 그에 대한 노태우의 견제, 결국 이종찬을 경선후보로 하는 비토세력의 결집과 반발이 있었다. 김영삼을 대통령후보로 결정한 데 대한 지배진영 내의 반발이 컸다는 점은 민자당 대선후보 경선 전당대회에서 경합후보였던 이종찬이 다수의 득표를 한 것으로도 증명된다. 그러나 결국 내부의 강한 반발에도 불구하고 뚜렷한 대안이 없어 김영삼이 집권당의 대선후보로 결정되기에 이른다.

합당부터 경선까지의 시기를 주목하게 된 이유는 합당의 핵심 합의사항이었던 '내각제'가 국민적 수준에서 파기되었기 때문이다. 사실 내각제 합의는 밀실합의 과정에서 이루어진 기본적인 합의사항이었으나, 김영삼을 반대하는 세력들에 의해 국민들에게 공개되고 그에 대한 비난이 고조되자 김영삼은 내각제 합의 자체를 파기한다. 이처럼 타협의 핵심적인 사항이 파기된 상태에서 김영삼이 민자당의 대선후보로

---

5) 1991년 10월 내각제 각서 파동이 그것이다. 내각제를 공론화하려는 민정계·공화계와 이를 공식적으로 부인한 민주계의 대립을 상기하자.

결정되었다는 것도 또 하나의 특징이라고 할 수 있다. '타협의 규정력이 약화되어 가는 속에서 관철된 타협'의 성격을 지니게 된 셈이다. 이런 점에서 김영삼의 대선후보 결정과정은 제3세계의 일반적인 경우와는 상이한 양상을 띤 것이라고 할 수 있다. 즉 군부세력과의 타협은 기본적으로 군부세력의 기득권과 정치적 입지를 보장하는 형태로 나타나는 게 일반적이지만, 기득권을 보전하는 제도적 형식인 내각제가 공식적으로는 파기된, 따라서 밀약적 타협의 내용이 부정되는 기조 위에서 현실화되어 갔다는 특징을 갖는다.[6] 대타협을 주도하였던 노태우 입장에서는 핵심적 합의사항이 준수되지 않는 타협을 원점으로 되돌릴 것인가 아니면 계속 추진할 것인가 하는 기로에 섰다고 할 수 있었다. 그러나 김영삼을 제거하는(김영삼의 탈당 사태 등) 유의 상황은 집권 민자당의 '붕괴'와 거의 다를 바 없었기 때문에 결국 후자의 방향을 취할 수밖에 없었고 1992년 4월 민자당 경선에서 김영삼을 지지하는 것으로 나타나게 된다.[7]

---

6) 필자는 이것을 후손이 끊어진 상태에서 '양자(養子)'를 입적(入籍)한 집안의 고민에 비유하고 싶다. 우선 양자로 들인 상태에서 뒤늦게 양자가 적절하지 않다는 판단이 섰으나, 이미 집안에 양자를 지지하는 자도 생기고 양자를 물리자니 온 집안이 '쑥대밭'이 될 것 같은 상황에서 불가피하게 양자를 법적 계승자로 인정하게 되는 경우를 들 수 있다. 그렇게 양자를 인정한 후에도 집안 내부에 이견과 대립이 끊이지 않고 급기야 양자를 들이는 데 적극적이었던 '집안 어른'마저 가출하는 사태를 맞게 되는 것을, 경선 이후의 민자당의 내분과 비유하는 것도 가능하리라고 본다.

7) 당시 집권층 내의 정보에 정통한 기자들은 김영삼의 '용도폐기'를 전망하는 글을 많이 썼었다. 기본적으로 권력을 쥐고 있는 노태우진영은 물론이고 그 밖의 반대진영에서도 다양한 시도를 계획한 것으로 보인다. 그러나 ① 김영삼 제거가 가져올 집권당 내부의 혼란 ② 김영삼이라는 야당정치인이 집권당의 새로운 후보로 결정되는 것이 갖는 '시대적 전향성' ③ 이러한 전향성을 지지하는 여론 및 국민 저변의 '잠재적인' 압력 등이 그러한 계획을 좌절시켰던 것 같다. 이와 같은 상황이 민주계에서, 김영삼이 대통령으로까지 당선된

집권층 내의 반대에도 불구하고 김영삼이 대선후보가 됨으로써 지배진영 내부의 권력투쟁은 새로운 단계로 돌입하지만, 여기서 중요한 문제는 노태우를 포함하여 군부세력이 퇴임한 후 신분과 기득권 보장에 대한 제도적인 안전판이 존재하지 않았다는 점이다. 이것은 직선제 대통령에게 강력하게 권력이 집중되는 한국만의 독특한 구조(사실 이것은 군부정권의 유산이기도 하다) 속에서 기득권집단이 갖게 되는 당연한 두려움이었다고 할 수 있다. 더구나 후보결정 후 김영삼의 '전횡적' 행태는 노태우 대통령을 포함하여 민자당 내의 다양한 기득권 분파들 사이에 우려와 반발을 불러일으켰던 것으로 보인다. 이 과정에서 대선 때 집권층 내에서 정치자금을 조달하는 과정에서뿐만 아니라 퇴임 후의 안전자금을 확보하는 과정에서 노태우 대통령측과 김영삼측의 갈등의 골이 깊어지기도 했다.[8] 이러한 갈등은 더욱 고조되어 1992년 9월 노태우의 민자당 탈당, 그리고 10월에 민정계 대표 격인 박태준의 민자당 탈당 등 집권당 내 권력투쟁이 최고조에 이르게 된다. 노태우측은 김영삼을 '용도폐기'하고 새로운 안전판을 확보하려는 시도를 해보지만, 그것은 이미 '물 건너간' 상황이었다. 이러한 내부의 권력투쟁은 민정계 및 공화계의 소극적인 비토와 거부, 국가기구 내 상하 관료세력들의 적극적인 지지활동의 약화로 나타났다고 할 수 있다. 그럼에도 불구하고 강력한 대안과 구심점이 부재한 상태에서, 집권층 내의 소극적 반대 혹은 시간의 촉박성과 대세에 의한 중립화 속에서 대통령 선거로 이행해 갔다.

지배진영 내부의 갈등이 격화되는 과정에서 나타난 중요한 특징으

것이 단순히 '야합'에 따른 반대급부가 아니라 '집권당 내에서의 혈투(血鬪)를 통한 쟁취'라고 평가했던 배경이다.

8) 수서비리 사건, 민자당 중앙연수원 매각 사건, 이동통신 선정 사건 등을 둘러싸고 벌어진 노태우측과 김영삼측의 대립을 상기하면 될 것이다.

로는 우선 민정계 일부의 민자당 탈당과 '신한국당' 창당을 들 수 있다. 민자당 경선과정에 이종찬후보를 지원하였던 반(反)김영삼 연합세력 중 일부가 이종찬을 중심으로 탈당하여 1992년 8월 신한국당을 창당하는데, 3당합당으로 구체화된 군부집권당과 온건야당의 재집권연합에 대한 군부집권당 내의 핵분열 현상이라고 규정할 수 있는 이 현상은 집권당 후보인 김영삼의 '순조로운' 당선을 저해하는 중요 요인이 되었다. 그러나 신한국당은 이후 대선경쟁에서 '중도하차'하여 국민당에 합류한다. 둘째로, 군부정권하에서 지배진영의 주요 세력이었던 독점자본 분파의 독자적인 정치세력화 시도인 국민당 창당을 들 수 있다. 그간 군부를 정점으로 하여 하위파트너로 존재해 오던 한국의 독점자본은 자신의 축적기반이 강화되면서 국가권력에 일방적으로 의존하는 상태에서 국가권력 자체를 독자적으로 관리하려는 욕구를 전면적으로 표출하게 된 것이다.[9] 이와 같은 욕구를 가졌음에도 불구하고 대부분의 독점자본은 그것을 '행동'화하지 않았던 데 비해, 현대그룹이라는 특수 개별자본은 '행동'으로써 그와 같은 시도를 한 것이다. 이것은 비록 여타 독점자본의 명시적인 지지와 후원은 적었지만, 이미 축적기반을 확보한, 무시할 수 없는 영향력을 가진 독점자본이 기존의 국가권력의 '비합리적 통치구조'를 자신에게 유리하게 개편하려는 시도임을 의미한다. 이러한 국민당에 민자당 내 반김영삼파였던 이종찬의 신한국당이 대선 직전에 합류함으로써 대선의 강력한 경쟁자로 부

---

9) 이러한 분립은 민주화의 동력이 민중부문에서뿐만 아니라, 지배진영 내부에서도 제기될 수 있음을 의미한다. 군부정권하에서 지배에 동참해 오던 지배세력들 내의 여러 분파들은 군부정권이 경제성장을 효율적으로 달성하지 못할 뿐아니라 대중적 저항운동의 새로운 분출조차도 효과적으로 막아내지 못하자, 퇴진에 대한 '잠재적인' 욕구를 갖게 되었다고 할 수 있다(Harding, T. and J. Petras, "Democratization and Class Struggle", *Latin American Perspective* 58(15-3), 1988년 여름호, p. 4).

상하기도 하였으나 집권을 성취하지는 못했다.

3당합당이라는 재집권연합이 인위적으로 형성된 후 지배진영 내부에서 권력투쟁이 격화되고, 그 표현인 민정계 일부의 탈당 및 반대정당의 창당, 집권당 내부 및 국가기구 내 관료집단의 소극적 비토와 사보타주, 일부 독점자본 분파의 독자적 정치화로 김영삼의 집권이 '순조로운' 과정이 아니었던 만큼, 집권 후에는 구지배세력의 발언권과 규정력을 크게 약화시켰던 것으로 보인다. 즉 집권 이후 김영삼정부의 개혁을 예상했던 수준보다 진전된 수준으로 추동하는 요인이었다고 할 수 있다. 군부를 정점으로 하던 기존의 지배연합이 새로운 지배연합으로 재편되면서 내부의 질적 관계에 큰 폭의 변화가 나타나게 된 것도 바로 이러한 권력투쟁으로 인한 내부 권력관계의 이동을 기초로 하고 있다고 생각된다.[10]

이상으로, 지배진영 내의 권력투쟁을 중심으로 하여 3당합당에서 김영삼 당선까지의 민주화 과정을 서술하였는데, 다음에서는 내적 권력투쟁을 하면서 재집권으로 나아가고 있던 지배진영에 대립하는 야당 및 운동진영의 동태를 중심으로 이러한 재집권과정을 살펴보기로 하겠다. 이것은 한국의 민주화과정이 왜 '아래로부터' 민주화과정으로 이어지지 못하고 '위로부터' 민주화로 귀결되었는가, 92년대선에서 야당은 왜 패배하였는가 하는 물음과 같다고 할 수 있다.

먼저 3당합당으로 인한 계급적 역관계, 정치사회 영역에서 발생한

---

10) 이러한 권력투쟁의 현재화는 그간 군부의 장기집권 과정에서 이행 자체가 개인 혹은 집단의 다양한 상호관계의 역동적인 전개 속에서 이루어진다는 인식이 촉발됨으로써 권력에 대한 '물화된' 인식을 정정하는 계기를 제공하였다. 저항적 연구자들이나 저항운동가들조차도, 지배권력의 '통치음모'의 현실관철력을 대단히 큰 것으로 판단하고 정치변동의 중요한 결정요인이 바로 그러한 '음모'라는 인식을 가지고 있었던 것도 사실이다.

역관계의 변화를 직시하고 그에 대하여 적절히 대응하지 못했다는 점을 들 수 있다. 야당 및 저항운동진영은 3당합당 이후 지배진영 내부에서 권력투쟁이 격렬하게 발생하였다는 한 측면만을 보고 3당합당이 '아래로부터의' 민주화를 저지하기 위한 지배진영의 '자기희생적이고 혁명적인' 지형변화를 시도한 것이라는 점을 올바로 직시하지 못하였다. 3당합당은 정치사회 영역에서 여소야대 구조를 여당 다수의 구조로 전환하였다는 차원을 넘어서서, 군부집권세력이—비록 타협적인 야당지도자이기는 하나—야당적 상징성을 갖는 민간인을 수반으로 하는 '전향적인' 재집권연합을 구축하여 차기 대선에서 '우월한 경쟁 상품'을 마련함으로써 '선거 마케팅'에서 유리한 고지를 차지하게 되었다는 사실을 간과하였던 것이다. 자신들에게 유리한 형태로 정치적 지형을 변화시킨 지배진영에 대하여 야당 및 저항진영은 역설적으로 미시적인 문제로 파악하고 대응한 셈이었다.

92년대선 국면에서 집권당은 내부의 '홍역'을 치르면서도 전향적인 새로운 상품을 대중에게 제시한 반면, 민주당은 '포장만 바꾸는' 방식의 전략을 구사하였다고 할 수 있다. 지배진영이 김영삼을 내세운 것은 사실 선거'전략'의 혁신이라고 할 수 있다면, 김대중후보의 '뉴DJ플랜'은 선거전략의 혁신이라기보다는 선거'전술'의 혁신이라고 할 수 있다. 여당의 '신상품'에 대항하여 민주당은 '뉴DJ플랜'이라는 (중산층 및 보수층을 유인하기 위한) '온건화 전략' 혹은 '스마일 작전'으로 대응한 셈이었다. 지배권력의 입장에서는 내부의 권력투쟁에도 불구하고 민주화운동의 상징적 지도자 중 하나인 김영삼후보를 내세움으로써 집권당의 조직적 지지표 외에, 중산층 표, 부산·경남 표를 획득할 가능성을 높인 데 비해, 야당의 김대중후보는 '뉴DJ플랜'이라는 이미지 변신을 위한 노력 외에는 별다른 '혁신적' 방법을 구사하지 못하는 소극적 선거전략을 구사하였다고 생각된다.

둘째, 이것은 첫째의 결과이기도 한데, 전두환정부에 뒤이은 '합헌적인 군부세력의 재집권', 민간인을 수반으로 하는 새로운 재집권연합 형성으로 기존의 '민주세력 대 반민주세력'의 대립구도가 '희석화' 되고 다양한 반대세력이 군부세력에 대한 저항전선으로 단일하게 결집되지 못했을 뿐 아니라 대중들이 적극적으로 반(反)집권당적 투표를 할 수 있는 정치심리적 분위기가 조성되지 않았다는 점을 들 수 있다. 군부정권의 완벽한 퇴진과 좀더 철저한 민주주의의 실현 가능성은—그것이 위로부터의 경로이건 아래로부터의 경로이건—이처럼 반민주세력에 대한 국민들의 저항이 여타의 쟁점을 압도할 수 있을 정도로 지배적이고 강렬해야 하는데, 한국의 경우는 5공화국에서 6공화국으로의 변화, 김영삼후보의 대선후보화를 통하여 저항이 희석화되고 그 강도가 약화되었다고 평가할 수 있다. 바로 이 점이 대선에서 민주진영이 패배한 한 가지 요인이라고 할 수 있다.

셋째, 야당 특히 민주당의 경우 재집권연합을 구축하는 과정에서 나타난 지배진영의 분열에 기초하여 소극적인 전략으로 일관하였다는 점을 또 하나의 실패 원인으로 들 수 있다. 민주당 선거전략의 중요한 축 하나는 "민자당과 국민당의 대립, 이종찬의 탈당으로 표현되는 민자당의 분열을 계기로 하여 나타나는 여권표의 분산에서 주어질 수 있는 '어부지리'에 대한 기대"였다. 민주당은 이러한 전략으로 민자당과 국민당의 대립에 대해 시종일관 방관자적 자세를 보였고 국민당의 금권선거에 대해서도 비판을 하지 않았으며, 민자당과 국민당의 대립에 대하여 지속적으로 '양비론적 입장'에 서 있었다. 국민당이 '중도사퇴론'이 나올 정도로 대세에 영향을 미치지 못할 것으로 여겨지던 선거 초반에 비하여, '당선 가능성'이 있거나 최소한 김대중을 제치고 2위의 지지를 획득할 것으로까지 인식되던 선거 중·후반기에는 이러한 전략에 더 많이 의존하였다.

이상에서 서술한 바와 같은 민자당 내부 권력투쟁의 격화, 다양한 세력의 이반(離反)현상은 김대중후보에게 유리한 경쟁조건이 되었고 그렇게 인식되었던 것이 사실이다.

실제로 지배진영 내에서 헤게모니적 지위를 갖고 있던 군부세력이 6공화국 말기에 오면 단일집단으로서의 응집력도 약화되고 분열상태에 놓이게 되었다는 점도 이러한 '성공 가능성'에 대한 '과잉인식'의 기초가 된 것 같다. 어부지리에 대한 기대는 선거 말기에 이루어진 구체적인 연합과정에서도 드러나는데, 이종찬의 신한국당은 마지막까지 경쟁을 하기보다는 국민당이나 민주당과의 연합을 구체적으로 고민하였던 것 같고, 이 연합에 대해 국민당은 적극적이었던 데 비해 민주당 상층지도부는 역시 소극적이었던 것으로 보인다. 신민당은 이종찬이 국민당과 결합하면 발생할 집권당 지지표의 분산효과와, 이종찬과 민주당이 결합함으로써 집권당 지지자 및 부동층이 민주당으로 이전하게 될 상승효과를 비교할 때 전자가 더 크다고 인식했기 때문에 연합에 소극적이었던 것이다. 그러나 역설적으로 독점자본 분파의 분립, 군부세력 내부의 분열 등과 같은 현상은 지배진영과 저항진영이 주된 대치선이 되지 못하는, 저항진영의 체제위협력이 현저히 약화된 조건을 근거로 한다는 사실을 신민당은 인식하지 못하였다. 결국 야당의 '지나친 낙관론'이 소극적인 대응으로 일관하게 하는 오류를 낳았다고 평가할 수 있다.

넷째, 저항진영이 선거과정에 효과적으로 개입하지 못했다는 점을 들 수 있다. 선거라는 것은 기본적으로 정치사회 영역을 국민들의 여론변화에 상응하여 주기적으로 재편하는 것을 의미한다. 그런데 한국의 저항진영은 정치사회 영역에 독자적인 실체로 진입하지 못하고 주로 '가장 선진적인' 야당과의 연합전략으로 선거에 개입하는 전략을 취하였다.[11] 이것이 이른바 '범민주단일후보안'이다. 변혁적 지향성을

가진 저항운동의 대표적인 연합체인 전국연합에서 '범민주단일후보
안'을 결정한 것은 김대중이 포괄하는 국민적 지지와 재야저항운동이
포괄하는 국민적 지지의 '단순합'으로 성공할 수 없는 객관적 조건을
올바로 인식하는 효과적인 대응을 펼치지 못하고, 민주당에 대한 단순
지지로 종결되고 말았다. '범민주단일후보'라는 것이 군부정권에 반대
하는 다양한 세력이 연합하는 것을 의미한다고 할 때, 92년대선에서의
저항진영의 '전략적' 선택안으로서의 '범민주단일후보안'은 그러한 의
미를 담지 못한 것으로 평가된다. 집권당이 새로운 상품으로 대응하였
던 데 반하여, 야당이 '포장만 바꾸는' 식으로 대응했다면, 저항진영은
1987년과 동일한 상품을 내놓고 대응했다고 할 수 있다. 이것이 실패
의 주체적인 요인이라고 할 수 있겠다.

　다섯째, 군부정권에 대항하는 반민주전선의 지역적 분할과 그것의
왜곡된 고착화, 그로 인하여 반군부정권의 지향이 민주적인 방향으로
단일하게 수렴되지 못하였다는 점을 들 수 있다. 87년대선과 88년총선
을 통해 실체화되기 시작한 '지역감정'은 후보의 정치적 민주성이라는
차원을 부차화하면서 출신지역의 동일성이 투표의 주요 기준이 되는
왜곡된 상황을 조성하게 된다. 88년총선에서 호남을 대표하는 김대중
및 평민당, 부산·경남을 대표하는 김영삼 및 민주당, 충청지역을 대표

---

11) "좌익정당들이 선거정치에 몰두함으로써 정작 혁명적 실천이 방기"되었다는
　　식으로 선거투쟁의 의의를 부차화하는 견해도 존재하지만(Silba, Guillermo
　　Rochabrun, "Crisis, Democracy and the Left in Left", *Latin American
　　Perspective* 58(15-3), 1988년 여름호), 제3세계 좌익운동의 다수는 혁명적
　　조직화와 배치되지 않는 선거활용 방안이라든가, 좌익운동의 독자성, 대중운
　　동의 개량적 이탈을 저지하면서 민주적 과정의 심화를 위한 압력을 계속할
　　수 있는 방안을 찾는 과정에서 다양한 개입전략을 구사하고 있다고 할 수
　　있다(Harding and Petras, 앞의 글). 한국의 경우 저항운동의 다수파는 독자
　　성이 견지되지 않는 연합전략으로 개입하였다고 할 수 있다.

하는 김종필 및 신민주공화당의 지역당적 분할구도가 성립된 이후 정치사회 영역에서의 대립구도는 대구·경북지역(TK)을 대표하는 군부집권당 대 반(反)TK세력의 대립구도였는데, 3당합당으로 — 역사적인 호남차별화 구도에 상응하는 — '반(反)호남 정치연합'이 형성됨으로써 정치사회 영역에서의 대립구도는 '호남 대 반(反)호남'으로 전화되었고 군부집권당은 이를 재집권에 적극적으로 활용하고자 하였다. 그러나 이러한 대립구도의 전환은 군부정권에 반대하는 모든 세력이 연합함으로써 민주정부 수립을 실현하고자 했던 야당 및 저항진영의 시도가 실패하는 조건이 되었다.

한편 3당합당으로 김영삼이 집권당으로 변신한 이후 전통적으로 야당성향이 우세한 부산·경남지역의 투표자들은 동향(同鄕)의 김영삼후보를 지지해야 하는 모순적 상태에 직면하였다. 92년대선에서 김영삼후보와 2위인 김대중후보의 표 차이가 194만 표에 이르렀으나, 이 가운데 거의 3/4 가량이 영남지방의 지역주의적 몰표에 의한 것이었다. 김영삼후보가 순수히 영남지역에서 획득한 표가 김대중이 호남지역에서 획득한 표보다 약 137만 표 정도 많은데, 이는 양자의 표 차이인 194만 표의 71%나 되었다. 각 지역대중들이 자기 지역 후보에게 몰표를 던지고 그래서 유권자 수가 많은 지역의 후보가 절대적으로 유리한 상황이 조성된 것이다. 더구나 선거직전 폭로된 '부산기관장 모임 사건'은 관권의 개입과 지역감정을 '원시적'으로 부추기는 '범법적인' 모임이었는데도, 영남지역의 대중은 그러한 모임이 득표의 하락으로 이어질 것을 우려하여 역으로 김영삼후보에게 몰표를 던지는 모순적인 투표행태를 보였다. 이것은 그간 반공냉전 이데올로기, 성장이데올로기가 지배이데올로기의 주요한 내용을 구성하고 있었다면, 그러한 지배이데올로기의 유효성이 약화되면서 새롭게 지역감정이 지배권력의 안정적 재생산에 필요한 주요한 이데올로기적 내용을 구성하게 되었음을 의미한다. 뿐만 아니라 이것은 호남 대 비호남의 대립을 '실재화'시켜 전자를 고립시키고 그를 통하여 지배권력의 헤게모니적 지배를 가능하게 한 일종의 '2개의 국민 헤게모니 프로젝트'의 변형태가 한국에서 작동한 것으로 평가할 수 있다.[12]

마지막으로, 대선 결과를 규정한 중요한 변수로는 중산층 및 젊은 세대의 탈정치화와 탈동원화, 보수화 심화 현상을 들 수 있다. 의식 및 투표행태가 보수적으로 변화한 것은 군부정권이 집권의 정통성을 획득하고 형식적인 절차적 민주주의가 정착되는 과정에 상응하는 것으로, 5공화국까지 저항은 곧 군부집권체제의 종언을 의미하였지만 이제는 정치 자체에 대한 관심이 절대적으로 감소하고, 군부정권 혁파보다는 '온건한 개혁' '안정 속의 개혁' '체제 내적인 개량적 변화'에 대한 선호가 나타나게 되었다는 것이다.[13]

---

12) 이를 Jessop의 '2국민 프로젝트' 개념(Jessop, B., *State Theory: Putting Capitalist States in Their Place*, Pennsylvania: The Pennsylvania State University Press, 1990 참조)을 이용하여 설명한 글로는 손호철, 「14대 대선과 민중민주운동: 평가와 전망」(『이론』 제4호, 1993년 봄호, 262-64쪽 참조)을 들 수 있다. 조명래 교수도 이러한 분석틀을 이용하여 한국의 지역적 불균등 발전과 지역격차를 설명하고 있다(Cho, Myeong-Rae, *Political Economy of Regional Differentiation*, Seoul: Hanul Academy Publishing Company, 1991).

13) 이러한 변화는 시민사회 영역 내에 온건시민운동이 대두·확산되었음을 보여주는 하나의 반증이자 반영이라고 할 수 있다. 필자는 군부정권의 혁명적 퇴진이 아닌, 온건한 체제 내적 개혁을 지향하는 정치적 의식의 성장과 그것을 배경으로 한 온건시민운동의 확산도 3당합당 이후 정치변동을 규정한 변수라고 평가한다. 이러한 온건시민운동과 급진민중운동의 이념적·현실적 분화가 가속화되었던 것은 1991년 5·6월투쟁을 경과하면서부터였다고 판단된다. 1991년 투쟁과정에서 나타난 '김기설 유서대필 사건' 같은 '조작적' 사건들은 급진민중운동의 도덕적 기초를 '쟁점화'함으로써, 급진민중운동의 중간층적 기초를 축소시키고 급진민중운동과 온건시민운동의 간극을 더 크게 하는 계기가 되었던 것으로 보인다.

14대총선이나 지자체선거, 14대대선에서 나타난 중산층 및 젊은 세대들의 탈정치화 및 보수화 현상은 투표율의 하락이나 중산층 및 젊은 세대의 집권당 지지율 상승에서 찾아볼 수 있다. 예컨대 도시중산층이 몰려사는 서울 강남지역의 서초구와 강남구의 득표율을 서울의 득표율 및 전국 득표율과 비교해 보면 이 점을 확연히 알 수 있다. 김영삼의 서울 득표율은 36.3%인 데 반하여 서초구 득표율은 42.1%, 강남구 득표율은 43.7%였고, 반대로 김대중의 서울 득표율은 37.7%였으나, 서초구 득표율은 29.3%, 강남구 득표율은 29.3%였다. 사실 김영삼후보가 영남과 호남을 제외하고는 서울에서 김대중후보에게 1.4% 뒤지는 득표를 한 것 외에는 전국적으로 고른 우세현상을 보였다.

이상의 요인이 복합적으로 작용하면서 92년대선에서 김영삼은 998만 표(41.4%), 저항진영의 지지를 받았던 김대중은 804만 표(33.4%), 독점자본의 정치세력화를 지향하였던 정주영은 388만 표(16.1%)의 지지를 받음으로써 군부집권당과 결합한 김영삼후보가 대통령으로 당선되어 1993년 2월 김영삼정부가 출범하게 된다. 이로써 한국에서는 제3세계 민주화의 경로상 그 유례가 없는 경로가 현실화된다. 즉 "반군부정권 투쟁에 동참하였던 타협적인 야당이 군부집권당과 통합하여 군부집권세력과 결합한 상태에서 그러한 야당지도자를 수반으로 하는" 민간정권이 수립되는 경로를 밟은 것이다. 이러한 경로는 기본적으로 군부정권과 단절된 대립적인 세력의 독자적인 집권에 의해 민주화가 진전되지 않고, 집권세력의 이니셔티브하에 '위로부터의' 민주화가 진전된 경로라고 규정할 수 있다. 1987년의 선거를 통하여 '민선군부정권'을 성립시킴으로써 '위로부터의' 민주화 경로를 연 한국의 지배진영은, 이제 김영삼정부의 성립으로 군부를 이면화(裏面化)한 재집권에 성공함으로써 '위로부터의' 민주화 경로의 우위성을 확보하게 되었다고 할 수 있다.[14]

노태우정부가 선거에 의해서 재집권한 군부정권이라는 의미에서 '민선군부정권'이라고 한다면, 김영삼정부는 선거에 의해 성립한 민간

14) 여기서 필자는 이 글의 현실적 함의를 좀더 분명히 할 필요성을 느낀다. 먼저 김영삼정부는 '헤게모니 없는 독재'에서 '지배와 헤게모니적 통치'를 결합하는 상태로 이행하기 위한 초보적인 단계에 돌입하였음을 의미한다. 이것은 김대중정부로의 이행에서도 관철되고 있는 흐름인데, 김영삼정부나 김대중정부 모두 강압에 일방적으로 의존하던 지배 자체의 변화과정 속에 있었다는 것이다. 이 점은 30년대에 "강제력과 동의의 균형상태로서의 의회민주주의"가 균열되면서 파시즘적 통치가 출현하고 그러한 현실변화에 대응하여 "능동적 동의에 입각한 반(反)수동혁명"적 방안, 즉 프롤레타리아계급의 헤게모니 전략을 고민하였던 그람시의 이론적 기초와는 다른 조건이라고 할 수 있다(Buci-Glucksmann, Christine, "Hegemony and Consent: A Political Strategy", A. S. Sassoon (ed.), *Approaches to Gramsci*, London: Writers and Reader, 1982, pp. 116-26). 즉 헤게모니가 전혀 존재하지 않던 군부독재를 정점으로 한 남한의 지배체제가 민중적 저항으로 시민사회·정치사회의 분화와 함께 국민적 동의를 일정하게 획득한 지배로의 이행을 시도하는 국면이라고 할 수 있다. 이러한 시도는 국가 자체의 정책시행과 정치사회에서의 활동 및 시민사회의 '동의' 집단의 확산을 통해서 나타나고 있다고 할 수 있다. '보수적 민간정권'의 수립으로 이제 막 헤게모니적 지배로의 초보적인 이행을 준비하고 있는 지배진영에 대항하여, 진보진영은 이러한 다층적인 영역에서 자신의 이해를 '보편화'시켜 자신의 이익이 다른 종속집단들의 이익이 될 수 있게 함으로써 '능동적 동의'를 확산시켜 진정한 '민중적 헤게모니'를 구축할 수 있어야 한다는 것이다. '대중들의 진정한 주도권의 성장을 통한 지도력의 확립'이라는 과정을 거치지 않고 군부정권의 '후견' 아래 성립한 김영삼정부의 취약지점에서 출발하여, 또한 포스트 김대중정부에서의 헤게모니를 준비하기 위해서도, 다층적인 차원에서 헤게모니 형성을 위한 작업이 진행되어야 한다. 정치사회와 시민사회가 분화되지 않았던 강압적인 군부정권하에서와는 달리 지배의 영역이 확장되고 있고 지배가 '외재적인' 상태에서 '내재적인' 상태로까지 변화해 가고 있다. 이것은 역으로 '민중적 헤게모니'가 관철될 수 있는 영역, 진보적 운동영역이 확장되어 가고 있고 확장되어야 함을 의미한다. 이런 점에서 필자는 시민사회의 중심 영역에 위치한 계급적 운동의 역량을 강화하면서 그것을 기초로 하여 정치사회 영역에서의 정치적 대표체를 건설해야 한다고 믿으며, 시민사회 내에서도 진보개혁적 시민운동체의 건설과 시민운동

정권이라는 점에서 '민선민간정권(electoral civilian regime)'이라고 할 수 있다. 김영삼정부는 지배권력의 수반이 군인에서 민간인으로 전환되었다는 점에서 군부정권이 아니라 민간정권이라고 할 수 있다. 그러나 그것은 군부정권하에서 구조화된 독재적 질서에 반하지 않고 그와 결합하는 형태로 출현하였다는 점에서 '진정한 민주정권'이라고 평가할 수 없다. 그런 점에서 또 다른 민주정권으로 가는 '의사민주정권', '과도적 민간정권'이며, '불완전한 민주주의' 혹은 '제한된 민주주의'로 규정할 수 있다. 필자는 그것이 비록 형식적으로는 '민주정부'의 외양을 띠고 있으나 실질적으로는 많은 불완전성과 제한성을 가지고 있다는 점에서 '보수적 민간정권'이라고 규정한다.

영역 자체의 진보화를 위한 노력이 이루어져야 한다고 본다. 1987년이나 1992년의 경우는 민중적 이해를 반영하려는 시도가 정치사회 영역에서는 '대리표출'되는 방식으로 이루어졌다고 할 수 있다('비판적 지지' 등). 이것은 당시의 시민적·민중적 역량의 취약성을 반영하는 것이기는 하나, 80년대 전체를 통하여 관철되어 온 정치사회·시민사회의 분화에 상응하는 실천이 제대로 이루어지지 못하였음을 의미한다. 시민사회 중심 영역에서의 계급적 대중운동의 발전, 시민사회 '주변' 영역에서의 '진보적 시민기구'의 창출, 정치사회에의—장외투쟁을 통한 개입만이 아닌—적극적인 독자적 개입이라는 '3영역 복합대응론'에 대해서는 이 책의 자매편인 『한국의 민주주의와 사회운동』 제2장 참조.

IV. 1차 민선민간정권에서 2차 민선민간정권으로의 이행 : '문민정부' 에서 '국민정부' 로

　다음은 김영삼정부의 수립에서 김대중정부의 수립에 이르는 과정인데, 필자는 김영삼정부와 김대중정부를 민선민간정권으로 규정하였다. 그래서 전자는 1차 민선민간정권, 후자는 2차 민선민간정권이라고 할 수 있다.

　이 이행과정은 두 개의 시기, 즉 김영삼정부의 출범에서 1995년 6 · 27지자체선거까지를 제1시기, 지자체선거 후부터 김대중정부가 성립한 시기까지를 제2시기로 나누어 살펴보겠다. 지자체선거를 전후하여 시기를 구분한 것은, 95년지자체선거가 김영삼정부 시기의 정치변동에서는 중요한 분기점이 된다고 판단하기 때문이다. 즉 김영삼정부의 성립을 가능케 했던 3당합당 구조가 균열됨으로써 정치사회의 기본 경쟁구도가 3당합당 이전의 지역주의적 경쟁구조로 환원되었고, 97년대선을 향한 출발점적인 경쟁이 이 구도 안에서 새롭게 시작되었기 때문이다.

1. 1차 민선민간정권의 성립 ~ 1995년 6 · 27지자체선거

　먼저 첫번째 시기를 보면, 이 시기는 김영삼정부가 후반부에 비해 상대적으로 안정적인 권력기반을 가진 시기였다고 할 수 있다. 이 시기는 다시 두 개의 국면으로 나누어볼 수 있는데, 먼저 초기 국면은 반(反)군부 권위주의를 향한 개혁 드라이브가 절정에 이르던 1993년의 시기이며, 후기 국면은 '세계화' 라는 구호 아래 개혁이 주변화되고 남북문제를 중심으로 한 극우세력 및 관료집단들의 반발로 개혁이 반전 혹은 정체되기 시작하는 1993년 이후이다.

1993년 2월 25일에 출범한 김영삼정부는 예상을 뛰어넘는 전격적인 조치들을 통해 강력한 개혁 드라이브를 취해 나갔다.[1] 김영삼정부는 특히 지배블록 내에서 핵심적인 지위를 차지하는 군부세력들 가운데 정치지향적인 세력들을 퇴진시킴으로써 군부정권의 핵심적인 잔재를 척결하였고, 사정을 매개로 하여 군부정권의 핵심적인 비리정치인들을 제거 또는 주변화시켜 나간다. 군부개혁·정치개혁 등을 중심으로 이루어진 초기 개혁은 군부정권의 잔재 청산을 일정 부분 전향적으로 수행하는 것을 의미하였다.

초기 개혁을 좀더 구체적으로 살펴보면, 먼저 군부개혁을 들 수 있다. 군부숙정을 통해 하나회 및 '9·9인맥' 등 과거 군부 내의 핵심적인 정치군인들을 권력의 핵심에서 제거하였다. 그리고 기무사 등 군 권력기구들을 약화시키는 조치를 취하였으며, 셋째 정치인 및 관료들의 부정부패, 비리를 척결하기 위한 사정과 법제도화를 시도하였다. '고위공직자 재산공개'를 시행하여 부정축재 혐의가 있는 고위공직자들에 대한 사정과 처벌을 진행하였던 것이다. 이러한 조치들을 통해 김영삼정부는 "군부정권의 구권력엘리트로부터 자신과 민주계를 중심으로 하는 신권력엘리트로 국가권력의 중심을 이동"[2]시키는 데 어느 정도 성과를 거두었던 것으로 평가된다. 넷째, 정치적 경쟁의 투명성과 불공정성을 없애기 위하여 1994년 3월에는 공직선거 및 선거부정방지법(이른바 통합선거법), 정치자금법, 지방자치법 등 소위 '3대 개혁입법'

---

1) 더구나 이 시기에는 강력한 정적이던 김대중이 영국으로 유학을 떠나서 야당의 심한 견제도 없던 상황이었으므로 김영삼의 정치적 이니셔티브는 더욱 강했다고 할 수 있다.
2) 정해구, 「한국정치의 민주화와 개혁의 실패」, 학술단체협의회 편, 『6월민주항쟁과 한국사회 10년(2)』, 당대, 1997, 29쪽.

을 통과시켰다. 이것은 정치권의 부패를 척결하고 돈 안 드는 정치를 실현하기 위한 중요한 제도적 진전으로 당시에는 평가되었다. 다섯째, 1993년 8월 12일의 금융실명제 단행을 들 수 있다. 이것은 부패를 척결하고 지하경제를 통제·양성화하기 위한 획기적인 조치로 평가되었다. 금융실명제는 1995년 1월 9일부터 실시된 '부동산실명제'와 함께 김영삼정부의 최대 성과라고 할 수 있으며, 1997년 12월 국회에서 국민회의·자민련·한나라당에 의해 실질적으로 무력화되기까지 경제적 거래의 합리화에 어느 정도 역할을 수행하였다. 이러한 초기의 개혁조치는 90%가 넘는 지지도에서 확인되듯이 국민들로부터 압도적인 지지를 받았다.

후기 국면은 '정책적·정치세력적 착종' 속에서 김영삼정부가 초기에 비해 상대적으로 불안정해지는 국면이라고 할 수 있다.[3] 이 시기는 초기 개혁과정에서 나타난 문제점을 빌미로 하여 보수관료·극우보수세력·재벌·보수언론 들의 직접적·우회적 반격이 나타나며, 이로써 정치적으로 크게 불안정해지는 시기라고 할 수 있다. 김영삼정부의 초점이 개혁 자체에서 '세계화'로 이동하면서 이러한 경향은 더욱 강해졌다.

먼저, 정책적 착종이 의미하는 바는 새로운 국정지표로서 '세계화'가 부상하면서 초기의 강력한 개혁 드라이브가 약화되고 '국가경쟁력 강화' 혹은 '국제경쟁력 강화'라는 이름으로 개혁보다는 성장을 위한

---

3) 김영삼정부를 그 정치적 안정성 정도에 따라 구분하면 다음 표와 같다.

시기 구분	제1시기 (김영삼정부 성립~6·27지자체선거)		제2시기 (지자체선거~97년대선)	
소시기 구분	1993년	1994~95년 지자체	95년지자체선거~ 97년 1월 총파업	97년 1월 총파업 ~97년대선
정국의 성격	상대적 안정기	상대적 불안정기	구조적 불안정기	구조적 파탄기

정책들이 모색·추진되었다는 것이다. 김영삼 대통령은 1993년 말부터 UR협상에서 강조되었던 국제경쟁력 강화 논리를, APEC 정상회담에 다녀온 이후 '세계화'로 국정지표화하였고, 이러한 논리 속에서 개혁과 사정의 대상이 되었던 재벌을 국제경쟁력 강화의 파트너로 재설정하게 된다. 그리고 개혁논리—물론 전면적으로 퇴조한 것은 아니지만—는 국가경쟁력 강화 및 세계화 논리, 안보논리에 의해 부차적인 지위로 물러나게 된다.[4]

다음으로, '정치세력적 착종'이라는 말의 의미는 기득권세력이나 재벌들의 조직적 혹은 비조적인 반발로 김영삼정부가 가졌던 옛 기득권세력에 대한 압도적인 우위가 변화된 것을 가리킨다. 기득권세력의 종합적인 반격으로 김영삼정부의 부분적인 무력화가 나타났다는 것이다. 개혁 드라이브 과정에서 이른바 '복지부동(伏地不動)'이라는 표현대로 관료들은 수동적 태업을 함으로써 개혁의 기반을 약화시켰고, 또 재벌들은 초기에는 투자 자제 등을 통해 사보타주를 하였는데, 이 과정에서 나타난 경제침체를 계기로 국정수행의 방향을 개혁에서 경제활성화 쪽으로 이동시키려는 노력을 하며, 이것은 어느 정도 주효하게 된다. 그 밖에 보수언론들은 이러한 자본의 논리를 여론인 것처럼 부상

---

4) 이런 속에서 김영삼정부의 경제사회개혁은 "기존의 독점재벌체제를 인정하고 나아가서는 오히려 지원하는 '총독점자본의 이익'을 최우선적으로 고려하는 개혁으로 변질되어 갔다." 초기 개혁 프로그램(1993. 5. 20 신경제5개년 작성지침, 1993. 5. 20: 상공자원부의 '대규모 기업집단의 업종전문화 유도시책' 등)에는 분명히 재벌을 규제하겠다는 의지가 나타나 있었다. 그러나 1993년 7월 2일에 발표된 '신경제5개년계획'은 초기에 보였던 독점재벌에 대한 규제의지가 약화 혹은 제외되었고, 기존의 왜곡된 국민경제구조를 그대로 둔 채 시장기능만 활성화하는 계획으로서 기존 구조의 강화·경직화를 더욱 가속화하게 된다. 정영태, 「김영삼정권의 개혁과 국가자율성」; 한국사회과학연구소 경제연구실, 「'신경제' 2년의 평가」, 『동향과전망』 1995년 봄호, 녹두.

시킴으로써 김영삼정부의 선택의 폭을 좁혀나가는 식으로 보수적 회귀를 지원하였다. 여기에 극우반공세력들이 우리 사회의 엄존하는 반공분단의식을 배경으로, 남북관계에서의 몇몇 유화적 조치들 ―이인모 노인의 송환 등―을 반격의 계기로 삼으면서 김영삼정부를 압박해 갔다. 남북문제에 관하여 1993년 취임사에서 "어느 동맹국도 민족보다는 나을 수 없다"는 전향적인 입장을 내비치기도 했던 김영삼정부는 비전향 장기수 이인모씨의 북한 송환 등에서 볼 수 있듯이 유화적인 대북정책을 취하기도 하였으나, 이인모 노인의 송환을 둘러싼 극우보수세력의 비판과 1994년 7월 8일 김일성 주석의 사망을 계기로 한 조문파동 등을 구실로 삼은 보수여론의 작위적인 여론조작에 영향을 받으면서, 보수 쪽으로 선회하고 부분적으로 무력화된다. 중심적 화두가 세계화로 변화한 것은 바로 이러한 기득권세력들이 반격을 펼치는 데 우호적인 조건을 조성하게 된다.

하지만 김영삼정부의 보수화는 정치적 기반의 안정보다는 불안정을 촉진하였던 것으로 보인다. 즉 김영삼정부가 점차 보수화되면서 정부에 대해 '좌'로부터 비판적인 저항세력들은 정부에서 더욱 이반되어 가고, 반대로 강화될 것으로 기대된 보수적인 세력들의 지지는 오히려 확대되지 않음으로 해서 지지기반이 좌우로부터 약화되는 양상이 나타났다. 보수화를 통해 기대했던 보수적 세력의 지지가 제대로 확보되지 못함으로써 지지기반의 균열현상이 더욱 커졌던 것이다. 3당합당이라는 구권위주의 세력과의 연대에 의한 집권이 갖는 본질적인 한계 속에서도, 개혁 드라이브를 통해 이니셔티브를 확보하였던 김영삼정부는 국정지표 자체의 보수화를 통해서, 또한 그것과 연동된 권위주의 세력들의 반격으로 점차 힘을 잃어가게 되고 정치적으로 불안정해며,[5] 1994년 말

---

5) 정영태 교수는 "위로부터의 전격적인 개혁방식은 계획되고 점진적인 개혁보

에 이르면 국정운영의 이니셔티브를 상당히 상실하여 일종의 교착상태에 빠지게 된다.

이러한 정치적 불안정화를 만회하기 위한 적극적인 노력의 하나로 김영삼은 3당합당의 파트너였던 김종필을 제거하려는 시도를 한다. 민자당 내 민주계는 김종필을 제거함으로써 민주계를 중심으로 한 당의 주도성을 확고히 하는 한편, 개혁적 면모를 다시 부상시켜 이반된 민심을 추슬러서 정치적 안정을 도모하려고 했던 것으로 보인다.[6] 그러나 이는 기대했던 방향으로 가지 않고 김종필의 반발과 자민련의 창설로 오히려 민자당의 정치적·지역적 기반을 더욱 악화시키는 방향으로 작용하게 된다.

1994년 11월, 김영삼 대통령이 APEC 정상회담에 다녀온 이후 김종필 퇴진을 위한 작업이 본격화되는데, 이에 김종필은 반발하고 급기야 1995년 2월 9일 민자당을 탈당하여 신당을 창당함으로써 새로운 국면

다 대중들을 열광케 하지만, 그 대가는 대단히 컸다. 우선 짧은 시간에 여러 가지 개혁을 동시에 추진함으로써 광범한 반대세력을 형성케 할 수 있고, 다음, 권위주의라는 비판과 예상치 않은 오류를 초래할 수 있으며, 그 다음 국민들의 기대수준을 대단히 높여놓아, 그만큼 후속 조치에 대한 실망을 크게 하였고, 마지막으로 보수언론의 정치적 영향력만 높이게 되어 결과적으로 개혁지향세력을 강화시켜 주었다"고 서술하고 있다(정영태, 「민주주의의 '깨끗한 정치'의 관점에서 본 김영삼정부의 정치개혁」, 한국정치학회 주최 특별학술회의, 외교안보연구원, 1998. 3. 21).

6) 역설적이게도 김종필 제거라는 행위는 전술적으로는 실수일 수 있으나 구 기득권세력의 일부를 약화시키려 했다는 점에서 진보적 행위일 수 있었다. 그러나 문제는 김종필의 제거라는 적극적인 행위로 인한 정치적 기반의 약화를 야당과의 새로운 연대 혹은 시민사회 내의 진보개혁적 세력과의 연대를 통해서 메우는 것이 아니라 독자적인 헤게모니 구조를 만들려 했다는 점이다. 그러나 이것은 지역주의적 구도하에서는 불가능했다. 지역주의적 구도는 역설적으로 지배블록의 변형주의적 재편과정에서 헤게모니 분파의 부상을 어렵게 만들었기 때문이다.

을 맞게 된다. 이처럼 김종필이 신당을 결성하고 거기에 충청지역의 일부 의원들까지 민자당을 탈당하여 합세하게 되자 김영삼정부의 정치적 불안정은 더욱 심화된다. 김종필의 제거는 김영삼정부가 의도하였던 정치적 효과를 가져오지 못하고 민자당 자체의 정치적 균열만 확대시켰을 따름이다. 게다가 김영삼정부의 개혁이 가져온 부작용(개혁의 진통), 개혁의 방법론적 오류의 누적에서 비롯된 대중의 이반은 김영삼정부의 불안정을 더욱더 부채질하였다.

실제로 1995년 6월 지자체선거 이전에 이미 김영삼정부에 대한 비판적 정서가 전국민적으로 확산되어 있었는데, 이러한 정서의 원인으로는 여러 가지를 들 수 있다. 민자당 자신도 인정했던 것처럼, 각종 대형사고가 빈발하면서 현정부의 위기관리 능력이나 국정운영 능력에 대한 의구심이 팽배해진 것, 피부에 와닿지 않은 개혁, 그나마 제한된 개혁마저도 중단된 것, 김종필로 대표되는 보수세력의 제거과정이 역으로 정치적 부작용을 심화시킨 것, 이른바 대구·경북 정서를 자극한 사정개혁의 후유증 등을 들 수 있을 것이다. 또한 선거 전의 한국통신 사태로 인한 종교계와의 '예기치 않은' 갈등 역시 중요하게 작용하였던 것으로 보인다.

이런 조건에서 치러진 1995년 6·27지자체선거[7]는 김영삼정부의

---

7) 6·27지자체선거는 그 이후의 지역주의적 정치구도의 골격을 보여주는 것이므로 좀더 자세하게 언급하기로 한다. 지자체선거 결과의 특징은 ① 집권당의 참패 ② 지역주의적 투표 경향의 심화 ③ 지역주의에 편승한 보수세력의 부상 ④ 시민·사회 운동 후보의 부분적인 진출 등으로 요약할 수 있겠다. 이 선거에서 광역단체장(시·도지사) 선거에서는 전체 15개 시·도지사 가운데 민자당, 민주당, 자민련, 무소속이 5:4:4:2의 비율로 당선되었다. 집권당인 민자당은 기초단체장(시장·군수·구청장), 광역의원(시·도 의원) 선거에서 각각 31.8%, 36.3%로 민주당의 28.8%, 32.7%보다 약간 높은 득표율을 기록하는 데 머물렀다. 기초단체장의 당선을 보면, 민자당은 70명에 머무른 반면, 민

정치적 기반이 붕괴했음을 여실히 보여주었고 또 김영삼정부를 탄생시킨 3당합당 구도가 내적으로 심대하게 균열되었음을 확인시켰다. 이 선거에서 민자당에서 이탈한 김종필이 충청지역을 중심으로 자기 기

주당은 84명, 자민련은 23명, 무소속이 53명에 이르고 있다. 광역의회 의원의 경우는, 민자당은 286명인 데 반해, 민주당은 352명, 자민련은 86명, 무소속이 151명이다. 이 선거 결과가 얼마나 큰 변화를 몰고 왔는가는 1991년 광역의원선거와 비교하면 확연해진다. 91년선거에서 민자당은 564명(65.2%), 신민당 및 민주당은 165명과 21명을 합쳐 186명(21.5%), 무소속은 115명(13.3%)이었다. '여대야소' 구조가 완전히 지방자치시대의 '여소야대' 구조로 전환된 것이다. 김영삼정부의 개혁에 대한 지지가 90%에 육박하던 집권 초기와 비교한다면 정부에 대한 지지가 불가사의할 정도로 추락하고 있다. 이처럼 집권당이 참패를 기록한 이면에는, 민주당이 호남을 제외한 수도권에서 높은 당선율을 기록하는 등 약진하는 동시에 자민련이 충청권에서 '대약진'의 발판을 마련한 사정이 깔려 있다. 물론 이러한 반(反)집권당적 투표는 지역주의적 투표 경향의 심화로 나타나고 있다. 민자당이 부산·경남, 민주당이 호남 및 서울, 자민련이 충청을 '싹쓸이'함으로써 전국이 3김씨의 분할구도로 재편되어, '후(後)3김시대'의 정치적 기초를 마련한 것이다. 기존의 정당 중심의 당선구조에서 비정당적 인사, 특히 시민·사회 운동단체의 후보들이 상당수 당선된 것도 중요한 특징이라고 할 수 있으며, 이는 기존 정치질서의 균열의 상징적 표현이라고 생각된다. 통합선거법 제10조 및 87조, 그리고 노동조합법 제12조로 시민·사회 단체의 조직적 개입이 불가능한 조건을 전제할 때 이것은 큰 의미가 있었다(노동조합의 정치활동 금지는 1998년 선거법 개정에서 바뀐다). 광역단체장 15명, 기초단체장 260명, 광역의원 866명, 기초의원 4,304명, 총 5,445명이 선출된 1995년 지자체선거에서 시민·사회 운동단체 후보는 제한적이기는 하지만 이전에 비해 상당히 늘어났다. 전국연합은 12명(19명 출마), 환경운동연합은 31명(46명 출마), 여성단체연합은 14명(17명 출마), 경실련은 104명(210명 출마), 민노총은 15명(27명 출마), 진보정당추진위원회 5명(21명 출마)이 당선되었다. 탈지역주의적 투표 성향과 탈정당적 후보의 당선은 기존의 정치질서의 균열을 보여주는 사례라고 할 수 있겠다. 물론 이러한 탈정당적 후보의 당선은 기초의회 후보에 대한 정당공천이 금지됨으로써 기초의회에서의 정당독점이 제도적으로—물론 정당의 비공식적인 내천이 상당한 영향력을 발휘하였지만—보장되지 않은 데 기인하는 바가 크다는 점을 지적해 두어야겠다.

반을 확인하였고, 야당인 민주당이 수도권을 석권하는 등 역시 자기 기반을 확고히 하였으며 반대로 집권당인 신한국당은 참패하였다.[8]

지자체선거가 민주주의 이행과정에 대해 갖는 구조적인 의미는 김영삼정부를 가능하게 하였던 3당합당 구도가 실질적으로 해체되고 3당합당 이전 구도로 정치사회가 재편성되었다는 것이다. '3당합당'이라는 정치구도의 해체는 먼저 3당합당의 한 축이었던 김종필의 민자당 탈당과 자민련 창당이었다. 사실 김종필의 이반은 김영삼 중심의 구도가 강화되는 것으로 귀결될 수도 있었지만, 1995년 6월 지자체선거는 김종필의 충청기반을 확인시켜 주었고 이는 3당합당 이전 구도

---

8) 김종필의 제거를 계기로 나타난 민자당의 균열은 제거과정에서 민주계가 저지른 '전술적' 실수가 개재되어 있기는 하나, 본질적으로는 '위로부터 개혁의 모순성'에서 비롯된 것이다. 위로부터의 개혁이 내장하고 있는 개혁의 대상과 기반이 일치하는 데서 나타나는 현상이라고 볼 수 있다. 다시 말해 개혁의 대상이 곧 개혁의 기반이 되고 있기 때문에 개혁이 진전되면 될수록 개혁의 권력적·정치적 기반은 불안정해진다는 것이다. 김영삼정부는 군부권위주의 세력과의 연합으로 성립한 정권이었기 때문에, 개혁은 바로 군부권위주의 세력의 제거과정, 군부권위주의 체제의 부패한 측면에 대한 개혁의 과정이고 이는 바로 자신이 공동집권한 세력에 대한 사정 및 타격을 동반하는 것이었다. 이러한 내적 문제점에도 불구하고, 초기 개혁은 국민적 지지와 개혁의 당위성에 대한 공감 때문에 별다른 반격 없이 수행되었다. 그러나 개혁 수행과정에서의 정치적 비순수성, 개혁이 가져온 사회적·경제적 진통, 개혁의 문제점, 김종필 제거과정에서의 '전술적' 실수 등이 결합되면서 이러한 것들을 빌미로 하여 반개혁세력들이 직간접적으로 반격을 하자 김영삼정부의 정치적 기반은 약화되고 개혁은 휘청거리게 된다. 한편에서는 개혁의 자기전개의 필요성 때문에 개혁의 확대를 도모해야 하고, 다른 한편에서는 개혁의 확대를 도모할 수 없는 권력기반의 와해가 나타난 것이다. 이것이 바로 문민정부의 딜레마였다. 이러한 개혁대상과 개혁기반의 괴리에서 나타나는 문제점은, 김종필이 집권당에서 이탈하여 사정대상이 되었던 일부 TK세력과 연대하여 —대구·경북 및 충청지역의 지역감정을 이용하여— 자민련을 결성해서 김영삼정부의 '지역패권연합'을 균열시킴으로써 그 정점에 이르렀다.

로의 복귀를 가능하게 하는 하나의 축이 된다. 두번째는 지자체선거에서 보인 민주당의 약진을 배경으로 해서 김대중이 1995년 7월 13일 정계에 복귀함으로써 가시화되었다. 지자체선거에서 민주당의 화려한 승리를 배경으로 김대중이 복귀를 함으로서 3당합당 이전 구도로의 전환이 완료된 것이다.

그런데 김영삼정부의 정치적 불안정화가 새로운 정치사회의 재편성으로 나타나지 않고 지역주의적 구도[9]로의 복귀 형태를 띠고 있다는 점이 향후 정치사회를 중심으로 한 상층정치연합의 재편에서 바로 그러한 지역주의적 구도 내에서의 '합종연횡'의 형태로 나타난다는 특징이 있다. 앞서 지적한 바와 같이, 민주주의 이행과정에서의 정치사회 영역의 확장은 지배의 재생산에서 그 영역이 갖는 중요성을 더욱 증대시키는데, 그런 점에서 이후의 시기는 3당합당 이전으로 재편된 정치사회 내에서 새로운 지배적 상층연합을 구성하고 그것을 기초로 국가권력의 장악을 위한 경쟁시기가 된다.

2. 95년지자체선거～2차 민선민간정권 성립

두번째 시기에 나타나는 정치변동은 기본적으로 6·27지자체선거를 전후하여 조성된 새로운 정치사회 구도 속에서 전개된 것이라고 할 수 있다. 이후의 정치적 과정은 다시 두 개의 국면으로 나누어볼 수 있는데, 먼저 초기 국면은 6·27선거에서부터 전·노의 구속을 거쳐 1996

---

9) 한국정당의 중요한 특징 하나는 "권위주의 정권에 대한 도전과정에서 형성된 강력한 카리스마적 정치지도자의 존재와 이들에 의해 독점적으로 동원되는 지역적 권력자원이다"(정기영, 「한국의 민주화와 정당정치에 관한 연구 : 야당의 구조적 성격을 중심으로」, 서울대학교 정치학과 박사학위논문, 1998).

년 4·11총선에 이르는 시기이며, 후기 국면은 4·11총선에서 대선에 이르는 시기이다. 김영삼정부는 첫번째 시기에 초기의 '안정기'에서 '상대적 불안정기'로 이행하였고, 두번째 시기에는 '구조적 불안정기'를 거쳐 '구조적 파탄'으로까지 나아갔는데, 초기 국면이 '구조적 불안정화' 시기라고 한다면, 후기 국면은 '구조적 파탄화' 시기라고 할 수 있다.

두번째 시기의 초기 국면은 '신지역주의적 구도' 하에서 6·27선거에서의 패배 등으로 조성된 정국을 만회하고 김대중세력의 대중적 기반을 약화시키기 위하여, 사회운동에서 줄기차게 요구해 오던 전·노 구속을 단행하는 등 이른바 '역사바로세우기'의 새로운 개혁 드라이브 시기였다. 이 시기에 전·노 구속이라는 아래로부터의 압력에 추동되어 김영삼정부의 '역사바로세우기'라는 개혁 드라이브 정책이 재가동되는데, 6·27지자체선거에서 참패한 신한국당은 김영삼정부의 국정지표라고 할 수 있는 개혁의 이미지를 계승·복원함으로써 정국을 돌파해 보려고 시도한다.

한편 이 시기에 전·노 구속은 지배블록 내의 권력투쟁에서 중요한 분기점이 된다. 광주항쟁에 대한 명백한 진상규명과 광주항쟁의 주모자인 전두환과 노태우 등 신군부 핵심세력의 처벌은 사회운동이 80년대 내내 주장해 온 핵심적인 요구사항이었다. 이에 대해서 김영삼정부는 12·12사태를 '쿠데타적 사건'으로 규정하고 광주항쟁을 '광주민주화운동'으로 재평가하는 등 일정한 진전을 보이지만, 진상 자체의 규명 및 주모자 처벌은 김영삼정부와 노태우세력의 재집권연합이라는 한계 때문에 반대하는 자세를 취했다.

이러한 태도는 1994년부터 지속적으로 전개된 '5·18 내란음모자 구속기소 및 특별법 제정 촉구운동'에 대한 김영삼정부의 대응에서 읽을 수 있다. 1994년 5월 13일 5·18광주민중항쟁연합 상임의장 정동

년 등 616명이 전두환 대통령 등 5·18 당시의 군 지휘관 35명을 내
란목적 혐의로 고소·고발하였다. 이에 대해 1994년 10월 29일, 검찰
은 12·12사건에 대해서는 군사반란 혐의를 인정하면서도 기소유예
결정을 내렸고, 이어 1995년 7월 18일에는 5·18비상계엄의 확대에서
전두환 취임으로 이어지는 일련의 행위가 사법심사가 아니라는 이유
로 '공소권 없음' 결정을 내렸다. 그러나 검찰의 이 같은 결정은 이후
전두환·노태우의 구속에까지 이르는 투쟁을 고양시킨 계기가 되는데,
광주항쟁의 진상규명과 처벌이 역사 속에 묻혀버릴 수 있다는 절박한
인식이 5·18 주모자 처벌을 향한 운동을 다시금 강력하게 고양시키
게 된 것이다.

  1995년 7월에서 11월은 전·노 구속에 대한 사회운동의 요구가 고
양되고 전면화되는 시기라고 할 수 있다. 이 투쟁에서 민주교수협의회
등 교수운동이 여론확산에서 한 선도적인 역할은 대단히 컸다. 교수들
의 전국적인 서명 및 시위 등 일련의 투쟁은 중립적인 입장에 있던 여
론을 두 사람을 구속하는 방향으로 선회시키는 데 결정적인 역할을 했
던 것으로 평가된다.[10] 정치권에서 전·노 구속의 결정적인 계기는
1995년 10월 19일 민주당의 박계동 의원이 노태우의 비자금을 폭로
한 사건이었다. 박의원의 폭로는 전·노의 구속을 가능케 하는 여론의
형성에 기여하였고 이는 곧 두 사람의 구속으로까지 이어지게 된다.
이 사건을 계기로 전두환과 노태우는 12·12군사반란 및 5·17내란
과 수천억 원의 비자금 수뢰 혐의로 구속되었다(노태우는 그해 11월 16
일 구속되었고, 김영삼 대통령은 특별법 제정을 지시하게 되며, 12월 3일에
는 전두환이 뇌물수수 혐의로 구속되었다).

---

10) 강남훈, 「지식인운동 —교수들의 민주화운동을 중심으로」, 학술단체협의회
    편, 『6월민주항쟁과 한국사회 10년(2)』, 당대출판사, 1997.

앞서 지적한 대로, 김영삼정부는 기본적으로 자신이 속해 있는 상층 정치연합의 균열을 우려하여 전·노의 구속에 대해서는 계속 소극적인 자세를 보였다. 그러나 김영삼정부가 전·노의 구속으로까지 선회하게 된 데는 5·18진상 규명과 주모자 처벌을 향한 민주화운동진영의 투쟁이 고양되고 전·노를 처벌하라는 여론이 팽배해지자 이를 수용함으로써 자신의 개혁성을 부각시키고 동시에 전·노의 사면을 요구하는 김대중의 불철저한 성격을 부각시킴으로써 1996년의 총선 및 이후의 정국 주도권을 유지하려는 정치적 고려가 작용했던 것으로 보인다.[11] 6·27 지자체선거 패배 및 김대중의 정계복귀에 따른 일종의 정국 돌파책으로서의 성격을 지녔던 것 같다.

이러한 정치적 의도를 갖는 전·노의 구속은 기대한 대로 '신지역주의'[12]적 구도하에서 김영삼정부의 정치적 이니셔티브를 회복하기보다는 TK세력의 이반 및 집권층 내부의 갈등이 증폭되고 역으로 김영삼정

---

11) 혹자는 전·노의 구속이 김영삼정부 자체의 정치적 고려에 의해 준비·추진된 것이라고 본다. 그러나 필자가 볼 때, 사회운동의 압력으로 조성된 조건에서 주어진 몇 가지 전략적 선택지 중에서 김영삼정부는 전·노의 구속 자체가 자신들에게 유리한 정치적 결과를 가져올 것으로 예상하여 선택한 것이다. 만일 사회운동의 지속적인 투쟁과 그를 통한 여론이 조성되지 않았더라면 김영삼정부는 전·노의 구속이라는 '결과가 불확정적인' 선택을 하지 않았을 수도 있다. 일반적으로 사회운동의 전과정에서 언제나 지배블록은 '정치적인 고려'를 하면서 행위하게 되며, 단지 사회운동은 그 투쟁으로 지배블록의 전략적 선택의 폭을 좁히게 된다. 전·노의 구속의 경우 그것이 가져오는 지배블록 내의 균열 및 갈등을 고려할 때, 통상적인 상황에서 지배블록의 전략적 선택지는 아니었다고 생각된다. 실제 전·노의 구속은 자신들이 고려한 정치적 목적을 부분적으로 달성하기는 하였으나, 동시에 지배블록의 지역적 기반을 축소시킴으로써 97년대선 실패의 원인을 제공하게 된다.

12) 1988년 4·26총선에서 가시화되어 3당합당 때까지 나타난 구도를 1차 지역주의적 구도라고 한다면, 1995년 6월 지자체선거 이후 다시 가시화된 지역주의적 구도를 '신지역주의적' 구도라고 표현할 수 있을 것이다.

220

부가 구조적 불안정으로 나아가는 것을 가속화한 것으로 보인다.

전·노의 구속 이후 총선까지 김영삼정부의 주된 정치적 행위는 신지역주의적으로 균열된 상황에서 김대중과 김종필의 정치연합을 저지하면서 재집권을 향한 상층정치연합에서 주도권을 발휘할 수 있는 김대중에 대한 정치적 공격을 하는 것으로 집중되어 있었다. 현실적으로 97년선거에서 야당후보 중 강력한 후보는 김대중이었고 따라서 김영삼정부의 일종의 '주요 타격방향'은 김대중으로 설정되어 있었던 것으로 보인다. 1996년 4·11총선 이전 김대중의 비자금을 거론하면서 '20억+α'로 김대중의 도덕성에 큰 타격을 가했던 것도 기본적으로 이러한 구도하에 있었다고 볼 수 있다. 김영삼정부는 부분적으로 새롭게 개혁 드라이브 정책을 구사하면서 김대중 복귀 및 김종필의 신당 창당으로 나타나는 신지역주의적 구도에 대응하고자 했던 것 같다.

1996년 4·11총선의 결과는 전체 의석(지역구 의석) 299석(253석) 중에서 신한국당이 139석(121), 국민회의 79석(66), 자민련 50석(41), 민주당 9석(1), 무소속 16석(16)으로 나타났는데, 여러 측면에서 이후의 상층정치연합을 둘러싼 정치사회 내에서의 기본적인 경쟁구도를 형성시켜 준 선거였다. 전·노의 구속으로 김대중의 정치적 기반을 잠식하고 노태우 비자금 수수 공방으로 김대중의 도덕성을 타격하려는 전략이 4·11총선에서는 성공하여 국민회의의 약진을 제한할 수 있었지만, 또 한편으로 '신(新)여소야대' 구도가 나타남으로써 김영삼정부의 정치적 기반이 크게 균열되었음을 보여주었다. 동시에 지자체선거를 통해 확인된 지역주의적 분할구도를 재확인해 주는 선거이기도 했다. 정치사회가 신여소야대 구도 및 신지역주의적 분할구도로 구조화됨으로 해서, 이후의 재집권을 둘러싼 경쟁은 바로 그러한 구도 내에서 전개된다.

이 시기에 나타난 사회운동의 중요한 변화 중 하나는 1995년 11월 민주노동조합총연맹(민주노총)의 출범이었다. 1987년 7~9월 노동자대투쟁을 통해서 대중적·전국적으로 확산되기 시작한 민주노동조합들이 지역 차원에서 자발적으로 결집해서 1990년 1월 전국노동조합협의회(전노협)라는 중간 기착지점을 거쳐 대공장노동조합과 화이트칼라 노동조합이 총연합하는 형태로 민주노총으로 구체화된다. 민주노총은 계급적 대중운동의 조직적 발전에서 질적으로 한 단계 비약하는 것을 의미한다고 평가할 수 있으며,[13] 이후 노동법 개정을 둘러싼 노동운동의 성공적인 저항을 선도하게 된다.

두번째 시기의 후기 국면은 4·11총선에서 대선까지인데, 4·11총선 이후 임기 말 레임덕 방지와 정권 재창출을 위해 보수화 노선을 추진하는 가운데 노동법 파동, 안기부법 파동, 한보사태, 김현철의 권력형 비리 사건 등이 발생함으로써 김영삼정부의 권력기반이 붕괴하여[14] '구조적 파탄'에 이르는 상황에서 재집권을 위한 정치적 경쟁이 이루어진 시기라고 할 수 있다.

먼저 김영삼정부는 96년총선에서 개혁 드라이브를 통해 정국의 주도권을 회복하려던 시도가 실패했음이 명백해지자 보수회귀정책으로 정국 주도권을 회복하고 재집권의 정치적 기반을 확보하려는 시도를 하는데, 이 같은 보수회귀의 계기가 된 것은 1996년 8월 한총련사태와 9월 북한 잠수함 침투사건 등이다. 이 사건들을 계기로 해서 극우보수 세력은 김영삼정부의 정책적 지향이 1994년과 같이 보수지향적으로 선회토록 하며, 또 김영삼정부는 확고하게 강경대응을 하는 등 보수회귀적인 정책을 구사한다. 8월사건을 계기로 정부는 한총련을 반국가단

---

13) 노동조합운동의 발전에 대해서는 김유선, 「87에서 97까지 노동운동의 성장·발전」, 민주노총, 한국노동연구단체협의회 주최 87년노동자대투쟁 10주년기념 심포지엄, 프레스센타, 1997. 9. 4.

14) 정해구, 앞의 글.

체로 규정하고 한총련을 탈퇴하지 않으면 구속하는 등 이전의 노태우 정부보다 훨씬 더 강경한 극우적 탄압을 한다. 이와 같이 두 사건을 기회로 1997년 이후의 선거국면에서 대중적 이완을 사전에 정지작업하여 정치사회 및 시민사회에 대한 통제력을 회복하려 했던 것으로 보인다. 이렇듯 1996년 후반부는 김영삼정부의 전국면에서 보수회귀적 지향이 가장 강한 시기라고 할 수 있다.

그러나 이러한 보수적 회귀를 통해 주도권을 다시 장악하고자 한 시도는 1996년 노동법파동, 1997년 한보사태, 김현철 권력형 비리사건 등으로 실패하는데, 1996년 말 이후의 국면은 바로 개혁과 보수회귀 사이에서 동요하였던 문민정부의 파탄이 나타난 시기라고 할 수 있다. 노동법 개정에 대한 국민적인 저항, 한보비리·김현철 사건에 대한 국민적인 분노는 문민정부의 권력기반을 결정적으로 붕괴시키게 된다.

김영삼정부의 구조적 파탄은 먼저 1996년 12월 26일 노사관계법과 안기부법의 '날치기 통과'와 그에 대한 노동운동의 전면적 투쟁에서부터 시작된다. 당초 김영삼정부는 '사회적 타협'을 목표로 하여 자본의 입장과 노동계의 입장을 절충하려 했던 것으로 보인다. 노사관계개혁위원회를 구성하여 국민적 타협의 형태로, 노동계가 요구하는 복수노조 허용, 노조의 정치활동 금지 규정 폐지, 제3자개입 금지 조항 삭제 등을 수용하는 대신 자본측이 요구하는 정리해고제와 변형근로제를 허용하고자 하였다. 그러나 이러한 타협 자체도 막판에 자본측의 강력한 로비로 굴절되면서 초기보다 훨씬 후퇴한 법안이 만들어졌을 뿐 아니라, 이 개악된 법안을 '날치기'로 통과시켰다. 이에 노동계는 전면적인 파업으로 대응하였고 국민적 지지를 받아 파업은 성공적으로 진행된다.

1996년 하반기부터 경기침체 국면이 이어지자 재벌은 '경제위기론'을 확산시키면서 노동법 개악을 위한 준비작업을 하고, 이에 대해 민주노총은 1996년 11월 전국노동자대회에서 총파업을 결의하며 전투적 대응태세를 갖추어나갔다. 이런 상황에서 '복수노조 금지 조항 3년 연장' '정리해고 허용' '5년 후 노조전임자 임금지급 금지' 등 개악조항을 담은 노동법 개정안을 날치기 처리하자 기아자동차·현대자동차 노동조합 등이 즉각 파업에 돌입했고 사무전문직 노동조합, 공공부문 노동조합도 파업에 들어가는 등 "20여 일에 민주노총 조합원만도 연인원 400만 명이 참가한 총파업투쟁"[15]에 돌입하여 국민들의 광범위한 지지를 받았다. 이 총파업투쟁은 성공적으로 전개되어 민주노총 및 노동운동 자체의 막강한 전투력을 과시했을 뿐만 아니라 정권과 자본으로부터 '노동법 재개정' 약속을 받아내는 등의 성과도 얻었다.[16] 이 파업은 민주화운동 및 민중운동 진영의 김영삼정부에 대한 전면적인 비판이었고, 김영삼정부의 국민적 지지도를 거의 10%대로 추락시키는 원인이 되기도 했다. 구조적으로 불안정한 김영삼정부를 파탄으로 나아가게 하는 결과를 낳았던 것이다.

다음으로, 1997년 1월에 터진 한보비리 사건과 연이어 터진 김현철비리 폭로는 개혁과 반부패를 자신의 상징으로 삼았던 김영삼정부의

---

15) 김유선, 앞의 글, 37쪽.

16) 물론 자본과 노동의 전반적인 역관계 속에서 독소조항 중 일부 조항의 개정만 실현할 수 있게 된다. 이전의 노동운동과 비교할 때 이 총파업은 동원력과 대중적 지지, 결과적 성과 등에서 상당한 성과를 거두었지만, 투쟁의 전개와 종결을 둘러싸고 노동운동 내부에서는 논쟁도 많았다. 예컨대 "노동법 개악이 자본의 '신경영전략'을 법제화하는 것이고, 총파업투쟁 동력이 고용불안과 노동조합의 무력화에 대한 불안과 위기의식이었음에도 불구하고", 총파업투쟁 과정에서 대(對)정권 차원의 노동법 개정 투쟁과 개별자본과의 투쟁을 결합시켜 내지 못했다든가, "'국민적 편의' '국가경제' '국민여론'을 우선시한 전술 구사, 마무리 과정에서의 대응의 무력화" 등의 한계를 지녔다는 평가도 있다(한국노동이론정책연구소, 「현단계 노동자운동의 과제」, 민조노총, 한국노동연구단체협의회 주최 87년노동자대투쟁 10주년기념 심포지엄).

도덕적 보루가 붕괴되는 것을 의미하였으며, 김영삼정부의 '파탄'의 결정적인 계기가 되었다. 1997년 1월 23일 보람은행 등으로 돌아온 50억원의 한보철강 어음을 부도처리하는 것을 신호로 해서 시작된 한보의 '파탄'은 김영삼정부의 파탄으로 이어졌고, 그해 1월 27일 한보그룹 특혜대출 비리 의혹이 수사대상이 된 후, 이 사건은 대통령의 아들 김현철에게까지 비화되어 4월에 김현철의 한보청문회 증언, 5월 7일 김현철 구속으로 이어졌다. 자신의 청렴과 결백을 주장하고 선전하던 김영삼정부는 바로 여기서 그 도덕적 기반의 결정적인 붕괴를 맞게 된다.

재집권을 위한 지배블록의 재편을 시도해야 하는 김영삼정부는 그러한 새로운 시도를 할 수 없을 정도로 내적 통제력과 국민적 지지를 상실하게 되자, 이회창을 신한국당 총재로 복귀시킴으로써 정치적 위기를 극복하고 재집권을 지향하려고 했던 것으로 보인다. 김영삼정부가 97년 대선에서 어떠한 방식으로 재집권을 지향하였는지는 쟁점사항이다. 언론들은 '97년대선에서 김영삼 대통령이 누구한테 표를 던졌을 것인가' 하는 식으로 이 쟁점을 거론하지만,[17] 구조적인 측면에서 볼 때, 국민적 지지가 급락하고 사회운동의 저항이 확대되면서 김영삼정부의 지배블록 내의 주도성과 집권당에 대한 통제력은 점차 하락해 가고 이는 김영삼의 태도가 대선 결과에 미치는 영향을 극소화하는 방향으로 작용하게 된다. 초기에는 다양한 가능성이 있었던 것으로 추측되는데, 당시 신한국당 내에는 이른바 '9룡(龍)'[18]이 경쟁하고 있었고 그 가운데 김영삼의 정치적 이니셔티브 정도에 따라, 퇴임 이후 자신의 영향력을 견지하는 선택지를 모색할 수 있었던 것으로 보인다. 즉 주도권이 있으면 있

---

17) 21세기 정치비젼 편, 『3金時代』, 기린원, 1998, 제9장.
18) 같은 책.

을수록 자신의 측근들을 통해 재집권을 성공시킬 수 있었을 것이다. 그러나 한보사태와 김현철 구속사태는 김영삼정부의 주도권을 현저하게 상실시켰고 재집권 자체가 위협받는 상황에서 국민적 지지를 상당히 누리고 있던 이회창[19]을 선택케 한 것으로 보인다.

3. 2차 민선민간정권 성립의 원인과 배경

그럼 마지막으로, 1997년 15대대선에 대한 평가를 중심으로 이행과정을 검토해 보기로 하겠다. 주지하다시피 97년대선에서 김대중과 김종필의 야당연합이 집권당인 신한국당 후보 이회창과 국민신당의 이인제 후보를 누르고 승리하였다. 득표와 득표율을 보면, 김대중 1,032만 6,275표(40.3%), 이회창 993만 5,718표(38.7%), 이인제 492만 5,591표(19.2%), 권영길 후보 30만 6,000표(1.6%)였다. 여기에서 국민회의 김대중과 자민련 김종필의 야당연합이 성공함으로써 해방 이후 50여 년 만에 최초로 선거에 의해 야당정권이 선출되었다.

그럼 여기서 김대중정부의 수립이 가능했던 원인과 배경·조건을 살펴보겠다. 97년대선에서 김대중정부의 출현이 가능했던 이유는 크게 몇 가지로 나눌 수 있다. 첫째는 지배블록의 극단적인 분열을 들 수 있

---

19) 이회창은 김영삼정부에서 감사원장으로 출발하여 1993년 12월 개각에서 국무총리직을 맡았다가 이듬해 4월 21일 '통일안보정책회의'에서의 발언으로 총리직 사의를 표명하였다. 그러다 4·11총선을 앞두고 다시 신한국당에 입당하게 된다. 1996년 12월 26일 노동법 날치기 통과로 도덕적 비난을 받던 그는 한보사태 이후 '3김 청산'을 내세워 자신의 정치적 입지를 강화하고 한보사태와 김현철사건으로 궁지에 몰린 김영삼은 이회창을 당 대표로 임명한다. 이렇게 해서 이회창은 1997년 7월 21일 신한국당 전당대회에서 대통령후보로 선출된다.

다. 김영삼정부는 3당합당으로 결성된 반호남 지역주의적 연합, 즉 대구·경북을 기반으로 한 구(舊)민정계와 부산·경남을 기반으로 한 구민주계, 충청지역을 기반으로 한 신민주공화계의 연합에 기초해 있었다. 이러한 3당합당 구조는 앞서 서술한 바와 같이 95년지자체선거에서 김종필이 충청지역을 중심으로 한 지역적 기반을 확인시켜 주면서 재기함으로써 1차 균열을 보인다. 그런 한편 사회운동의 고양은 집권여당이 전·노의 구속을 피할 수 없는 상황을 조성하였고 이를 적극적으로 활용하여 지배블록 내의 전·노 세력을 제거하려는 집권여당의 정치적 고려까지 겹치면서 두 사람은 구속되지만, 이들의 구속은—적극적인 저항으로 나타나지는 않았으나—구민정계의 소극화와 권위주의 세력들의 소극적인 이반을 낳았다. 기본적으로 3당합당으로 조성되었던 반(反)호남 지배연합에서 충청지역을 대표하는 김종필의 이반, 전·노의 구속으로 인한 대구·경북지역 정치지지의 유동화는 야당연합이 승리할 가능성을 높여주었던 것이다.

3당합당은 권위주의 세력과 온건야당세력의 재집권을 위한 '야합'의 성격을 띠고 있었기 때문에 그것의 균열은 전향적이라고 할 수 있으며, 또한 김종필 제거와 전·노 구속은 역사발전이라는 측면에서는 전향적인 것이라고 평가할 수 있다. 문제는 김영삼정부가 그러한 수구적인 세력과 결별하면서 더욱 진보적인 방향으로 세력재편을 하여 새로운 정치기반을 창출하지 못함으로 해서 자신의 정치적 기반이 '증발'되어 버리는 결과가 나타났다는 것이다. 더구나 김종필 제거나 전·노 구속과정 자체가 김영삼정부가 표방한 대로 '역사바로세우기'가 아니고 정치적 고려에 의해 대단히 굴절된 것으로 비쳐지면서 개혁의 순수성을 의심받고 또 여기서 기대했던 정치적 효과와는 전혀 다른 결과가 나타나면서 정치적 기반은 더 약화되었다. 이처럼 예상하지 못한 결과가 나타나게 된 것은, 김영삼정부가 전향적 개혁을 추진하는 동시에 보수회귀적인 방향으로 다시 선회하는 등 정책지향의 일관성이 결여됨에 따라 좌우 양 진영 모두로부터 지지를 못 받았기 때문이다. 3당합당식 정치연합에 균열이 생겼는데도 새로운 정치적 기반을 확대할 수 없었던 요인은 물론 지역주의적 구도 자체에 있다. 지역주의적 구도는 반(反)집권여당 지역에서 부정적 여론을 쉽게 동원할 수 있고 또 여론의 일면화를 아주 용이하게 함으로써 집권여당이 새로운 정치적 기반을 초지역적으로 확대하는 데 커다란 걸림돌이 되었던 것이다.

이러한 지배블록 내의 갈등보다 더 중요한 요인은 지배블록 내 헤게모니 분파의 주도성이 현저하게 약화되면서 갈등에 대한 최소한의 통제와 조정이 불가능해졌다는 점이다. 정권교체기를 둘러싼 지배블록 내의 갈등은 항존하는 것이지만, 문제는 그러한 갈등 속에서 헤게모니 분파—혹은 한국 정치구조 내에서는 대통령—의 주도성이 이전과는 비교할 수 없을 정도로 현저하게 약화되어 지배블록 내의 갈등이 조정 혹은 봉합되지 못했다는 데 있다. 특히 김영삼정부에 대한 국민적 지지도가 급락하고 저항이 확대되면서 1997년 중반에 이르면 지배블록의 내적 균열이 극단적으로 확대되어 이회창 후보나 이인제 후보 모두가 김영삼 대통령을 비판하는 역설적인 상황이 나타나게 된다.[20]

더구나 대선 직전에 발생한 외환위기와 IMF 구제금융 신청은 결정적으로 김영삼정부 및 기존 지배블록의 국가관리 능력에 대한 불신을 증폭시킨 결과, 이러한 지배블록 내의 균열을 봉합하거나 통합할 수 있는 조건을 박탈하는 한편, 야당이 승리할 수 있는 유리한 조건을 만

---

20) 집권여당의 균열은 그 당명의 변경에서도 잘 드러난다. 1990년 3당합당으로 탄생한 민자당은 김영삼이 구민정당과의 단절성을 부각시키기 위하여 '신한국당'으로 개명하게 되는데, 1997년에는 이회창이 대통령후보가 된 후 김영삼과의 단절성을 부각시키기 위해 구민주당과 연합할 때 '한나라당'으로 개명한다.

들어주었다.

둘째, 이처럼 지배블록 내의 전열이 균열된 상황에서 재집권을 위한 시도가 다분히 이회창 개인에 의존하는 형태로 전개되었다는 점이다. 이회창 개인이 가지고 있는 '반(反)3김' 이미지와 국민적 '인기' 등에 의존하여 야당의 도전을 돌파하려는 방식으로 진행된 것이다. 1997년 3월 김영삼은 한보사태로 김현철이 구속되는 위기상황을 돌파하기 위한 일환으로 이회창을 당대표로 임명하는데, 이는 이전까지의 신한국당 내 대통령후보 경선구도를 거의 일방적으로 이회창에게 유리하게 만드는 조치였다. 김영삼정부에 대한 국민적 이반이 확대되면서, 앞서 지적한 대로 여러 잠재적인 가능성은 부차화되고 이회창이 갖는 '긍정적'인 국민적 이미지를 통해 그 위기를 극복하고자 한 것이다. 이처럼 지배블록 내의 균열이 매우 커지고 김영삼 자신의 조정력이나 통제력이 극단적으로 약화된 조건하에서, 신한국당은 이회창이라는 개인에 크게 의존하는 선거전략을 펼치게 된다.

하지만 이회창 개인의 이미지에 의존하는 선거전략은 역설적으로 그 이미지가 균열될 때 결정적인 타격을 받게 마련인데, 이회창 후보 아들의 병역기피 의혹이 이러한 타격의 결정적인 계기가 된다. 아들의 병역 의혹이 제기되면서부터 이회창 개인의 지지도가 급락하고 집권 여당 내의 정치적 기반이 취약한 이회창의 장악력은 결정적으로 약해진다. 이것은 이후 신한국당 내에서 이인제의 이탈을 통제할 수 없는 상황의 원인을 제공하기도 했다. 이회창 아들의 병역기피 의혹을 명분으로 내세운 국민신당 이인제 후보의 출마는 그렇지 않아도 국민적 지지가 하락하고 있는 집권여당의 지지를 양분함으로써 집권여당의 패배에 결정적인 요인으로 작용한다. 이것은 물론 김현철 비리 등으로 이미 국민적 신망을 상실한 김영삼 대통령의 조정력 등이 부재한 상황에서, 지배블록 내의 갈등은 봉합되지 않고 내부의 구심력이 행사되지 못한 결과이다. 이러한 상황은 이회창을 중심으로 한 분파가 지배블록의 주도성을 회복하면서 지배블록의 다양한 분파를 통합해 내는 조치를 취하지 못하게 되는 결과로 이어지는데, 이 단적인 예가 이회창과 결합한 민주계와 구민정계가 제기한 김대중 비자금 의혹 사건(1997. 10. 7)이 그동안 권력의 '첨병' 역할을 해오던 검찰에 의해 '수사연기'(1997. 10. 20)로 결말이 난 것이라고 할 수 있다.

첫번째 요인과 두번째 요인이 결합하여 나타난 지배블록 내의 갈등과 동요는 1997년 말기의 해프닝들이 잘 보여주고 있다. 집권여당 후보의 현직 대통령에 대한 비판, 대통령과 집권여당 후보의 갈등, 김영삼의 신한국당 탈당, 심지어는 11월 대구지역 지구당 대회에서 김영삼의 상징물이 수모를 당하는 현상까지 나타나게 된다. 더구나 그해 말, 김대중은 지속적으로 김영삼과 연계되는 이미지를 만들려고 노력한 반면, 이회창은 김영삼과의 면담 자체를 거부하면서 갈등하는 모습을 보이는 기현상까지 나타났다.

셋째, 이러한 지배블록의 극단적인 균열 및 이회창을 중심으로 한 통합의 부재로 김영삼정부와 극우보수세력은 반공의식을 선거에 활용하려는 작전을 '성공적으로' 관철시킬 수 없었다. 분단상황과 남한사회의 강력한 반공냉전의식을 정권 재생산의 중요한 기제로 활용하던 '전통적인' 여권의 선거전략이 일사분란하게 시행되지 못한 것이다. 1996년 4·11총선에서 집권여당과 극우세력들은 북한군의 판문점 시위를 조작함으로써 국민들의 안보 위기의식을 고양시키고 수도권에서 여당이 선전하도록 시도할 수 있었다. 이러한 계획의 연장선상에서 지배블록 내의 강경 극우세력들은 인위적인 '북풍조작'을 통해 집권여당 후보의 당선을 도모하려고 하였다. 대선 이후인 1998년 3월에 밝혀진 바와 같이 이른바 '북풍조작' 사건은 지배블록 내의 일부 분파가 어떤 방식으로 인위적인 '북풍'을 만들어내 체험적 반공을 증폭시키고 그를 통해 국민들의 투표성향을 친여적인 방향으로 유도하려고 했는지를 잘 보여주었다. 대선 직전에 발생한 북풍사건들, 예컨대 윤홍준 기자회견 사건, 오익제 편지 사건, 김병식 편지 사건 등은 모두 집권여당의 승리를 위하여 조작되었으며, 집권여당에 속한 정재문 의원이 북한의 조평통 위원장 대리 안평수에게 확실한 북풍을 요구하는 대가로 360만 달러를 제공하였다는 사실이 폭로되었다.[21] 사실 남한에서는 역대 선거에서 북한과 대결하는 상황 때문에 발생한 여러 사건들이 선거 결과에 결정적인 영향을 미쳐왔다. 87년대선 직전에 발생한 KAL 폭파사건이나 1996년 4·11총선 전에 발생한 북한군의 판문점 시위사건 같은 것들이 대표적인 예이다.

　문제는 이처럼 한국 정치변동의 '고정변수'인 북풍의 영향이 통제될 수 있고, 야당 처지에서 방어적 행위를 통해 북풍의 영향을 일정하게 상쇄시킬 수 있냐는 것이다. 97년대선에서 이러한 북풍의 영향을 통제할 수 있었던 데는 여러 요인이 있으나, 앞서 지적한 바와 같이 지배블록 내의 균열이 확대되면서 여러 분파가 통일되지 않은 것이 가장 큰 원인이라고 할 수 있다. 이 때문에 안기부와 같은 공안기구에서 북풍조작에 대한 여러 가지 '정보'가 야당에 유출될 수 있었고 그 결과 야당은 북풍의 영향력을 일정하게 차단·상쇄시킬 수 있었다.

　구조적인 측면에서 보면, 이러한 상황은 노태우정부와 김영삼정부로 이어진, 제한된 것이기는 하나 일련의 민주화를 통해 국가기구 내의 인적 다양성과 국가기구간 다양성이 증대되었다는 점으로 설명될 수

---

21) 이러한 사실은 1998년 3월 8일 이대성 안기부 전 해외조사실장이 구속되기 직전에 여권에 전달한 극비문건에서 밝혀졌고 이에 대한 수사가 진행되었다. 이 사건은 '정치적 목적을 위한 반공조작사건'이라고 규정할 수 있는데, 국민들이 역사적 경험을 통해 갖고 있는 '체험적 반공'을 증폭시켜 지배체제의 재생산에 악용하기 위해 '조작된' 사건이라고 할 수 있다.

있다. 좀더 구체적으로 말하면, 대선 전에 벌어진 국가기구들간의 특정 정책을 둘러싼 갈등—예컨대 형사소송법을 둘러싸고 법원과 검찰의 갈등, 금융개혁법안을 둘러싸고 재경원과 한국은행의 갈등—은 이와 같은 상황을 반영하는 현상이라고 할 수 있다. 이렇듯 국가기구 내 구성이 점점 다원화되면서 과거와 같은 일사분란한 반공조작체계가 작동하기 어려운 조건을 만들어낸 것이다.

넷째, 지배블록의 균열은 독립적인 변화가 아니라 저항적 사회운동의 성장에서 비롯되었다는 점이 지적되어야 한다. 앞서 서술한 바와 같이 셰보르스키는 민주화를 설명하면서, 이행과정에서 나타나는 여러 분파들간의 전략적 경쟁을 중요한 변수로 상정한 바 있다. 그러나 지배블록의 전략적 선택의 폭을 제한하고 특정한 방향으로 유도하는 것은 사회운동의 투쟁이라는 점이 강조되어야 한다. 김영삼정부의 첫번째 시기 후반부터 김영삼정부에 대한 사회운동의 비판과 저항은 확대되었으며, 이것이 지배블록 내 보수세력의 '위로부터의 이반'을 촉발시켜 그렇지 않아도 불안정한 김영삼정부를 더욱더 불안정하게 만들었던 것이다.

김영삼정부의 초기 개혁 드라이브 과정에서는 정치적 안정성이 높았다가 후에는 그 안정성이 상실되었는데, 이는 보수세력의 이반에 더하여 진보적 세력 및 사회운동의 저항이 확대되었기 때문이다. 사실 김영삼정부는 출발부터 내외적으로 균열요인을 가지고 있었다. 내적으로는 구지배세력과 온건야당세력 사이에 균열적 요인이 있었으며, 외적으로는 3당합당세력과 이에 반대하는 세력(다른 야당, 시민·사회 운동세력, 3당야합에 반대하는 무당파 국민들) 간의 균열이 있었다. 전자는 구지배세력과 지배블록에 새롭게 참여한 분파들 간의 균열이라고 할 수 있으며, 후자는 김영삼정부의 지배블록과 더 높은 수준의 개혁을 요구하는 저항세력 간의 균열이라고 할 수 있다. 1993년에 개혁 드라이브가 진행될 때만 해도 저항세력 및 사회운동은 적극적 대결관계를 설정하지 않은 데다 구지배세력은 개혁에 대한 국민적 지지가 두려워 침묵하고 있었기 때문에, 김영삼정부는 상대적으로 안정적인 위치에 있었고, 무엇보다도 개혁에 대한 국민적 지지가 강하게 뒷받침하고 있었다.

그러나 개혁이 중단되고 김영삼정부가 보수적인 방향으로 선회하면서, 권력기반에 급속한 균열이 나타났다. 집권 초기에 개혁이 진전되면서 수세적 위치로 몰렸던 구지배세력은, 개혁이 중단되고 개혁과정에서의 문제점(표적사정 등)이 드러나자 자신의 기득권 상실에 대한 저항을 개혁 자체에 대한 저항으로 일반화시키면서 반발한다. 이것이 김영삼정부가 불안정해진 하나의 요인이다. 다른 한편에서는, 개혁의 중단 및 보수화에 따라 사회운동과 저항세력은 그간 자제하던 비판을 전면적으로 제기하는데, 특히 사회운동의 적극적인 저항은 김영삼정부에 대한 저항의 도덕성을 강화하였고 이는 김영삼정부를 정치적 불안정 상태로 몰아넣는 요인이 되었다. 결국 김영삼정부는 보수적인 방향과 좀더 진보개혁적인 방향 모두에서 '협공'을 받아 권력기반이 균열된 것이다.

개혁의 후퇴와 불철저성을 계기로 일어난 1차적인 투쟁뿐만 아니라, 1996년 전·노 구속을 요구한 투쟁은 광주항쟁의 진상규명과 책임자 처벌을 '역사'에 맡기려고 하였던 김영삼정부를 압박하여 두 사람을 구속에 이르게 한 중요한 근거였다. 또 전·노의 구속은, 앞서 지적한 바와 같이, 지배블록 내에 균열을 가져옴으로써 김영삼정부의 구조적 불안정을 지속시키는 요인이 되며, 1996년 말 노동법 개정에 반대하는 민주노총의 총파업은 노동법 개정 시도를 저지시키고 나아가 김영삼정부의 정치적 기반을 더욱더 축소시키는 동력이 되었다.

김영삼정부하에서 이루어진 사회운동의 중요한 발전으로 민주노총의 출범으로 대표되는 계급적 대중운동의 발전뿐만 아니라, 1994년 4

월, 8개단체 환경운동조직이 연합하여 만들어진 환경운동연합의 출범, 9월 '참여민주사회시민연대(참여연대)' 등 진보적 시민운동의 출범, 각종 지역 수준에서 이루어진 다양한 주민운동조직의 확산 등을 들 수 있다.

김영삼정부에 대항하는 사회운동의 성장을 저지하기 위한 김영삼정부의 시도는 1994년의 신공안정국, 1996년 8월 한총련사태를 계기로 한 적극적인 탄압으로 나타났다. 그러나 이러한 탄압국면에도 불구하고 노동운동 등의 전투적 투쟁은 김영삼정부에 반대하는 국민적 여론을 조성·확산하는 중요한 동력으로 작용한다. 이러한 사회운동의 발전은 1차 보수적 민간정권의 정치적 균열을 확대하는 동력으로 작용하였을 뿐 아니라 이를 뛰어넘는 '지배의 대안'을 압박한 기본 조건으로 작용하게 된다.

다섯째, 지배블록의 균열에 대비되는, 야당연합의 성공적 구성을 들수 있다. 87년대선에서 한국의 지배연합은 노태우정부 형태로 군부 주도의 지배연합을 성공적으로 재생산하였고 92년대선에서는 타협적 온건야당과의 연합을 통해 '보수적 민간정권'이라는 형태로 지배연합의 재생산에 다시 성공하였다. 그러나 지배연합은 새로운 불안정에 직면하게 되었고, 지배연합을 구성하고 있던 상층정치연합의 해체 때문에, 96년총선 이후에는 새로운 상층정치연합의 구성과 그를 통한 새로운 지배연합의 재생산을 도모해야 하는 시점에 이르렀다.

앞에서 지적했듯이, 95년지자체선거와 96년총선은 결정적으로 정치사회가 지역주의적 구도로 복귀한 것을 보여주었는데, 이러한 지역주의적 분할구도를 전제할 때, 당시로서는 상층연합의 다양한 안이 가능하였다. 즉 김대중 주도하의 반(反)김영삼 연합, 김대중과 김영삼의 연합, 김영삼과 김종필의 연합 등 다양한 가능성이 있었다. 김대중은 95년지자체선거 전부터 '지역등권론'이라는 이름으로 한편으로는 반김영삼 지역연합을 추구하는 동시에 김영삼과의 연합을 통한 보수적 지배연합에 합류하려고 하였다. 김종필 역시 내각제 합의라는 전제 위에서 한편으로는 김영삼과, 다른 한편으로는 김대중과 반(反)김영삼 연합을 추구하였다. 김대중이나 김종필은 반김영삼 지역연합이 갖는 불확실성 때문에 좀더 안정성이 높은 집권여당과의 연합을 일차적으로 추구하였던 것으로 보인다. 특히 김종필은 1997년 중반까지만 해도 상대적으로 불확실한 야당연합보다는 여권과의 내각제를 전제로 한 재집권연합을 선호했던 것 같다. 물론 김영삼의 거부로 이 제안은 성사되지 않았고, 그 결과 김대중과 김영삼은 상층정치연합에서의 주도권을 향한 '피나는' 격돌을 하게 된다.

이런 상황에서 집권여당은 김영삼 대통령의 통제력이 극히 약화되고 지배블록은 더욱 균열되어 이회창 후보와 이인제 후보가 난립하는 양상으로 나아간 반면, 야당은 김대중을 중심으로 김종필과 대구·경북지역의 일부세력(박태준 등)이 결합하는 야당연합을 성공적으로 구축하는 방향으로 나아간다. 여당의 경우, 이회창 후보의 선전 가능성으로 인한 자신감, 세대교체와 반3김이라는 자신의 숙명과 같은 구호에 의한 상징적 구속, 김종필이 연합의 전제조건으로 내걸고 있는 내각제에 대한 부정적 시각, 이인제 등 여권 내부의 분열에 대한 갈등을 봉합할 수 있다는 자신감 등 때문에 야당연합을 효과적으로 저지할 수 없었다. 여기에다 정치사회의 지역주의적 분할구도라는 조건 때문에 역설적으로 대구·경북 및 부산·경남을 제외한 충청·호남·수도권을 기반으로 하는 야당연합의 성공적 구성으로 야당집권이 성공할 가능성이 높아진 것으로 보인다. 95년지자체선거와 96년총선을 통해서 현실화된 3당합당 이전 구도로의 재편은 지역주의적 구도하에서 상층정치연합이 어떤 형태로 구성될 것인가에 따라 집권세력의 향방이 결정되는 구도였다. 여기서 이회창을 중심으로 단독 재집권을 성사시키려

했던 지배블록은 내적으로 균열되면서 후보가 난립하게 되고, 반면에 야당들은 내각제를 매개로 야당연합을 성사시킴으로써 97년대선에서 집권여당을 패배시키는 기초를 형성했다고 할 수 있다.

앞서 지적한 바와 같이, 민주화가 진전됨에 따라 정치사회의 자율성 확대는 정치사회 내 각 세력 혹은 정파들이 상층정치연합을 어떻게 구성하느냐에 집권세력의 향방이 더더욱 좌우되는 결과를 가져온다. 정치사회가 군부국가에 의해 억압되고 거기에 저항하는 전투적 사회운동이 정치변동의 중심을 이루던 시기와 달리, 확장되고 자율화된 정치사회는 지배의 재생산에 결정적인 역할을 한다. 1997년 정권교체 국면 역시 정치사회에서의 상층정치연합 구성을 위한 정치적 경쟁으로 특징지을 수 있다. 단지 1988년 이후 정치변동에서 중요한 점은 정치사회가 지역주의적 구도로 고착화되어 있어 지역주의적 구도하의 상층정치연합의 구성방향에 따라 집권세력의 향방이 전개된다는 것이다. 이런 점에서 92년대선은 1988년 4·26총선을 통해 조성된 정치사회의 지역주의적 분할구도를 기초로 해서 집권여당이 '반호남 지역연합'을 구성하여 재집권에 성공했다고 한다면, 97년선거에서는 95년지자체선거와 96년총선을 통해 다시 부활한 지역주의적 구도하에서 야당들이 재집권연합을 구성하여 집권에 성공하였다고 할 수 있다.

정치사회의 지역주의적 구도의 고착화는 새로운 지배블록의 형성과 그 내부에서 한 분파가 헤게모니적 위치를 갖는 것을 어렵게 한다. 과거 지배블록에서는 군부세력 등 극우적인 세력이 헤게모니적 분파였다면, 새로운 지배블록은 '(보수)자유주의적 세력'에 의해 헤게모니적 통합이 이루어지는 방향으로 진행되어 왔다. 그러나 지역주의적 구도는 각 정파의 내적 구성을 복합적이게 하며(보수부터 자유주의적 분파까지), 한 정파가 헤게모니적 정파로 부상하는 것을 억제한다. 이것은 결국 향후 일정 기간 동안 이러한 지역주의적 구도가 허물어지지 않는 한, 비록 지역연합에 의해 재집권연합이 구성된다 하더라도, 헤게모니 정파를 중심으로 한 안정적인 지배블록을 구축하는 것이 어려워짐을 의미한다. 나아가 이것은 중단기적으로 한국의 정치가 안정적인 궤도에 돌입하기는 어렵다는 것도 동시에 시사한다.

야당연합이 대선에서 이룬 승리는 반독재 민주화운동의 상징성을 일정하게 가지고 있는 김대중세력이 50여 년 만에 선거를 통해 야당집권을 성취했다는 점에서 긍정성을 지니지만, 또 한편으로는 지역주의적 구도를 전제로 하는 '지역연합'이라는 성격을 지닌 동시에 보수적인 세력과의 '타협적 재집권연합'으로 성공했다는 점에서 내적인 딜레마를 안고 있다고 할 수 있다.

4. 맺음말

1차 및 2차 보수적 민간정권 시대, '문민정부' 시대를 거친 '국민정부' 시대의 도래는 분명히 한국 민주주의사(史)에서 중대한 의미를 갖는다. 그러나 그것은 다음과 같은 전제 위에서 비로소 그 구조적·역사적 의미가 올바로 인식될 수 있을 것이다. 필자는 머리말에서 민주주의의 4차원을 지적한 바 있는데, 보수적 민간정권 시대의 도래로 일정한 전환점을 맞게 된 80년대의 민주화과정은 다음과 같은 특징을 갖고 있다.

첫째, 정치적 민주주의로 이행하는 데 요체는 선거라는 게임의 규칙이 다양한 정치적 게임의 연출자들간에 합의되고 그러한 규칙에 따른 경쟁을 불가피한 것으로 받아들이는 것이다. 따라서 한국에서는 1987년에 이은 92년대선을 통해 대립되는 당사자들의 정치적 게임의 방식과 형식으로서의 선거가 일반적인 게임규칙으로 정착되어 가고 있다는

점에서 민주주의가 정착되어 가고 있다고 표현할 수 있다. 김영삼정부
의 수립은 바로 이 첫번째 차원에서 볼 때 하나의 전기라고 할 수 있다.

둘째, 그러한 게임규칙의 '공정성' 문제가 해결될 때 절차적 민주주
의의 완성을 이야기할 수 있다. 선거라는 게임규칙 속에서 집권세력이
야당이 될 수 있고 야당이 여당이 될 수 있는 현실적 가능성을 인정하
고 또 게임의 규칙을 준수하는 상태에 이르렀을 때, 두번째 차원의 민
주주의를 인정할 수 있는 것이다.

한국사회에서도 두 번에 걸친 대선의 경험을 통해 선거라는 것이 정
치적 게임의 일반적인 규칙으로 수용되어 가고 있다고 볼 수 있으나,
1987년과 1992년 두 차례 선거에서도 결국 집권당이 아니면—첫번
째는 군부 출신이 집권당의 후보였고, 두번째는 집권당과 결합한 야당
지도자가 후보가 되었다—당선되지 못했다는 점은 역설적으로 공정
성 문제가 완벽하게 해결되지 않았음을 반증한다. 사실 김영삼이 집권
당에 들어간 것 역시 야당으로서는 집권이 불가능하다는 인식을 갖고
있었기 때문이다. 그것은 집권당의 구조적·제도적 프리미엄—국민들
의 자유로운 선택을 제한하는 국가기구의 힘 혹은 강한 관권이나 금권
력—이 엄청나게 크다는 것, 그리고 이러한 프리미엄이 당선 자체를
좌우한다는 것을 의미하며, 이는 기본적으로 절차적 민주주의의 실질
적 내용이 불완전함을 반증한다. 그런 점에서 김대중정부의 성립은 한
국사회가 "선거에 의한 야당집권이라고 하는 절차적 민주주의의 가장
어려운 조건을 통과"[22] 한 것이고, 따라서 이러한 절차적 민주주의의
불완전성이 제도적으로 교정될 수 있는 중요한 조건을 부여했다고 할
수 있다. 이른바 '거리의 정치' 시대에서 '제도의 정치' 시대로 이행하

---

22) 최장집, 「97년대선에 대한 평가와 새정부의 개혁과제—정치분야」, 1988. 1.
   13 국회 토론회.

게 되었다고 하겠다.[23)

　세번째와 네번째 차원에서는 김영삼정부와 김대중정부를 포함하여 보수적 민간정권의 성립은 단지 민주주의 심화를 위한 출발점으로서 의미가 있는 것으로 평가되어야 한다. 15대대선은 노동조합을 포함한 기존 시민·사회 운동조직의 정치적 활동이 철저하게 통제된 상태에서 이루어졌으며, 노동운동의 정치화 등 시민사회의 활성화를 억제하는 제도적·비제도적 장애물이 여전히 강고하게 존재하는 구조 속에서 이루어졌다. 보수적 민간정권이 한국의 민주주의 진전에서 갖는 의미는 바로 첫째와 둘째 차원, 즉 민주주의의 제도화를 넘어서서 셋째와 넷째 차원에서 민주주의를 심화시킬 수 있느냐에 달려 있다고 할 수 있다.[24)

---

23) 정대화, 「김대중정부의 성격과 과제, 개혁/진보세력의 역할」, 『동향과전망』 1998년 봄호, 한울, 226쪽.

24) 여기서 우리는 민주주의를 하나의 고정된 내용을 갖는 것으로 보아서는 안 될 것이다. 사회주의 붕괴 이후 '민주주의와 함께 가는 사회주의' '민주주의적 사회주의'라는 표현을 사용하는데, 이것은 이미 민주주의에 단순히 '부르주아적 생산관계'를 넘는 일반적·보편적 성격이 있음을 인정하는 것이다. 사실 사회주의의 붕괴는 민주주의 없는 사회주의도 있고, 민주주의를 동반한 사회주의도 있을 수 있음을 보여주었다. 여기서 민주주의의 전진이 어떻게 달성될 것인가 하는 것은 결국 일정한 통치권력의 통치 결과에 대응하여 통치 결과의 모순에 기초한 '민중적·시민적 힘의 자발적 조직화와 그를 바탕으로 한 공적 압력의 자율적 조직화'라고 할 수 있다. 이러한 명제는 자본주의나 사회주의 체제 모두에 적용 가능한 것이다. 이런 관점에서 본다면, 보수적 민간정권하에서 이루어지는 민주화의 진전은 그 계급적 속성에 의해서도 규정되지만 그것을 추동하는 아래로부터의 압력이 어떻게 조직화되느냐에 따라 달라진다고 할 수 있다. 따라서 필자는 김영삼정부가 이전의 군부정권보다 더 전향적이라고 해서, 그리고 김대중정부가 김영삼정부보다 더 전향적이라고 해서 비판을 유보할 필요가 있다는 견해에 대해서는 반대한다. 김영삼정부와 김대중정부의 개혁이 더 높은 수준으로 발전하도록 하기 위해 전향적인 비판을 조직할 필요가 있다고 하겠다. 필자는 "기득권세력과의 대결

이상에서 다룬 1979년 10·26사건에서 시작하여 민선군부정권을 거쳐 보수적 민간정권 시대에 이르는 일련의 민주화과정을 요약하면 다음과 같다. '위로부터 민주화'의 경로라고 할 수 있는 한국의 민주화 과정은 집권군부세력과 온건야당세력의 연합, 더 나아가 온건야당세력 간의 지역주의적 연합에 의한 지배권력의 재생산이라는 독특한 한국적 경로를 밟았다.

이 과정은 유신군부정권의 파국적 위기에 대응하는 온건군부세력의 대응인 10·26사건으로 막을 올렸다가 곧 이어 1980년 5월 강경군부세력의 '유혈적' 재등장으로 막을 내리게 된다. 강경군부세력이 집권한 뒤 이들은 체제안정화 시도로서 자유화 조치를 취하게 되고 여기서 '유화국면'이 도래한다. 이것을 계기로 하여 저항운동이 고양되고 1985년 2·12총선에서 강성야당이 등장함으로써 일방적으로 국가종속적이지 않은 정치사회의 분화가 나타나게 된다. 1985, 86년은 저항을 정치사회 및 전사회적 영역으로 확장시키고 군부정권 퇴진의 압력을 강화하기 위한 저항진영과, 저항의 고양을 통제하고 민주화로 이행하는 경로에서 이니셔티브를 상실하지 않으려는 군부정권의 공세적 탄압이 상호 작용하던 시기였다. 1986년 말, 1987년 초에는 군부정권의 퇴진을 결정적으로 강제할 수 없었던 저항진영과, 저항진영의 대중적 기초를 결정적으로 박탈할 수 없었던 군부정권 간에 불안정한 교착국면이 조성되지만 박종철사건이라는 '우연적' 사건을 계기로 이 교착국면이 타개되면서 저항진영은 공세적 위치로 전화하고 더 나아가 그 공세가 정점에 이른다. 여기서 군부정권은 타협적 이행을 위하여 내각

에서 보수적 민간정권이 우위를 점하기 위해서 보수적 민간정권에 대한 비판이 '유보'되어야 한다"기보다는 오히려 "기득권세력과의 대결에서 보수적 민간정권이 우위를 점하기 위해서 보수적 민간정권에 대한 비판과 견제가 보다 '강화'되어야 한다"고 생각한다.

제로의 개헌을 모색하고 '이민우 구상'으로 현실화된다. 그러나 이러한 타협이 무산되면서 퇴진의 위험부담이 작은 간선제를 통한 재집권을 시도하지만(4·13호헌조치), 이에 대한 저항진영의 공세적 저항과 저항의 국민적 확산으로 간선제를 통한 재집권전략을 포기하고 직선제라는 형식을 수용한 재집권전략으로 나아간다(6·29선언). 그러나 이러한 경쟁의 민주주의적 형식이 도입되었음에도 야당세력들의 분열과 저항진영의 효과적인 대응 부재로 군부정권이 '합헌적으로' 재집권할 수 있는 길이 열리게 된다. 그 결과 '민선군부정권'이 출현하게 되는데, 이러한 수준의 민주화로 안주하지 않고 더 높은 수준의 민주화를 추동하는 계기가 된 것이 바로 88년총선을 통한 여소야대 구조의 형성이다. 그리고 여소야대 구조에 따른 통치의 비효율성을 극복하고 지배권력의 재생산을 도모하고자 한 재집권연합의 시도가 바로 3당합당이었다. 3당합당은 집권군부세력과 온건야당의 '대타협'이라는 성격을 띠고 있는데, 지배진영 내부에서 발생한 각 정파의 분열, 지배진영의 일부인 독점자본 분파의 독자적인 창당을 수반하였음에도 불구하고, 야당의 소극적인 대응과 저항진영의 효과적인 개입 부재로 집권민자당 후보가 당선되어 '위로부터의 민주화'의 길이 열리게 되며, 이를 통하여 1차 '보수적 민간정권'이 성립한다.[25]

　1차 보수적 민간정권인 김영삼정부는 초기에 강력한 개혁 드라이브

---

25) 이러한 변화과정을 간단히 그림으로 나타내면 다음과 같다. 즉 전두환정부라는 전형적인 군부독재정권에서 '아래로부터의 민주화' 형태인 야당정권의 성립이나 민중정권의 성립이라는 경로는 좌절되고 위로부터의 민주화 형태인 민선군부정권이 성립한다. 그후 군부가 주도권을 갖는 민선군부정권의 합헌적 변신의 경로나 야당정권 혹은 민중정권의 성립의 경로는 좌절되고 위로부터의 민주화 형태인 '보수적 민간정권'의 성립으로 이어지게 된다. 이 보수적 민간정권하에서 지배블록의 극단적인 '파탄'으로 야당연합정권이 권력을 갖는 2차 보수적 민간정권으로 이행하여 지배의 합리화가 이루어지는

를 통하여 군부정권의 인적·제도적 청산에 일정한 성과를 거두게 된다. 그러나 3당합당으로 형성된 재집권연합에서 일부 분파가 이반하고 김영삼정부에 대한 국민적 불신이 확대됨으로써 3당합당 이전의 정치사회 구도로 복귀하게 된다. 이러한 구도하에서 전개된 집권을 향한 정치사회 내의 정치적 경쟁에서 지배블록의 극단적인 분열과 대비되는 야당연합이 구성됨으로써 야당이 주도하는 2차 보수적 민간정권이 들어서게 된다.

이처럼 1987년의 '민선군부정권'을 거쳐, 1992년 군부집권세력과 온건야당의 재집권연합에 기초한 1차 보수적 민간정권, 나아가 야당연합에 기초한 2차 보수적 민간정권의 성립에 이르게 된 80, 90년대 민주화의 전역사적 과정은 다음과 같은 의미를 담고 있다고 요약할 수 있다.

먼저, 80, 90년대의 민주화과정은 국가에 의존적이었던 정치사회를 복원시킴으로써 민주주의의 기초를 확장하였다고 할 수 있다. 정치사

새로운 전기를 맞게 된다.

	전두환정부	노태우정부	김영삼정부	김대중정부
위로부터의 보수적 민주화	전형적 군부독재정권--->	→민선군부정권--->	민선군부정권의 단순재편	
			보수적 민간정권---> (1차)	보수적 민간정권의 단순재편
		야당정권	야당정권	보수적 민간정권(2차)
아래로부터의 급진적 민주화		연립정권 (야당+급진세력)	연립정권	연립정권
		민중정권	민중정권	민중정권

회와 시민사회의 국가종속성은, 60년대 이후 저항운동의 성장에 따라 '국가에 반하는 시민사회'가 활성화됨으로써 극복되기 시작한다. 나중에는 다양한 온건시민운동세력에 의해 시민사회 영역의 다양한 목소리가 대표되지만, 군부정권의 강압통치가 지배하던 70년대까지는 조직화된 급진운동세력, 전투적인 재야저항운동이 시민사회를 대표하게 된다. 이처럼 시민사회 영역을 대표하는 급진운동세력의 투쟁으로 군부정권이 불안정한 상태로 돌입하게 되는 단계에서부터 민주화가 나타났다고 평가할 수 있다. 80년대의 민주화과정은 바로 이처럼 시민사회 영역에서 급진민중운동 혹은 전투적 저항운동이 확산되어 가고 그 결과 억압적인 군부통치가 변화를 강요받게 되며, 나아가 국가에 반하는 정치사회 영역이 분화되고 그 영역에 군부통치에 저항하는 급진저항 야당이 나타나는 단계로 이어졌다고 할 수 있다. 민주화는 시민사회에서의 관계를 반영하는 자율적인 정치사회의 정립, 정치사회의 역관계를 반영하는 국가권력의 성격 변화를 의미한다고 할 때, 이런 측면에서 일정하게 변화가 있었다고 평가할 수 있다. 1985년 2·12총선에서 어용야당이 붕괴하고 강성저항야당이 등장하면서 시작된 정치사회의 자율화는 시민사회의 급진민중운동으로 대표되는 저항운동의 영역을 정치사회로 확장하는 것을 의미하였다. 87년국면에서 급진민중운동과 정치사회의 강성야당이 결합한 것은 군부퇴진의 압력을 최고조로 만들었고, 이에 대한 지배권력의 대응인 6·29선언은 급진화되어 가는 정치사회와 시민사회를 분리하고 시민사회에서 이루어지는 급진적 흐름이 시민사회의 전영역으로 확산되는 것을 저지하기 위한 시도였다고 할 수 있다. 87년대선에서 군부정권이 재집권하였음에도 불구하고 1988년 4·26총선에서 여소야대 구조가 출현하게 되는데, 이는 국가·정치사회·시민사회의 관계에서 발생한 중요한 변화를 상징한다. 이것은 '시민사회 영역에서 이루어진 저항'이 정치사회로 흡수될 가능성, '전투적인' 비제도권 야당이 제도야당으로 정립됨으로써 정치사회가 분화될 가능성, 그리고 정치사회의 자율성이 확대됨으로써 정치사회의 재편을 통한 정치변동을 시도할 수 있는 가능성을 높였다. 또한 급진민중운동이 정치사회에서 자신을 대표하는 정당 혹은 '분견대'를 가지지 못함으로 해서 정치사회에 대한 내적 통제력이 약화된 점, '민선군부정권'하에서 온건시민운동이 등장하는 등 시민사회의 내적 분화가 진전된 점도 그러한 가능성을 높였다고 할 수 있다. 이상과 같은 상태에서 3당합당은 국가권력의 '외삽(外插)적인' 장악방식이 아니라, 정치사회에서 이루어지는 각 집단간의 결합관계의 변화를 통하여 지배권력의 안정적 재생산을 도모한 사건이라고 할 수 있다. 김대중정부를 탄생시킨 야당연합도 바로 확대된 '자율적'—물론 여전히 본질적으로 불완전하고 분단상황 등으로 통제되고 있지만—정치사회 내 정파간의 연합을 통하여 지배세력이 재구성될 수 있음을 보여준 사건이라고 할 수 있다.

군부정권의 퇴진과 민간정부의 출현은 시민사회를 반영하는 정치사회의 정립, 국가와 정치사회의 규정관계의 역전현상, 시민사회와 정치사회의 억압적 규제자인 군부통치국가의 피규정대상으로의 변화를 보여주는 사건이라고 할 수 있다. 즉 군부세력이 '외삽적'으로 국가권력을 장악하던 상태에서, 시민사회를 반영하는 정치사회의 새로운 역관계가 형성되고 그것을 반영하는 형태로 국가권력이 80·90년대의 전 과정을 통하여—비록 제한된 것이기는 하나—변화해 왔다고 평가할 수 있으며, 그런 점에서 80·90년대는 민주화의 역사적 과정이었다고 볼 수 있다. 그러나 "시민사회, 그것을 반영하는 정치사회의 반영으로서의 국가"라는 규정관계의 불완전성이 여전히 한국 민주주의의 불완전성을 반증한다고 할 수 있다.

V. 80, 90년대 정치변동의 국가론적 성격

1. 머리말

1961년 군부쿠데타로 성립한 박정희체제는 아래로부터의 민중적 저항과 지배블록 내의 내분을 계기로 1979년에 박정희가 암살됨으로써 막을 내렸다. 박정희체제의 몰락 이후 현재까지 우리 사회는 복잡한 정권교체의 경로를 거쳐 김대중정부의 성립에 이르렀다.

오랫동안 반민주적인 현실에 적응해 온 우리 사회는 정권교체 때마다 나타나는 새로운 변화에 일희일비했을 뿐, 이러한 복잡한 변화를 관통하는 거시역사적 변화의 의미에 대해 적절한 관심을 기울이지 못한 것 아닌가 싶다.

이 글에서는 박정희체제의 몰락 이후 복잡한 정권교체를 경과하면서 이루어지고 있는 후기 박정희체제로의 이행과정을 '개발독재적 예외국가'에서 "자본주의적 '정상' 국가"로의 '수동혁명'적 이행으로 규정하고, 현재 우리가 겪고 있는 정치적 변화의 거시역사적 의미를 밝히고자 한다.

2. 예외국가의 성격 그리고 개발독재적 예외국가의 한국적 존재조건

60년대 이후 한국사회의 고도성장과정은 군부 개발독재체제하에서 '후발 산업화(late industrialization)'[1] 혹은 '후–후발 산업화(late-late

---

1) Gerschenkron, A., *Economic Backwardness in Historical Perspective.*

industrialization)'[2]가 진행되는 과정이었다. 이러한 과정을 통해 한국에는 압축형 독점적 자본주의가 확립되었고, 80년대 이후의 정치적 변화는 바로 이러한 독점적 후발자본주의의 형성이라는 토대 변화에 대응하는 상부구조의 변화로 이해될 수 있다.

일반적으로 '후-후발 산업화'의 초기단계에서는 매우 특수한 형태와 기능을 가진 국가들이 출현하였다. 권위주의 국가, '군부파시즘' '신식민지파시즘' '종속파시즘' '발전국가(developmental state)' '관료적 권위주의(bureaucratic authoritarianism)' '신중상주의적 권위주의 국가' '기업가적 국가(entrepreneurial state)' 등은 초기 산업화 과정에서 나타나는 독특한 국가 형태와 기능을 제시하는 개념들이다. 이것들은 '후-후발 산업화' 혹은 '신식민지적 근대화(post-colonial modernization)' 과정에서 나타나는 형태 및 기능상의 특수성을 포착하기 위한 일종의 '중범위' 개념이라고 할 수 있다. '후-후발 산업화'의 초기단계에 현상하였던 이러한 특수한 국가는 70년대 후반 이후 민주화·자유화·공고화[3] 등으로 지칭되는 정치변동을 통해서 상이한 국가 형태와 기능으로의 변화하고 있다.

필자는 거시역사적 이행의 관점에서 볼 때, 후-후발 산업화 국가

Cambridge: Cambridge University Press, 1962.

2) Hirschman, A., *Exite, Voice and Loyalty*, Cambridge: Harvard University Press, 1970.

3) 민주화·자유화·공고화 등에 대해서는 다음을 참조. O'Donnell, G., and P. C. Schmitter, *Transitions from Authoritarian Rule: Tentative Conclusions about Uncertain Democracies*, Baltimore and London: The Johns Hopkins University Press, 1986; Mainwaring, S., G. O'Donnell and J. S. Valenzuela (eds.), *Issues in Democratic Consolidation: The New South American Democracies in Comparative Perspective*, Notre Dame, Indiana: University of Notre Dame Press, 1992.

들—특히 이른바 신흥공업국—에서 나타나는 특수한 국가형태를 '개발독재적 예외국가(developmental dictatorial exceptional state)'로 파악하고 그것의 형태 변화를 자본주의적 '정상'국가(normal state)로의 이행으로 파악한다. 제3세계 군부독재, 서구의 파시즘 등은 부르주아 민주주의적 형태에서 지배계급으로 선재(先在)하는 자본가계급의 '계급적 도구'로 작동하는 '정상국가'와는 차별성이 있다.[4] 그래서 이른바 '민주주의 이행'의 과정에서 나타나는 상부구조적 변화를 개발독재적 예외국가가 "사회적 투쟁 혹은 계급적 투쟁에 매개되면서" 자본주의적 정상국가로 변화해 가는 것으로 필자는 이해한다.

이 글에서는 두 가지 점을 전제로 해야 할 것이다. 첫째는 여기서 예외국가와 정상국가라는 규정은 정권교체의 국가형태적 성격을 지칭하는 것이지, 국가형태의 특수성을 가리키는 것이 아니라는 점이다. 즉 예외국가나 정상국가는 모두 천민적이고 한국적인 특성을 지닌 채 존재한다. 그런 점에서 천민적인 개발독재적 예외국가는 일정한 합리성을 갖는, 그러나 여전히 천민성을 내장한 자본주의적 정상국가로 이행한다고 보는 것이 적절할 것이다(정확한 표현을 사용한다면, 천민적인 개발독재적 예외국가로부터 천민적인 자본주의적 정상국가로 이행한다고 해야 할 것이다).

둘째, 여기서 정상성은 현재 한국의 국가가 '정상적'이라는 의미가 아니고, 근대 이후 인류사적 변화를 통해 정착된 '부르주아적 민주주의'의 정치체제적 '표준성'을 의미한다는 것이라는 점이다. 즉 근대에 이르는 민중들의 정치적 투쟁은 자본주의적 토대에 상응하는 상부구조로서 '부르주아적 민주주의'를 하나의 표준 형태로 '쟁취'하였다. 따

---

4) Poulantzas, N., *Fascism and Dictatorship*, London: NLB, 1974; Jessop, B., *Nicos Poulantzas: Marxist Theory and Political Strategy*, London: Macmillan, 1985 참조.

라서 현실적으로 자본주의적 토대 위에서는 상부구조의 다양성을 인
정한다고 하더라도, 예컨대 권위주의적 정치체제하에 자본주의가 존재
할 수 있다는 것을 전제하더라도, 최소한 '부르주아적 민주주의'의 이
념형적 표준성 자체가 부정되고 있지는 않다는 점을 전제한다.

　현재 한국의 '부르주아'적 국가는 여전히 불안정하고 불완전하며 부
분적으로는 (박정희 신드롬에서 볼 수 있는 바와 같이) 권위주의로의 회
귀 가능성을 가지고는 있으나, 탈예외국가화의 거시역사적인 흐름 속
에 놓여 있는 것으로 파악할 수 있다.

　정상국가는 부르주아 헤게모니가 안정화되어 있는 국면에서 출현하
는 반면에, 예외국가는 헤게모니의 위기에 대응하여 출현한다.[5] 그런
점에서 정상국가는 지배의 두 기제인 강제와 동의 중에서 전자가 지배
적인 상태를 의미하며, 예외국가는 물리적 억압과 강제가 지배의 주요
한 기제가 되는 상태를 뜻한다. 일반적으로 정상국가와 예외국가는 다
음과 같은 점에서 구별된다.[6] 첫째, 정상국가가 보통선거권 및 경쟁적
인 정당제도를 갖는 대의민주주의 제도를 가지고 있는 데 비해, 예외
국가는 선거의 원칙을 중지시키며 다원적인 정당체계를 제거하게 된
다. 둘째, 정상국가에서는 권력의 이전이 제도적인 틀과 '법의 지배'
원칙하에서 이루어지지만 예외국가에서는 이것이 중지된다. 셋째, 정상
국가에서의 이데올로기적 국가기구는 '사적인' 법적 지위를 가짐으로
써 정부의 공식적인 통제로부터 일정한 자율성을 갖게 되나, 예외국가
에서는 그것이 억압적 국가기구의 통제에 복속되어서 진정한 자율성

---

5) Poulantzas, 앞의 책, pp. 57-59; *Political Power and Social Classes*, London: NLB, 1973, p. 293.

6) Jessop, 앞의 책, p. 94, 95; *State Theory: Putting Capitalist States in Their Place*, Pennsylvania: The Pennsylvania State University Press, 1990, pp. 64-66.

을 박탈당한 채로 존재하게 된다. 넷째, 예외국가에서는 이데올로기적 국가기구와 억압적 국가기구 간의 긴밀한 유착으로 억압적 국가기구 내의 여러 권력들간의 형식적 분리가 오히려 축소된다. 그러나 대의민주주의적 제도에 기초한 정상국가에서는 그러한 제도가 계급간·분파간 갈등의 '환기(換氣)'에 기여하기 때문에 헤게모니의 유기적 순환(organic circulation)과 재조직화를 가속화한다.

한국의 경우 개발독재적 예외국가는 다음과 같은 특징을 갖는다. 첫째, 특수한 계급적 관계 속에서 형성된다. 즉 국가에 대해 지배계급의 이해를 응축적으로 관철하는 지배계급의 부재(구지주계급의 몰락과 신지배계급으로서 부르주아지의 취약성), 전쟁으로 인한 노동계급 및 민중부문의 정치사회적 무장해제와 탈동원화, 식민지시기와 해방공간을 거치면서 비대화된 '과잉성장국가'[7]와 같은 조건을 배경으로 해서 성립하였다. 둘째, 역할 면에서 자본제적 축적의 계급적 도구라기보다는 취약한 부르주아지[8]의 형성 역할을 포함한 '신중상주의'적 역할을 수행하게 된다. 한국의 개발독재적 예외국가는 '선재'하는 부르주아지의 이해를 반영하는 국가라기보다는 취약한 부르주아지의 '육성'에 기여하는 국가이다. 셋째, 권위주의적 형태를 취한다. 한국의 경우 예외국가

---

7) Alavi, H., "The State in Post-Colonial Societies: Pakistan and Bangladesh", *New Left Review* 74, 1972년 7·8월호.

8) 모어의 분석에 따르면, 독재의 사회적 기원은 노동억압적 농업체계(labor-repressive agricultural system)에 기반을 둔 강력한 토지지주계급과 취약한 부르주아지, 그 결과로서의 양자의 타협 속에 존재하는 것으로 파악된다. 한국의 개발'독재'는 취약한 부르주아지를 전제로 하지만, 또 한편에서는 서구와 달리 해방공간 및 한국전쟁 같은 특수한 상황에서 비롯된 토지지주계급의 붕괴를 전제로 하고 있다는 점에서 차이가 있다(Moore, B., *The Social Origins of Dictatorship and Democracy*, Cambridge: Harvard University Press, 1996).

는 군부권위주의 정권이라는 형태를 띠었다. 한국의 개발독재적 예외국가는 부르주아 민주주의를 통해서 계급적 대립을 포섭·내부화하는 국가라기보다 부르주아적 대의민주주의의 주변화와 억압적 국가기구의 전면화로 특징지을 수 있는 체제이다. 넷째, 지지의 사회적 기반과 국가의 계급적 기능이 상이하게 나타난다. 박정희체제의 경우 농민층을 강력한 기반으로 해서 지배의 정치적·사회적 기반이 유지되었으나 계급적 기능 면에서의 역할은 부르주아 형성에 있게 된다.[9] 즉 '가격을 왜곡하는 방식으로(getting the price wrong)'[10] 더 나아가 '사회를 왜곡하는 방식으로(getting the society wrong)'[11] 발전추동의 역할을 수행하는 이른바 '발전국가'[12]적 기능을 수행한다.[13]

---

9) 개발독재적 예외국가는 부르주아의 이해까지도 제약할 수 있을 정도로 국가 혹은 국가관료의 독자적인 자의성이 존재하지만, 부르주아 형성의 역할을 한다는 '계급본질적' 규정을 벗어날 수 없다는 점에서, 또한 선재하는 부르주아지에 기초하기보다는 농민 등 '제3의 계급'을 기초로 하고 있다는 점에서 마르크스가 '보나파르티즘'적 국가에서 주목하였던 특징들이 나타나는 국가라고 할 수 있다(Marx, *The Eighteenth Brumaire of Louis Bonaparte*, Collected Works, London: Lawrence and Wishart, 1968).

10) Amsden, A. *Asia's Next Giant: South Korea and Late Industrialization*, NY: Oxford University Press, 1989.

11) Cho, Hee-Yeon and Eun-Mee Kim, "'State Autonomy' and Its Social Conditions for Economic Development in South Korea and Taiwan", Eun-Mee Kim (ed.), *The Four Asian Tigers, Economic Development, and The Global Political Economy*, San Diego: Academic Press, 1998.

12) Amsden, 앞의 책; Johnson, Ch, "Political Institutions and Economic Performance: The Government-Business Relationship in Japan, South Korea, and Taiwan", 1985, Deyo (ed.), *The Political Economy of the New Asian Industrialism*, Ithaca: Cornell University Press, 1987; Gereffi, G. and D. L. Wyman, *Manufacturing Miracles: Paths of Industrialization in Latin America and East Asia*, Princeton: Princeton University Press, 1990.

이러한 개발독재적 예외국가는 국가와 시민사회의 '심대한 비대칭
성' 위에서 시민사회에 대해 막강한 지배력을 갖는 국가의 '과잉성장'
을 통해서 가능하였다. 2차대전 이후 세계적 수준에서 형성되어 갔던
냉전질서가 일국 내로 내재화되는 방식은 다양할 수 있는데, 한국과
대만의 경우 내전의 경험으로 (외적인) 냉전경험과 (내적인) 내전경험
이 결합됨으로써 반공논리가 극단적인 우익적 방식으로 내재화되며,
그 결과 일종의 '반공 폐쇄참호(anticommunist enclave)'가 형성되었
다고 할 수 있다. 이것을 필자는 제1장과 제2장에서 반공규율사회
(anticommunist regimented society)로 표현하였다.

이처럼 한국에서는 냉전과 내전의 특수한 결합을 통하여 비정상적
으로 우익화된 사회가 형성되는데, 이는 한국전쟁을 분기점으로 해서
저항운동이 '초토화'되고 민중부문이 정치사회적·조직적으로 무장해
제당하고 인적 재배치와 이데올로기적 분단화가 진행됨으로써 국가와
시민사회의 심대한 비대칭성이 나타난 결과이다. 여기서 이른바 '과잉
성장국가'적 조건이 부여되고, 바로 이러한 조건 위에서 강력한 국가
를 중심으로 하는 개발독재적 예외국가가 성립하게 된다. 이 개발독재
적 예외국가는 선재하는 '국가-시민사회의 비대칭성' 속에서 취약한
부르주아지를 '대리하는' 자본독재를 통해서 시민사회나 노동의 활성
화를 통제하여 부르주아적 자본축적 기반을 확립함으로써 '후-후발
산업화'를 촉진한다. 즉 취약한 부르주아지의 축적기반을 확립하면서
자본형성 역할을 하는 '개발지향적' 국가로서의 성격을 띠게 되는 것

---

13) 이런 측면에서 한국의 개발독재적 예외국가는 '신중상주의적 권위주의 국가
(neo-mercantilist authoritarian state)'라고 규정할 수 있는데, 이 한국적
예외국가는 지배계급으로서 부르주아지의 취약성에도 불구하고 (선재하는
자본의 이해를 반영하는 것을 넘어서서) 압축형 독점적 자본주의를 형성하
는 역할을 하게 된다.

이다. 이 예외국가는 형태적으로는 '권위주의적 통합화'를 지향하는 군부파시즘 혹은 독재체제의 성격을 지니며, 기능적으로는 자본주의의 압축형적인 정착화를 위해서 발전을 향해 인적·물적 자원을 전사회적으로 '동원'하는 '신중상주의'적 국가가 된다. 이런 점에서 예외국가는 국가−시민사회의 심대한 비대칭성 위에서 성립한, 발전을 향한 총동원체제라고 할 수 있다.

이와 같이 예외국가가 주도하는 총동원체제하에서 한국의 부르주아지는 자본축적에 유리한 기존의 여러 변수들을 극대로 동원하면서 자신의 성장을 도모하게 된다. 예컨대 기존의 권위주의, 가족주의, 국가주의, 가부장제, 유교적 엘리트주의, 지역주의, 학벌주의 등과 관련된 여러 요소들을 자본축적에 유리한 방향으로 동원하고 강화해 나간다.[14]

이러한 개발독재적 예외국가의 총동원체제하에서는 여러 부정적인 측면들이 구조화된다. 먼저, 바로 이러한 예외국가 총동원체제하에서 국가−자본관계의 독특한 구조가 정착되고 재생산되었다. 예외국가를 가능하게 하였던 국가−시민사회의 왜곡된 비대칭성은 개발독재적 예외국가를 가능하게 하였으나, 그 예외국가의 타락화는 왜곡된 국가−자본관계를 확대정착시키게 되었다는 것이다. 60년대 초기 산업화 단계에서

---

14) 동아시아의 성장을 설명하는 여러 이론 가운데 '유교문화론' '신유교론' 등은 동아시아 성장에서 유교문화적 요인이 성장의 문화적·정신적 동력으로 작용하였다고 말하고 있다(제1장 1절의 주 18) 참조). 필자가 볼 때 취약한 부르주아지와 신중상주의적 국가는 선재하는 유교문화적 요인들 중 자본축적에 유리한 요인들을 성장을 향한 사회의 재조직화에 동원하였다. 따라서 이것을 원인변수로 설정하는 것은 문제가 있다고 생각된다. 이 점에 대해서는 지배질서의 정당화 기제로서 국가주의와 가족주의가 어떻게 기능하는지, 가족주의가 어떻게 시장질서의 '보호막'으로서 작동하는지, 그리고 한국자본주의, 안보국가와 가족주의가 어떻게 상호 결합하는지를 설명하고 있는 김동춘의 「한국자본주의의 성격과 지배질서 —안보국가, 시장, 가족」(한국산업사회연구회 편, 『한국사회의 변동』, 한울아카데미, 1994)이 참고가 될 것이다.

국가-자본관계는 자본에 대해 막강한 지원의 반대급부로 일정한 성과 (performance)를 요구하는 식으로 양자간에는 긴장이 존재하였다. 그러나 이러한 긴장은 군부국가가 장기집권으로 정치적으로 대단히 불안정해지는 70년대 이후에는 약화되면서, 검은 거래관계로 전화한다. 국가는 막강한 권력을 배경으로 하여 자본에 특혜를 제공하고, 그 반대급부로 정치자금을 요구하는 일종의 경제적 거래관계로 부패화하게 되며, 여기서 천민자본주의·정실자본주의(crony capitalism)라는 한국자본주의의 특징, 즉 왜곡된 국가-자본관계가 나타나게 된다. 특히 성장을 향한 총동원체제에서 국가관료, 정치인, 기업(특히 대자본 및 대재벌), 금융기관 간에는 정치적 유착관계가 형성되고, 이것은 금융기관 활동에서 경제적 타산을 뛰어넘는 상위원칙으로 작동하게 된다. 금융 및 신용에 대한 국가통제하에서 '정경유착'을 통해 기업은 재정금융적 특혜에 접근(access)할 수 있었고 그 반대급부로 생기는 이익을 관료나 정치인과 공유하는 부패의 폐쇄회로가 형성·고착된 것이다. 정치사회적으로는 국회를 중심으로 한 대의과정의 주변화, 국가기구 내에서의 공안기구의 중심적 기능 등 국가 내에서 왜곡된 관계가 나타나고, 이러한 예외국가의 재생산과정에서 반공·극우 이데올로기의 확대재생산을 포함한 분단·반공·극우적인 사회질서가 고착화된다.

다음으로, 자본축적을 위하여 동원된 선행하는 요소들은 왜곡된 보수적 시민사회를 내적으로 재생산하는 기제로 작용하게 된다.[15] 이처럼 성장을 향한 사회의 '재조직화' 속에서, 성장 일변도의 '일그러진' '극우적인 성장공동체(ultra right-wing growth-oriented community)'

---

15) 예외국가가 주도하는 총동원체제하에서 불완전한 민주주의, 천민적 자본주의, 분단반공적 사회질서, 왜곡된 보수적 시민사회라는 한국사회의 주요한 측면들이 구조화된다. 이에 대해서는 이 책의 자매편인 『한국의 민주주의와 사회운동』 제8장 참조.

가 고착화되는 것이다.

3. 개발독재적 예외국가의 위기와 '수동혁명'적 이행

이러한 '후-후발 산업화'를 지향하는 개발독재체제는 70년대를 지나면서 위기에 직면하는데, 이것은 한편으로는 그와 같은 성장체제하에서 '효율적으로' 진전된 산업화 자체 때문에, 또 한편으로는 그러한 동원체제의 모순에 대응하는 민중적 저항의 발전 때문이다.

개발독재적 예외국가가 위기에 처하면서 변형을 강요당하게 되는 조건은 다음과 같다. 우선, 예외국가를 가능케 했던 계급적 조건에 변화가 나타나기 때문이다. 무엇보다도 산업화가 진전됨으로써 안정된 축적기반을 이룩한 부르주아계급의 성장을 들 수 있다. 이로써 국가는 자신이 '계급적 도구'화되어야 하는, 강화된 지배계급을 대면하게 된 것이다. 둘째, '무장해제'되었던 노동계급이 다시 활성화되고 민중부문이 저항으로 동원되면서 기존의 권위주의적인 통합화 방식은 더 이상 효용성을 가질 수 없게 되었다. 이것은 자본주의적 '정상' 국가 형태가 불가피해지는 데 동력이 되는데, 부르주아 민주주의 '정치'가 더욱 중요한 계급적 장치로 부상하게 된다.[16] 셋째, 자본 자체의 '형성'을 위한 물적·인적 자원의 총동원적인 '신중상주의적' 정책은 더 이상 자

---

16) 풀란차스는 일찍이 "왜 부르주아지는 자신의 정치적 지배를 위해 자본주의 국가라는 매우 특별한 국가장치를 가지는가" "왜 부르주아지는 근대 대의제 국가라는 틀에 의거하여 자신의 정치적 지배를 유지하는가"라는 물음을 제기한 바 있다(Poulantzas, N., *State, Power and Socialism*, 1978, London: Verso, 박병영 역,『국가, 권력, 사회주의』, 백의, 1980). 결정요인은 결국 기존의 정치적 지배를 불가능하게 하는 계급적 투쟁 및 사회적 투쟁의 발전으로 인한 지배의 위기가 될 것이다.

본 일반의 요구와 일치하지 않게 되고, 자본과 국가 – 시민사회관계의 전환이 요구되게 된다.[17] 일종의 '신중상주의적 권위주의' 국가는 이제 개입양식의 변화, 더 넓은 의미에서 경제와 관련된 국가기능의 변화를 요구받게 되는 것이다. 넷째, 산업화의 초기단계에서는 도시 노동시장이 계속 팽창하면서 '성장의 분배'를 통해서 성장체제에 대한 각 계급계층의 통합이 가능했으나, 후기에 오면서 이러한 조건이 변화한다. 성장 혹은 성장의 위기를 둘러싼 각 계급계층의 이해관계가 상호 조화를 이루지 못함으로 해서(예컨대 농민층의 이반 등) 예외국가의 사회적·정치적 기반이 붕괴하게 된다. 이처럼 예외국가를 가능하게 했던 정치적·계급적 조건이 소멸함에 따라, 예외국가는—파시즘적 억압의 강화라는 '우회'(전두환정부)를 거치면서도—정상국가로의 변형이 불가피해진다.

예외국가의 변형은 사회적 투쟁 및 계급적 투쟁을 매개로 해서 상이한 경로를 밟을 수 있었다. 일종의 '신식민지적 근대화'를 추동하는 개발독재체제가 위기에 처하는 상황에서 이러한 예외국가는 다양한 발전 가능성을 가지고 있었던 것이다. 그러나 한국의 경우는 예외국가적 지배블록과 민중블록의 일종의 '결전' 시점이었던 1987년을 분기점으로 해서, 민중블록이 정치변동의 주도권을 '상실'함에 따라 이 같은 다양한 발전 가능성은 협소해지고 '수동혁명'적인 방식을 통한 자본주의적 '정상'국가로의 발전이 지배적인 것이 된다.

---

17) 이러한 국가–자본관계의 전환을 에반스는 '긴박된 자율성(embedded autonomy)'이라고 표현한 바 있다(Evans, P., *Embedded Autonomy: States and Industrial Transformation*, Princeton: Princeton University Press, 1995). 한국에서의 국가 대 재벌의 관계 변화에 대해서는 Kim, Eun-Mee, *Big Business, Strong State: Collusion and Conflict in South Korean Development, 1960~1990*(New York: State University of New York Press, 1996) 참조.

‘수동혁명’[18]은 피지배계급으로부터 통치에 대한 동의를 확보하기 위해서 지배계급이 자기변혁을 추구하는 행위라고 규정할 수 있다. 수동혁명은 대중들이 정치경제제도에 영향력을 발휘하는 것을 배제하기 위해, 즉 피지배계급의 헤게모니를 배제하기 위하여 지속적으로 국가권력을 재조직화하는 행위가 된다. 이러한 수동혁명의 기본 동력은 역설적으로 피지배계급의 지배에 대한 ‘동의의 철회’이다. 지배 자체에 대한 ‘동의의 철회’로 초래된 이러한 위기를 극복하기 위해서 지배를 혁신하는 것이 바로 수동혁명이다. 이런 점에서 수동혁명은 ‘지배의 위기에 대응하는 국가권력의 재조직화’라고 할 수 있다. 역설적으로 수동혁명의 대쌍(對雙)인 능동혁명—비록 그것이 좌절된다고 하더라도—의 가능성이 수동혁명의 기본 동력으로 작용하는 것이다. 국가권력의 재조직화 과정에는 저항운동의 개인적·집단적 분파를 지배블록으로 흡수하는 ‘변형주의(transformism)’[19]적 재편을 포함하여, 여러 형태와 층위에서 지배 및 그 물적 기구로서의 국가권력의 ‘개량적’ 혁신이 나타나게 된다.

이러한 수동혁명은 예외국가 속에서 ‘예외’적으로 편제되어 있던 국가-시민사회관계, 국가-자본관계, 자본-노동관계, 사회-노동관계의 재편을 포함하고 있다. 즉 강화되고 재활성화된 사회 및 노동, 자신의 축적기반을 안정화시켜서 강력해진 부르주아지를 전제로 하여 사회적 제관계의 변형이 시도된다.[20] 피지배계급에 대한 지배계급의 일종의

---

18) Gramsci, A., *Selections from the Prison Notebooks*, London: Lawrence and Wishart, 1971, pp. 106-14.

19) 변형주의의 일반적 설명에 대해서는 다음을 참조. Gramsci, 앞의 책, p. 58; Jessop, *The Capitalist State*, Oxford: Martin Robertson, 1982, p. 150. 이 변형주의 개념을 중심으로 한국의 경우를 설명한 글로는 최장집, 「변형주의와 한국의 민주주의」(『사회비평』 13호, 1995) 참조.

‘기동전’ 형태로서의 ‘예외국가’는 수동혁명적 과정을 통해서 안정적인 부르주아적 지배형태로의 정상화(normalization)를 실현하게 된다.[21]

이러한 변형은 결코 일회적인 과정이나 일회적인 사건이 아닌 거시역사적인 과정으로 보아야 할 것이다. 지금도 ‘현재진행형’으로 나타나고 있다고 볼 수 있다. 또한 수동혁명 과정은 결코 단선적이 아니고 갈등적인 과정이며, 지배의 혁신과정에서 하나의 문제 해결은 새로운 문제를 촉발하는 복합적인 과정이 된다.[22] 수동혁명은 계속적인 사회적 투쟁 혹은 계급투쟁 과정에서, 그리고 계급적 격돌 속에서 진행된다. 다만 이러한 변화의 주도권이 지배계급에게 있다는 데 수동혁명의 기본 특징이 있다.

4. ‘수동혁명’적 관점에서 본 80년대 이후 정치변동

그럼 수동혁명적 관점에서 80년대 이후 정치변동의 과정을 살펴보기로 하겠다.[23] 한국에서 예외국가의 정상국가로의 발전은 그 계급투

---

20) 예컨대 일방적인 방식으로 자본형성의 역할로 일체화되었던 국가는 노동을 중심으로 한 계급투쟁이 진전됨에 따라서 그 기능수행의 형태가 변하게 된다. 즉 자본-노동관계의 개입에서도 ─자본질서에 대한 노동의 복종을 위한 개입이 ‘위기의 국가화’를 초래할 수 있기 때문에─ 자본 자체의 ‘독자적인’ 지배를 지원하는 방식으로 이루어진다.

21) Jessop, *State Theory: Putting Capitalist State in their Place*, 제7장.

22) 예컨대 1987년 군부정권의 재생산을 위한 야당의 분할통치전략은 지역주의적 분할구도를 고착시키고, 이후의 국가권력 재조직화는 이러한 지역주의적 라인을 따라 전개되는 역설을 낳는다. 이것은 김대중정부 수립이라는 ‘혁신’적인 방안이 현실화되는 하나의 중요한 계기가 된다.

23) 한국의 정치변동 과정 및 그 특성에 대해서는 다음을 참조. 최장집, 「한국 민주주의의 조건과 전망」, 나남, 1966; 최장집·임현진 편, 『시민사회의 도전:

쟁이 격렬하였던 만큼 우회로를 통해서 진행된다. 즉 개발독재적 예외국가가 위기에 처하면서—민중적 저항의 분출에 매개되면서—예외국가는 전두환정부의 강성독재(hard dictatorship) 혹은 신군부파시즘이라는 우회로를 거쳐, 연성독재(soft dictatorship) 혹은 민선군부정권, 나아가 민선민간정권(electoral civilian government)이 성립하는 방식으로 진행된다.[24] 김대중정부라는 2차 민선민간정권도 이러한 큰 흐름 속에 놓여 있다고 할 수 있다.[25] 80년대 후반 이후 김대중정부 수립까지의 과정은 지배의 위기에 대응하는 국가권력 및 지배블록의 재조직화이며 그렇기 때문에 예외국가의 수동혁명적 변화라고 파악할 수 있다.[26]

한국 민주화와 국가, 자본, 노동』, 사회비평사, 1993; 손호철, 『해방 50년의 한국정치』, 새길, 1995; 임현진·송호근 편, 『전환의 정치, 전환의 한국사회—한국의 정치변동과 민주주의』, 사회비평사, 1995; 이신행, 『한국의 사회운동과 정치변동—87년 6월 항쟁과 90년대 한국의 사회운동』, 1993; 한국산업사회연구회 편, 『한국사회의 변동』, 한울아카데미, 1994; 김호기·유팔무 편, 『시민사회와 시민운동』, 한울, 1995, 105쪽; 성경륭, 『체제변동의 정치사회학』, 1995.

24) 이 과정에 대해서는 이 책의 제6장 참조.

25) 민선민간정부는 "대중들을 선거 참여에 포섭함으로써 더욱 급진적인 변화를 미연에 방지(preempt)하고자 하는"(Graf, William, "The State in the Third World", *Socialist Register 1995*, London: The Merlin Press, p. 147) 체제로 규정되는 '저강도 민주주의(low-intensity democracy)' 라고 평가될 수 있다.

26) 우리가 이러한 변화를 수동혁명적 변화로 이해하는 것은 '부르주아 민주주의' 적 제도 자체가 정치적 경쟁 및 운동의 일반적 형식으로 수용되어 가고 있다는 데서 단적으로 그 근거를 발견할 수 있다. 셰보르스키에 따르면 "민주주의는 관련된 모든 정치세력이 민주주의(인용자)라는 제도의 불확실한 작용에 그들의 이해관계와 가치를 계속 적응시키는 것이 최선이라는 것을 발견할 때 자율시행적인 것이 된다"(Przeworski, *Democracy and the Market: Political and Economic Reforms in Eastern Europe and Latin America*, Cambridge: Cambridge University Press, 1991, p. 26). 모든 정

한국에서 이러한 지배의 위기는 70년대 후반부터 현재화했고 80년대 전두환정부의 출범 이후 이 위기는 더 폭넓게 확장되었다. 70년대 후반과 1980년 봄에 표출된 개발독재적 예외국가에 대한 민중적 저항은 전두환정부에 의해 진압된다. 이렇게 민중적 저항을 폭압적으로 진압하고 성립한 전두환정부하에서 민중적 저항은 오히려 확산되고 개발독재적 예외국가의 변형은 불가피한 추세가 된다. 80년대 초반부터 1987년 전후까지는 지배에 대한 민중들의 '동의의 철회'로 지배의 위기가 극대화되었던 시점이라고 규정할 수 있다. 이러한 지배의 위기는 개발독재적 예외국가에 대한 민주화투쟁의 대중화와 조직화, 각 부문운동으로의 확산, 확산된 부문운동의 반독재투쟁으로의 구심력적 통합,[27] 이념적 급진화 등에 의해 나타나게 된 것이다.[28] 이 무렵 지배에 대한 민중들의 '동의의 철회' 속에서 급진적 민중진영이 강화되고 온건야당이 급진화되면서 혁명적 발전 가능성마저 존재하는 것으로 보였다. 당시의 전선질서는 바로 이러한 '비제도권'으로 존재하던 재야민중운동과 제도권으로부터 '축출'된 온건야당의 연합을 기초로 하고

치세력이 민주주의적 틀 내에서의 정치경쟁을 불가피한 것으로 받아들이게 되는 상황은 1987년 이후 정치변동의 불안정성과 불확실성에도 불구하고 변화하지 않았다. 그 결과 민주주의라는 제도는 아무도 거역할 수 없는 정치적 경쟁의 유일한 형식으로 정착되어 가고 있다.

27) 필자는 이를 사회운동의 구심력적 심화(centripetal deepening)로 표현한 바 있다(Cho, Hee-Yeon, "The Democratic Transition and the Change of Social Movements in South Korea", Prepared for the Panel, "The Aftermath of Democratization in South Korea", at the Annual Meeting of the Association for Asian Studies, Honolulu, Hawaii, 1996. 4. 11~14).

28) 이러한 현상들은 시민사회의 조직화(Oxborn, D. P., *Organizing Civil Society: The Popular Sector and the Struggle for Democracy in Chile*, Pennsylvania: Pennsylvania State University Press, 1995), 시민사회의 반란(resurrection of civil society)으로 개념화되기도 한다(O'Donnell, D., and P. C. Schmitter, 앞의 책).

있었다. 이러한 지배의 위기는 당시로서는 더 혁명적인 방향으로 발전할 수도 있었으나, 혁명적인 경로가 부차화되면서 '수동혁명'적인 방식으로 진행된다.[29] '능동혁명'적 가능성이 바로 '수동혁명' 형태로 지배의 혁신을 추동하는 계기가 되었다면, 1987년 6월항쟁, 6·29선언, 직선제 헌법하의 12대대선은 바로 능동혁명과 수동혁명의 분수령이 만들어지는 계기적 사건들이었다.

능동혁명의 부차화와 수동혁명의 지배화는 정치적 변동과정에서 조성되었던 결정적 국면에서 저항주체들의 전략적·전술적 행위의 오류(야당의 분열, 재야의 분열 및 전술적 오류 등)에도 그 원인이 있지만, 거시구조적 측면에서는 예외국가의 위기에도 불구하고 '반공규율사회'적 조건에서 존재하는 지배계급의 강력한 '의사' 헤게모니, 국가와 시민사회의 비대칭성의 완화에도 불구하고 여전한 시민사회의 취약성 등에 기인한다고 하겠다.

지배의 위기에 대응하는 탈예외국가로의 구체적인 변화는 먼저 1987년 직선제라는 새롭게 획득된 정치경쟁의 민주주의적 형식 속에서 이루어졌다. 1987년 6월 민주화대투쟁을 통해서 직선제가 국민적 요구사항으로 부상하고, 이것이 구지배블록에 의해 6·29선언 형식으로 수용됨으로써 정치적 경쟁의 새로운 형식인 직선제가 도입된다. 바로 이 직선제 형식하에서 군부지배블록과 자유주의적 야당은 경쟁을 하게 되고, 여기서 자유주의적 야당과 민중블록의 분열, 자유주의적 야당 내의 온건파와 진보파(완고파) 간의 분열에 힘입어 노태우 후보가 '민주주의적 형식'으로 선거에서 승리함으로써 군부집권당이 단독 재

---

29) 해방 이후 한국 현대사를 '수동혁명'의 관점에서 분석할 글로서는 박명림, 「'수동혁명'과 '광기의 순간'」(『사회비평』 13호, 1995) 참조. 필자는 이 글에서 정치변동의 체제적 성격을 규정하기 위하여 수동혁명을 사용하고 있으나, 박명림의 경우는 앞의 글에서 수동혁명을 광의의 개념으로 사용하고 있다.

집권을 하게 된다. 이처럼 직선제라는 국민적 '합의' 형식 속에서 군부집권당이 재집권하면서 탈예외국가적 이행이 본궤도에 오르게 된다. 동시에 자유주의적 야당과 민중블록의 전략적 동맹에 의한 위협적인 집권 가능성, 또는 비(非)수동혁명적 가능성은 약화된다. 거시적인 시각에서 볼 때, 노태우정부의 성립은 파국적 위기에 처한 개발독재적 예외국가가 그 파국적 위기를 벗어나면서 탈자본주의적인 변형 가능성이 부차화되고 '수동혁명'적 방식으로 자본주의적 정상국가로의 변형이 이루어지는 출발을 의미하였다.

그러나 군부집권여당이 비록 직선제라는 '합의'된 경쟁규칙을 통해서 '합헌적'으로 재집권했지만, 그렇다고 해서 연성독재 혹은 군부정권으로서의 성격을 벗어나는 것은 아니었다. 이런 점에서 탈예외국가적 변형으로서의 의미는 제한적이었다고 할 수 있다. 실제 노태우정부 하에서 반독재·반군부독재 구호는—비록 이전에 비해 호소력이 감소하기는 했으나—저항진영에서 연속적으로 사용되었다. 군부집권당은 재집권에는 성공했으나 '여소야대' 구조에서 광주청문회 및 5공비리 청문회 등을 통하여 그 은폐된 부패성과 역사적 폭압성이 폭로됨으로써 지배의 비정당성이 대중화되고 그에 따라 새로운 위기에 직면하게 된다. 군부집권당의 재집권과정에서 '정치사회적'으로 구조화된 '지역주의'적 구도는 군부집권당의 정치적·지역적 기반을 더욱 협소하게 만듦으로써, 지배블록의 새로운 재생산을 위한 '혁신'이 불가피해졌고, 여기서 연성독재에서 민선민간정권으로의 변화가 나타나게 된다. '정상'국가로의 변형에서의 다음 단계는 군부정권으로부터 민선민간정권으로의 이행으로 구체화되었다.

김영삼정부의 성립은 구지배블록이 위기에 직면하면서 군부집권세력과 자유주의적 온건야당(자유주의적 야당 온건파, 온건자유주의 정파, 투항파)[30]의 전략적 동맹으로 구지배블록의 '변형주의'적 재생산에 성공한 것으로 파악할 수 있다. 김영삼정부는 민선민간정권이라는 국가의 형태적 변화를 통하여 탈예외국가적 변화가 진일보하는 것을 의미하였다. 그러나 김영삼정부 역시 기존의 지배기구가 해체(dismantling)되지 않고 기존의 지배블록의 주도권이 '본질적'으로 유지되는 기조 위에서의 변화였기 때문에 개발독재적 예외국가의 변화는 역시 제한적일 수밖에 없었다.

한편 김대중정부의 수립은 바로 이 1차 민선민간정권의 위기에서 비롯되는데, 이 위기는 구지배블록과 온건자유주의 야당의 전략적 동맹이 내장하는 갈등 그 자체에서 필연화되었다고 하겠다. 즉 한편에서는 1차 민선민간정부가 시행하는 개혁으로 동맹 내부의 갈등이 증폭되고, 다른 한편에서는 개혁의 불철저성을 비판하면서 더 확장된 개혁을 요구하는 민중블록의 압박으로 정치적 기반이 협소해지면서, 김영삼정부는 위기에 직면하게 된다. 구지배블록의 재집권과정에서 구조화된 '지역주의'적 갈등이 김영삼정부의 정치적 기반을 극도로 협소하게 함으로써 위기를 증폭시켜 나간 것이다.

이것은 더 본질적으로는 '수동혁명'적 정치변동이 갖는 내적인 복합성과 모순성에 그 원인이 있다고 하겠다. 사회주의 붕괴에서 보듯이,

---

30) 여기서 우리는 80년대 사회구성체 논쟁에서 야당의 계급적 성격을 둘러싼 논쟁과정에서 제기되었던 분석범주로서 RB(reactionary bourgeoisie), LB(liberal bourgeoisie), P(people)를 상기할 수 있다(조희연, "현단계 한국사회구성체 논쟁의 구도와 쟁점에 관한 연구", 박현채 · 조희연 편, 『한국사회구성체 논쟁』 II, 죽산, 1989). 김영삼정부의 주도 분파를 자유주의적 야당의 온건파 혹은 투항파라고 규정할 수 있다면, 김대중정부의 주도 분파는 개발독재적 예외국가에 저항해 오던 자유주의적 야당의 '완고파' 혹은 진보파로 규정할 수 있다. 여기서 '투항파'와 '완고파'의 개념은 이병천 · 윤소영, 「전후 한국경제학 연구의 동향과 과제」(학단협 편, 『80년대 한국인문사회과학의 현단계와 전망』, 역사비평사, 1988) 참조.

'능동혁명'에는 '단절적 이행'이 갖는 '개혁의 과잉화'라는 위험성이 존재한다. 반면에 수동혁명의 모순은, 한편에서는 국가권력의 재조직화(개혁)가 엄존하는 구지배블록의 주도권과 끊임없이 충돌하고, 다른 한편에서는 '점진적 이행'이 갖는 '개혁의 과소화(過小化)'가 민중블록의 '좌절된 능동혁명'과 끊임없이 충돌하면서 발생한다. 수동혁명 과정에서 이행의 기본 동력은 '좌절된 능동혁명'이지만 현실적인 동력은 국가권력의 재조직화를 둘러싼 지배블록 내부의 갈등이라고 할 수 있다. 결국 이것은 수동혁명이 내장하고 있는 양면적인 모순이라고 할 수 있다.

자본주의적 정상국가를 향한 수동혁명이라는 관점에서 볼 때, 새롭게 성립한 김대중정부는 이중성을 지닌 것으로 파악할 수 있다. 먼저, 지배의 위기에 대응하는 국가권력의 재조직화 면에서는 연성군부정권이나 1차 민선민간정권을 뛰어넘는 '혁신성'을 지니고 있다고 할 수 있다. 노태우정부의 성립이 직선제 형식을 통한 구지배블록의 단독 재집권이었고, 김영삼정부의 성립이 구지배블록 주도하에서의 온건자유주의 야당과의 연합에 의한 것이었다고 한다면 김대중정부의 수립은 '자유주의적 야당 완고파(혹은 중도자유주의 야당)의 주도 아래 구지배블록 주변파와의 전략적 동맹'에 의한 것이기 때문에, 기존 지배블록의 향방이라는 측면에서 보면 상당한 변화 잠재력을 갖고 있다. 즉 구지배블록의 주도하에서 자유주의 야당 온건파를 포섭하여 집권여당을 재조직화하는 방식과는 반대로 온건야당이 주도권을 쥐고 구지배블록 주변파를 포섭하는 형태로 성립하였기 때문에, 기본적으로 집권여당의 재집권과는 다른 '야당연합정부'로서의 차별성을 가지고 있다. 지배블록 내의 패권적(hegemonic) 분파가, 노태우정부에서는 군부였다면 김영삼정부에서는 자유주의 야당 온건파가 될 것이고 김대중정부에서는 자유주의 야당 진보파가 될 것이다. 개발독재적 예외국가에서 자본주의적 정상국가로의 이행이 '지배의 합리화' 과정이라고 할 때, 2차 민선민간정권은 1차 민선민간정권과 달리 더 높은 수준의 합리화를 촉진하는 계기를 부여하게 될 것이고, 예외국가로부터의 탈피에서 '획기성'을 가질 것이다. 더구나 "기존의 여당독재정치가 분단체제, 친미반공체제, 친자본반노동체제를 너무나 확고하게 구축해 놓았으므로", 야당연합정권의 성립은 기존의 지배체제의 변형에 중대한 도전이라는 의의를 지니고 있다고 할 수 있다.

그러나 김대중정부의 수립은 탈예외국가화에서의 진보성과 혁신성에도 불구하고 자본주의적 '정상'국가로의 큰 흐름 속에 있다고 할 수 있다. "이번 김대중의 승리는 집권여당의 분명 전술적 패배이다. 그러나 기득권세력이 건재하는 상황에서 또한 기득권세력을 인정하는 위에서의 '전술적 승리'라는 점에서 보수적 지배세력의 붕괴나 '전략적 패배'는 아니다"[31]라고 파악할 수 있다. 김대중정부의 수립이 능동혁명적 과정보다는 수동혁명적 과정 속에 위치하는 것으로 파악되는 것은, 그것이 '능동혁명' 지향적 저항운동과 온건야당의 연합에 의한 집권이기보다는, 구지배블록과의 연대를 통해서 이루어진 것이기 때문이다. 주지하다시피 1987년에 성립할 수도 있었을 민중진영과 자유주의적 야당의 전략적 동맹에 의한 연합집권과는 상이한 맥락에서 김대중정부가 출현하였다. 1987년을 분기점으로 하면서 능동혁명의 가능성은—최소한 단기적으로는—부차화되고 수동혁명적 방식으로 진행되는 국가권력의 재조직화 과정에서 새로운 '혁신'의 일환으로서 야당연합정권이 탄생한 것이기 때문이다. 그런 점에서 김대중정부 수립은 기존의 국가권력 재조직화라는 측면에서는 '혁신'적인 의미를 담고 있기도 하지만 동시에 자본주의적 국가로의 혁신적 재조직화라는 점이 강

---

31) 정대화, 한국사회과학연구소 사회과학 포럼 발표문, 1997. 12. 20.

조되어야 할 것이다. 따라서 김대중정부가 기존의 지배질서와의 관계 속에서 갖는 '갈등적 혁신성'은 부차적인 것이고 기존 지배질서의 '혁신적 재조직화'가 더욱 주된 측면으로 파악되어야 한다.[32]

이러한 변화의 성격을 더욱 명확하게 하기 위해서 정당의 이념적 성격을 중심으로 살펴본다면, 필자는 김영삼으로 대표되는 과거 통일민주당은 '온건자유주의' 정파, 평화민주당 및 국민회의는 '중도자유주의' 정파로 파악할 수 있다고 본다(온건자유주의 정파와 중도자유주의 정파는 급진자유주의 정파와의 대비에서 보수자유주의 정파로 포괄될 수 있다). 그런 점에서 김대중정부는 온건보수주의 정파(자민련)와의 연합으로 '중도자유주의' 정파가 집권한 경우라 할 수 있으며, 지배정파의 성격으로 정부의 성격을 규정한다면 '중도자유주의 정부'라고 규정할 수 있을 것이다. 이러한 중도자유주의 정부의 국가유형적 성격은—물론 현재 그 '합리화'가 진전되고 있지만—자본주의적 국가 혹은 '부르주아' 국가로 규정할 수 있을 것이다.

이것을 국가, 정치사회 및 시민사회 내에서의 세력관계로 설명해 보면 다음과 같다.

국가 및 국가관료의 경우, 군부권위주의 시기에는 극우보수주의와 온건보수주의 지향이 지배적이었다고 할 수 있다. 개인적으로는 온건자유주의 혹은 중도자유주의적인 지향도 가질 수 있었으나 이런 지향성이 집단적으로 존립하는 것은 불가능하였다. 민선군부정권, 1차 보수

---

32) 노태우정부·김영삼정부를 거쳐 김대중정부의 수립으로 이어지는 일련의 과정은, 근·현대사를 관통하는 거시역사적 관점에서 볼 때 내재적 발전 가능성을 말살하면서 진행된 '식민지 근대화'의 기초 위에서 '신식민지적 근대화' 과정을 통하여 (독점)자본주의적 토대가 정비되어 가고 그러한 독점자본주의적 토대에 상응하는 자본주의적 상부구조가 정착되어 가는 과정으로 파악할 수 있다.

적 민간정부, 2차 보수적 민간정부 시기로 이행하면서 국가 및 국가관
료, 정치사회 혹은 제도정치 정파의 이데올로기적 스펙트럼은 확장되

	극우보수 지향 혹은 정파	자유주의적 지향 혹은 세력	진보주의적 지향 혹은 세력
국가 및 국가관료	극우보수주의 지향, 온건보수주의 지향	온건자유주의 지향, 중도자유주의 지향, 급진자유주의 지향	
제도정치	극우보수주의 정파, 온건보수주의 정파	온건자유주의 정파, 중도자유주의 정파, 급진자유주의 정파	(온건진보주의 정파), (급진진보주의 정파)
사회운동	극우보수주의 지향, 온건보수주의 지향	온건자유주의 지향, 중도자유주의 지향, 급진자유주의 지향	온건진보주의 지향, 급진진보주의 지향

었다고 할 수 있는데, 특히 김대중정부는 중도자유주의 정파에 이르기
까지의 —개인적으로는 급진자유주의 지향까지 —다양한 개인이나
세력이 국가기구 내에 존재하게 되었다고 할 수 있다. 물론 여기서 제
도정치 내에서 온건진보주의나 급진진보주의 정파는 아직 '정치적 시
민권'을 획득하지 못한 상태에 있다.

인적 혹은 정파 구성상의 이 같은 변화는 지배위기와 국가위기에 대
응하는 지배 및 국가의 재조직화로서의 성격을 지니고 있다. 어떤 면
에서는 아래로부터의 민주주의적 압력의 결과, 극우보수주의적인 지배
혹은 국가가 중도자유주의적인 지배로 전환하고 있는 과도기에 있다
고 할 수 있다. 그러나 이러한 지배의 재편과정은 인적 혹은 정파적 대
류 및 교체과정이기 때문에 격렬한 갈등을 수반한다. 김대중정부의 성
립으로 이러한 변화 역시 내부적 갈등을 거치면서 복잡한 양상으로 전
개되게 된다. 그렇지만 이러한 중도자유주의적인 정파의 지배분파로의
정립 및 중도자유주의적인 정부의 성립(비록 온건보수주의 정파와 연합

한 것이지만)은 지배 합리화의 일부이지, 지배 혹은 국가의 계급적 성격이 전환한 것을 의미하지는 않는다. 이런 점에서 볼 때, 김대중정부의 성립은 ('합리화' 과정에 있는) 자본주의적 국가 혹은 부르주아적 국가로 규정될 수 있으며, 중도자유주의적 성격의 신보수로 전환하는 것으로 파악할 수 있다.[33]

이상과 같은 점에서 개발독재적 예외국가의 변형은 구지배블록의 주도권이 유지되는 기조 위에서 전개되기 때문에, 그리고 구지배블록에 의해 재생산되는 기존 질서의 혁신적 변화를 동반하지 않으면서 전개되기 때문에, 예외국가의 수동혁명적 변화는 결국 제한적인 것에 머물 수밖에 없다고 평가할 수 있다.

5. 맺음말

이 글에서는 80년대 이후 일련의 정치변동의 성격을 개발독재적 예외국가가 '수동혁명'적 방식으로 '정상'적 형태의 자본주의적 국가로 이행해 가는 것으로 파악하였다. 초기에 일정하게 정치적·사회적 기반을 확보하였던 개발독재적 예외국가는 그에 대한 민중들의 '동의의 철회'로 인하여 지배의 위기를 맞게 되고 이를 계기로 '수동혁명' 방식으로 국가권력의 재조직화를 이루어나가게 된다. 연성독재라고 표현되는 노태우정부 및 1차 보수적 민선민간정권(김영삼정부), 2차 보수적 민선민간정권(김대중정부)으로 이어지는 일련의 정치변동은 바로 이러

---

33) 제6장에서 서술하겠지만, 바로 이러한 상황에서 진보세력의 정치세력화를 통해 신보수와 진보의 경쟁구도가 만들어지지 않는다면, 우리 사회의 정치구도는 구보수와 신보수의 대립구도로 왜소화될 가능성이 있다.

한 맥락 속에 있는 것으로 파악할 수 있다.

필자는 김대중정부의 수립이 갖는 혁신적인 의미를 인정한다. 비록 보수세력과의 연합으로 탄생했지만, 야당연합정권은 많은 변화를 가져올 것이고 폭넓은 개혁을 수반하게 될 것이다. 그러나 거시역사적 관점에서 김대중정부 수립은—여전히 불안정하고 불완전하기는 하나—일반적 형태의 '부르주아적 국가'로 이행의 맥락 속에 있다는 점을 인식해야 할 것이다. 그렇다고 해서 김영삼정부의 '개혁'이나 향후 전개될 김대중정부의 '개혁'을 평가절하하는 것은 아니고, 다만 그러한 개혁의 '계급적 성격'을 지적하고자 하는 것이다. 필자는 김영삼정부 초기의 '신선'하였던 개혁이나 김대중정부의 초기 개혁을 '환호'하거나 관망하지 않고 그러한 '지배'의 변화 기조를 인식하고 보다 급진적인[34] 거시역사적 관점에 선 사회운동 및 민주진보진영의 재정비와 대응이 필요하다는 것을 강조하고자 하는 것이다.

---

34) 여기서는 어떻게 현실사회주의에서 보여왔던 '좌익독재'의 타락에 절망하지 않고, '급진주의(radicalism)'적 인식과 자세를 견지하느냐 하는 것이 중요하다고 생각된다. 현재로서는 대안체제의 전망이 불투명해진 것이 사실이다. 그러나 그것이 현존하는 세계자본주의적 현실, 한국의 '천민자본주의'적 현실을 긍정해야 함을 의미하는 것은 아닐 것이다.

제4장 80, 90년대 민주주의 이행 속에서의 87년, 92년 대통령선거

　제4장에서는 80, 90년대 정치변동상에서 두 결절점이라고 할 수 있는 87년과 92년 대선 국면의 주체적 분석이다. 현시기 한국사회의 정치적 지배구조의 골격은 1987년과 1992년에 치른 대통령선거 국면을 둘러싼 변화를 통해 형성되었다고 할 수 있다. 그만큼 양 시기 대통령선거는 민주주의 이행에서 중요한 의미를 갖는다. 1997년 김대중정부의 성립은 기본적으로 1987년과 1992년의 정치변동을 통해 형성된 거시적인 정치구조 내에서의 변동이라고 생각된다. 이런 점에서 두 차례의 대통령선거 국면 및 그에 대한 사회운동의 대응을 분석하는 것은 중요한 의미를 갖고 있다고 하겠다.

　이 장에서는 87년대선 국면을 둘러싼 변화에 대해 집중적으로 서술하고자 하는데, 우선 1987년과 1992년의 정치변동을 이해하기 위한 전제로서 1987년 이전의 정치경제적 변화과정을 서술하고, 다음으로 87년대선 국면과 이 국면에서의 선거전략에 대한 분석을 시도한다. 그리고 마지막으로, 92년대선 국면에 대한 분석을 시도하고자 한다.

1. 1987, 1992년 정치변동의 객관적 성격

1) 80년대 이전 정치변동의 흐름

60년대부터 70년대까지는, 한국사회가 본격적인 '종속적 자본주의화'의 도정에 진입하던 시기라고 할 수 있다. 50년대 말, 60년대 초의 한국경제는 50년대까지의 원조경제형 재생산구조가 종결되고, 농지개혁 및 6·25를 거치면서 구지주계급의 경제적·사회적 힘이 약화됨으로써, 일종의 경제적·사회적 공백상태에 놓여 있었다. 이런 공백상태에서 한국사회는 군부권위주의 정권의 주도하에 본격적인 — 비록 종속적 구조이긴 했지만 — 자본주의화 도정에 진입하게 된다. 60년대 초에 일어난 5·16쿠데타는 이러한 종속적 자본주의화를 추진할 수 있는 최적(最適)의 정치체제의 창출을 의미한다.[1]

국민적 정당성 없이 군사적 물리력을 근거로 출현한 군사정권이야말로 미국과 그 독점자본이 요구하는 발전모델을 충실히 수용·시행할 수 있는 체제였으며, 또한 이 군사정권이야말로 4·19를 통해 표면화된 민중들의 저항 — 종속적 질서의 전반적 위기로 비화할 소지가 있는 저항 — 을 효과적으로 통제할 수 있는 체제였다는 의미에서이다.

이처럼 미국에 종속적인 구조가 온존하는 상황에서 제국주의 독점자본의 요구에 따라, 군사정권의 정책적 배려하에서 수행된 60년대 이후의 경제개발은 자본, 기술, 시장, 원료 등에서 중심부 국가와 그 독점자본에 의존하는 개발방식이었다. 당시 중심부 독점자본들은 고도로 발전한 생산·판매 기술을 기반으로 하여 자국 내의 일부 노동집약적

---

1) 윤소영, 「한국사회성격 해명에 있어서의 올바른 이론적 입장의 획정을 위하여」, 『경제학 토론』 8611호, 한신경제과학연구소, 1986, 23쪽 참조.

과정이나 산업을 후진국에 이전하여 생산하는 새로운 국제분업으로의 이행을 도모하고 있었는바, 한국의 개발방식은 바로 이러한 변화에 부응하는 것이었다. 이런 개발방식을 통해, 한국은 미국을 중심으로 한 세계자본주의 경제에서 주변적인 기능을 수행하는 동시에, 그 종속적 구조 속에서 재생산되는 종속적인 자본주의 경제로 재편되어 간다. 그런데 60년대의 경제개발과정에서 성장한 종속독점자본은, 50년대 종속독점자본이 유통과정에 기생하는 전기적(前期的) 상업자본의 성격을 띠었던 것과는 달리, 생산과정 ─ 물론 이 과정은 더 큰 세계자본주의 경제의 중심부에 종속된 것이다 ─에 자기 축적기반을 두는, 바꾸어 말하면 잉여가치 수탈에 자기 기반을 두는 '생산'자본의 성격을 띠는 것이었다.

이와 같은 종속적 자본주의화의 진행은 한국사회가 가지고 있던 종속성의 경제적 내용이 자본주의적인 것으로 변모해 간다는 것을 의미하였고, 지배블록의 내적 구성에서 외세의존적 보수정치세력과 군부세력뿐만 아니라 종속독점자본가계급이 그 주요한 구성원이 되어감을 의미했다.

그러나 이렇게 추진된 종속적 자본주의화는 60년대 말, 70년대 초에 이르면 위기에 직면하게 된다. 기본적으로는 외자에 의해 건설된 수출산업 분야의 많은 기업들이 수출부진과 유가(油價)인상, 금리상환 압박, 경영부실 등으로 부실(不實)기업이 되어 도산위기에 직면하면서, 한국경제의 축적기반 자체가 흔들리게 된 것이 그 원인이었다. 70년대 초반은 지배블록의 심각한 대응조치 ─종속적 질서의 재생산방식 변경 ─가 취해지지 않는 한 종속적 자본주의화의 진행 자체가 위태로운 상황으로 치달아가고 있는 형국이었다. 이러한 경제적 위기에 더하여, 60년대에 진행된 고도의 축적과정의 모순에 의해 촉발된 기층민중의 생존권투쟁과 사회 제계급의 체제개혁 요구로 인한 정치·사회적 위기, 권력승계를 둘러싼 정치권 내부의 위기, 더 나아가 동북아 냉전구조의 해체로 인한 반공이데올로기의 이완으로 초래된 이데올로기의 위기[2] 등이 중첩되어 나타남으로써 지배질서 전반에 위기가 나타난다. 이 시기 위기는 종속적 자본주의화에 따른 사회구조 변동에 그 연원을 둔 것이라고 볼 수 있는데, 종속적 자본주의화가 역으로 종속적 질서 자체를 위협하는 위기를 창출하게 되었던 것이다.

이처럼 자본주의적인 토대를 갖는 종속적 지배질서의 확립과정에서 나타난 자본축적의 위기와 종속적 질서 전반의 총체적 위기를 극복하기 위해서, 미국과 군부세력은 종속적 질서의 안정화를 위해 종속적 질서의 새로운 재생산구조를 확립하게 되는데, 그것이 바로 1972년 말에 단행된 유신체제이다.

그 당시에 지배블록의 선택대안은 그리 많지 않았다. 그만큼 위기의 심도가 컸고, 정치권력의 대안세력에 대한 국민의 지지도 컸다. 강압적인 권위주의 체제라는 성격을 띤 유신체제는 위기에 처한 종속독점자본의 축적을 지속시키기 위해 초헌법적인 지원(예컨대 8 · 3조치)을 하는 한편, 민중들의 정치적 저항에 강력한 탄압으로 대응함으로써 종속적 질서의 안정화를 시도한다. 이러한 대응을 통해 종속적 지배질서는 위기를 극복하면서 다음 단계로 넘어가게 된다.

그런데 유신체제라는 종속적 지배질서의 새로운 재생산구조는 —구(舊)모순의 해소를 지향하는 지배블록의 대응이 구모순의 일정한 해소와 함께 새로운 모순을 잉태하듯이—70년대를 경과하면서 새로운 사회적 상황을 창출한다. 먼저 유신체제는 파탄에 빠진 종속독점자본의 자본축적 기반을 강화시켜 준바, 이처럼 자본축적이 지속 · 확대됨으로

---

2) 이성형, 「유신체제의 성립과 재편」, 지방사회연구회 제2회 심포지엄 자료집, 1987.

써 민중의 계급구성에서 노동계급이 급속히 증가하고 또 이들이 정치적으로 진출함으로써 계급갈등의 질이 변화하게 된다. 또한 극악한 파시즘적 통치는 국민들의 광범위한 저항을 불러일으켰고, 이 과정에서 6·25전쟁을 계기로 단절되었던 사회운동세력이 일정한 대중적 기반을 가지면서 정치무대에 진출하는 계기를 가진다. 이렇게 해서 유신체제를 통해 위기를 모면한 지배질서는 70년대 말에 이르면 새로운 모순을 내장(內藏)한 위기국면으로 치닫게 된다.

이러한 위기에 대응하는 예방적 질서재편을 둘러싸고 집권층 내에 강경파와 온건파의 대립이 심화되었고 여기서 10·26사건, 즉 온건파에 의한 박정희의 시해가 나타나게 된다. 그러나 이 온건파의 대응은 체제개혁에 대한 전체적 구상의 부재와 시행상의 불철저함 때문에 곧 집권층 내 강경파의 공격(12·12사건)을 받아 붕괴되고, 강경파에 의한 새로운 체제구축의 과도기, 즉 '80년 봄'이라는 정치공간이 형성된다. 그러나 강경파의 정권장악 과정에서 나타난 광주사태, 그들의 이데올로기적 속성으로 인한 체제개혁의 비탄력성 등으로 제5공화국은 유신체제의 모순을 부분적으로도 해소하지 못하고 더욱 강압적인 권위주의 체제로 고착되어 버린다. 이처럼 군부권위주의 체제의 변형적 지속으로 혜택을 가장 많이 본 집단은 물론 독점자본가계급이라고 할 수 있었다. 1978년 이후 세계경제의 불황으로 악화된 축적조건 때문에 압박받고 있던 독점자본가계급은 권위주의 체제하에서 엄청난 금융적 특혜 —예컨대 한국은행 특별구제금융 —를 지속적으로 받을 수 있었고, 노동계급의 경제적·정치적 요구가 권위주의 통치에 의해 억제됨으로써 자본축적에 유리한 정치적 조건을 계속 향유할 수 있었던 것이다. 바로 이와 같은 조건에서 1983년 말 이후의 유화국면과 1985·86·87년의 정치변동이 일어나게 된다.

2) 80년대 정치위기의 구조적 성격

여기서는 80년대 정치변동을 상술하기보다는, 1987년 정치변동을 창출한 위기의 성격과 70년대 초반 유신체제의 위기를 유발했던 위기의 성격을 비교하는 방식으로 87년대선의 구조적 기반을 밝혀보고자 한다.

첫째, 70년대 초반의 위기가 한국자본주의 재생산구조의 위기라는 좀더 근원적인 차원에서 유래되었다고 한다면, 80년대 중반의 위기는 한국자본주의의 재생산구조가 일정하게 안정된 축적기조를 유지한 상황에서, 그리고 한국자본주의가 상대적으로 역동성을 유지하고 있는 상황에서 발생했다. 더욱이 70년대 초에는 종속적 질서의 자본주의적 기반이 확립되어 가던 초기에 위기를 맞았다면, 80년대 중반에는 그러한 자본주의적 기반 자체가 일정하게 확립된 상태에서 위기를 맞았다고 볼 수 있다. 한국의 독점부르주아지는 오랜 동안의 강압적 통치로 유지되어 온 저임금을 통한 고착취, 군사정권에 의한 세제·금융상의 막대한 특혜, 덧붙여 3저호황 등에 힘입어—중심부 독점자본에 의한 엄청난 양의 잉여유출에도 불구하고 —막대한 자본축적을 이룩하였고, 이것이 바로 '개량' 국면의 물적 토대가 되었다. 따라서 유신체제는 민중들의 완벽한 경제적·정치적 배제를 목표로 하고 있었다면, 80년대 정치변동은 무조건적인 배제보다는 부분적인 통합전략—예컨대 성장과실의 부분적 분배, 정치적 자유의 부분적 허용—을 목표로 하고 있었다고 하겠다.

둘째, 70년대와 달리 80년대에는 지배블록의 내적 관계에 상당한 변화가 일어났다는 점이다. 이것은 내적 관계의 재편성을 둘러싸고 지배블록 내에 갈등이 존재했다는 것을 의미하고, 나아가 지배블록 내에서도 위기를 촉진하는 요소가 생겨나고 있었음을 의미한다. 즉 70년대 초에는 종속독점자본이 생산과정을 통한 잉여수취를 그 내용으로 하는 축적기반을 아직 안정적으로 확보하지 못한 상태에서 국가권력의 절대적 지원 아래 그 기반을 확립하기 위해 '고군분투' 하던 시기였다면, 80년대의 종속독점자본은 70년대 초의 위기를 유신체제의 도움으로 극복하고, 또한 1978년 이후의 불황까지도 국가권력의 막강한 지원으로 극복하여 상대적으로 안정적인 축적기반을 갖게 되었고, 그것을 기반으로 독점자본의 사회적 지배력을 강화시키기 위해 '느긋하게' 노력하는 시기였다고 볼 수 있다. 이와 관련하여 지배블록 내에서 70년대까지는 '군부집권세력＝상급 동반자, 독점자본＝하급 동반자' 라는 수직적 관계가 지배적이었던 데 반해, 80년대에는 지배블록 내에서 양자의 수직적 관계를 수평적 혹은 역전된 관계로 전환시키려는 요구가 나타나고 있었다.[3] 87년선거 국면에서 "국가의 경제적 개입 축소" "자유시장경제의 활성화"라는 공약이 수없이 강조되었던 것도 바로 이러한 이유에서이다.

셋째, 지배블록 내의 주요한 구성원이라고 할 수 있는 군부세력에 대한 반감이 전국민적으로 확산되었다는 점이다. 군부권위주의 정권의 주도세력인 군부세력에 대한 이러한 반감은 지배질서 전체에 대한 저항으로 이어질 가능성이 있었으므로 지배블록의 재편성, 나아가 종속적 질서의 재생산구조를 일정하게 변화시켜야 할 필요성이 생겨난 것이다. 따라서 지배질서의 안정화를 위해서는 군부세력의 비가시화(非可視化) 혹은 이면화(裏面化)가 필요하다는 주장이 지배블록 내에서 제기되고 있었다.

넷째, 80년대 중반 종속적 질서의 위기를 구성하는 요인으로 이데올

---

3) 홍덕율, 「한국자본가계급의 성격」, 『한국사회의 계급연구(Ⅰ)』, 한울, 1985, 97쪽 참조.

로기적인 위기를 들 수 있다. 70년대 초반에, 유신체제는 동북아 냉전체제의 이완에 대응하여 반공이데올로기의 강화와 그것의 체계적 재생산을 시도하였다. 1973년 국정교과서 개편에서 반공이념의 강화가 주요한 개편내용의 하나였다는 점이 이를 잘 증명해 준다.[4]

물론 자본의 원시적 축적과정이기도 했던 60, 70년대에 줄곧 반공이데올로기가 지배이데올로기로 활용되었다. 특히 유신체제는 이를 더욱 더 종속적 체제의 재생산과 밀착시켜 활용하였다. 유신체제의 정점이라고 할 수 있는 '긴급조치 9호 시대'가 월남의 패망과 함께 시작되었다는 것은 시사하는 바가 크다. 그러나 역으로 바로 그러한 지배이데올로기로서의 '정권적' 활용 때문에 반공이데올로기의 설득력과 효력이 많이 감퇴하게 된다. 이제 반공이데올로기에 의해 동원되는 국민층은 크게 감소하였으며, 전국민을 통합하는 이데올로기로서는 '자유민주주의'적인 이데올로기가 더욱 큰 역할을 하는 상황으로 변화하고 있었던 것이다.

다섯째, 80년대 중반 정치갈등의 계급적 성격이 자본주의화의 진전으로 현저하게 달라졌다는 점이다. 그에 따라 위기와 계급적 성격도 크게 달라졌다고 볼 수 있다. 70년대 초반까지 한국자본주의는 그 발전의 정도가 저급했던 만큼, 민중 및 계급적 분화가 그리 크게 진전되지 않았다. 그러나 그후 자본주의화가 진전되면서 '자본주의의 무덤을 파는' 수백만의 공업노동자가 생겨났다. 즉 자본주의적 발전으로 농촌이 급속하게 분해되고, 그로 인해 광범위한 이농이 촉발되는데, 이 이농인구들은 도시의 산업노동자로 흡수되거나 도시의 하층민으로 포섭되었다. 그 결과 한국사회의 계급구성은 좀더 자본주의적인 방향으로

---

4) 배규환, 「국민학교 교과서 내용분석에 의한 정치사회학의 일고찰」, 『한국사회학연구』 제3집, 1979.

변화하고 정치균열의 성격도 변화하게 되었는바, 이는 정치갈등의 계급적 성격이 더욱 자본제적인 계급갈등의 성격을 띠게 되었다는 것을 의미한다.

또한 이처럼 노동계급의 객관적 확대와 더불어 노동계급을 포함한 민중들의 정치적·계급적 의식이 일정하게 고양되었다는 점을 주목할 수 있다. 돌이켜보면 70년대 초에 도시외곽의 하층민을 중심으로 한 광주대단지 사건이 일어났고, 노동자들의 투쟁양식이 분신(焚身) 같은 개인적 양식을 띠고 있었다는 것은 노동자투쟁이 종속적 자본주의화의 초기단계라는 객관적인 구조에 제약받고 있었음을 알 수 있다. 그러나 1987년 노동자투쟁에서 볼 수 있듯이, 80년대 중반은 노동계급의 광범위한 정치적 진출을 가능케 하는 생산력 기반조성이 이미 현실화되어 있었음을 알 수 있다.

여섯째, 70년대와 달리 80년대 중반은 변혁적 사회운동이 일정하게 조직성과 대중성을 가지면서 정치변동의 방향을 규정하는 주요한 변수로 등장했다는 것이다. 유신 전까지만 하더라도 한국의 사회운동은 그 역사적 전통의 단절 때문에 변혁운동으로서의 성격이 부재했으며, 대중적 기반 역시 기층민중보다는 지식인이나 학생, 중간층에 두고 있었고, 대안 없는 저항운동의 성격이 강했다. 그러나 80년대 사회운동은 체제 내적인 비판의식에 기초를 둔 소시민적 민주화운동에서 계급적·민족적 과제를 해결하고자 하는 변혁운동으로 전환하였으며, 앞서 지적한 노동계급의 양적 확대와 정치의식의 고양에 힘입어 기층민중에 일정한 기반을 갖는 대중운동으로 발전하였다. 그리하여 군사정권에 반대하는 대중의 자연발생적 저항과 민중운동세력의 목적의식적 지도가 부분적으로 —특정 계기에 따라— 결합됨으로써, 정치변동의 주도권이 일방적으로 집권층에만 있던 상황에서 그 주도권 이전이 가능한 상황에까지 이르게 되었다는 것이다.

이렇게 해서 70년대 초에는 저항운동의 주도권이 보수자유주의 정파(당) ―야당― 에 있었던 반면에, 80년대 중반에는 반(反)군사정권의 지향을 분명히 하는 자유주의 정파(liberal bourgeoisie)가 존재하게 되었고 그 내부는 강온(强穩)이 분화되어 있었으며, 나아가 자유주의 정파와 질적 차별성을 갖는 변혁적 사회운동세력이 가시적으로 분화됨으로써 저항운동의 주도권이 일방적으로 자유주의 정파에게만 돌아가지는 않고, 특정 시점에서는 정치권 내의 역관계에 따라 변혁적 사회운동세력이 주도성을 발휘하는 경우도 가능해졌다. 따라서 70년대와 달리 80년대의 정치변동은 그 변동의 가변(可變)영역이 넓어졌고, 변동의 이데올로기적 지평도 확대되었다고 볼 수 있다.

이상과 같은 지배블록 내의 조건과 민중부문의 조건이 상호 맞물리면서, 80년대 중반에 지배질서의 구조적 위기가 나타났다고 하겠다. 단적으로 이 구조적 위기에 대응하여 지배블록은 자체 내의 모순 그리고 민중과의 모순을 부분적으로 해소해 나가면서 종속적 지배질서를 안정화시키기 위해, 종속적 질서의 새로운 재생산구조를 창출하고자 했으며, 반대로 민중세력은 그러한 안정화 시도를 극복하고 지배질서를 총체적으로 변화시키기 위한 정치공간을 획득하고자 했던 것이다. 따라서 80년대 중반의 국면은 지배블록에 의한 지배질서의 ‘개량적’ 재편이라는 길과, 지배질서의 변혁적 재편이라는 길이 각축을 벌이는 국면, 지배질서의 재편성을 둘러싼 ‘위로부터의 보수적 민주화’와 ‘아래로부터의 급진적 민주화’가 각축을 벌이는 국면, 점진적이고 타협적인 민주화의 길과 급진적인 단절적 민주화의 길, 또한 지배블록의 주도하에 이루어지는 ‘자유주의적인 개량’으로의 길과 민중세력의 주도 아래 이루어지는 변혁으로의 길이 각축을 벌이던 국면이었다고 볼 수 있다.

2. 1987년 대통령선거와 대선전략 분석

1987년 6월은 현재 한국사회의 변동과정에서 두 가지 상반된 결정적 의의를 갖는다. 먼저 1987년 6월항쟁은 그 이전까지의 민주화운동 및 민중운동의 누적적 고양을 통하여 폭압적 군부정권의 퇴진 및 변형을 강제하는 결정적 계기를 마련하였다. 그러나 다른 한편에서 군부정권의 6·29선언 그리고 87년대선에서의 민주화운동 및 민중운동 진영의 '패배'는 '위로부터 민주화'의 길이 열리는 결정적인 계기를 마련하였다.

앞에서 서술한 바와 같은 구조적 상황 속에서 지배질서의 재편을 둘러싸고 위로부터의 길과 아래로부터의 길 간의 각축은 좁게는 1987년 6월의 민주화대투쟁에서 12월 대통령선거에 이르는 시기까지 치열하게 이루어지게 된다.

1) 6·29선언 이전의 여러 가능성

이 시기의 각축을 통해 출현할 수 있었던 체제는 정권의 성격과 그 주도권자의 성격에 따라 다음과 같이 네 가지로 나눠볼 수 있다. 첫째, 개헌국면 혹은 선거국면에서 나타나는 혼란을 이용한 군부강경파가 재집권하는 경우를 들 수 있다. 이것은 민주화를 향한 대중들의 개혁요구를 억제하고 더욱 강압적인 권위주의 체제로 복귀하는 것을 의미한다. 둘째, 온건군부세력이 중심이 되는 '변형 군부권위주의 정권'이다. 즉 지배블록 내의 변화요구와 지배블록 대 민중세력의 모순을 부분적으로 해소하려는 목표를 가지고 기존 체제의 틀 내에서 온건한 개혁을 시도하는 경우이다. 셋째, 자유주의 정파에 의한 정치권력의 장악과 그에 따른 정치체제의 자유주의적인(부르주아적인) 개혁방안을 들

280

수 있다. 이 세번째 유형은 두 개의 하위유형으로 나눠볼 수 있는데,
그 첫째는 온건자유주의 정파의 주도하에 기타 세력—예컨대 군부의
소외세력이나 구지배세력 혹은 사회운동세력의 일부—이 결합하여
집권하는 경우이며, 그 둘째는 진보적인 자유주의 정파의 주도 아래
민중운동세력의 상당 부분이 결합하여 독자적인 정치세력으로 결집하
고 이 세력이 자유주의 정파 일반과 제휴한 연합전선이 군부통치권력
을 현저히 약화시키면서 성립하는 일종의 급진적 '민주연합정부'를 들
수 있다.

먼저 제1안은 이미 유신체제, 제5공화국 정권의 출범을 통해 시도된
바 있는 대안이었고, 그것의 부작용이 80년대 전반을 통해 충분히 드
러난 바 있기 때문에, 미국을 비롯한 지배블록 내 다른 분파의 동의를
얻을 수 없는 안이었다. 물론 4·13호헌조치로 시도되기는 했으나 국
민의 광범위한 저항, 즉 6월 민주화대투쟁에 의해 철회하지 않을 수
없었다. 그후 군부강경파의 제1안 시도는 미국이나 지배블록 내 다른
분파의 제동으로 현실화되지 못한다. 실제로 6월 민주화대투쟁 시기에
미군이 서울 방어선에 군대를 배치하는 등의 조치로 군부강경파를 제
어한 사실은 신문지상을 통해서도 밝혀진 바 있다.[5]

6·29선언은 제2안을 추구하는 것이었으며, 제3안의 두 가지 안도
가능성이 있었다고 할 수 있다.

대통령선거 국면의 정확한 분석을 위해서는 먼저 6·29선언으로 인
한 상황변화를 주목해야 할 것이다. 단적으로 6·29선언은 그 이전까
지의 단일했던 저항(반군사독재)전선을 부분적으로 이완시키면서 군사
정권과 국민의 직접적인 대치전선을 축소시켜 여야협상 혹은 대통령
당선을 위한 지지경쟁으로 전화시켰다고 볼 수 있다. 6·29선언으로

---

5) 김충식, 「'6·29 선언'과 미국의 막후역할」, 『신동아』 1988년 1월호.

지배블록 내에서는 강경수구파의 지위가 상대적으로 약화되고 온건파는 상대적으로 강화됨으로써, 종속적 질서의 재편성 방안으로는 제1안이 폐기되고 제2안으로 '단일화'되면서 나름대로 전열을 가다듬게 된다. 반면 6·29선언으로 저항세력측에서는 그간의 단일한 결합이 해체되고 보수자유주의 정파 내부에서의 강온파의 분리, 민중운동세력 내부의 분열, 저항전선으로부터 중간층의 부분적 이탈 혹은 중립화 등이 나타나게 된다. 더구나 6·29를 계기로 한 지배블록의 직선제 개헌안 수용은 보수자유주의 정파의 집권을 미국이나 군부세력이 용인하겠다는 것으로 보일 수 있었기 때문에 보수자유주의 정파(야당 등) 내부에서의 분열이 표면화될 가능성이 더욱 커지게 되었던 것이다. 이러한 상황변화는 좀더 근원적으로는 6월투쟁이 '직선제 개헌 쟁취'라는 군부통치 종식의 방법론에 집중한 싸움이었기 때문에 내용은 차치하고 방법론 자체를 수용할 때 군부통치세력측의 이니셔티브가 소생할 가능성이 있었다는 점과, 6월투쟁이 중간층—샐러리맨층, 중소상인 등—중심의 비조직대중을 주요 기반으로 한 싸움이었다는 점에서 유래한다고 볼 수 있다. 6·29선언이라는 유화책을 저항운동이 돌파하지 못해 나타난 저항전선의 '수동화'는 87년선거에서 민주세력이 패배하게 되는 전제조건을 만들었다고 할 수 있다.

2) 민중진영 분열과 선거혁명의 '환상'

우리는 여기서 선거전략 자체의 분석으로 넘어가기 전에 6·29부터 1987년 대통령선거까지의 전개과정을 사회운동권의 대응을 중심으로 일별해 볼 필요가 있을 것 같다. 6·29선언으로 반군부통치 투쟁이 일시 소강상태에 빠진 상태에서, 6·29로 인해 국가권력의 강압성이 일시적으로 이완된 것을 계기로 7, 8월에 노동자들의 광범한 투쟁이 전개된다. 하지만 이 싸움은 전체적으로 보면 반군부독재 민주화투쟁 그 자체와는 직접적으로 연관되지 않아 반독재투쟁의 폭과 깊이를 확장시키지 못했다. 6·29선언으로 잠시 저항의 목표점을 상실한 민중세력은 본격적인 선거국면에 들어가기 전에는 '거국중립내각 쟁취'나 '범민주 과도정부 수립', '학살원흉 처단' 같은 구호를 중심으로 싸움을 전개하였다.

9월로 넘어가면서 대통령선거 열기가 대중을 감싸기 시작하고 대중의 관심은 일차적으로 선거로 쏠리게 되었고, 여기서 당연히 관심은 누가 대통령후보가 되느냐 하는 문제로 집중되었다. 바로 이 문제를 둘러싸고 보수자유주의 정파 내부의 갈등이 표면화되고, 민중운동세력 내부에서도 다양한 논의와 다기한 입장분화가 나타나게 된다. 10월 10일, 먼저 김영삼이 대통령후보 출마를 공식 선언하였고, 김대중 역시 10월 11일 성남집회에서 출마를 기정사실화했다. 통일민주당에서 열세이던 김대중을 후원하기 위하여 10월 13일 민중운동의 가장 대표적인 연합전선체였던 '민주통일민중운동연합(민통련)'이 '김대중에 대한 비판적 지지' 선언을 하고, 그후 민통련 내부의 김대중 적극 지지자와 기타 재야명망가 3천여 명으로 구성된 '김대중선생 단일후보 범국민추진위원회'가 결성된다.

이처럼 김대중·김영삼의 동시출마가 기정사실화되고, 다수 재야인사들이 '동시출마를 전제로 한 김대중 지지'로 나아가자, 11월 23일 단일화를 주장하는 박형규, 계훈제 등 재야인사와 단일화 촉구 서명파 의원 등이 '군정종식단일화쟁취국민협의회(국협)'를 결성하였다. 국협에는 가톨릭농민회, EYC 등 재야 13개 단체가 가세하였다. 한편 위와 같이 대통령선거에 대응한 보수자유주의 정파 내부의 상호관계를 중시하는 양 입장과는 다른 차원에서, 독자적인 민중후보를 내세워야 한다는 입장이 제기되었다. 이 입장은 보수자유주의 정파의 '기회주의'

적 속성을 폭로하고 선거국면을 민중의 정치적 각성과 민중운동의 독자적인 발전을 위한 계기로 활용할 것을 주장하였으며, 11월 23일에는 백기완을 대통령후보로 하여 '백기완 대통령후보 선거운동본부'를 구성하였다. 이러한 제반 흐름은 끝내 합류하지 못하고, 그 상태에서 대통령선거전은 노태우의 승리라는 결과와 함께 대단원의 막을 내리게 된다.

87년대선이 지배블록과 민중세력의 싸움의 결산이라고 볼 때, 이 싸움에서 지배블록이 구상한 안이 관철된 데는 민중세력의 대응에도 중요한 오류가 있었다고 평가할 수 있다. 그 오류의 원인은 여러 가지가 있겠으나, 다음과 같은 근원적 인식에서 비롯하는 것으로 판단된다.

첫째, 많은 사람들이 '선거혁명'의 환상[6]에 사로잡혀 있었다는 점과 둘째, 김대중의 상대적 진보성을 절대화했다는 점에서 찾을 수 있다.[7]

먼저 첫번째 점에 대해 살펴보기로 하겠다. '선거를 통한 군부독재의 종식'이란 내용을 수사학적으로 혁명이란 용어까지 사용하면서 표

---

6) 선거혁명론을 환상이라고 비판하는 데에도 여러 입장이 있을 수 있다. 가장 극단적인 입장으로는, 식민지종속국에서 선거라는 평화적 방법으로는 군부통치의 종식이 불가능하다는 입장을 들 수 있다. 그러나 필자는 선거라는 방법을 통해 민선민간정부의 수립이 가능할 수도 있고 그렇지 않을 수도 있다고 생각한다. 다만 그 가능성 여부를 결정하는 것은 지배블록 대 민중세력의 힘 그 자체라고 본다. 그런데 6월 민주화투쟁의 전국민적 확대에 대응하여 지배블록이 취한 6·29선언 이후에, 민중세력은 그 싸움의 고삐를 놓고 쉽게 선거라는 '부르주아적 정치게임 규칙'에 적응하는 방향에서 대응해 나갔다고 볼 수 있다. 결국 그러한 대응의 근저에는 지배블록의 힘에 대한 과소평가, 미국의 대응력에 대한 과소평가와 낙관, 민중세력의 힘에 대한 과대평가가 존재하고 있었다고 볼 수 있다. '선거혁명의 환상'이 가진 내포적 의미는 바로 이러한 것이다.

7) 필자는 둘째 오류가 첫째 오류의 '하위오류'에 해당하는 것으로 생각하기 때문에, 첫째의 오류를 정확히 평가하는 것이 무엇보다도 중요하다고 믿는다.

현한 말이 선거혁명이다.[8] 이 선거혁명의 환상은 당면국면에서 이루어진 제세력의 역관계와 지배블록의 전체적 대응구도, 민중세력의 역량에 대한 지나친 낙관적이고 주관적인 평가를 의미한다. 1987년 하반기의 역관계는 기본적으로 민주당·평민당을 포함하여 민주세력 모두가 단결해도 군부세력과의 싸움이 힘겨운 상태에 있었다. 이러한 정세, 즉 민주진영 전체가 단결하지 않고서는 선거라는 형식의 싸움에서 군부독재를 이길 수 없다는 인식에 철저하지 못하였다. 더구나 민중운동세력의 내적 조건, 즉 낮은 사상적·이념적 수준, 낮은 사상적·이념적 통일성의 수준, 대중에 대한 목적의식적 지도력의 취약성, 각 부문운동의 대중적 기반의 취약성 등을 감안하면, 더욱 그러했다. 그럼에도 불구하고 앞서 제시한 제3안의 두 가지가 모두 가능하다고 생각하였고, 소위 ‘1노3김’의 자유경쟁 관계에서 더 많은 대중의 지지만 얻을 수 있다면 양김 중에서 당선이 가능하다고 보았다. 요컨대 선거혁명의 환상은 어떤 경로를 통해 군부통치를 종식시킬 것인가에 대한 ‘주관주의적’ 관념을 만들어냈고 그것이 패배의 주된 원인이 되었던 것이다.

한편 선거혁명의 환상은 지배블록의 대응에 대해 낙관적 평가를 내리게 했다. 즉 군부세력이 6·29선언으로 직선제를 수용하여 보수자유주의 정파(특히 양김)가 분열·대립하고, 그 결과 민주세력의 단결이 흔들리게 되자, 군부세력은 ① 양김씨간의 세력균형이 깨어지지 않도록 하여 양김씨간의 백중한 경쟁상태를 유지시키고, ② 다수 민중운동세력의 김대중에 대한 지지가 이 백중상태를 깨뜨리지 못하게 했으며, ③ 그것들을 위해 양김씨에 대한 지지(특히 김대중)를 지역감정으로 치

---

8) 이러한 환상을 가속화했던 것은 필리핀의 아키노 등장이었다. 특히 BAYAN이 소극적 보이콧을 의미하는 ‘비참여’를 대통령선거 과정에서의 정책으로 채택했었으나, 그후 이 정책은 많은 비판을 받았다(조형제·공제욱·김종채, 『필리핀 사회와 혁명』, 민중사, 1987).

환(置換)시키는 것을 중요한 선거전술로 설정하였던 것이다. 그런데 이 선거혁명의 환상으로 진보적인 민중운동세력의 내부에서조차 '4파전의 경쟁구도'를 통해서 정권교체가 가능하다는 생각을 가지게 되었던 것이다. 이는 당면국면에 대한 지나친 낙관적 평가라고 규정할 수밖에 없다. 이런 낙관적 평가는 미국의 대한정책에 대한 낙관을 포함한다. 즉 6·29 이후 군부집권세력에 대한 미국의 지원력 또는 지원의도가 상당히 이완되었다고 봤다는 점이 그것이다.

이 선거혁명의 환상은 더 나아가 7, 8월 노동자투쟁에 대한 민중운동세력의 미온적 대응을 낳게 한 의식적 조건이기도 했다. 7, 8월 노동자투쟁의 열기가 반군부독재 의지와 결합되기만 했다면, 6·29 이후 이완된 전선을 기층노동대중을 중심으로 재편하여 저항전선의 공고화와 일보전진을 이룰 수 있는 계기가 되었을 것이다. 그러나 정작 민중운동세력은 당면정세에 대한 불명확한 인식과 대중투쟁의 역동성에 대한 몰이해 속에서, 선거혁명론이라는 장밋빛 환상에 사로잡혀 7, 8월 노동자투쟁을 방관하였고, 노동대중의 외로운 싸움에 성명서 발표 이상의 도움을 주지 못하였다. 오히려 지배블록은 노동계급의 광범한 정치적 진출을 담보로 삼아 6·29 이전에 저항전선에 합류하였던 '신중간층이나 상층 프티부르주아지의 이반과 우경화'를 가속화시키고[9] 지배블록의 내적 동요를 일정하게 안정화시켰다고 볼 수 있다.

---

9) "중간층에 관한 연구에 있어서 이들 계층의 정치적 성향을 동태적으로 파악"할 필요가 있다. "이는 특정한 정치국면에서 중간계층이 취하는 정치적 입장과 성향을 해당 변혁단계의 협소한 틀 속에서만 판단하는 것이 아니라, 변혁성과의 유지·강화, 변혁의 더 높은 단계로의 진전 등을 염두에 두고 평가하여야 함을 의미한다." 백욱인, 「중간층 연구의 제문제」, 한국사회연구회, 『산업사회연구회소식』 제8호, 1987, 5쪽.

3) '비판적 지지론'에 대한 평가

　다음 둘째로, 선거혁명론에 사로잡혀 그에 따른 구도에 적응하게 되면, 결국 누구를 대통령후보로 선택하느냐 하는 문제로 대응이 국한된다. 이 과정에서 민중운동세력의 오류를 촉발한 계기는 바로 '김대중의 상대적 진보성의 절대화'라고 볼 수 있다.

　이 말은, 비판적 지지론자[10] 개개인이 김대중의 진보성을 상대적인 것으로 생각하지 않았다는 의미이기도 하고, 더 나아가 김대중의 진보성에 대한 상대적 인식이 가능하기 위해 필요한, 민중운동과 제도야당의 다른 정치적 차별성에 대한 인식이 불철저하였다는 의미이기도 하다. 물론 김대중이 김영삼과 비교하여 진보적 측면이 더 있다는 것을 부인할 사람은 없을 것이다. 그러나 김영삼과 김대중의 진보성 차이는 상대적이고, 전술적인 차원에서 파악되어야 하는 데 반해, 김영삼·김대중을 포함한 자유주의 정파와 민중운동세력이 가진 차이는 전략적인 차원에서 파악되어야 할 것이었다.[11]

---

10) 여기서 비판적 지지의 범위는 다양할 수가 있다. 예컨대 처음부터 비판적 지지입장을 내건 민통련의 주요 인사들과 기타 재야인사들로 구성된 '김대중선생 단일후보 범국민추진위원회'가 있는가 하면, '노동자선거대책위원회'의 일부처럼 4파전이 고정화된 마지막 순간에 '김대중 지지'로 돌아선 측도 있다. 여기서의 논의는 주로 전자에 기준한 것이다.

11) '비판적 지지'의 입장을 단순히 전술적 오류로만 파악하는 데 반대하고 전략적 인식의 오류가 반영된 것으로 보는 견해도 있다. 즉 '비판적 지지론'의 근저에는 '식민지반봉건사회론'적 변혁론이 존재하고 그 변혁론적 인식의 전략적 오류가 '비판적 지지'라는 현실적 오류를 낳았다는 것이다. 당시 사회구성체론의 대립적인 입장은 '식민지반봉건사회론'과 '신식민지국가독점자본주의론'이었다. 양 입장의 차이를 극단화시켜 정리하면 다음과 같다.
　(1) 전자는 한국사회 성격을 파악할 때 식민지적 규정성을 가장 주요한 측면으로 보는 반면, 후자는 자본주의적인 계급모순(수탈관계)을 가장 주요한 측면으로 보고 있다. (2) 전자는 추후 건설해야 할 연합전선의 성격을

김대중씨의 상대적 진보성은 민중운동이 가진 독자성, 그 독자성을
기초로 한 역량의 강화를 유보해 가면서까지 지지할 만큼은 아니었던

반제(反帝)연합이라고 보고 있는 반면, 후자는 반독점 연합전선이라고 보고
있다. 전자의 경우 반제전선에 모든 애국적 세력·계급·계층이 동참하는
것을 상정하나, 후자의 경우 '혁명적 민주주의 연합진영(left bloc)' 같은 것
을 상정한 것으로 보인다. (3) 전자는 군사통치의 성격에서 제국주의의 하
수인적 측면을 중시하며, 이상과 같은 전선에 참여하는 각 계급 세력에 대
한 파악에서도 양쪽은 상이한 주장을 한다. (4) 전자는 민족자본 혹은 민족
부르주아지의 존재와 그 진보성 —즉 반제전선에의 참여 —을 인정하는 반
면에, 후자는 민족부르주아지 —자본의 규모로 보면 중(中)부르주아지(중소
자본)로 파악할 수 있다 —에 대해 "정치적으로 어떤 특별한 민족성" 같은
것을 기대할 수 없다고 보며, 이들이 독점대자본과 상이한 —민족적 차원에
서나마 —이해관계를 갖고 있지 않다고 본다. (5) 중간계층에 속하는 제계
급의 정치적 태도와 관련하여, 전자는 그 진보적 성격을 인정하고 반제전선
에의 참여 가능성을 인정하나, 후자는 중간계층은 기회주의적이고 개량적
속성을 갖고 있으며 기껏해야 보수적 요소와 진보적 요소의 공존이라는 이
중적 태도를 지니고 있다고 본다. (6) 자유주의 정파(보수야당)에 대해서 전
자는 반제전선에서 강력하게 견인하고 제휴·연합해야 할 대상이라고 보나,
후자는 자유주의 정파가 궁극적으로는 부르주아 헤게모니에 대한 민중의 포
섭을 매개하는 세력이므로 그 개량적 성격을 부단히 폭로하여 민중의 의식
적 급진화를 도모해야 한다고 주장한다. (7) 전자는 최종적인 싸움은 군사통
치가 종결된 후의 싸움이라고 보고 그 싸움에서 보수자유주의 세력이 진보
세력의 편으로 견인되는 구도를 생각하고 있으나, 후자는 궁극적으로 보수
세력 —그 배후에 제국주의가 있을 수 있다 —과 진보세력의 싸움이라고
보고 있다. (8) 전자는 식민지사회에서 계급정당은 불가능하며 좌편향적 성
격을 갖고 있다고 보고 기존 제도정당의 개혁·견인을 강조하나, 후자는 보
수세력과 혁신세력의 싸움에서 혁신세력이 승리하기 위해서는 계급정당이
필요하며, 기존 제도정당의 계급적 불철저성이 폭로되어야 한다고 주장한다.
  이상과 같은 견해의 상이성은 두 입장의 차이점을 분명히 하기 위해 과도
하게 단순화한 것일 수도 있다. 그런데 위와 같은 구도를 수긍하고 보게 되
면, '비판적 지지론'은, 통일전선 구성에서 자유주의 정파와의 제휴를 중시하
는 식민지반봉건사회론적 입장이 전술적 대응과정에서 범한 '우편향'적 오
류로 평가된다.

것으로 보인다. 따라서 비판적 지지론은 부차적인 측면을 주요한 측면으로 치환하는 오류를 범하였고, '민중운동의 독자적인 정치적·조직적 발전'이라는 원칙적 사고가 부족하였다고 평가할 수 있다.

이처럼 상대적 진보성의 절대화는 그 구체적 대응방안으로 '비판적 지지' 혹은 '선택적 지지'를 낳게 되었다. 처음 이 비판적 지지론에는 국민적 지지의 추이를 보아가며 대통령후보의 사퇴를 촉구할 수 있다는 전제가 있었던 것으로 보이지만, 이는 실현되지 않은 전제였다.

이상과 같은 전제적 논의 위에서 비판적 지지의 입장에 대해 다음 몇 가지 점이 지적되어야 할 것 같다.

첫째, 지배블록은 양김의 동시출마를 부추기고 지역감정을 조장하여 4파전을 유도했고, 이 4파전을 명목으로 해서 대대적인 부정선거로 노태우의 집권을 완성해 내려고 했다고 볼 때 비판적 지지 입장은 이러한 지배블록의 대응구조에 대한 적절한 전술적 대안일 수 없었다는 것이다. 비판적 지지 입장에는 지배블록의 대응구도에 대한 우려보다는 4파전 구도의 유리함을 더 적극적으로 파악하고 대응했던 측면이 있었다고 생각된다. 또 비판적 지지의 파급은 여기서 그치지 않고 선거 이후의 국면에서 부정선거 싸움이 대중적으로 수행되는 것을 제약하는 것으로도 나타난다.

노태우의 당선이 비록 부정선거 ─ 구로구청 사건에서 보았듯이 ─ 에 기반을 두고 있다고 하더라도 단일화의 미성취라는 실패요인과 결합되어 있음으로 해서 부정선거 규탄이 대중적 투쟁으로 발전할 가능성이 제약되어 있었다고 볼 수 있다. 물론 이러한 선거 이후 투쟁기반의 부분적 상실이 비판적 지지론만의 책임은 아닐 것이다. 예컨대 후보단일화측의 경우 후보단일화 문제에만 시종일관 집중함으로써, 실패에 대한 국민적 반응에 지나치게 자학적인 판단, 즉 '후보단일화를 못했기 때문에 실패했다'는 생각에 매몰된 측면이 있었다고 볼 수 있다.

그럼에도 불구하고 가장 큰 책임은 비판적 지지론에 있다고 해야 할 것이다.

둘째, 다음과 같은 자체비판도 중요한 비판점이 될 수 있을 것이다. 일반적으로 민선민간정권을 수립하여 군사독재를 종식시키는 것이 진정한 민주정권을 수립하는 데 필수적이고, 그러기 위해서는 민중운동 역량이 취약한 상태에서는 민선민간정권을 주도할 자유주의 정파와 제휴하거나 그것을 지원·견인하는 것 역시 필수적이라는 점은 인정된다. 그런데 민선민간정권의 수립 이후에 그것의 보장을 받아 민중운동이 더 높은 변혁적 상태로 이행하는 것이 아니라, 민선민간정권을 수립하는 과정에서 민중운동의 독자적 발전이 동시에 추구되었어야 했다. 반군부독재의 과정, 즉 민선민간정권을 수립하는 도정에서, 일반적으로 중요하다고 말하는 노동자대중을 비롯한 전민중의 자발적 진출과 민중운동의 목적의식적 지도력을 결합시키고 동시에 그러한 목적의식적 지도를 행할 수 있는 민중운동의 단결된 조직체를 건설하여 굳건한 대중적 기반을 갖는 통일된 전선을 건설해 내는 것이 무엇보다 중요하다는 것이다. 비판적 지지와 같은 전술적 안들은, 바로 이러한 민중의 정치적 진출과 민중운동의 독자적인 발전 그리고 그것을 가능케 하는 모든 민중운동세력의 단결과 통일을 촉진시키는 방향에서 선택되거나 기각되어야 한다.

그러나 비판적 지지 입장은 민주당에서 열세에 처한 김대중의 입지를 강화시키는 데 기여하였을 뿐만 아니라 민중운동세력의 분열에도 일조하였다. 87년대선 국면을 통해 노태우후보의 당선이라는 결과가 나오건 민선민간정권의 수립이라는 결과가 나오건 간에 그것을 통해 민중운동이 더 높은 단계로 나갈 수 있는 가능성을 추구했어야 옳았다. 중요한 것은 비판적 지지와 같은 전술적 대응을 통해 민중운동이 더욱 단결되면서 더 높은 차원의 운동으로 진전될 수 있느냐 아니냐

하는 점이다.

셋째, 비판적 지지 입장은 제휴나 연합 등에 대한 잘못된 인식에 근거하고 있었다는 점이 지적될 수 있다. 즉 민중세력의 역량이 지배블록과의 역관계에서 취약한 경우 여타 세력과 제휴나 연합을 할 수밖에 없는데, 이때 제휴의 방향은 '더욱 진보적인 세력의 양보에 의한 덜 진보적인 세력과의 제휴'라고 볼 수 있다. 예컨대 김대중을 지지하는 유권자나 세력들이 좀더 진보적이라고 할 때 그들이 김대중의 호소에 따라 김영삼을 지지할 수는 있다.[12] 그러나 김영삼을 지지하는 유권자나 세력들이 덜 진보적이라면 그들이 더 진보적인 김대중에게 지지를 보내는 것은 경향적으로 볼 때 어려운 일이다. 그런데 비판적 지지론은 어느 한쪽으로 단일화되면 무방하다고 생각했을 뿐, 이러한 문제에 대한 적절한 고려가 없었던 것으로 보인다.

선거 이후 비판적 지지 입장에서는 그 결과야 어떻든 '김대중을 일정하게 견인하겠다'는 정당한 고려가 있었으며, 선거과정에서 김대중과 결합하여 강령적 내용을 선전선동하여 대중의 의식화·조직화라는 성과물을 얻었다고 변론할 수도 있을 것이다. 그러나 김대중 견인 가능성은 선거국면에서 대중에 대한 김대중의 영향력이 대중에 대한 민중운동의 영향력을 압도하게 되자 견인의 의미가 퇴색해 버렸다. 또한 일정한 선전효과가 있었다는 변론도 '크나큰 패배' 앞에서 '작은 성공'을 논하는 것과 다를 바 없었다고 할 수 있다.

넷째, 선거 이전의 국면에서 비판적 지지론은 다른 대안들의 영향력·규정력을 제약한 측면이 있다고 생각한다. 즉 당시 비판적 지지론

---

12) 이 점은 여론조사에서도 명확히 드러난다. 즉 양김씨 중 한 사람이 사퇴할 경우, 누구를 지지할 것이냐는 물음에 대해, 김영삼 지지자 중 26%만이 김대중을 지지하겠다고 응답한 반면, 김대중 지지자 중 49%가 김영삼을 지지하겠다고 응답하였다.

이 민중운동세력의 (준)합법적 부분의 대세를 점하고 있었기 때문에, 다수세력이 특정 방향을 취하자 다른 여타 세력은 자신들의 주장을 실질적인 힘으로 관철시킬 수 없었기에 다분히 명분론적이고 도덕적인 호소의 차원에 머무를 수밖에 없었다는 것이다. 더구나 당시는 민중운동세력이 대동단결한다 해도 양김의 분열을 통제할 수 없는 상황이었던 터라, 비판적 지지론을 제외한 나머지 세력이 상황을 통제한다는 것은 현실적으로 불가능했다. 요컨대 단일화의 주장—선거의 결과가 나타난 현시점에서 양김이 단일화를 했어야 했다는 점에는 아무도 이의가 없을 것이다—은 양김씨의 도덕성에 의존할 수밖에 없었고, 그렇기 때문에 더더욱 성공을 거둘 수 없었다는 것도 비판적 지지라는 입장의 선(先)존재와 무관하지 않을 것이다.

비판적 지지론이 민중세력의 한 대응방법이었다고 할 때 비판적 지지에 돌아갈 수 있는 정당한 비판은, '부정선거를 통한 당선 가능성' 등 김대중후보의 실패까지를 고려하지 않은 일면적인 전술이었다는 것이고, 필자가 이 글에서 지적하고자 하는 점은 바로 패배에 대한 이러한 무방비한 대응이 '선거혁명의 환상과 상대적 진보성의 절대화'에서 유래하였다는 것이다.

결국 지배블록은 지배블록 대 민중운동 및 보수야권의 대립구도를 6·29를 통해 지배블록 대 보수야권의 구도로 변화시키고 궁극적으로 선거라는 '합법적인' 제도적 통로를 통해 자신의 재집권을 정당화시켜 낸 반면, 민중세력은 군사독재의 '혁명'적 퇴진과 '민중운동의 정치세력화와 독자적 진출'이라는 이중의 과제를 안고 있었음에도 양 측면 모두에서 실패한 셈이 되어버렸다고 평가할 수 있다.

3. '민선군부정권'의 '민선민간정권'으로의 변화와
1992년 대통령선거

1) 제3세계 민주화의 한국적 굴절형태

92년대선을 분기점으로 하여 노태우 '민선군부정권(electoral military regime)'은 김영삼의 '민선민간정권(electoral civilian regime)'으로 변화하였다. 이것은 통상 제3세계 민주화과정에서 나타나는 군부정권의 민간정권으로의 변화에 상응하는 것이며, 외부자의 시각에서 보면 한국사회가 본격적으로 민주주의 이행의 도정에 오른 것으로 평가된다. 여기서는 바로 이러한 변화과정이 갖는 의미와 대선과정에서 이루어진 정치투쟁의 성격을 분석할 것이다. 1992년 14대대선은 군부정권에서 민간정권시대로 통치형태상 큰 변화가 나타났다는 점에서 한국현대사에서 중요한 분기점의 의미를 갖기 때문에 이에 대한 분석은 매우 중요하다.

92년대선은 진정한 의미의 민주정부의 탄생은 아니나, 분명 군부정권에서 '문민정부' 혹은 '민선민간정권'으로의 이행을 의미한다. 이러한 민간정권의 탄생은 70년대 이후 제3세계에서 전개되어 온 민주화의 과정이 한국적인 형태로 관철된 것이라고 평가할 수 있다.

주지하다시피 2차대전 이후 제3세계의 신생독립국들은 절대빈곤에서의 탈피를 지향하는 근대화를 지상목표로 추구하였다. 이러한 근대화과정은 그 속에 있는 모순의 중층성과 첨예함으로 인하여 치열한 사회적 대립을 수반하는 과정이었다. 이에 따라 제3세계에는 대부분 개발독재라는 명분하에서 민중억압적인 군부권위주의 정권(군부파시즘)이 출현하게 된다. 전후 신생독립국들 중 많은 나라의 경제적 기초가 불안정하고 정치적 안정성이 확보되지 못한 상황에서 군부정권이 물리력을 배경으로 하여 들어선 경우가 많았다.

　제3세계의 지배진영은 이러한 억압적인 군부권위주의 정권을 통해서 민중의 저항을 억제하면서 종속적 자본주의화를 꾀함으로써 자본주의적인 기초에서 체제를 안정시키려고 시도하게 된다. 그러나 이러한 개발독재과정에서 나타난 엄청난 민중탄압적·민중배제적 정책에 저항하는 변혁적 사회운동이 성장하는데, 이러한 성장은 지역에 따라서 정치체제의 혁명적 전복으로 이어지기도 했다. 1975년 베트남혁명, 1978년 이란혁명, 1979년 니카라과혁명 등이 바로 그 극적인 예라고 할 수 있다. 이러한 혁명적 전복의 가능성을 차단하고 제3세계 정치체제의 안정화를 도모하기 위하여 70년대 말 이후 제3세계에서 진전된 것이 바로 군부정권의 '온건화' 혹은 '민주화'였다. 이른바 민주화의 '제3의 물결'[13]이 바로 이러한 배경에서 나타난 것이다.

　그런데 제3세계의 민주화과정은—군부권위주의 정권하에서 진전된—자본주의화를 통한 지배체제의 안정화 정도와 그 과정에서 성장한 민중진영의 힘의 크기에 따라 상이하게 구체화되게 된다(이것은 넓은 의미의 계급적 역관계로 규정될 수 있다). 물론 이 과정에서 민주화 국면의 국내·국제 상황적 요인, 자국 내의 역사적 요인이 매개요인으로 작용하게 된다.

　이러한 민주화의 유형을 좀더 단순화해 본다면 ① 종속적 자본주의화/군부권위주의 정권하에서 변혁운동의 성장속도가 빠르게 전개되고 대중적 기반이 강화됨으로써 변혁운동세력의 독자적인 집권으로 귀결되는 경우와, ② 변혁적 정권은 아니지만 온건한 야당정권이 수립되는 경우(필리핀) 등이 있었다고 할 수 있다. 이에 비해 92년대선은 한국의 독특한 계급적 역관계를 매개로 하여 유례없이 독특한 민주화 형태가

---

13) Huntington, Samuel P., *The Third Wave: Democratization in the Late Twentieth Century*, Norman: University of Oklahoma Press, 1991.

실현된 것이라고 파악할 수 있다. 즉 반파시즘 민주화운동에 동참했던 타협적인 야당이 지배진영에 투항하여 그에 포섭된 상태에서 타협적인 야당지도자를 수반으로 하는 민간정권이 수립된 경우라고 할 수 있다. 기본적으로는 '아래로부터의 급진적 민주화'에 대립하는 '위로부터의 보수적 민주화'라는 성격을 지니면서도 민주화의 열망이—타협적 야당의 참여를 통하여 변신되는 정도만큼의—굴절된 형태로 달성된 경로라고 할 수 있다. 따라서 필자는 92년대선은 제3세계 민주화의 일반적인 추세 속에서, 한국사회의 독특한 계급적 역관계에 규정되면서 민주화가 굴절된 형태로 관철된 것이라고 파악한다.

이처럼 제3세계 민주화의 경로에서 전례가 없는, 타협적 야당이 지배계급에 투항함으로써 성립한 경로가 출현한 것은 한국의 계급상황이 반영된 것이라고 할 수 있다. 즉 남한의 지배블록과 민중블록의 역관계에서 민중블록의 취약성을 반영하는 것이라고 볼 수 있다. 이러한 취약성은 60년대 이후 남한 변혁운동이 비약적으로 성장하였음에도 결정적으로 반공냉전적인 의식구조가 균열되지 않은 조건, 해방 이후 6·25전쟁을 분기점으로 해서 이루어진 남한 변혁운동의 '초토화'와 그로 인한 변혁운동의 역사적 단절, 80년대 말 이후 사회주의 붕괴를 포함한 국제적인 조건의 열악화, 소련 및 동유럽 사회주의의 '붕괴'에 따른 이념적 혼란, 남한자본주의 축적구조의 '상대적 안정화'와 이에 바탕을 둔 새로운 사회·경제·문화적 현상의 대두, 민선군부정권하에서 강화된 대중들의 전반적인 보수화와 탈정치화 등의 현상 때문이라고 할 수 있다. 파시즘적 통치구조에 대한 대중들의 저항이 혁명적 정치투쟁으로 고양되는 것처럼 보였던 80년대와는 전혀 다른 조건이 90년대 초반의 현실적 조건이었던 것이다. 80년와 90년대를 가로지르는 심연이 있다면 바로 이러한 것이라고 할 수 있다.

좀더 포괄적인 세계사적 맥락에서 보면, 92년대선은 전후의 제3세계

신식민지적 국가에서 종속적 자본주의화/군부권위주의 정권하에서 변화되어 온 지배블록과 민중블록의 계급적 역관계에서 후자가 열악한 상황에 놓인 남한에서 나타난, 제3세계적 민주화의 굴절된 형태라고 규정할 수 있다. 사실 지배블록의 입장에서 보면 더 이상 효율성을 갖지 못하게 된 개발독재형 군부체제를 '안정적인 부르주아적 체제'로 전환할 필요성이 구조적으로 존재하고 있었다. 안정적인 부르주아적 정치체제를 확립하려는 시도는 1987년 6·29선언으로 나타났는데, 이러한 시나리오에 기초한 6·29선언은 군부 출신인 노태우 후보를 극적으로 국민적 후보로 격상시키면서 마침내 그를 대통령으로 당선시켰다. 노태우정부라는 민선군부정권 혹은 의사(擬似)군부정권의 창출은 이 땅의 지배블록이 부르주아적 지배체제의 창출을 향한 1단계 관문을 통과하였음을 의미한다. 그리고 92년대선을 통해서는 지배블록에 편입된 야당 출신 민간인을 대통령으로 하는 새로운 정권을 탄생시키게 된 셈이다. 지배블록의 입장에서 보면, 이것은 부르주아 지배체제 구축의 두번째 관문을 통과한 셈이며 상대적으로 부르주아 지배체제가 한 단계 높은 수준의 합리화를 달성하게 된 것이라고 할 수 있다.

물론 이러한 한 단계 높은 지배체제의 구축과정이 결코 순탄치만은 않았다. 그것은 그간 군부를 정점으로 집결해 왔던 지배블록 내 여러 정파의 핵분열을 유발하는 과정이었고 지배블록 내의 권력투쟁을 표면화시키는 과정이었다. 즉 그간 잠재되어 있던 지배블록 내의 여러 분파들은 자파의 이해실현을 위하여 분열하였던 것이다(독점자본 분파의 하나는 국민당이라는 별개의 정당으로 분립한 셈이다). 이러한 현상은 한 단계 높은 부르주아적 체제의 구축과정에서 나타난 예기치 못한 현상들이라고 할 수 있겠다.

한편 이상과 같은 제3세계 민주화의 한국적 굴절형태의 실현과정은 동시에 '민주 대 반민주' 구도를 약화(희석화)시키는 과정이었다는 점을 지적할 수 있겠다. 사실 87년대선의 기본적인 구도는 '민주 대 반민주' 구도였으며, 그것은 강렬한 호소력으로 대중들에게 다가갔고 이러한 대립구도를 중심으로 여러 부차적인 대립구도가 수렴되었다고 할 수 있다. 1987년은 바로 '민주 대 반민주' 구도라는 하나의 전선으로 모든 쟁점이 수렴되는 구조였고, 이 시기 억압적인 군사정권의 파시즘적 통치에 숨죽여왔던 대중들의 변화에 대한 열망은 이러한 구도에 대체로 수렴되었다고 할 수 있다. 그러나 이러한 1987년의 구도는 그간 민주화운동의 성과를 체현하고 있던 두 야당지도자의 분열로 정권교체로 이어지지 못하고 허구적인 해체과정으로 돌입하며, 92년대선은 바로 이 '민주 대 반민주' 전선의 현실성이 대단히 희석화된 상태에서 전개되었다고 할 수 있다. 실제 '민주 대 반민주' 구도가 약화된 과정은 1988년 노태우정부가 출범함으로써 그 이전의 가시적인 군부권위주의 정권이 '민선군부정권'으로 변화된 후, 더구나 그러한 군부정권이 합헌적으로 재집권하여 반(反)민주적인 외피를 상당 부분 벗어던짐으로써 더욱 급진전하게 된다. 사실 88년총선에서부터 '군부독재 타도'라는 구호가 주변화되어 왔다는 점은 경험으로 알고 있는 바이다. 92년대선은 87년대선처럼 군인 출신이 아닌 순수 민간인, 야당 출신 후보가 집권당 후보로 나섬으로써 이전보다 더욱 '민주 대 반민주'의 대립구도로 전선이 수렴되지 않는 상황이 조성되게 되었다. '독재냐 민주냐' 하는 하나의 전선으로 저항세력을 결집시키던 구도가 희석화되고, 여타의 쟁점들이 대중들의 의식 속에서 동등한 쟁점으로 부각되는 상황이 나타나게 되었다는 것은, 역설적으로 민주적·민중적 후보의 입지가 지배블록의 새로운 대응양식으로 협소화되었음을 의미한다. 결국 92년대선은 그 이전, 즉 87년대선에서 강력하게 형성되었던 반민주전선이 희석화됨으로써 민주진보블록이 더욱 수세적인 위치에 놓였다고 할 수 있다.

　바로 이처럼 전반적인 계급적 역관계가 열악해진 상황에서, '민주

대 반민주' 구도의 희석화 때문에 반민주전선으로 일체의 쟁점이 수렴되지 않는 조건에서, 그리고 그 결과 지배블록과 민중블록의 대립이 주된 대치선이 되지 못하는 구조에서, 역설적으로 지배블록 내부의 균열과 대립이 전면화되었다고 볼 수 있다. 만일 지배블록 대 민주적·민중적 블록의 대립이 첨예화되어 민중블록의 권력집권이 현실화될 가능성이 있었다면 지배블록의 모든 분파는 오히려 지배체제의 사수를 위해 연합했을 것으로 판단된다(김대중이 당선될 가능성이 크면 오히려 김영삼과 연합하겠다는 정주영의 초기 발언 등에서 엿볼 수 있다). 그러나 재야에서 후원하고 자체적으로 상당한 대중기반을 가지고 있으며, 또 그간의 민주화운동을 일정하게 상징하던 김대중 후보를 3등으로 '제칠 수' 있다는, 대선기간 동안 국민당이 보여준 '허황된' 자신감은 바로 이러한 전반적인 조건에서 나타난 것이라고 할 수 있다. 즉 지배블록 내의 균열이 표면화될 정도로 민중블록의 위협이 부차화된 것이 92년대선의 객관적인 조건이었던 것이다.

지금까지 필자는, 92년대선과 같은 독특한 민주화 경로는 제3세계 민주화의 굴절된 형태라고 할 수 있으며, 그것은 우리 사회의 전반적인 계급적 역관계에 의해 규정된 것이라는 점을 살펴보았다. 그리고 92년대선은 87년대선과 달리 지배체제의 전반적인 변화 속에서 '민주 대 반민주' 구도가 희석화되고 하나의 반민주전선으로 모든 쟁점이 수렴되는 객관적 구조가 아니었음을 살펴보았다.

2) 야당 및 저항진영의 92년대선 전략

이상과 같은 전제 위에서, 92년대선 결과를 평가해 보기로 하겠다. 여기서는 많은 쟁점들 중에서, 92년대선에서 민주진보진영의 다수 방침이라고 할 수 있는 '범민주단일후보안'과 그러한 다수 방침이 지원하고 있던 민주당의 대선전략으로 좁혀서 살펴보기로 한다. 특히 민주당의 선거전략과 김대중을 '범민주단일후보'로 지원하였던 전국연합의 결정에 대한 평가가 중심이 될 것이다.[14] 주지하다시피 김대중을 중심으로

---

14) 이러한 평가를 위해서는 필자가 92년대선에 대해 어떤 의견을 가지고 있었는지를 밝히는 것이 글을 읽는 데 도움이 될 것 같다. 필자는 92년대선 국면에서 나타난 민주진보진영의 대응과 관련하여 다음과 같은 생각을 지니고 있었다. ① 패배주의의 극복 ② 민주적·민중적인 세력의 선(先)단일대오 건설 ③ 정치적 입장으로 분립되어 있는 민중운동세력 내부의 대타협과 절충을 통한 단일안 창출 ④ 민주적이고 국민적인 독자적 후보의 옹립을 통한 국민적 영향력의 확정과 그를 통한 야당과의 선택적 연합인데, 이를 좀더 명확히 하기 위해서 1992년 대통령선거 전에 필자가 기고한 글을 다소 길지만 인용해 보겠다.

"그러면 우리는 지금 무엇을 할 것인가. (…) 야당을 제외한 민주적·민중적인 모든 세력이 먼저 단일대오를 형성하여야 한다. 지금 우리의 선거풍토에 있어 집권여당이나 야당과 자신을 정치적으로 동일시하지 않는 많은 사람들이 있다. 어쩌면 현재의 정치풍토를 뛰어넘는 정치질서를 바라는 갈망이 많은 국민들의 의식 속에 분명 존재하고 있다. 필자는 최근 두드러지고 있는 국민들의 정치적 무관심과 탈정치화 속에는 분명 새로운 정치세력과 정치질서를 갈망하는 적극적 측면이 잠재되어 있다고 평가한다. 그러한 갈망을 적극적인 정치행위로 끌어낼 새로운 세력이 부상되지 않으면 그것은 깊은 체념과 보수주의적 태도로 변화되어 갈 것 이다. 92년의 대선국면은 바로 이러한 적극적 지향—어쩜 소진되어 간다고도 볼 수 있는 지향—을 현재화시켜 내는 계기로 되어야 한다. 셋째 이러한 단일대오의 형성을 위하여 그간 정치적 입장으로 분열되어 있던 민중적인 세력 내부에서의 대타협과 '절충'이 요구된다고 생각한다. 자신의 입장이 올바르기 때문에 자신의 입장으로 단일화되지 않는 한, 공통의 투쟁을 할 수 없다는 '폐쇄적'인 자세를 극복하여야 한다. (…) 역설적으로 우리 사회의 지배진영의 각종 분파들은 자신의 '생존'을 위하여 '타협'하고 '절충'한다. 그것의 극단적인 표현이 바로 3당합당이다. 3당합당이야말로 사실 "김영삼이라는 '얼굴마담' 하에서 군부 및 TK의 기득권을 보장하는 범(汎)영남 지역패권주의적 타협이고 절충"에 다름 아니라는 사실을 알 만한 사람은 다 안다. 그러나 정작 민중진영은 민중진영 내부의 다른 집단들과 적극적으로 '공존'하고 '타협'하지는 못하였다. 이제 우리는 민중진영 내부에 다양한 입장이 '현실'적으로 존재한다는 점을 인정하면서 서로의 최

하는 민주당[15]은 그간 지역감정으로 협소해진 자신의 입지를 만회하기

소한의 합의점에 기초하여 '타협적 단일대오'를 형성하여야 한다. (…) 필자는 이를 위하여 민중운동의 지도자들이 자신의 정치적 생명을 걸고라도, '공멸(共滅)'할지도 모른다는 각오로 '긴급비밀회동'을 해서라도, '대타협점'을 마련하여야 한다고 생각한다. 현재의 분열적 구도에서 다수결로 투표하여 표로 판가름하려는 안일한 자세로 접근하는 것으로는 일보도 전진할 수 없다.

마지막으로 우리는 민주주의를 향한 민주적·민중적 세력의 연대를 위하여 단순히 야당과 민주진영이 공통의 테이블을 만드는 것만으로는 안 된다고 생각한다. 단일대오를 형성한 민주적·민중적 연대세력이 92년의 대선국면에서 '독자적인 후보'를 내야 하고 그 기초 위에서 야당과의 연합을 추구하여야 한다고 생각한다. 민주대연합을 이야기하면서 야당과의 공조만을 모색하는 것만으로는, 민중진영의 '독자적인 정치세력화'라고 하는 원칙적 과제를 진전시킬 수 없으며 92년대선 국면을 정권교체의 계기로도 활용할 수 없다. 민주당과 같은 야당의 입장에서 보더라도 진보진영이 단순히 연합이라는 형식으로 자신의 손을 들어주는 것을 바라지도 않는다. '과격'한 집단이 자신의 손을 들어준다고 그것이 실제 표로 연결되는 것은 얼마 안 된다고 판단하기 때문이다. 오히려 자신의 '과격한' 이미지를 증폭시킴으로써 보수적인 유권자의 표를 잃을지도 모른다는 우려마저 할 것이다. 이런 점에서 민주적이고 민중적인 제세력들이 야당의 차별성을 견지하는 바탕 위에서 독자적인 정치세력으로 자신을 정립하고 그리고 그러한 차별적 이미지—무조건 진보적인 구호만을 내걸자는 것은 아니다—를 통하여 일정한 국민적 영향력을 확보한 바탕 위에서 야당과의 연대를 모색하여야 한다고 생각한다. 그것이 진보진영에게 도움을 주는 것일 뿐만 아니라 국민적 지지를 확대하고자 하는 야당에게도 도움을 주는 것일 수 있다. 현재의 야당에 대하여 정치적 지지를 보내지 못하는 많은 국민들의 눈앞에, 민주적·민중적 연대세력이 먼저 대안적인 정치세력으로 자신을 드러내고 그 바탕 위에서 야당과의 민주적 연대와 연합을 모색하는 것이 정도(正道)라고 필자는 생각한다. 92년의 국면은 어쩌면 이른바 '민주 대 반민주' 구도의 최종적인 해체의 국면이 될지도 모른다. 억압적인 군사정권이 파시즘적으로 통치하던 이전 시기에는 '군사정권 대 민주진영'의 대립이 보다 가시화되기 때문에 '민주 대 반민주' 구도의 현실성이 대중들에게 쉽게 체감될 수 있었다. 그러나 그러한 시기를 지나 '민주 대 반민주'의 대립구도가 노태우정권이라고 하는 '사이비 군사정권 대 민주진영'의 대립으로 인식되는 시기를 거쳐가고 있다. 이전의 군사

위해서 이미 오래 전에 김영삼이 떠나간 잔류 민주당과의 통합을 이룩하였고, 대선 이전과 대선기간 동안 자신의 급진적 이미지를 중화시키기 위하여 '뉴DJ플랜'을 시행하였으며, 자신에 대해 거부감을 갖고 있는 주요 집단이라고 할 수 있는 군부와의 관계를 개선하기 위해 군부의 상층 퇴역군인들을 영입하였다. 또한 선거기간 동안 5·6공세력과 화해하기 위해 여러 측면에서 노력하였고, '대선 이후 국민의 뜻이라면'이라는 단서하에서 내각제로 개헌할 가능성을 시사함으로써 여타의 정파를 향하여 타협의 제스처를 보였다.

  92년대선 전략에 국한해서 살펴보면, 필자는 앞에서 전제한 민주진보진영의 전반적인 계급적 역관계의 열악성을 전제로 할 때 민주당의 선

정권과 달리 합법적으로 집권하였다는 사실을 통하여 군사정권이 '사이비'의 외피를 입은 결과로, 우리가 경험하여 왔듯이 '군사정권 타도'라는 구호로 6공화국을 공격하여 가는 것이 이전보다 훨씬 어려워졌다. 이것은 이미 군사정권이 사이비 군사정권으로의 변신을 통하여 '민주 대 반민주'의 대립구도를 희석화하여 왔다는 것을 의미한다. 집권여당은 92년에 과거의 야당 정치인이었던 김영삼을 '얼굴마담'으로 하는 '사이비 민간정부'의 창출을 통하여 '민주 대 반민주 구도'의 최종적인 해체를 시도할 것이다. 우리는 바로 이러한 변화의 과정에 대하여, '보수 대 진보' 구도의 당위성만을 강조하여 왔는지도 모른다. 문제는 '민주 대 반민주'의 해체의 국면에서, 집권세력의 일련의 시도의 허구성을 폭로하고 반민주투쟁의 선봉에서의 헌신성을 통하여 '민주 대 반민주' 구도의 해체 이후의 국면을 민주진보세력이 '주도'하는 국면으로 만들어가야 하는 것이다. 우리는 역설적으로 '통일단결'된 대응의 부재로 인하여, '민주 대 반민주' 구도 이후의 국면을 집권세력이 주도하는 국면으로 넘겨줄 위기에 처하여 있다고 할 수 있다. 이런 점에서도 이 민족사의 분기점이 될 역사적 시기에 우리는 소이(小異)를 극복하고 대동(大同)을 통하여 새로운 시대를 앞당기기 위한 전열을 가다듬어야 할 것으로 생각한다(조희연, 「민주·민중적 세력의 연대의 필요성」, 『기독교사상』 1992년 10월호).
15) 1996년 6·27지자체선거 후 김대중이 분당하여 국민회의를 만들 때까지 제1야당으로 존속하였다.

거전략은 '나무는 보고 숲은 보지 못한 선거전략'이었다고 평가한다. 바꾸어 말하면, 미시적 전략에서는 상당한 성과를 거두었으나 거시적인 전략에서는 현실을 냉철히 보지 못했다고 생각한다. 미시적인 측면에서는 선전(善戰)하였지만 그것을 거시적·구조적으로 규정하고 있는 역사적·구조적 조건을 적절하게 고려하지 못하였다는 것이다.

대선 전기간 동안 민주당이 내건 선거전략의 기본적인 축은, 첫째 '뉴DJ플랜'을 통해서 사회의 중산층 및 보수층의 표를 획득하는 것(온건화 전략), 둘째 민자당과 국민당의 대립을 계기로 나타나는 여권 표의 분산이었다. 이를 통해 초반에 압도적으로 나타났던 '김영삼대세론'을 약화시키고 자신의 열세를 상당히 만회하였다고 평가된다.[16] 실제 투표 결과를 보면, 이전에는 민주당에 대한 지지가 취약했던 지역에서 상당한 정도의 지지율 상승을 나타냈다. 87년대선 및 92년총선에서의 득표와 비교할 때, 호남 이외의 지역에서 상당한 지지를 확보하였음을 알 수 있으며, 김대중 총재의 은퇴에도 불구하고 민주당의 기반이 92년대선을 통하여 확장되었다는 것을 확인할 수 있다.[17] 그러나 '뉴DJ플랜'이라는 일종의 '스마일 작전'만으로는 돌파할 수 없는 우리 사회의 보수적인 지배구조 및 계급적 역관계의 구조, 그것의 한 반영으로서 지역감정이라는 벽이 엄존한다는 사실이 선거전략에 반영되

---

16) 중앙일보 데이타뱅크의 여론조사에 따르면, 11월 중순경 김영삼은 43.3%, 김대중은 27.2%의 지지를 받고 있었다(『중앙일보』1992. 12. 19). 또 다른 여론조사에서는 두 사람의 지지도 차이가 46% 대 39.6%에서 나중에는 29% 대 32%로 역전이 예상되는 정도로까지 좁혀졌다고 한다.

17) 예컨대 대전 충남북의 경우 3·24총선에 비하여 민자당의 44% 득표보다는 김영삼후보의 표가 줄고 민주당(23%), 국민당(19%)의 득표가 증가한 것으로 나타났다. 전체적으로 보면 3·24총선 때의 29.2%보다 4% 이상 늘어난 34%의 득표를 했다. 87년대선에 비하여 김대중 후보의 득표는 6.8% 정도 증가하였다.

지 못했다. 만일 민주당이 권력에 진정으로 접근하고자 했다면, 이러한 벽은 '스마일 작전'으로 돌파될 수 없는 것이라는 점에 대한 냉철한 인식과 그에 상응하는 노력이 있었어야 한다고 본다. 앞에서와 같이 전선이 반민주전선으로 단일하게 수렴되지 않고 분화되어 가는 상황에서 집권 가능성을 극대화하려 했다면, 자신으로만 집중될 수 없는 여타 세력의 지분을 정확하게 인정하고 그에 따른 적극적인 연합이나 견인이 필요했던 것이다. 자신에게 수렴되지는 않지만 최소한 반민자당으로 합류할 수 있는 제세력과의 적극적 연대를 모색하는 것이 그러한 미시적인 전략을 보완하는 것이고 현단계의 계급적·정치적 역관계를 보더라도 정당했다고 할 수 있다.[18]

민주당의 약진을 결정적으로 제약하였다고들 말하는 지역감정의 벽과 색깔론, 즉 이데올로기적 공세를 예로 들어보자. 사실 '뉴DJ플랜'이라는 대응방식만으로 이러한 엄존하는 벽을 극복하려고 했다는 것 자체가 문제였다. 지역감정의 벽을 극복하기 위하여 미시적인 전술적 유연성을 발휘하는 차원뿐만이 아니라 좀더 거시적인 차원의 방책을 강구했어야 한다는 것이다. 막판에 민주당의 표를 잠식하였다는 '색깔론 논쟁'만 보더라도 문제는 그러한 색깔론 논쟁이 유효하게 작용하는 우리 사회의 전근대적인 이데올로기적 지형이 엄존한다는 것이다. 그것을 단순히 유화적 언술과 제스처로 극복하려고 하는 것은 한계가 있다. 즉 스마일 작전만으로는 수렴될 수 없는 원심력적 조건, 즉 자신의 한계를 인정하고 다양한 방법을 강구할 수 있었어야 한다. 그러나 민주당은 여권 성향 후보자의 난립으로 여권 표의 분산이라는 안이한 낙관론에 탐닉함으로써 자신의 미시적 전략의 객관적 한계를 보지 못하

---

18) 여기서 필자는 당내의 역학관계 때문에 이러한 연합안은 불가능했다거나, 실제적으로 그것의 실현을 추구하였으나 안 되었다는 식의 현실론은 배제한다.

였다고 생각된다.

이러한 객관적 한계성을 인식하지 못하고 사태를 안이하게 접근하였던 주요한 요인은 바로 민주당 선거전략의 다른 한 축이라고 할 수 있는 민자당과 국민당의 대립을 계기로 하여 나타나는 여권 표의 분산을 통한 일종의 '어부지리'에의 기대였다고 할 수 있다. 민주당은 이러한 전략으로 민자당과 국민당의 대립에 대해서 시종일관 방관자적 자세를 취하면서 양비론적 태도를 보였고, 국민당의 금권선거에 대하여 비판을 가하지도 않았다. 사실 국민당은 초기부터 '중도사퇴론'이 나올 정도로 대세에는 크게 영향을 못 미칠 것으로 생각되었으나, 중반기에 접어들면서 정주영은 당선 가능성이 있거나 최소한 김대중을 제치고 2등을 할 수 있을 정도의 지지를 받는 것처럼 보였다.[19]

사실 정주영의 국민당은 양김(兩金)구도의 정체성이 유발하는 반사이익, 경제적 불황기를 반영하는 경제적 회복에 대한 요구 등으로 상당한 지지를 획득하였고, 92년총선에서도 일약 제2야당으로 부상하였다. 이러한 상승과정은 정주영의 국민당이 갖는 양면성에서 신화적인 측면이 부각되는 과정이기도 했다. 즉 정주영 및 현대그룹의 부상과정은 한편으로는 한국경제 근대화의 견인차 역할을 함으로써 국제적인 기업으로까지 발전하였다는 '입지전적인 신화'를 갖는 일면이 있었고, 다른 한편으로는 군부독재하에서 권력과 유착하여 검은 축재를 하였다는 '부도덕한 축적의 화신'이라는 일면 또한 존재했다. 실제로 선거 초기에 국민당은 신문광고를 통해 보수언론의 논조를 통제하는 방식으로 자신의 적극적 측면을 현재화해 나가면서 대단한 약진을 했던 것

---

19) 초기의 여론조사에서 정주영은 8~10% 정도의 지지를 받고 있는 것으로 조사되었다. 이러한 지지율은 선거운동의 진전과정에서는 15~16%대로 수직 상승하였다. 일부의 여론조사에서는 20%를 육박하여 김영삼·김대중 후보의 추월까지도 가능한 것으로 나타났었다.

으로 보인다. 그러나 현대와의 구체적인 유착관계의 폭로, 나체쇼 사건 등 선거 진행과정에서 '목표달성을 위해서는 물불 안 가리는 탐욕적인 기업가상'이 전면화되는 등 후자의 측면이 부각되면서 국민당은 저조한 득표에 머무른다. 이로써 민주당이 기대하던 여권 표의 현저한 분산효과는 가져오지 못했다.[20] 이로써 민주당 선거전략의 주요한 축이라고 할 수 있는 '국민당의 득표 제고를 통한 기득권층 표의 분산'에 대한 기대는 무산되고 말았다.

이상과 같은 미시적인 선거전략의 결과, 전체적인 구도에서 개혁적 쟁점이 실종되었고 그렇지 않아도 희석화되고 약화되어 온 '민주 대 반민주'의 대립구도는 불가피하게 약체를 면치 못했다고 할 수 있다. 또 이러한 상황은, 민주당이 여타의 보수야당에 비해 상대적으로 더 지녔던 진보성을 통해 견인해야 할 20, 30대의 개혁적인 유권자들과 하층서민층의 표마저 분산시키는 결과를 낳았다고 생각된다. 다시 말하면 '뉴DJ플랜'으로 미소를 보냈던 보수적 유권자층은 냉담하고, 오히려 잠재적인 지지자층이라고 할 수 있는 청년층 및 하층서민층 유권자의 적극적인 견인이 효과적으로 이루어지지 못했던 것이다. 사실 민주당은 그 미시적인 선거전략 때문에 92년선거에서 개혁적인 선거쟁점을 선점할 수 없었으며, 오히려 국민당과 민자당이 시종일관 선거의 이슈를 창출하고 선도해 가는 형국을 낳고 말았다. 필자는 이상의 논의를 기초로 하여, 92년대선에서 민주당이 보여준 선거전략은 '나무는 보고 숲은 보지 못하는' 미시적인 전략에 집중함으로써 나타난 것이라고 규정한다.

---

20) 국민당은 자신의 지역적 연고지라고 하여 기대를 모았던 강원도에서도 김영삼에 이어 34%를 얻는 데 그쳤고, 총선 시기 상당한 지지를 받았던 경북에서도 16%를 얻는 데 그쳤으며, 결과적으로 총선 득표율 17%에 못 미치는 16%의 득표에 머무르고 말았다.

이처럼 민주당의 선거전략을 평가하는 전제 위에서 볼 때, 김대중후보의 '당선 가능성'을 염두에 두고 결정된 전국연합의 '범민주단일후보론'[21]에 대해서 몇 가지 비판적 평가를 할 수밖에 없다.

먼저, 다수결의 강제력이 행사될 수 있는 전제조건이 성숙하지 않은 상황이 고려되었어야 했으며, 그리고 다수결이라는 의사결정과정의 형식성보다는 '민주대연합'과 '민중세력의 독자적 정치세력화'라는 양 과제를 당면국면에서 통일시키는 안이 무엇인가 하는 내용적 타당성이 더욱 중요하다는 점이 고려되었어야 한다. 필자는 오히려 현실적으로 존재하는 이념적·전략전술적 대립을 인정하고 그것이 대립하는 현실을 인정하는 바탕 위에서 대립의 근저에 놓여 있는 현상 파악에서 상호 경청할 점을 주목하면서 '전향적(前向的)인 타협적 안'을 만들었어야 한다고 본다. 그러기 위해서는 민중운동의 지도급 인사들이 이념적 대립과 변화해 가는 현실을 인정하는 선상에서, 공멸할 수 있다는 절박한 위기감을 깔고라도 다양한 측면이 심도있게 고려된 절충안을 만들었어야 할 것이다. 그러나 이 같은 기대는 기대 그 자체로 머물고 말았다.

둘째로, 범민주단일후보론의 결정은 김대중이 포괄하는 국민적 지지와 재야가 포괄하는 국민적 지지의 단순합(單純合)으로 성공할 수 없는 객관적 조건을 올바로 인식 못하고, 민주당에 대한 단순지지로 종결되고 말았다. 범민주단일후보라는 방침도 사실 진정한 의미에서 단일후보를 추구하지 않고 서둘러 민주당과의 '밀실협상'으로 민주당에 대한 단순지지의 근거를 확보하는 절차를 밟은 것으로 보인다. 1987년

---

21) 87년대선 시기에는 주지하다시피 '비판적 지지론' '후보단일화론' '민중후보론'으로 입장이 나뉘어 있었다. 그리고 92년대선을 앞두고는 민중운동의 연합조직인 전국연합 내부는 세 가지 안으로 나뉘었는데, '범민주단일후보론' '개방적 독자후보론' '민중독자후보론'이 그것이다.

에 일찍부터 '비판적 지지'를 함으로써 민통련으로 대표되는 재야진영이 자신의 입지를 좁혔던 것처럼, 1992년에도 민주당에 대한 지지로 일찍 경도됨으로써 진정한 범민주단일후보를 옹립하는 노력이 효과적으로 전개되지 못했다![22]

진정한 의미에서 범민주단일후보를 추구하고자 했다면 민주당에 대한 단순지지를 넘어 최소한 민주당·신정당·민중후보 등을 포괄하는 범민주단일후보를 추구했어야 마땅할 것이다. 민주당과 재야의 단순합으로 포괄할 수 없는 객관적 조건을 냉엄하게 전제한 바탕 위에서 진정으로 정권교체의 열망을 실현코자 했다면 민주당과 재야가 포괄하지 못하는 유권자를 대표하는 세력과도 적극적인 연대를 모색했어야 한다는 것이다.

셋째로, 사실 87년선거 이후 '선거혁명론'의 환상을 소리 높여 비판했음에도 불구하고, 92년대선에서도 역시 민주당이 골간으로 삼고 있던 '뉴DJ플랜'이나 '어부지리에 대한 기대'로 흡입되어 간 이유는 1987년 나타났던 선거혁명론의 환상이 1992년 현실 속에서 변형된 형태로 나타났기 때문이라고 할 수 있다. 1987년에 비해 진보진영의 객관적 위치의 협애화, 사회주의의 붕괴로 진보진영의 이념적 호소력 격감, 보수적인 정치지향을 가진 도시중산층 확대,[23] 대중의 전반적인

---

22) 중립성과 독자성이 전제될 때 지지는 실질적 영향을 미칠 수 있다. 그러나 '짜고 치는 판'처럼 실제로는 같은 부류인데 형식적으로만 분리 지지하는 것처럼 보이는 경우 그 영향력은 제한될 수밖에 없다. 92년대선에서 특정 후보를—전술적으로—지지할 수도 있었지만, 그것은 재야의 명백한 정치적 독자성을 전제한 위에서라야 의미가 있고 실효성이 있다.

23) 특히 92년선거 결과에서 우리가 주목하는 것은—이것은 97년선거에서도 나타났다—기존의 여촌야도(與村野都) 구도가 해체되어 가고 남한의 '부르주아'적 지배체제와 친화력을 갖는 도시중산층이 두터워지고 있다는 사실이다. 강남지역에서 민자당 표가 압도적으로 나타난 것이나 야성(野性)이 두드

보수화에서 비롯된 대중과의 결합도 약화 등의 현상을 고려할 때, 1987년에 시도하였던 것처럼 가장 진보적인 야당과의 연대만으로 선거에서의 승리를 고대하였다는 것 자체가 대단히 비현실적이었다고 판단된다. 필자는 그 당시 민주화운동세력은 민주당과 혼합될 수 없는 이념적 차별성을 가졌고 또 거대한 하나의 독자적인 사회세력이었던 만큼, 상식적인 수준에서 보더라도 김대중 후보가 낙선하는 경우를 상정하는 방안 정도는 강구되었어야 한다고 생각한다. 그러나 실제로는 그렇지 못했다. 이것은 민주진보블록이 좀더 현실적이고 어떻게 보면 '뱀같이 지혜로운' 사고를 해야 할 필요성을 일깨워준다 하겠다. 최소한 '동반하락'을 각오하는 것이 아닌 바에야 김대중 후보가 승리하지 못했을 경우도 고려한 ─더구나 1987년의 전철이 있으므로 ─전략이 요구되었다고 할 것이다.

　97년대선에서 김대중정부의 성립이 이상과 같은 92년대선에서의 야당진영 및 민중진영의 대응에 대한 평가를 부정하는 것은 아니다. 1998년 김대중정부의 성립은, 92년대선에서 야당과 민중진영이 패배함으로써 '성공적으로' 성립한 김영삼정부의 '새로운' 정치적 균열과 불안정

───────────────

러진 충남 농촌 등지에서 민주당이 약진한 것 등은 이러한 현상을 말해 준다고 해석될 수 있다. 도시중산층이 몰려 사는 서울 강남지역의 서초구·강남구의 투표율을 서울 및 전국 득표율과 비교해 보면 이 점이 확연해진다. 사실 김영삼 후보가 영남과 호남을 제외하고 서울에서 김대중 후보에게 1.4% 뒤지는 득표를 한 것말고는 전국적으로 고른 우세현상을 보인 것도 우리 사회 변화의 한 단면을 드러내는 것으로 해석할 수 있다. 92년대선에서 김대중 후보와 김영삼 후보의 득표율은 다음 표와 같다.

(단위 : %)

	서 초 구	강 남 구	서울 득표율	전국 득표율
김 영 삼	42.1	43.7	36.3	33.4
김 대 중	29.3	27.4	37.7	41.4

화로 인해 '새로운' 가능성을 갖게 되면서, 그것도 김영삼정부에 결합하였다가 이탈한 김종필세력과 '새롭게' 연대함으로써 가능하였다. 그런 점에서 필자는 김대중정부의 성립은 이상과 같은 92년대선 패배 '이후' 조성된 새로운 조건에 의해 현실화된 것으로 평가하며, 92년대선을 둘러싼 야당진영과 민중진영의 대응에 대해서는 냉엄한 역사적 평가가 견지되어야 한다고 생각한다.

제5장 한국의 민주주의 이행과 지역주의
― 지역감정의 '정치적 구조화' 및 그 변화과정

　　제5장에서는 민주주의 이행 및 정치변동과정의 한 주요 측면이라고 할 수 있는 '지역주의' 문제를 중심으로 그 과정을 '재분석'한다. 어떻게 부산마산항쟁의 성지가 보수적 정당의 압도적인 지지지역으로 나타나게 되었는가. 호남민중은 김대중이라는 개인에 대한 압도적인 '몰표적 지지'를 항상적으로 드러낼 것인가. 현단계 지역주의적 몰표행태는―사회의 근대화 과정에서 극복되어야 할―전근대적인 지역의식의 발로인가. 한국사회의 민주화 도정에서 이러한 지역주의적 몰표의 정치사회적 의미는 무엇인가. 그것이 전향적인 역사발전 에너지로 전화될 가능성은 없는가. 현존하는 지역주의적 구도는 향후 어떻게 변화할 것인가. 김대중정부의 성립은 호남지역의 '저항적 지역주의'의 향배에 어떤 결과를 가져올 것인가.

　　우리는 1987년 이후 김대중정부 수립에 이르는 일련의 정치적 과정을 보면서 위와 같은 물음을 갖게 된다. 고착되어 있는 지역주의적 몰표현상, 넓은 의미의 지역주의에 대하여 여러 측면에서 진단과 해결방안이 제시되고 있다. 어떤 이는 그러한 '비이성적' 현상에 대해 도덕적

310

분노를 토로하기도 하고, 또 어떤 이는 다른 측면에서 이런 현상의 원인은 차별구조 그 자체에 있으므로 그 구조를 개조해야 한다는 논조를 펴기도 한다. 그런가 하면 지역감정의 분출로 이해하고, 이를 극복하기 위해서는 지역감정 극복운동에 진력해야 한다고 주장하는 사람도 있다. 이처럼 다양한 진단과 해결시도들이 이루어지고 있는 문제에 대해서 진보적 시각에서의 관심과 분석 노력이 상대적으로 적었던 것은 사실이며, 이런 소홀함 이면에서 지역주의 현상은 이제 더 심각해져서 지역주의라는 변수가 여타의 요인들을 압도적으로 규정하는 요인으로 등장하고 있음은 주지의 사실이다.

이런 점에서, 이미 하나의 단일 요인으로 환원시켜 설명할 수 없을 정도로 복합적으로 착종되어 있고, 난마처럼 얽힌 이러한 현상에서 여러 복합적인 변인들을 섬세하게 가려내고 그것을 지양할 적극적인 대안을 찾는 것은 현단계 우리가 피할 수 없는 과제라고 할 수 있겠다. 이 글의 문제의식은 바로 여기에 있다.

1. 지역주의 및 지역감정 문제 분석[1]의 개념적·방법론적 논의

최근 선거에서 명확하게 표출되고 있는 지역주의적 투표현상을 분석함에 있어 대표적인 두 가지 설명방식을 먼저 검토해 볼 필요가 있

---

1) 지역감정·지역문제·지역갈등·지역주의 등의 문제에 대한 기존의 연구로는 다음과 같은 것들이 있다. 최장집, 「지역의식, 무엇이 문제인가」, 한국사회연구소 편, 『동향과전망』 1988년 상반기, 도서출판 태암; 한국사회학회 편, 『한국의 지역주의와 지역갈등』, 성원사, 1992; 김학민·이두엽 편, 『지역감정 연구』, 학민사, 1991; 고흥화, 『자료로 엮은 한국인의 지역감정』, 성원사, 1989; 한국사회사연구회 편, 『한국의 지역문제와 노동계급』, 문학과지성사, 1993; 김만흠, 『한국사회 지역갈등 연구』, 현대사회연구소, 1987; 문석남, 「지역격차와 갈등

다. 하나는 지역감정에 근거를 두는 설명방식이고, 다른 하나는 그러한 현상을 호남문제로 규정하고 그것을 호남의 구조적 차별에서 기인하는 것으로 설명하는 방식이다.

그동안 1987년부터 시작하여 1988년, 1992년 선거에서 나타난 지역주의적 몰표현상을 그것의 '합리적'인 논리에 대한 이해 없이 지역감정의 발로인 것처럼 규정하고 지역감정을 극복해야 한다는 주장이 일반적으로 제기되었다. 그러나 이처럼 지역감정이라는 단순규정만으로는 지역주의적 몰표가 각 국면에서 갖는 정치사회적 의미, 그리고 그러한 몰표가 나타나게 된 '합리적' 이유에 대한 적절한 설명이 이루어질 수 없다. 지역주의적 몰표현상을 지역감정이라는 일종의 '감정 환원론적'으로 설명하는 것은, 그것이 진실의 일면을 담고 있을 수는 있으나 지역주의적 몰표현상의 내재적인 논리를 적절하게 밝혀주지는 못한다.

이러한 일종의 감정 환원론적 분석이 지역주의적 투표행태를 적절히 밝혀주지 못하는 이유는 다음과 같은 두 가지 점에서이다. 첫째는, 출신지역의 동일성이라는 요인과 지역주의적 투표행태라는 결과 사이에 개재되는 다양한 요인에 대한 분석이 사상되기 때문이다. 출신지역의 동일성이라는 주어진 변수(속성 property에 해당한다)가 지역주의적 몰표행태로 나타나는 데는 다양한 매개변수적 요인이 존재하게 된다. 그러나 지역감정이라는 상당히 모호하고 복합적인 요인은 그 과정에서 작용하는 매개과정 및 모든 매개적 요인들에 대한 적절한 설명을 사상하

에 관한 연구: 영·호남 두 지역을 중심으로」, 『한국사회학』 제18집, 1984년 겨울호: 조명래·김준 외, 『광주민중항쟁연구』, 사계절, 1990; 오세철, 『한국인의 사회심리』, 박영사, 1982; 김진국, 「지역감정의 실상과 해소방안」, 『심리학에서 본 지역감정』, 한국심리학회, 1988; 송복, 『한국사회의 갈등구조』, 현대문학사, 1990.

게 된다. 그래서 결과적으로 출신지역의 동일성에 의해 지역감정을 갖게 되고 그 결과 그 출신지역 정당에 투표하게 된다는 논리로 이어지게 된다. 사실 이것은 동어반복적인 설명일 수 있다는 것이다.

그리고 지역주의적 투표행태를 지역감정이라는 단순논리로 설명하게 됨으로써 그러한 지역주의적 투표의 질적 의미 차이 혹은 정치사회적 차이가 간과된다는 것이다. 지역주의적 몰표현상에는 저항적 지역주의 현상이 있고, 그러한 몰표현상에 대한 반사적 행위로 이루어지는 반사적 지역주의 현상이 있다. 예컨대 투표에 영향을 미치는 제반 변수들 중에서 자신의 정치적 성향과 일치되는 형태로 이루어지는 지역주의적 투표행태와, 자신의 정치적 성향과 모순되는 형태로 이루어지는 투표행태가 있을 수 있다. 그런데 이와 같은 차이가 지역감정이라는 설명논리에서는 양비론적으로 간과되고 있다고 할 수 있다.

이 글에서는 일반적으로 거론되는 지역감정 현상을 다루고 있음에도 불구하고 그것을 '지역주의적인 몰표현상'을 분석의 주대상으로 해서 접근한다는 점을 먼저 말해 두고자 한다. 그리고 필자는 지역주의적 투표행태가 지역감정의 결과라기보다 지역감정이 특정한 방향에서 정치적으로 구조화된 결과라고 규정하면서 접근하고 있다.

다음으로, 지역감정을 분석하는 논리로서 대표적인 것으로는, 지역주의적 투표행태의 극단적인 표현을 호남의 김대중이나 '호남당' 지지에서 찾고 그것을 호남지역에 대한 객관적인 차별화 구조 때문이라고 설명하는 논의들을 들 수 있다. 이러한 설명논리는 호남지역에 대한 역사적·구조적 차별성을 지적하고 있다는 점에서 긍정성을 가질 뿐 아니라, 이 점에 대해서는 모두가 동의할 것이다. 그러나 호남지역의 지역주의적 투표행태를 그 지역의 역사적·구조적 차별로 환원시켜 그 궁극적인 원인을 지적하는 것만으로는 총체적인 분석과 올바른 실천적 결론에 도달할 수 없다는 것이 필자의 생각이다.

이와 같은 분석의 문제점은 크게 세 가지로 나눌 수 있겠다. 첫째는, 현단계 지역차별의 문제가 호남문제만이 아니고 우리 사회의 차별화 구조 및 그에 대한 정치적 행동의 첨예한 표출임에도 불구하고, 그것을 호남문제 혹은 광주문제로 환원·왜소화시킨다는 점이다. 둘째로, 이상에서 서술한 바와 같이 객관적인 차별화 구조에 대해 작용하는 요인들, 즉 정치의식의 발전 정도, 지배권력의 통치전략 및 주체적 실천 대응 등에 대한 주목이 사상된다는 점이다. 그리고 셋째로, 현재와 같은 지역주의적 투표행태의 부정적 측면 자체를 인정하는 식이 되어버린다는 점이다. 현재의 지역주의적 투표행태는 정치적 구조화 과정을 통해 지역감정이 왜곡된 것이라는 점을 밝히고자 하는 이 글의 입장에서 볼 때, 차별화 구조에 대한 저항이 왜곡되는 과정에 대한 관심이 사상되고 그러한 구조적 차별의 극복만이 유일한 해결이라고 하는 설명논리밖에 가져오지 못한다고 평가할 수 있다.

이상과 같은 관점에서 볼 때, 현단계 지역주의적 투표행태를 분석하는 데는 다음과 같은 여러 요인들을 분리해서 볼 필요가 있다. 먼저 지역주의적 투표행태를 규정하는 객관적 요인으로, ① 지역적 차별화의 역사적 구조 ② 그러한 지역적 차별화 역사의 일부를 구성하는 것으로서 한국 현대사 속에서, 특히 60년대 이후 산업화가 동반하는 지역적 차별화의 구조가 있다. 그리고 주체적 요인으로, ③ 국민들의 (반反차별화 의식을 포함하는) 정치의식의 발전 정도 ④ 특정 국면에서의 지배권력의 통치전략 ⑤ 그에 대응하는 특정 국면에서의 실천적 대응 등을 들 수 있다. 필자가 볼 때는 ③ ④ ⑤ 요인들이 ①과 ②의 역사적·구조적 조건에서 특정한 의미와 형태를 갖는 지역주의적 투표행태를 출현시키는 매개과정을 구성하게 된다.

그런데 우리가 통상 지역감정이라고 말하는 것은 두 가지를 의미하는데, 하나는 일정한 역사적·구조적 조건에서 출신지역의 동일성에 의해 갖게 되는 즉자적인 정서적 일체감을 의미하고(일종의 동향의식 혹은 지역의식), 또 하나는 이러한 정서적 일체감이 특정 국면에서 일정하게 집단화된 표출양태(예컨대 선거에서의 몰표 등)를 동반하는 정치사회적 태도와 의지적 심리상태로 전화되어 있는 것을 의미한다. 전자에는 출신지역이 동일한 집단이 갖는 공통의 정서(정체의식)뿐만 아니라 다른 집단에 대해서 갖는 차별적인 정서(자기 집단의 우월의식 및 타집단에 대한 하대下待의식 등)가 포함된다고 할 수 있다. 우리 사회에서는 전자의 지역감정 역시 불건전하고 비이성적인 측면이 존재하고 있고 따라서 극복되어야 한다고 본다.

그러나 우리가 최근의 선거에서 나타난 지역주의적 몰표와 그것을 촉발한 지역감정을 거론할 때는 주로 후자의 의미에서인데, 그것은 ①과 ②를 조건으로 하면서도 ③ ④ ⑤의 복합적인 매개과정을 통해서 구체화된다. 필자는 바로 전자의 지역감정이 후자로 전화되어 나타나는 복합적인 매개과정을 지역감정 혹은 지역주의의 '정치적 구조화' 과정으로 이해하고 그것에 대한 설명을 시도해 보고자 하는 것이다. 이를 그림으로 나타내면 다음과 같다.

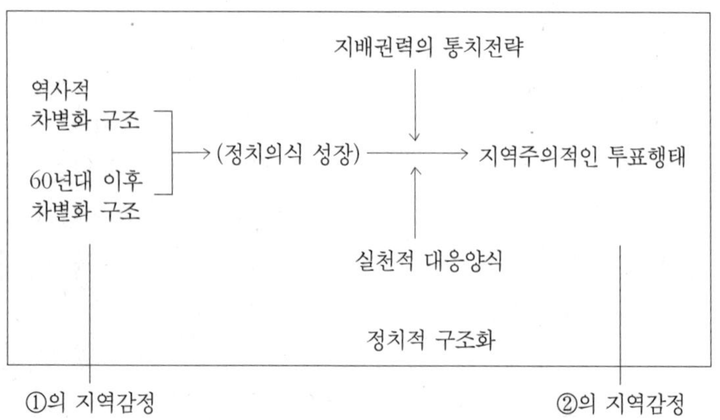

이 글의 분석대상인 지역주의적 투표행태에 대한 설명의 출발점은 먼저 역사적·구조적 조건에서부터 찾을 수 있다. ①의 문제는 역사적으로 우리 사회의 지역적 차별구조가 어떻게 형성되어 있는가 하는 점이라고 할 수 있다. 이와 관련해서 볼 때, 호남이나 함경도 등 우리 사회에서는 집중적인 차별대상이 된 소외지역이 역사적으로 존재했으며 이러한 지역은 경제적으로뿐만 아니라 정치적으로 혹은 엘리트 충원에서 소외의 집중적인 대상이 되어왔다. 그리고 이러한 소외는 객관적 차원의 차별은 물론이고 부정적인 낙인화라는 사회의식이나 사회심리적인 차원에서의 차별을 동반하였다고 할 수 있다.[2]

②와 관련해서는, 우리 사회에서는 차별화 구조가 역사적으로 존재했을 뿐 아니라 현재의 한국 정치·경제의 기본 성격을 규정하게 되는 60년대 이후의 산업화 과정에서도 재생산되어 왔다고 할 수 있다. 주지하다시피 60년대 이후 산업화는 지역적 불균등성 및 사회적·계급계층적 차별화를 동반하면서 진행되어 왔다. 산업화 과정에서 이루어진 수도권 및 동남해안 지역의 집중적인 개발과 여타 지역의 저개발은 차별화 구조가 지역적으로 재생산되어 왔음을 의미한다. 그리고 이처럼 역사적으로, 또 현대사 속에서의 차별화에서 극단적인 소외지역이 호남이었음은 익히 아는 사실이다.

이와 같은 객관적 차원의 역사적·구조적 요인들이 지역주의적 행태의 바탕을 이루는 원인(遠因)인 것은 분명하다. 하지만 이 객관적 차별화의 구조가 일정한 정치사회적 의미를 갖는 지역주의적 행태로 전화되는 데는 매개요인이 작용하게 된다. 이런 역사적·구조적 조건들이 사실 그 자체로 존재하는 것이 아니라 그러한 차별적 구조에 대응

---

2) 최장집 교수가 "지역감정은 정치적이며 경제적이며 동시에 사회적이다"라고 표현하는 것은 이런 의미에서이다(최장집, 「지역감정의 지배이데올로기적 기능」, 김학민·이두엽 편, 『지역감정 연구』, 31쪽).

316

하는 정치의식의 성장 정도에 규정당하면서 존재한다는 것이다. 예컨대 일정한 차별화 구조는 그것을 승인하거나 또 문제시하지 않는 의식적 조건에서만 안정적으로 존재하며, 일단 그것을 의문시하고 저항하는 의식이 성장하면 기존의 차별화 구조는 어떤 형태로든 변화를 강요받게 된다.

이런 매개요인의 대표적인 것으로는 정치의식의 성장 정도, 지배권력의 통치전략과, 그에 대응하는 주체들의 실천적·정치적 대응 등을 들 수 있다. 일정한 역사적·구조적 조건 아래서 갖게 되는 지역감정은 당시의 정치의식 성장 정도에 규정당하면서 통치전략과 실천적 대응의 상호관계 속에서 정치적으로 구조화되며 독특한 정치사회적 의미와 양태를 동반하는 지역감정으로 전화되는 것이다. 현단계 지역주의적인 몰표적 투표행태는 바로 그러한 지역감정의 외적 표현이다.

여기서 필자는 앞서 지적한 ①과 ② 차원에서의 역사적·구조적 요인을 전제로 하면서 그간의 분석에서 간과되었던 ③ ④ ⑤의 요인이 복합적으로 작용하는 제반 매개과정에 대한 분석을 집중적으로 시도해 보고자 한다. 즉 일정한 정치의식 성장을 전제로 하면서, 어떻게 지배권력의 통치전략과 주체적 대응이 상호 복합적으로 작용해서 현재와 같은 정치사회적 의미를 갖는 지역주의적 행태가 출현하게 되었는가를 밝히려는 것이다.

2. 87년대선 이전 군부독재의 균열과정과 지역감정

우리 사회에 현재와 같은 지역주의적 투표행태가 출현하게 된 직접적인 계기는 1961년 이후의 군부독재정권 혹은 군부권위주의적 통치에서 찾을 수 있다. 주지하다시피 우리 사회에는 호남 차별적인 구조와 지역 차별적인 구조가 역사적으로 존재했지만, 그것이 현재와 같은 일종의 정치적 행동으로 표출되지는 않았다. 1963년과 1971년의 대통령선거에서도 현재와 같은 극단적인 형태로 나타나지는 않았다. 71년 대선에서 김대중은 호남지역에서 많은 표를 얻었으나, 그것이 현재와 같은 몰표는 아니었다.[3]

필자는 현재와 같은 지역주의적 투표행태의 단초는 먼저 군부독재정권의 정치경제적 실정에 대한 국민적 각성(정치의식의 성장) 과정과 그에 따른 군부독재정권 기반의 지역적 협애화 과정, 동시에 반군부독재 민주화운동의 성장과정에서 찾을 수 있다고 본다. 익히 알듯이, 군부독재정권의 정치경제적 정책의 성격은 불균등발전 전략을 기본으로 하고 있었다. 60년대 이후의 산업화는 산업간·계급계층적·지역적 불균등발전 정책, 즉 자본과 국가적 경제력이 제한된 상황에서 일부 선도산업이나 지역을 중심으로 집중개발하는 경제정책을 추진하였다. 이것이 60년대에는 노동집약적인 경공업 중심의 경제개발정책으로, 70년대에는 노동 및 자본 집약적인 중화학공업화 정책으로 나타났다. 또 이것은 저임금－저곡가로 표현되는 바와 같이 민중의 희생을 동반하는 과정이었고, 지역적으로는 수도권 및 동남해안권의 집중적인 개발을 수반하는 과정이었다.[4] 한마디로 60년대 이후의 불균형적 개발정책은 구조적인 차원에서 개발정책으로부터 소외된 민중들의 저항 잠재력과 각성을 확산시키는 과정이었다고 할 수 있다. 이 확산과정의 첨예한 대립지점은

---

3) 63년대선 당시 경북지역에서 박정희 대 윤보선의 득표비율은 61:39, 전남지역은 62:38, 부산지역은 50:50이다. 71년대선에서 경북지역의 박정희 대 김대중의 득표비율은 76:24, 전남지역은 35:65, 부산지역은 56:44였다(배규환, 「선거과정과 지역감정」, 한국사회학회 편, 『한국의 지역문제와 노동계급』, 314쪽에서 재인용).

4) 허석렬, 「지역적 불균등발전과 도시문제」, 『실천문학』 제9호, 1988년 봄호.

물론 호남지방일 수 있었지만, 강원도·충청도 등도 개발로부터 소외된 지역이었다. 그만큼 소외구조가 비단 호남에만 한정된 것은 아니었다.

　문제는 이러한 구조적인 차원에서의 저항 잠재력 확산이 중요한 것이 아니라, 그것이 어떻게 저항적인 정치행위로 나타나는가 하는 것이다. 이처럼 소외의 구조적 잠재력이 저항적인 정치에너지로 전화하는 것은 바로 반독재 민주화운동의 성장을 통한 국민의식의 각성에 일차적으로 기인하는 것이다. 60년대에는 지배권력의 '성장이데올로기'가 지역주의적 정서를 압도하고 있었다. 역설적으로 60, 70년대는 지배권력이 추진하는 성장에 대한 환상이 지역주의라는 정서의 즉자적인 표출을 제약하는 구조였다고 할 수 있다.

　이러한 구조는 70년대 유신시대 이후 민주화운동이 대중적으로 성장해 가면서 변화하기 시작한다. 지역 차별적이고 민중 소외적인 구조하에서 유지되고 있던 군부독재정권의 전국적인 기반이 민주화운동의 성장에 상응하여 균열되어 나간 것이다. 당시의 반독재 민주화운동은 계급계층적으로는 정작 소외의 당사자인 민중이 중심이었다기보다 청년학생 인텔리 중심이었고, 지역적으로는 서울 및 (대학이 있는) 대도시 중심이었다. 그러다가 이러한 민주화운동의 지역적·계급계층적 협애성(반대로 지배권력의 지역적·계급계층적 기반의 광범위함)이 점차 극복되어 가는데, 유신시대 말기에 이르면 이러한 지배권력의 지역적·계급계층적 안정성은 결정적으로 균열된다. 유신 말기에 나타난 부마항쟁은 이러한 군부독재체제의 균열을 상징적으로 드러내준다고 할 수 있다. 특히 자신의 압도적인 지지기반이었던—영남정권으로서의 외피를 쓰고 있던—군부독재의 아성에서 첨예한 저항사건이 표출된 것은 지배권력의 균열을 상징적으로 드러내주는 과정이라고 아니 할 수 없다. 부마항쟁은 권력의 아성이었던 부산·경남의 민중들이 지배권력의 지지계층에서 저항계층으로 전화되었음을 상징하는 것이었다.

이러한 군부독재 지지기반의 균열과 반독재 민주화운동의 성장 및 반독재 정치의식의 성장과정은 야당지도자를 성장시키는 과정이었고, 그 야당지도자들의 출신지역에서는 그러한 야당지도자와의 '동일시(identification)'를 통하여 지역적 저항정서가 급속하게 확산되는 과정이었다. 김대중 및 김영삼의 성장 및 반독재의 상징적 구심으로의 부상은 바로 그러한 현상을 의미한다고 하겠다. 대구·경북정권으로부터 소외된 민중들의 각성과정은 부산·경남지역에서는 김영삼 지지의 상승 및 동일시의 증대과정과, 호남지역에서는 김대중 지지 상승 및 동일시의 증대과정과 궤를 같이하게 되며, 또 그만큼 박정희정부는 지역적·계급계층적 기반이 협소해진다.

유신 말기는 바로 이러한 협애화된 군부독재정권의 지지기반을 고려하면서, 지배권력 자체의 붕괴를 막기 위하여 여러 대응책을 강구해야만 하는 시기였다. 제3세계 군부독재의 민주화·온건화·탈권위주의화는, 바로 이러한 군부통치의 균열이 혁명적 위기로 전화되지 못하도록 하는, 위로부터의 대응이었다고 할 수 있다. 그러나 부마항쟁으로 상징되는 바와 같은 지배권력의 위기가 남한에서는 계급적 역관계의 취약성 때문에 지배권력의 내분 격화로 표출되었다. 즉 지배권력 내, 특히 군부 내의 강온파의 대립으로 표출되는 데 머물렀다. 구조적 차원에서 보면 당시 남한 지배권력의 토대의 취약성—1978년 이후 제2차 오일파동 및 중화학공업화의 위기가 중첩되면서 축적체제 자체의 위기로 나타나고 있었다—은 진일보한 정치적 변동을 제약하고 있었다. 그 결과, 지배권력 자체의 경제적 위기 및 분단체제로 인한 군부의 '지배'적 위치 때문에—당시 제3세계 일반의 사회변동 추세와는 역으로—더욱 '군부독재의 유혈적(流血的)인 재강화'로 이어졌다. 이른바 전두환 신군부정권의 등장이 바로 그것이다.

5공화국과 같은 강성군부정권의 등장 및 그 등장에 부수되는 광주항쟁 등은 그간 선진인텔리 운동에 머무르고 있던 반독재 민주화운동의 계급계층적·지역적 한계성을 극복하는 계기가 되면서 그 기반을 결정적으로 확장시키고, 반대로 군부독재의 지역적·계급계층적 기반을 축소시켰다.[5] 이러한 반군부독재 민주화운동의 성장에서 결정적인 계기는 광주항쟁이라고 할 수 있다. 광주항쟁은 특히 이미 비등점에 도달해 있던 호남민중들의 저항의식 및 반독재 민주화운동을 급속도로 성장시켰으며, 또 이 같은 저항의식이 김대중이라는 야당지도자와의 동일시를 통해서 표출되는 결정적인 계기가 되었다고 판단된다. 필자는 광주항쟁이 호남민중들의 높은 정치의식을 원인으로 하여 표출되었다기보다는 오히려 광주항쟁을 계기로 호남민중의 정치의식과 저항정서가 급속도로 성장하였다고 본다. 이것은 광주항쟁이 호남민중의 정치의식 성장에 미치는 결과적 규정효과를 중시한다는 의미이다. 사실 광주항쟁은 70년대까지의 반독재 민주화운동의 한계처럼 전남대 및 청년학생들의 5·17계엄에 대한 소박한 저항행위에서 시작되었다가, 이에 대한 신군부정권의 무차별한 '살육'으로 그간 청년학생 및 선진적인 민중들에 한정되어 있던 반독재 민주화운동이 호남민중 일반으로 확산되는 계기가 주어지게 된다. 이러한 호남지역 운동의 급성장과 민중들의 정치의식의 급성장은 당시 호남지방의 야당지도자로서 가장 탄압받고 있던 김대중에 대한 일종의 '혈연적인' 지지를 촉발하였다.

일단 호남지방 민중들의 의식이 비등점을 넘으면서, 역사적으로 호남지역에 대한 구조적인 차별, 호남민중에 대한 사회심리적인 차별이 극복대상으로 위치지어지게 된다. 사실 차별받는 민중 스스로 그 차별을 의식하고 극복대상으로 인식하지 않는 한 그러한 차별은 결코 해소

---

5) 대선 시기에 정주영은 역설적으로 이러한 권력기반의 협애화 과정을 "군사정권이 대구·경북정권에서 대구정권으로, 대구정권은 다시 TK정권으로 TK정권은 다시 경북고정권으로" 왜소화되었다고 말한 바 있다.

될 수 없다. 앞서도 지적하였듯이, 문제는 호남지역에 대한 차별의 역사적 조건이 중요한 것이 아니라, 그러한 역사적 차별을 '대상화'하는 의식수준에 호남민중들이 도달하였다는 것이 중요한 요인인 것이다. 광주항쟁은 반독재투쟁에서 호남을 가장 선진적인 지역으로 부상시키는 과정이기도 하였다. 일단 비등점에 도달하자 호남민중의 성장속도는 빨랐으며 광주항쟁은 그것을 결정적으로 촉진하는 계기가 되었다. 이와 같은 호남민중의 정치적 각성과정은 그간의 역사적인 차별의 심도가 깊었던 만큼 가속적으로 진전되었다.

이처럼 유신체제에 이은 5공화국의 등장은 반독재 정치의식을 결정적으로 성장시키는 한편, 지배권력의 지역적 기반을 결정적으로 축소시키는 동시에 반독재 민주화운동의 기반과 반독재 민주화운동의 지도자에 대한 국민들의 지지를 확대시키게 된다.

3. 87년대선 시기 지역감정의 정치적 구조화

이상에서 서술한 바와 같이, 현재와 같은 독특한 지역주의적 투표행태는 —60년대 이후 군부독재정권 시기를 통해서 성장한— 반독재 정치의식에 대응하는 지배권력의 통치전략과 민주진영의 대응행위가 상호 작용하는 속에서 지역감정이 정치적으로 왜곡되게 구조화되면서 나타난 것이다.

지역감정이 분할통치전략의 중요한 일부로 활용되면서 지역감정이 왜곡된 정치적 행태로 표출되는 계기를 갖게 된 것은 바로 1987년 이후부터이다. 따라서 지역감정의 왜곡된 구조화 과정을 올바로 이해하기 위해서는 1987년 이후의 정치적 과정을 섬세하게 검토해 보아야 한다.

지역감정의 정치적 왜곡화 과정은 87년대선 시기의 지배권력의 재집권전략에서부터 출발한다고 할 수 있다. 앞에서 서술한 바와 같이, 그 기반이 협애화된 상황에서 재집권을 노리는 군부정권은 국민들의 정치의식 성장이라는 이전과는 다른 조건에 대응하면서 새로운 전략을 구사하게 된다. 국민적 각성의 수준이 높아져서 반독재전선이 명확하게 존재하고 여기에 계급계층적·지역적으로 다양한 세력들이 결집하는 상황에서 군부정권의 재집권을 가능케 하기 위해서 새로운 전략이 시행되게 된다는 것이다. 그것이 바로 '반독재전선의 지역적 분할' 혹은 '반군부독재 의식의 지역의식으로의 왜곡화' 이다.

1987년은 여러 측면에서 그 이전과 다른 상황이 조성되는 시기였다. 첫째, 새로운 양상의 지배권력 통치전략이 출현하게 되었는데, 1987년에 지배권력은 6월항쟁의 중심 이슈였던 직선제 개헌을 정면으로 수용하는 6·29선언을 발표하는 것으로 나타났다. 6·29선언은 후에 재집권 시나리오의 일부로 판명되어 '희대의 사기극'이 명확하게 드러났으나, 당시에는 노태우 후보를 전두환을 비롯한 강경군부세력에 반기를 드는 지배권력 내의 새로운 지도자로 부상시키는 계기가 된다. 둘째, 단순히 저항의 지도자로만 여겨지던 야당지도자들이—집권이 현실 가능한 것으로 비쳐지면서—집권을 위한 경쟁자로 분열되었다. 유신체제를 반대하는 과정에서는 상호대립의 측면이 전혀 드러나지 않았으나, 집권 가능성이 '현실화' 되면서 상호 경쟁적인 혹은 대립적인 관계로 돌입하게 되었던 것이다. 이미 알다시피 87년대선을 앞두고 김대중이 당시의 통일민주당에서 분리되어 평화민주당을 창당하면서, 대선은 집권 민정당의 노태우 후보와 야당의 김영삼·김대중·김종필의 3자 혹은 4자 경쟁구도로 나타나게 되었다.

바로 이러한 상황에서 지배권력은 재집권을 위해서는 두 야당후보자를 반독재 민주화운동의 전국적 지도자에서 지역적 지도자(김영삼은 부산·경남의 지도자, 김대중은 호남의 지도자)로 왜소화하려 하였다. 만일 당시에 양김씨가 연합하게 되면, 그것은 60년대 이후 축적된 반독재 민주화운동 역량의 전일적 합류를 의미하는 것이었고, 지역적·계급계층적 기반이 협소한 노태우정부 입장에서는 재집권이 무망한 상황이었다고 할 수 있다. 당시 김대중의 선거전략의 중요한 논리 가운데 하나가 바로 '3자 필승론' 혹은 '4자 필승론'이었는데, 이것은 여러 후보자의 분열이 당선에 도움이 된다는 논리였다. 그런데 역설적으로 노태우 후보 진영은 바로 이 '3자 필승론'(노태우의 입장에서는 양김의 분열이 당선에 필수적이다)에 의거하여 자신의 당선을 관철시켰다고 할 수 있다.[6]

노태우 후보는 김영삼·김대중에 대한 지지를 지역감정으로 규정하면서(양김을 지역감정에 기초해 '이전투구'하는 것으로 몰아붙이면서), 양김에 대한 지지가 전국적인 지지로 합류되지 않도록 하는 기조 위에서 지배권력의 관권과 금권을 이용하여 당선을 현실화하였던 것이다.

이러한 지배권력의 재집권전략이 성공하는 것은 지배권력측의 노력만으로는 불가능한데, 그것은 반대진영의 실천적 대응 여하에 따라 성공적 관철 여부가 규정받기 때문이다. 당시 지배권력의 지역분할전략이 성공적으로 관철되는 데 결정적인 작용을 한 것은 물론 양김씨의 적전(敵前)분열이었다.[7] 노태우진영은 김영삼과 김대중의 분열을 호기

---

6) 물론 단일화되었으면 당선된다고 하는 이른바 '선거혁명론'을 지지하고자 하는 것은 아니다. 후보단일화에도 불구하고 당선을 제약하는 객관적인 계급적 역관계가 존재했던 것이 당시의 사실이다. 단지 그러한 실천적 대응이 대선 이후의 반군부독재 전선의 광범화와 강화에는 결정적으로 기여할 수 있었을 것이라는 추론은 가능하다.

7) 민주주의 이행경로를 결정하는 데 있어 "'결정적' 국면에서의 민중운동의 전략적 선택"(조현연, 「한국정치변동의 동학과 민중운동 : 1980년에서 1987년까지」, 외국어대학교 정외과 박사학위논문, 1997, 221쪽)이 중요한 이유도 바로 여기에 있다.

로 하여 반파시즘 투쟁의 성과를 지역적 차원으로 협애화할 수 있었던 것이다.

이것은 사회운동상에서 대단히 중요한 의미를 갖고 있었다. 그 이전까지는 반독재 민주화운동에 헌신하는 것이 무조건적으로 '도덕적 우월성'을 갖는 것으로 투영되었다. 그러나 지역분할전략에 더하여 양김씨의 분열이라는 도덕적 비난의 근거를 제공함으로써 지배권력은 양김씨가 야당지도자로서 하고 있던 반독재 민주화운동을 지역감정의 발로인 것처럼 매도할 수 있게 되었고, 따라서 양김씨 나아가 반독재 민주화운동의 도덕적 신뢰성을 실추시킬 수 있었다. 이것은 물론 군부정권의 재집권 기반을 확장하게 된다.

양김씨의 합류를 방지하고 양김씨간의 경쟁을 지역감정에 기초한 '이전투구'로 만드는 데 있어 지배권력의 공작적인 통제의 역할이 또한 중요한 몫을 했다고 필자는 생각한다. 지금은 잊혀진 사실이나, 김영삼 광주유세에서의 난동사건이라든가 김대중 부산유세에서의 난동사건은 지배권력의 공작적 작위성이 개재된 것이라고 본다. 당시 지역대중들의 지지열기를 반군부독재 전선으로 수렴되게 하기보다는 왜곡된 방향의 지역적 대립의지로 전화시키는 데 이 두 사건은 결정적인 역할을 하였다. 이를 통하여 노태우는 반파시즘적인 대중적 각성을 지역감정으로, 김영삼이나 김대중을 지역감정에 기초하는 지역적 지도자로 격하시킬 수 있었던 것이다.

이 과정에서 사실 김영삼은 선거전략의 관점에서 계속 '후보단일화'를 제기하고, 김대중은 '3자 필승론'에 기대어 양 후보의 분립이 갖는 유리함을 중시하고 있는데다가 또 김대중이 통일민주당에서 분리되어 나오는 형식을 밟았기 때문에, 이때의 분열의 책임과 비난은 상대적으로 김대중에게 집중적으로 쏟아졌다. 그리고 이러한 도덕적 비난은, 후술하는 바와 같이 대선 이후 김대중 낙인화의 기본 조건으로 작용하게

된다.[8]

1987년 상황은 반독재 민주화운동 과정에서 성장하고 있던 적극적인 반독재 정치의식이 지배권력의 지역분할전략과 주체적인 오류 때문에 왜곡된 형태로 '정치적 구조화'되는 첫번째 계기였다고 할 수 있다.

4. 노태우정부 시기 지역감정의 정치적 구조화

1) 여소야대 구도 : 4·26총선~3당합당

1988년은 지역감정의 정치적 구조화의 2단계를 구성한다고 할 수 있다. 이 시기의 왜곡화 과정은 다음과 같다. 1988년은 2단계의 왜곡화 과정이 실현되는 계기였다고 할 수 있다. 이 시기에 있었던 4·26 총선에서는 노태우의 선거전략인 지역적 분할전략의 부산물로서 지역 몰표적 투표행위가 선명하게 나타났다.

앞서 지적하였듯이 노태우의 주요한 당선전략은 양김을 반독재 민주화운동을 상징하는 전국적 지도자가 아니라, 지역적 지도자로 전치시키는 것이었다. 그러나 바로 이러한 노태우 선거전략은 자신이 예상하지 못했던 결과, 즉 양김이 전국적인 지도자로서의 위상이 축소되는 반면 지역적 지도자로 확실하게 정착하는 결과를 낳았던 것이다. 그것이 지역주의적 투표행태로 표출된 것이 바로 1988년 봄의 국회의원선거이다. 이른바 여소야대 구조(김영삼은 영남, 김대중은 호남, 김종필은 충

---

8) 일반적으로 정치투쟁의 과정에서 저항진영이 ―비록 적은 것이지만 ―도덕적 비난의 근거를 제공하게 되면, 지배권력은 그것을 집중적인 공격의 소재로 삼게 되고 또 이것은 우회적으로 저항운동의 도덕적 신뢰성과 입지를 약화시킨다. 더구나 이러한 현상은 저항운동의 수세기에 더욱더 두드러지게 된다.

청을 대표하는 확고한 지역적 지도자로 자리잡는 구도)는 바로 양김을 포함한 야당지도자의 전국적 대표성은 약화된 데 비해, 지역적 대표성이 강화되는 것을 의미하였다. 필자는 이러한 왜곡된 투표행태가 —1987년까지의 민주화투쟁의 성과와 1987년의 정치적 경험을 통해서 대중들의 정치의식이 상승한 상태에서—적극적인 전망이 부재한 과도기적 상황에서 차선책으로 각각의 지역적 지도자를 압도적으로 지지하는 것으로 나타났다고 규정한다. 다시 말해 1987년까지 명확한 호소력을 가지면서 존재하고 있던 반군사독재 전선이 군부정권의 '합헌적' 재집권으로 희석화되어 약화된 상태에서, 87년대선에서 노태우 선거전략으로 관철된 지역적 분할구도의 예기치 않은 결과로 지역적 몰표현상이 나타난 것이다. 이 시기에 반독재전선은 대단히 희석화되고 민주화운동진영의 도덕적 신망이 약화되었으나 여전히 반독재 정치의식은 광범하게 존재하고 있었다.[9]

88년총선의 결과는 다음과 같은 몇 가지 측면에서 지역감정의 왜곡화 과정에서 중요한 의미를 담고 있다. 첫째, 88년총선의 결과는 87년대선에서 '외재적' 통치전략으로 강요된 지역주의가 '내재적'인 자발적 실체로 나타났다는 점이다. 지역분할전략과 주체적 오류로 인해 형성된 반독재전선의 지역적 분할과 대립구도(1단계 정치적 구조화의 결과)가 적극적인 극복대안이 마련되지 않은 과도기에서 지역주의적 투표 결과로 나타남으로써 지역적 분할과 대립이 하나의 '실체적' 현실로 등장하게 되었다는 것이다. 역설적으로 영호남 민중의 적극적인 의식이 진정으로 지역감정의 발로인 것처럼 되어버리는 구도가 나타난 것이다. 이로써 양김에 대한 지지의 적극적 측면, 반군부독재의 정치적

---

9) 6공화국 이후 민정당의 지지율은 계속 하락하였으며, 여론조사에 따라서는 10% 선까지 하락한 것으로 나타나기도 했다.

표현은 잠재화되고 부정적 측면, 즉 지역감정 측면만이 전면화된다. 결국 80년대를 관통하여 전국적으로 확산되어 오던 반독재 정치의식은 87년대선과 88년총선을 거치면서, 왜곡화된 지역감정이라는 거꾸로 된 허상으로 실체화하게 된 것이다.

　둘째, 총선에서 호남의 김대중에 대한 압도적인 지지는 호남민중을 지역감정의 발로자로, 김대중을 지역감정의 화신으로 낙인화(labelling)하는 전략이 성공적으로 시행될 수 있는 조건을 마련하였다.[10]

　88년총선에서 지역주의적 투표행태는 호남에서 더욱 극명하게 표출되었는데, 앞서 지적한 바와 같이 87년대선에서의 분열에 따른 도덕적 비난을 상대적으로 많이 받고 있던 김대중에 대한 호남민중의 '열화'와 같은 지지는 보수언론 및 지배권력에게 그를 지역감정의 화신으로 낙인화·매도할 수 있는 호기를 제공하게 된다. 이 시기에 1987년 김대중 자신의 분열, 김대중을 뛰어넘는 적극적인 대안을 갖지 못한 호남민중의 몰표라고 하는 자발적인 요인이 낙인화를 더욱 현실성 있고 효과적인 것으로 만들었다. 이런 낙인화의 결과로 김대중은 확고한 지역적 기반을 갖는 부동의 야당지도자가 되었으나, 전국적인 수권의 지도자로서는 결정적으로 왜소화된다. 또 김대중을 희생양(scapegoat)으로 만듦으로써, 김대중에 대한 동일시적 지지를 통하여 자신의 정치적 의사를 표현하고 있던 호남민중의 행위를 지역감정으로 낙인화하는 구조가 1988년 이후 기본적으로 유지된다. 이러한 낙인화 구조는 역사적인 호남 차별화 구조와 일치하기 때문에 '자연스럽게' 확대재생산되었다고 할 수 있다. 따라서 이 같은 낙인화를 통해 왜곡된 사회심리적

---

10) 미국에서 흑인들의 정체의식 및 정치의식의 성장에 대응하여 일부 백인들이 인종주의를 부추기면서 흑인운동의 선두에 선 말콤 엑스를 낙인화한 것이나, 잉글랜드 주민이 다수인 영국에서 웨일스 출신의 닐 키녹 노동당 당수를 지역감정에 의해 낙인화하는 역사적인 예들도 참고가 될 수 있을 것이다.

허상을 창출함으로써 호남배제를 정당화하고 더 나아가 여타 지역 대중에게 상대적인 심리적 보상을 제공하고 그들의 소외를 희석시키는 효과를 도모하게 된다.[11]

셋째, 이처럼 왜곡화된 반독재전선의 구도가 실체성 있는 것으로 정착하면서 반독재전선의 합류와 활성화는 이전보다도 더 제약된다. 하나로 합류해야 할 반독재 지향의 각 지역 민중들은 지역당적 구조로 정착된 여소야대 구조에서 잠재적인 정치적 경쟁자로 된다. 또한 김대중을 희생양으로 하는 사회심리적 낙인화 구조가 연속됨으로써 호남민중의 김대중 지지에 담겨 있는 적극적인 측면이 승화될 수 있는 계기를 상실하며, 김영삼으로 체화되어 있고 김종필로 왜곡되게 표출되고 있는 왜곡된 반독재의식이 수렴될 기회를 갖지 못하고 지역주의적인 대립의식으로 존재하게 된다.[12]

이런 점에서 필자는 현존하는 지역주의적 구도를 반민주 혹은 반독재의 극복과정에서 나타난 왜곡화 현상으로 규정하는 것이다. 필자가

---

11) 이런 호남 낙인화 구조는 전형적으로 '2국민 프로젝트(two nations project)'로서의 성격을 갖는다고 할 수 있다. 호남에 대한 역사적 차별에 조응하는 이 시기의 호남 낙인화는 비호남 지배연합의 정당화 이데올로기로 작용한다. 2국민 프로젝트는 복지국가에서의 '1국민 프로젝트'와 달리 복지수혜자에 대한 낙인화를 통해서 복지국가 해체와 재편을 정당화하는 새처정부 시대의 지배이데올로기로 작용하였다(Jessop, B., *Thatcherism: A Tale of Two Nations*, Cambridge: Polity, 1988). 그 국민 프로젝트는 "전략적으로 중요한 특정 국민의 지지를 동원하는 데만 관심을 갖고 동시에 그 프로젝트의 비용을 여타 국민에게 전가하는 것을 목적으로 하는 '제한된 헤게모니' 전략"이라고 할 수 있다(Jessop, *State Theory: Putting Capitalist States in Their Place*, Pennsylvania: The Pennsylvania State University Press, 1990).

12) 이러한 현상은 지배권력이 기존의 성장이데올로기, 반공냉전이데올로기 등에 더하여 지역주의적 이데올로기를 지배이데올로기로 활용하기 시작했음을 의미한다.

계속 강조하는 것은, 지역주의적 구도가 반독재 민주화의 성장으로 위기에 처한 독재정권의 지역주의적 분할전략에 의해 출현하게 되었고 민주세력 자신들의 분열 때문에 이것이 자율적 실체로 정착할 수 있었다는 점이다. 그런 점에서 지역주의적 정치구조는 반독재 민주화의 말기에 나타난 '민주 대 반민주 구도'의 왜곡태로 파악되어야 할 것이다.

한편 우리가 주목해야 할 점은 88년총선으로 출현한 여소야대 구조에서 이처럼 김대중 및 평민당이 지역감정의 화신과 동일시되어 그 정치적 성장이 제약되었음에도 불구하고, 김대중과 평민당(후에 신민당)이 수혜자 위치에 서게 되었다는 사실이다. 지역감정의 정치적 구조화로 김대중과 평민당이 피해자가 되는 측면만 있는 것이 아니라, 수혜자가 되는 측면도 존재하게 된다는 것이다. 실제로 지역당적인 여소야대 구조에서 김영삼과 민주당은 지역감정적 낙인화에서 2차적인 피해자로 되는 반면에 제2야당의 위치를 감수해야 했고, 김대중과 평민당은 지역감정적 낙인화에서 1차적인 피해자가 되었지만 제1야당이라는 수혜자 위치에 놓이게 되었던 것이다. 바로 이 점이 여소야대 구조에서 상대적인 소외감을 갖고 있던 김영삼을 후에 3당합당으로 나아가게 하는 주요한 동인이 된다.

2) 'TK 대 반TK 구도'에서 '호남 대 반호남'의 구도로 : 3당합당～92년대선

지역감정 왜곡화 과정의 3단계는 3당합당에서부터 92년대선까지의 시기라고 할 수 있다. 3당합당은 지역주의의 전개라는 점에서 다음과 같은 의미를 담고 있다. 즉 3당합당은 본질적으로 국민들의 반독재의식이 상당 정도로 높아지고 확산된 상황에서 군부가 전면에 나서지 않는 지배권력의 재집권을 실현하기 위한 사전 정지작업이었다고 할 수 있는데, 지역감정이라는 차원에서 보면 88년총선으로 조성된 지배구조의 모순성을 극복하려는 시도라고 할 수 있다.

한편 88년총선 이후 3당합당까지 시기의 구조가 갖는 특성은 다음과 같은 모순성에서 찾을 수 있다. 88년총선 이후 형성된 여소야대 구도는 사회심리적 구도로는 김대중-평민당-호남을 낙인화하는 구조였으나, 현실정치적으로는 왜소화된 TK정권 대 전국적인 반(反)TK정권의 구도였다. 반독재전선이 지역주의적인 정치적 분할구도에 의해 왜곡되면서 동시에 유지되고 있는 여소야대 구조는 ―야당들간의 정치적 지향의 불일치라는 점도 문제이지만―김대중-평민당에 대한 낙인화 구조와 반(反)민정당 야당연합에서 김대중-평민당이 제1야당으로서 갖는 주도성 간의 모순을 기본적으로 내재하고 있었다. 이러한 모순구도를 전향적으로 극복하느냐 혹은 퇴행적으로 극복하느냐 하는 선택이 바로 이 시기에 주어지고 있었으며, 집권당이 타협적 야당을 흡인하는 퇴행적 타개책이 현실화된 것이 바로 3당합당이다. 노태우정부 입장에서 보면, 지역분할 통치전략으로 재집권에는 성공하였으나 그 부작용으로서 여소야대 구조가 출현하고 지역적 기반이 오히려 협소해짐으로써 통치의 비효율성과 모순이 극대화된 시기였다고 할 수 있기 때문이다. 여기서 지배권력에게는 어떤 형태로든지 통치의 효율화를 위한 정계개편이 필수적인 과제로 제기되었다고 할 수 있다.

3당합당은 바로 이러한 모순성을 극복하면서 안정적인 통치구조로 회귀하기 위한 퇴행적 형태로 규정할 수 있다. 이것을 가능케 했던 것은 정치적으로 타협적인 성격을 지니고 있던 김영삼 야당지도자의, 대권을 반대급부로 하는 지배연합에의 투항적 참여였다. 이렇게 해서 3당합당은 내적 모순을 가지고 있던 'TK 대 반TK 구도'를 해체하고 ―역사적인 차별화와 당시의 낙인화 구도와 일치하는― '호남 대 반호남 구도'를 창출했다. 이것은 왜곡·전도된 사회심리적 허상을 기

때문에 정권교체를 열망하는 모든 표가 김대중으로 수렴될 수 없다는 점이 충분히 고려되지 못하였다. 더구나 87년대선의 경우에는 이른바 '민주 대 반민주'의 구도가 현실성 있게 존재하고 또한 대중들의 정서에 강력한 호소력을 가지고 있었으나, 전반적인 보수화와 역관계의 역전으로 '민주 대 반민주'의 대립구도가 흡인력을 가지지 못하는 상황에서는 김대중으로의 구심력보다는 원심력이 강하게 작용할 가능성이 객관적으로 컸다고 하겠다. 지배권력이 만들어놓은 왜곡된 구조 자체를 혁파하려는 시도 없이 그 구도 위에서 반민자당 유권자의 단일한 수렴을 호소하는 것은 현실적으로 성공하기가 어려웠다고 평가할 수 있다.

5. 김영삼정부 시기 지역감정의 정치적 구조화

1) '반호남 지배연합' 성립과 균열 : 1993년~95년 6·27지자체선거

92년대선은 한국이 30여 년 만에 군부정권 시대에서 민간정권 시대로 이행하는 계기가 된다. 이 대선은 타협적 야당지도자가 지배진영에 투항하여 그에 포섭된 상태에서 이런 야당지도자를 수반으로 하는 민간정권이 수립되었다는 점에서 위로부터의 민선민간정권 성립의 경로라고 볼 수 있다. 92년대선을 통해서 한국에는 1차 '보수적 민간정권'이 성립하게 되었으며, 비록 불안정성을 내재하고 있으나 한국형 군부파시즘에서 초보적인 한국형 부르주아 정치제제로 이행하는 본격궤도에 돌입하였다고 볼 수 있다. 이런 점에서 60년대 이후의 군부파시즘 시대라고 할 수 있는 한국 현대사의 한 '순환'의 종결과 새로운 순환의 시작을 의미한다고 할 수 있다. 그러나 이 민선민간정권 시대는 진정한 민주주의 시대와는 거리가 멀고 여전히 많은 왜곡성과 불완전성을 가지고 있었다. 이러한 왜곡성의 중요한 측면 하나는 반독재의 극복과정에서 고착화된 지역주의가 여전히 한국정치의 구조적 골격을 형성하고 있다는 점이다.

초기 김영삼정부에서 지역주의 및 지역감정 문제와 관련하여 중요한 변화가 나타났다. 첫째, 92년대선을 경과하면서 그간 지역감정을 정치적으로 왜곡하여 지배담론으로 활용하던 조건에 커다란 변화가 나타났다는 점이다. 기존의 지역주의적 구도는 호남민중의 지역주의적 투표를 지역감정으로 매도하는 것 위에 존재하고 있었다고 한다면, 이제 그러한 매도의 일방적 구조가 통용되기 어려운 조건을 부여하였다는 것이다. 그것은 먼저 3당합당이라는 반호남 지배연합에 대한 저항과 비판이 고조됨으로써 가능해졌다. 3당합당에 대한 도덕적 비판과 정치적 저항은 현존하는 지역주의적 구도 위에서 지배를 재생산하려는 지배블록의 의도를 상당 부분 투명하게 만들었고 이전처럼 김대중과 호남만을 낙인화하는 구조가 통용되기 어려워졌다는 것이다.

다음으로 중요한 계기는, 대선과정에서 지역감정의 왜곡된 구조화인 지역주의적 구도를 '악용'하는 부도덕한 사례가 노출되면서 만들어졌다. 이른바 '초원복국집' 사건 같은 것이 대표적인 예이다. 92년대선 이전에 있었던 부산기관장 모임의 대화에서는 김영삼의 당선을 위하여 지역감정을 노골적으로 이용하려던 시도가 투명하게 드러났다. 김영삼의 당선이 바로 이러한 지역감정의 적극적인 활용 위에서 가능했다는 점이 보다 분명하게 드러남으로써, 이른바 '지역감정'을 호남민중만의 정치적 태도로 낙인화할 수 없는 조건이 제공되었던 것이다.[14] 기존의 지역주의 구도가 호남 낙인화에 기초하는 것이었다고 하면, 이

---

14) 92년대선 이후 지역감정에 대한 서술이 보수언론에서 사라지게 된 것은 김대중의 은퇴라는 요인과도 연관이 있지만, 지역감정을 호남에 대한 낙인화 구도로 활용할 수 없게 되어버린 조건 때문이기도 하다.

제는 패권지역의 은폐된 지역감정이 노출됨으로써 지역주의적 구도는 정치적 실체이지 더 이상 도덕적 실체가 아니게 되었다. 이 부도덕한 모임에서 꾀한 부도덕한 몰표시도는 호남민중의 몰표를 지역감정으로 낙인화하던 보수언론과, 지역감정과 관련된 지역주의적 허위의식의 본질을 투명하게 드러내는 계기가 되었다는 것이다. '호남 대 비호남'의 대립구도와, 지역감정에 편승하여 당선된 정권의 부도덕성은 역설적으로 지역감정이라는 지배권력의 주요한 담론을 실종시켰으며, 적어도 그것을 유력한 지배적 담론으로 활용하기 어려운 조건이 조성되었다. 이리하여 지배적 담론은 '호남민중의 지역감정이 문제'라는 식에서 '모든 지역의 지역감정과 지역주의가 문제이다'라는 식으로 전화되게 된다. 기존에는 패권지역의 '패권적 지역주의'가 드러나지 않았으나 이제는 그것이 명확해짐으로써 일종의 '수평적 지역주의' 시대가 나타나게 된 것이다. 이것은 이미 지역주의라는 지배적 담론이 지배를 정당화하는 식으로 작동할 수 없게 되었음을 의미한다.

셋째로, 지역주의적 분할을 지배체제의 재생산에 이용하고 그러한 지역주의적 담론에 적당히 편승하는 지식인들의 논의에 대한 지적 비판이 보다 강화되었고 이것이 여론의 '중립화'에 일정하게 기여하였다는 점을 들 수 있다. 지배이데올로기의 중요한 일부를 이루는 지역주의 이데올로기의 재생산에서 지식인의 역할은 중요했기 때문에, 이러한 비판의 강화는 현실정치적 의미까지 지니고 있었다. 강준만의 『김대중 죽이기』『김영삼 이데올로기』『전라도 죽이기』같은 일련의 저작은 지역주의의 진실을 은폐하고 지역주의적 지배담론에 '양비론'적으로 적당히 편승하는 지식인들의 논의를 교정하는 데 기여하고 여론의 향배에 대해서도 일정하게 영향을 미쳤다고 생각된다.[15]

---

15) 이에 대해서는 강준만의 책을 비롯하여 지역 차별적 논의들을 비판하는 저작

그럼, 김영삼정부의 정치변동과 연관시켜 지역주의의 변화를 살펴보기로 하겠다. 반호남 지배연합에 기초하여 성립한 김영삼정부는 초기에 개혁 드라이브를 통해 군부권위주의 정권의 인적·제도적 청산을 하는 데 일정한 진전을 본다. 정치지향적 군부세력의 청산과 처벌을 포함하는 군부개혁, 통합선거법 제정 등 정치개혁, 고위 공직자 재산공개의 실시와 비리에 연루된 부패연루 인사들에 대한 사정과 처벌, 금융실명제 실시 등 김영삼에 대한 지지를 90% 이상으로 치솟게 하는 개혁을 초기에 실시한다. 당시의 지지율은 지역마다 편차는 있었으나 전국적으로 고른 편이었다. 더구나 대선 실패 이후 김대중이 은퇴한 상태였기 때문에 야당에는 정치적 구심점도 없는 터라, 김영삼의 정치적 주도성은 대단히 강력하게 존재하고 있었다.

그러나 반호남 지배연합은 1994년 이후 점차 균열이 가게 된다. 다음과 같은 여러 가지 요인에 의해 반호남 지배연합이 갖는 내적 모순이 표면화되었던 것이다. 먼저, 반호남 지배연합의 한 축이었던 김종필이 지배연합으로부터 독자화하여 충청지역을 주요 기반으로 하는 지

들이 발표된 바 있다. 강교수의 글로는 『김대중 죽이기』(개마고원, 1995),『김영삼 이데올로기』(개마고원, 1995),『전라도 죽이기』(개마고원, 1995)가 있다. 이외에도 황태연,『지역패권의 나라: 5대 소외지역민과 영남서민의 연대를 위하여』(무당미디어, 1997); 김환태,『호남죽이기 정면돌파』(쟁기, 1993); 김만흠,『한국정치의 재인식』(풀빛, 1997) 등도 있다. 강교수에 대한 비판서로는 소준섭,『독설과 편견 : 김대중주의자 강준만 교수에 대한 도발적 반론』(자작나무, 1997) 등을 예로 들 수 있다. 강준만 교수, 유시민, 손호철 교수 간의 논쟁에 대해서는 다음을 참조. 강준만,「손호철 교수님께 드리는 글」,『인물과 사상』 2, 개마고원, 1997; 유시민,「반론 : 성역 파괴자 강준만의 미덕과 해악」,『인물과 사상』 4, 개마고원, 1997; 강준만,「재반론 : 지식인의 생명은 자기성찰」,『인물과 사상』 4, 개마고원, 1997; 유시민,「유시민의 자기성찰. 발본색원주의와는 타협할 수 없다」,『인물과 사상』 6, 개마고원, 1998; 손호철,『3김을 넘어서』, 푸른숲, 1997; 유시민『'97대선 게임의 법칙』, 돌베개, 1997.

역정당으로 분리되었다는 점이다. 김영삼정부는 1994년 말과 1995년 초에 김종필을 민자당 대표직으로부터 '명예은퇴'시키고자 하였다. 김영삼정부의 중심 분파라고 할 수 있는 민주계의 시도에 대해 김종필은 자신의 '고사작전'이라고 반발하고 민자당을 탈당하여 '자유민주연합(자민련)'을 창당한다. 둘째, 김영삼정부하에서의 ―제한된―개혁과정에서도 기본적으로 독재정권 시대를 관통하여 유지되어 온 경제적·정치적·인사상의 불균형과 차별이 교정되지 못했다. 대구·경북지역과 부산·경남지역, 충청지역을 기반으로 하는 지역연합적 성격을 지닌 김영삼정부는 그 지역적 기반 때문에 효과적인 역차별정책을 구사하지 못하고, 오히려 후반으로 갈수록 자신의 직접적인 지역기반인 부산·경남(PK) 지역 중심으로 인사상의 편중이 심화됨으로써 지역문제에 관한 한 퇴보된 양상마저 보였다. 다음으로, 반호남 지배연합의 정치적 기반이 더욱 균열되었다는 점이다. 김영삼정부는 초기 개혁 드라이브 속에서 정치적으로 상당히 안정성을 유지할 수 있었으나, 1994년 이후로는 재벌 및 관료세력 등 기득권세력의 음성적·양성적 저항이 확산되었다. 이 기득권세력은 개혁의 진행과정에서 나타난 과정적·절차적 문제점, 경제의 침체 및 대북한 정책상의 '제한된' 진보성[16] 등을 구실로 김영삼정부에 대해 사보타주를 하거나 더 나아가 적극적인 저항을 가시화하게 된다. 이에 대해 김영삼정부는 일관된 정책적 지향을 견지하지 못하고 보수지향성과 (제한된) 진보지향성 사이에서 동요하면서 적절하게 대응하지 못함으로써 그 불안정은 더욱 심화된다. 이러한 반개혁적 도전과 함께, 개혁의 불철저성과 한계성을 비판하는 진보개혁세력의 도전은 김영삼정부를 더욱 약화시키게 된다. 초기에 진보개혁적인 세력은 김영삼정부에 대한 도전 자체를 전면화하지 않았

---

16) 이인모 노인의 송환 등을 예로 들 수 있다.

으나, 점차 국제화(1994), 세계화(1995)라는 구호 아래 국정지표를 국가경쟁력 강화의 방향으로 보수적 선회를 하고 또한 성장하는 민중운동에 대한 탄압을 강화하자, 이에 대응하는 전면적 저항이 나타나게 된다. 결국 이상의 여러 측면에서의 도전은 반민자당 분위기를 전국민적인 것으로 만드는 계기로 작용한다.

2) 새로운 상층정치연합을 향한 경쟁 : 1995년~97년대선

이러한 정치적 불안정성 속에서 1995년 6·27지자체선거를 결정적인 계기로 하여 김영삼정부의 성립을 가능하게 하였던 '3당합당'적 구도가 와해되고 다시금 3당합당 이전의 지역주의적 구도로 전환된다. 6·27선거 결과는 지역주의적 투표경향이 더욱 강화되었음을 보여주었는데, 3당합당으로 표상되는 반호남 지배연합이 결정적으로 균열되었음을 드러냈다.[17] 즉 민자당은 부산·경남, 민주당은 호남 및 수도권, 자민련은 충청지역에서 지역주의적 몰표를 받았다.[18] 이것은 집권당이 3당합당을 통해 달성하고자 했던 '전국적 정당'으로서의 성격이 약화되고 부산·경남지역 및 (부분적 이반으로 보이는) 대구·경북지역에 기초한 정권으로 다시 왜소화되는 것을 의미하였다.

이처럼 김영삼정부의 정치적 불안정화가 정당구조의 새로운 재편성

---

17) 그동안 반호남 지배연합하에서 지역주의적 구도는 마치 '소멸'된 것처럼 보이기도 하였다. 그러나 6·27선거는 지배권력의 지역주의적 지배전략 일환으로 정치적으로 구조화된 지역감정이 여전히 한국정치의 내재화된 부동의 구조적 특징으로 존재하고 있음을 보여주는 것이기도 했다. 1996년 4·11총선에서 탈지역주의를 내건 제도정치 내의 개혁그룹과 온건 시민운동의 노력이 참패하게 되는 것도 이러한 지역주의의 높은 벽을 실감케 하는 사건이기도 하였다.

18) 더 자세한 사항은 제3장 4절 참조.

으로 나타나지 않고 지역주의적 구도[19]로의 복귀 형태를 띠고 있다는 점이, 이후 상층정치연합의 재편을 바로 그러한 지역주의적 구도 내에서의 '합종연횡'의 형태로 나타나게 만든다.

그 건재함이 재확인된 이러한 지역주의는 민주주의 이행과 관련하여 이중적인 의미를 담고 있다. 한편에서 지역주의적 구도는 지배연합을 구조적으로 불안정하게 함으로써 한 단계 높은 단계로의 민주주의 이행을 가속화하게 되는데, 그것은 정당정치의 지역주의적 구도의 고착화가 새로운 지배블록의 형성과 그 내부에서 한 분파의 헤게모니적 위치를 어렵게 하기 때문이다. 그리고 지역주의적 구도로 인해 집권당 반대지역(호남이나 충청 등)에서 대중들을 부정적인 여론으로 동원하기가 용이하다는 현실적 이유 때문이기도 하다. 따라서 이것은 지배블록의 정치적 안정성을 확보되기 어렵게 함으로써 이행을 가속화하는 효과를 갖는다. 민주주의 이행과정에서 지배블록 구성상의 변화가 나타난다. 즉 현재 지배블록의 헤게모니 분파가 극우파쇼적 부르주아지에서 자유주의적 부르주아지로 변화해 간다. 그러나 지역주의적 구도는 각 정파의 구성을 복잡하게 만들며(보수에서부터 자유주의적 분파까지), 그중 한 정파가 헤게모니적 정파로 부상하는 것을 억제한다. 결국 당분간 이러한 지역주의적 구도가 허물어지지 않는 한, 헤게모니 정파를 중심으로 한 안정적인 지배블록의 재구축이 어렵다는 것을 의미한다.

다른 한편에서 정당정치 영역의 지역주의적 분할은 현존하는 정치구도를 '계급정치'적 정치구도로 이행하는 것을 제약하게 된다. 즉 정당정치의 지역주의적 분할의 고착화는 지역을 뛰어넘는 정책적 대결구도

---

19) 한국정당의 중요한 특징 하나는 "권위주의 정권에 대한 도전과정에서 형성된 강력한 카리스마적 정치지도자의 존재와 이들에 의해 독점적으로 동원되는 지역적 권력자원이다"(정기영, 「한국의 민주화와 정당정치에 관한 연구 : 야당의 구조적 성격을 중심으로」, 서울대학교 정치학과 박사학위논문, 1998).

340

혹은 이념적 대결구도로의 이행을 어렵게 한다는 것이다. 지역민중들의 지역주의적 동일화는 지역변수를 제외한 여타의 변수들을 투표행위 등 정치행위에서 무의미하게 만들기 때문이다. 반대정파가 갖는 비(非)지역주의적 요소들은 모두 지역주의적인 방향에서 환원론적으로 재해석되고, 지역주의적 구도 내에서 보수와 진보의 차이는 부차화된다.

또한 지역주의적 구도는 수구보수세력의 입지 강화와 부활을 가능하게 한다는 점에서 한국 정당정치의 이행을 지체시키는 효과를 갖는다. 김영삼정부의 붕괴는 김대중정부 수립이라고 하는 '상대적으로 진보적인' 대안이 현실화되는 기초가 되기도 했으나, 그만큼 지역주의라는 이름으로 구지배세력 혹은 보수적 기득권세력의 기반을 강화시키기도 했다. 즉 대구·경북지역에서 '박정희 복고' 바람이 불고,[20] 김종필이 충청권에서 재부상하게 되었던 것이다. 이것은 지역주의를 등에 업은 보수적인 구기득권세력의 정치적 복원과 성장을 가능하게 한다는 것을 의미한다. 지역주의라는 이름으로 구지배세력 더 나아가 박정희세력 같은 보수적 기득권세력의 정당화가 이루어진다는 점에서,[21] 지역주의에는 민주주의의 위기적 요인이 도사리고 있는 것이다.

이런 양면성을 갖는 지역주의적 구도가 부활하는 속에서, 97년대선의

---

20) 1997년에는 박정희 신드롬이라는 이름으로 박정희에 대한 복고적 향수가 나타났고, 97년대선 후보들이 앞다투어 박정희의 이미지를 차용하려는 시도가 나타나기도 했다. 이러한 복고의 여진 속에서 박정희의 딸 박근혜가 1998년 4월 대구·경북지역 보궐선거에서 당선되기도 하였다.

21) 과거 1988년 '여소야대' 구조에서 김종필은 보수성을 표방하지 않았다. 당시 김종필은 공공연히 탈보수적인 '야당'이고자 하였다. 그러나 1997년의 정세 속에서는 오히려 '떳떳한 보수주의자' '유신독재의 적자(嫡者)'를 자처하였다. 민주주의가 과도기적으로 방향을 상실한 상황에서 대구·경북지역의 '박정희주의자'들은 이제 '박정희의 적자'를 주장하기도 한다. 이에 대해서는 이 책의 제2장 2절을 참조.

집권을 향한 경쟁이 시작된다. 이 시기 정치변동의 한 가지 계기는 1995년 11월의 노태우 구속과 12월의 전두환 구속이었다. 김영삼정부 초기에 광주항쟁의 진상규명과 책임자 처벌 문제는 김영삼정부의 상대적으로 전향적인 평가에 의해 역사에 묻히는 듯했다. 김영삼정부는 '역사바로세우기' 차원에서 12·12사태를 —비록 군사반란으로 규정하지는 않았으나— '쿠데타적 사건'으로 전향적으로 규정하였고, 광주항쟁을 광주민주화운동으로 재평가하였던 것이다. 그러나 이 과정에서 진상규명이 철저하게 되지 않고 관련자들의 사법적 처벌 또한 이루어지지 않았다. 그러나 1995년 7월, 검찰에서 "5·18 비상계엄의 확대에서 전두환의 취임으로 이어지는 일련의 행위가 사법적 심사의 대상이 아니라는 이유로 '공소권 없음'" 결정을 내리는 것을 계기로 하여, 5·18내란 주동자의 처벌과 진상규명을 위한 투쟁이 고양된다. 여기에 1995년 10월, 박계동 의원이 노태우 비자금 사건 폭로를 계기로 하여 김영삼은 전두환과 노태우의 구속 및 사법적 처벌을 단행하게 된다. 현존하는 지역주의적 구도 속에서 이 사건은 한편으로는 1996년 4·11총선에서 신한국당이 참패를 모면하는 계기가 되었지만,[22] 다른 한편으로는 대구·경북지역에서 김영삼정부에 대한 이반심리가 확대되는 계기도 되었다. 지역주의적 구도는 처벌에 대한 방어적 정서를 촉발하는 계기를 만듦으로써 대구·경북지역에 기반을 둔 정치세력이 97년대선에서 자민련 등으로 이동하는 결과를 낳았던 것이다. 이러한 방어적 정서를 강화하는 데 보수언론이 큰 역할을 한 것은 물론이다.

　반호남 지배연합의 균열과 그것의 지역주의적 구도로의 '환원적 재

---

22) 4·11총선의 결과는 전체 의석 299석 가운데 신한국당이 139석, 국민회의 79석, 자민련 50석, 민주당 9석, 무소속 16석이었다. 물론 이것은 신한국당이 과반수를 차지하지 못하는 여소야대 구도였으나, 당시의 지지도를 감안할 때 선전을 한 것으로 '평가' 되었다.

편'은 97년대선을 기본적으로 이러한 지역주의적 분할하에서 —그것을 전제로 하고서—지배적 상층정치연합을 구성하기 위한 경쟁으로 전개되게 만들었다. 대선까지의 과정에서 다양한 상층정치연합이 구성될 가능성이 주어졌던 것이다. 주지하다시피 97년대선에서 국민회의와 자민련을 중심으로 한 상층정치연합이 균열된 신한국당(후에는 한나라당)과의 대결에서 승리하였다. 본질적으로는 신한국당이 균열된 지역주의 정당으로 왜소해졌음에도 불구하고, 이회창은 그 자신이 갖고 있던 반(反)부패와 이른바 '법대로' 이미지에 힘입어 1997년 초에는 높은 지지를 받고 있었다. 당시 국면에서는 신한국당 후보 이회창이 압도적으로 승리할 것으로 예견되었다. 그러나 그해 중반 이회창 후보의 아들 병역문제가 노출되면서 김대중이 승리할 것으로 예견되는 국면으로 전환하게 된다. 이러한 부침을 거듭하던 대선경쟁에서 국민회의는 자민련을 포함하여 반(反)김영삼 대구·경북세력을 영입하여 신한국당에 대항하는 범(汎)보수 상층정치연합을 구성하고자 했던 것이다 (1997. 10. 31. DJT 단일화 합의). 이에 반해 신한국당은 1997년 11월 15일, 민주당과의 통합을 통한 상층정치연합으로 대응하고자 했다. 그러나 민주당과의 통합으로 일정한 지지를 확보했으나, 일부 분파가 국민신당으로 분열되어 나가게 된다. 바로 이러한 조건 위에서 국민회의와 자민련으로 구성되는 야당연합이 대선에서 승리하는데, 이 승리에는 야당연합의 성공적인 구성 이외에도 지배블록의 극단적인 내부분열, 이회창 개인에 지나치게 의존하는 선거전략, 반공분단 조건을 이용한 이른바 '북풍' 조작 시도에 대한 '역대응', 성공적인 미디어 선거전략 등과 같은 요인이 작용했던 것으로 보인다.[23]

1997년 12월 대선을 통해 실현된 야당연합의 집권은 한편에서는 수

---

23) 대선에서 야당연합의 승리에 대해서는 제3장 4절 참조.

십 년 동안의 극우보수 지배체제의 교체라는 점에서 정치사적으로 중요한 의미를 갖고 있으며, 다른 한편에서는 지역주의적 구도가 전제된—침식되지 않은—위에서 '균열된 반호남 지배연합'에 대항하는 "대항 지역주의'적 상층정치연합"으로서의 제한된 성격을 지니고 있다고 하겠다.

먼저 60년대 이후 한국사회는 군부독재정권이 주도하는 '파쇼적'이고 극우반공적인 지배블록에 의해 통치되어 왔다. 이 시기에는 극우반공세력을 제외하고서는 —심지어 자유주의적 세력마저도 —국가권력에 접근할 수 없었다. 정당정치 영역은 국가권력의 장악을 둘러싼 정치적 경쟁의 장으로서의 의미가 축소되고 군부독재정권이 보장하는 제한된 정치적 대의(代議)의 장으로 위치지어졌다. 그 결과, 집권여당은 계속 그 지위를 누리는 반면에, 야당은 만년 야당으로 머무는 폐쇄적 정치구조가 지속되었다. 이 같은 상황에서 비록 야당연합정권이기는 하지만, 김대중정부의 성립은 이전의 극우보수적 지배구조의 전환이라는 의미를 담고 있다. 더구나 김대중 및 김대중세력은 반독재 저항운동에 참여하였던 '자유주의적 야당세력' 중 상대적으로 '비타협적'인 분파였기[24] 때문에, 김대중정부의 수립은 한국의 민주화 과정에서 '일보 전진'을 의미한다고 할 수 있다. 또한 그동안의 지역주의적 구도에서 가장 소외되고 억압받던 지역, 그리고 광주항쟁으로 대표되는 극단적 탄압과 전투적 저항의 경험이 체화된 지역을 기반으로 하고 있다는 점에서, 기존의 극우보수적인 지역주의적 '지배'의 균열의 폭을 확장하는 데 기여할 것으로 평가할 수 있다.

그러나 김대중정부의 수립은 자율적 실체로 전화된 지역주의적 구도 그 자체를 전제하고 성립한 '지역주의적 상층정치연합'으로서의 성격

---

24) 이에 대해서는 이 책의 제3장 5절 참조.

을 지녔다는 점에서 한계를 가지고 있다는 점도 지적되어야 한다. 물론 국민회의가 단순히 지역주의적 정당으로만 규정될 수 없는 '전국적' 정당으로서의 성격도 지니고 있다. 흔히 이야기하는 바와 같이, 호남뿐만 아니라 수도권에서 다수의 지지를 받고, 그 밖의 지역에서도 일정한 지지를 받고 있다. 그러나 3당합당으로 성립한 반호남 지배연합이 균열된 상태에서, 김대중정부는 반호남 지배연합으로부터 이탈한 지역주의적 세력들 — 물론 보수적인 세력들을 포함하여 — 의 연합으로 성립하였다. 과거 김영삼정부가 반호남 지역연합으로서의 성격을 지니고 있었고 그 연합에서 김종필로 대표되는 세력이 이탈함으로써 지배연합이 균열되었던 것처럼, 김대중정부를 가능케 한 지역연합 역시 동일한 내적 불안성과 균열 가능성을 지녔다고 볼 수 있다.[25] 또한 극우보수적인 세력과 온건자유주의적 세력의 연합으로 성립하였기 때문에 김대중정부의 정책적 지향이 복합적으로 착종되어 나타나게 되고 이는 김대중정부의 지속적인 내적 모순으로 존재하게 될 것이다. 김대중정부는 바로 이러한 지역주의적 구도에서 수구보수적인 세력과의 연대로 성립하였다는 점에서 내적 딜레마를 안고 있다. 물론 현존 정치적 조건에서 이것은 '불가피'하다고 판단할 수도 있겠지만, 이런 불가피성에서 주어진 본질

---

25) 특히 지역주의적 구도는 지역주의적 야당들의 기반지역에서는 지역주의라는 이름으로 집권당에 대한 부정적인 여론을 동원·확산시키는 것이 대단히 용이하다. 1998년, 김대중정부의 초기 인선과정에서 '호남 편중인사'라는 비판은 그 사실의 진위 여부를 떠나서 이 같은 비판만으로도 특정 지역에서 부정적 여론 조성이 가능했던 현실을 염두에 두면 될 것이다. 물론 이러한 지역주의의 심화는 지역주의적 틀 내에서 자신의 정치적 위치를 강화하려는 정치지도자의 행동에 의해 현실화된다. 예컨대 선거기간이면 난무하는 지역주의적 언어들 — 핫바지론, 푸대접론, 2중대론, 등권론 등 — 은 분명히 각종 정치적·사회적 변수들을 잠재화시키면서 지역이 투표행위의 압도적인 변수로 작용하도록 만든다.

적 딜레마가 존재한다는 점도 인식되어야 한다.

3) 지역주의적 구도의 변화전망

필자가 여기서 주목하는 것은 김대중정부의 성립이 기존의 지역주의적 구도와 지역감정에 대해 갖는 영향이다. 먼저 기존의 지역주의적 구도 내에서 가장 소외받는 지역을 기반으로 한 정부가 성립한 것이기 때문에, 김대중정부는 기존의 '수직적 지역관계(지역주의)'를 '수평적 지역관계(지역주의)'로 전화시킬 것이라는 점이다. 우리가 대구·경북 지역의 지역주의를 '패권적 지역주의', 호남의 지역주의를 '저항적 지역주의', 충청의 그것을 '반사적 지역주의'로 규정한다면,[26] 김대중정부는 바로 독재적 질서 속에서 소외받으면서 그것에 '진보적'으로 저항한 지역주의를 배경으로 하고 있었다. 그러나 김대중세력이 집권당이 됨으로써 기존의 수직적 지역관계에서의 불평등성을 이야기할 수 없는 구조로 나아가게 된다는 것이다. 물론 기존의 기득권세력들이 강고하게 존재하고, 또 기존의 수직적 관계 자체가 단기적으로 극복되지 않을 가능성이 크지만, 호남차별이 존재함으로써, 또한 호남대변 정치세력이 국가권력으로부터 소외되어 있음으로써 그러한 수직적 지역관계가 유지·재생산된다고 말할 수 없는 것만은 분명하다. 즉 지역감정이나 지역주의의 정치적 맥락이 변화하게 된다는 것이다. 독재정권 시기의 구도로 보면 '민주'세력[27]이 지배세력 혹은 집권세력이 되었다

___

26) 이러한 지역주의는 사실 지역민중들의 경제적·정치적 이해와는 구별되어야 한다. 본질적으로는 이것은 지역엘리트 혹은 중앙권력에 진출한 지역엘리트들의 이해에 직접적인 기반을 두고 있는 것이다. 단지 현존 지역주의에 민중들이 이데올로기적으로 포섭되어 있는 만큼 이것은 지역민중들 자신의 문제로 환치될 따름이다.

는 것이다. 그동안 지역차별에 저항하는 저항적 지역주의는 반독재 민주화운동과 결합되어 있었으나, 이제 그것이 변화된 것이다. 또한 과거의 영남민중(물론 전부는 아니다)은 '패권적 지역주의'에 동일시되어 있었는데, 자신들이 동일시한 정치적 집단이 야당이 되었다. '패권적 지역주의'적 정서는 이제 다시 재정향되어야 하는 조건에 놓였다.

거시적 차원에서 볼 때, 한국사회는 기존의 '민주 대 반민주' 구도가 해체되고 포스트(post) '민주 대 반민주' 구도로 이행하는 과정에 있다고 할 수 있다. 이러한 이행과 관련하여, 두 가지 이슈가 제기될 수 있다.

첫째는, 저항적 지역주의가 —지배화된 보수로 흡수되는 것에 대응하여 —새로운 진보의 동력으로 분화·흡수될 것인가 아닌가 하는 점이고 둘째는, 패권적 지역주의에 포섭된 지역민중이나 반사적 지역주의에 포섭된 지역민중들이 극우보수적 세력으로부터 분리될 것인가 하는 점이다. 이 두 가지 측면에서, 과거의 저항적 지역주의와 패권적 지역주의는 변화될 수밖에 없는 조건에 놓이게 되었다.

지금까지 저항적 지역주의는 야당과 동일시되고 패권적 지역주의는 여당과 동일시되던 것이 이제 역전됨으로써 변화를 강요당하고 있는 것이다. 저항적 지역주의의 경우, 오랜 반독재투쟁과 광주항쟁의 역사적 경험 때문에 포스트 김대중 시대에 있어 단순히 지역주의적 정당에 대한 지지로만 남아 있을 수 없는 진보적 요소를 지니고 있다. 반독재 개혁의식을 지역감정으로 낙인화하는 지역패권주의적 이데올로기 속에서, 호남민중의 적극적인 의식은 역설적으로 지역주의적 구도를 뛰어넘어 진보적 정치동력으로 승화되지 못하고 김대중에 대한 '혈연적

---

27) 엄밀하게는 민주진영에 참여하였던 제도정치세력 중의 일부가 집권세력이 된 것이다. 민주진영의 급진분파나 제도정치세력과 일체화되지 않은 세력들이 집권세력에 참여한 것은 아니지만, 민주의 상징성을 일정하게 갖는 세력이 집권에 참여하게 된 것만은 분명하다.

인' 압도적 지지로 표출되었지만, 이제 변화된 조건은 바로 이 같은 일체화에 일정한 변화가 나타날 것을 강제하게 된다.[28]

그런가 하면 영남의 진보적 지향을 갖는 민중들의 경우 자신들의 정치적 지향과는 관계없는 극우보수세력 및 이들과 연대한 온건자유주의적 세력을 지지하게 되는 의식의 모순성을 갖게 되었다. 그동안 반(反)민주적인 집권정당에 대한 지지로 전락할 수 없는 적극적 요소가 패권적 지역주의에 잠재화되어 있었다. 민주적 지향을 갖는 영남민중의 입장에서 보면, 자신을 억압하는 권력을 —특정한 방향으로 구조화된 —지역감정에 기초하여 압도적으로 지지해 왔는데, 이것은 앞서 지적한 바와 같이 3당합당 이후의 의식적 모순성이 적극적 대안이 없는데다 또 왜곡된 허상을 넘어설 수 있는 조건에 이르지 못한 상태에서 퇴행적으로 나타난 것이라고 평가할 수 있다. 하지만 이들 세력이 야당이 된 조건에서는 더욱 모순적이고 복합적인 의식상황에 놓이게 될 것이고, 그런 만큼 변화를 강요당하게 될 것이다.

한 사회의 기본모순은 계급모순이다. 그러나 계급모순은 현실적 조건에 따라 상이하게 표상되게 되고 조건에 따라 다양한 주요모순과 결합되어 표출된다. 바로 그 예가 '반민주 대 민주'의 대립구도라 할 수 있는데, 이 대립구도는 말기에 지역주의와 결합되면서 복잡한 양상을 띠게 되었다. 거시역사적으로 보면, 우리 사회는 이제 '민주 대 반민주'의 구도가 해체되어 가면서 이른바 '보수 대 진보'의 구도로 이행해 가고 있다.[29] 이른바 '계급정치'의 구도이다.

필자는 김대중정부의 성립까지를 포함하여 한국의 지배블록은 과거

---

28) 현실적으로 이러한 분화는 김대중이 기득권세력 속에서 이른바 '개혁'을 진행해야 하는 대통령 재임기간에는 현실화되지 않을 수 있고, 포스트 김대중 시기의 쟁점이 될 것이다.

29) 이에 대해서는 제6장 참조.

의 파쇼적이고 극우적인 보수가 '자유주의적 보수'로 이행해 가는 과정에 있고, 민주세력 역시도 ─일부는 자유주의적 보수로 흡수되어 가겠지만 ─기본적으로 보수에 대응하는 진보로 재정립되어 가야 한다고 본다. 그동안의 이행과정에서 반민주에 대립하는 민주의 강력한 동력이었던 저항적 지역주의는 이제 한편에서는 새로운 '자유주의적 보수' 혹은 지배로 분화되어 가지만, 다른 한편에서는 진보로 분화되어 가야 한다. 패권적 지역주의의 경우도 마찬가지다. 이 역시 수구보수적 야당의 동력일 뿐만 아니라 ─그러한 수구보수적 지역정당에 동일시될 수 없는 요소가 있기 때문에 ─진보의 동력으로 전화되어 가야 한다. 현실적으로 지역주의의 장벽 때문에 패권적 지역주의는 자유주의적 보수를 지향하는 여타의 경쟁적인 지역주의 정당에 대한 지지로 전화되기가 어렵다(구체적으로 영남민중이 새로운 집권당을 지지하는 것이 현실적으로 어렵다는 것이다).

이런 점에서 현존 지역주의의 변화에는 '진보적 분화'의 방향과 '보수적 고착', 두 가지 방향이 있을 수 있다고 생각한다. 특히 중기적인 측면에서 보면, 이른바 김대중정부의 종결은 3김시대 '이후 시대'를 열게 되고, 지역주의는 어떤 형태로든 변화를 강요받게 될 것이다. 반독재투쟁 과정에서 3김은 일정하게 지역대중과 '혈연적'인 동일시 ─김종필의 경우는 반사적 동일시의 성격이 강하지만 ─의 관계가 형성된 측면이 있다. 그러나 3김시대 이후에는 이러한 동일시 관계가 해체되기 때문에 기존의 지역주의적 구도는 변화를 강요받게 된다. 문제는 지역주의 속에서 그 분화가 억제되었던 보수와 진보의 분화가 포스트 3김 시대에 어떻게 진전될 수 있는가 하는 점이다.

이 점과 관련하여, 이미 지역주의적 구도에서 기득권을 갖는 세력이 존재하기 때문에 먼저 지역주의적 구도의 보수적 고착 가능성이 존재할 것이다. 3김시대 이후에도 지역주의적 구도를 유지하면서 그 속에서 지역 '기득권' 세력이 자신의 정치적 기득권을 유지하는 경우이다. 이것의 하위형태이겠지만, 지역주의적 구도의 진보적 분화에는 못 미치더라도 현존하는 지역주의적 구도에서 헤게모니적 분파가 나타나면서 지역주의가 일정하게 약화되는 경우도 상정할 수 있다. 필자는 현존하는 지역주의는 단순히 지역지지의 수평적 이동으로 변화하기란 대단히 어렵다고 본다. 훨씬 적극적인 방향에서 기존의 지역주의적 구도를 뛰어넘는 '탈(脫)지역주의적인 전국적인 진보개혁적 정치세력'이 형성됨으로써 지역주의적 구도가 보다 진보적으로 극복되는 경우가 바람직할 것이다. 이를 위해서는 영남의 민중이 수구보수적인 야당의 소극적 지지자로 남아 있는 상태를 극복하고, 호남의 민중이 자신의 진보적 지향을 포스트 김대중 이후 진보정치세력에 대한 지지로 적극적으로 표출할 수 있어야 할 것이며, 나아가 그 전제로서 대안적인 정치지향의 구심이 만들어져야 하며, 현존 지역주의적 정당구조가 진보적 분화를 이룰 수 있어야 한다고 생각한다.[30]

---

30) 이 글의 논의 가운데서 충분히 드러났듯이 필자는 현재의 지역주의적 구도가 출현하게 된 중요한 요인 중의 하나가 양김씨의 분열이었다고 생각한다. 그동안 여러 차례의 '유의미한' 탈지역주의적 시도가 이루어져 왔다. 1989년 평민당과 통일민주당의 통합도 한 예가 될 것이다. 강준만(『김영삼 이데올로기』)도 김대중과 김영삼의 연합론을 제기한 바 있는데, 비록 '자유주의적 보수'의 성격을 지니고 있지만 이것은 현존하는 지역주의적 구도를 넘는 탈지역주의적인 정치적 구심이 만들어져야 한다고 믿었기 때문이다. 그러나 양김씨의 연합론은, 김영삼과 구지배세력이 연합함으로써 이미 '민주적인' ─비록 급진적인 것은 아니라고 하더라도─ 탈지역주의적인 정치적 구심이 만들어질 가능성이 없어짐으로 해서, 사실 3당합당 이후 그 현실성이 더욱 없는 것으로 전화되었다. 97년대선에서 김영삼세력(신한국당 내 민주계)의 분열이 하나의 계기일 수 있었으나, 이 역시 신한국당에서 탈당한 국민신당세력이 영남민주세력의 상징성을 전폭적으로 획득하지 못했기 때문에(민주계의 정치적 이해관계로, 한편으로 이회창계와 연대하고 다른 한편으로 이인제와 연대하게 됨), 그러한 가능성은 재출현하지 않았다고 하겠다. 1998년 시점에서 국민회

앞서 지적한 대로 현존 지역주의적 구도는 반민주의 극복과정에서 나타난 왜곡화의 결과이다. 현존 지역주의는 단순히 지배세력의 지역분할전략에 강요됨으로써 성립한 '타도되어야 할 외적 대상'만은 아니다. 주체적 분열을 매개로 하여 '전도된' 자율적 실체로 정착하였다는 점에 문제의 복잡성이 있다. 전도된 자율적 실체로서의 지역주의는 제도야당 및 저항진영의 지역주의적 분열을 야기할 뿐만 아니라 지배블록의 지역주의적 분열을 불러일으킴으로써 안정적인 지배블록 형성 자체를 어렵게 만든다. 이미 설명하였듯이, 노태우정부는 —보수언론의 지원을 받으면서— 호남의 몰표라는 현상적 양상을 매개로 김대중과 호남을 낙인화하는 구조에서 자신을 재생산해 왔다. 그러나 이러한 양상은 역설적으로 지역주의적 구도를 고착화하였고 그것이 더욱더 부동의 현실로 나타나면서 한국정치의 전향적 변화와 분화 자체를 제약하게 됨은 물론, 지배 자체의 재생산에 지역주의가 질곡으로 작용하게 된다. 이런 점에서도 현존 지역주의는 어떤 형태로든 변화하게 될 것이다. 그런데 문제는 이 '지역주의'가 '지역주의적 구도'에 이해관계를 갖는 '지역주의적 세력'에 의해 유지·재생산되고 있다는 것이다. 그런 점에서 지역주의의 극복은 바로 이러한 '지역주의적 세력'과의 싸움의 과정이라는 것이 인식되어야 할 것이다.

의가 국민신당과 연대하더라도 그것은 탈지역주의적인 전국적 구심을 형성하는 것으로 되기가 현실적으로 어렵다. 그런 점에서 지역주의의 전향적 극복은 결국 탈지역주의적인 전국적인 진보개혁적 정치세력의 출현에 '실낱 같은 희망'을 걸 수밖에 없을 것 같다. 물론 이것 역시 우리 사회의 보수적 구조를 전제로 할 때 많은 장애가 있는 가능성이라고 생각된다.

6. 맺음말

이 글의 논지를 요약하면 다음과 같다. 60년대 이후 지난한 반독재 민주화운동의 과정에서 전향적인 정치의식이 성장하고 그에 따라 지배권력의 지역적 기반은 협애화되어 간다. 이러한 상황에서 지배권력은 재집권을 위하여 반독재전선의 지역적 분할전략을 구사하게 되는데, 이 전략을 통해서 양김을 전국적 지도자에서 지역적 지도자로 왜소화하려고 시도한다. 지역적 분할전략은 양김의 분열구도와 결합되면서 현실화되지만, 이 과정에서 양김씨는 전국적인 지도자에서 지역적 지도자로 왜소화되었다. 그러나 이는 역으로 양김씨를 포함한 야당지도자들의 지역적 지지를 강화함으로써 1988년 4·26총선에서 지역주의적 투표행태 및 지역당적 분할구도가 정착되는 계기가 된다. 이러한 구도는 지배권력의 재집권전략이 예기치 못한 결과인데, 이는 다시금 지배권력의 지역적 기반을 더욱 축소시키는 결과를 낳고 그에 따라 (역사적인 호남낙인화 구조와 불일치하는) 여소야대라는 불안정한 의회구도, 나아가 'TK와 전국적인 반TK' 현상이 나타나게 되었던 것이다. 이 같은 구도를 호남 대 반호남이라는 구도로 전환시키고 호남에 대한 역사적인 차별화 구도에 상응하는 반호남 정치연합(혹은 반호남 지배연합)을 통해서 지배권력의 기반을 강화하는 동시에, 1992년의 재집권을 성공시키려는 시도가 바로 3당합당이었고, 이 시도는 1992년 김영삼의 당선으로 성공을 거두었다. 이처럼 반호남 정치(지배)연합을 기초로 해서 성립한 김영삼정부는 그 자체의 정치적 불안정화와 내부갈등, 김종필의 자민련 창설 등으로 1995년 6·27지자체선거를 분기점으로 해서 다시금 3당합당 이전의 지역주의적 구도로 회귀하게 된다. 반호남 지배연합의 균열과 그것의 지역주의적 구도로의 '환원적 재편'은 97년대선을 이러한 지역주의적 분할구도를 전제로 해서 새로운 지배적 상층정치연합을 구성하기 위한 경쟁으로 전개되게 만들었으며, 여기서 김대중과 김종필의 지역주의적 야당연합이 성공한다. 김대중정부의 수립 이후 혹은 포스트 김대중 시대 이후 한국정치 구조는 지역주의적 구도의 부분적 변형, 보수적 고착화의 방향과 진보적 분화의 방향이 가능성으로 주어질 수 있다. 이러한 가능성 중 어느 것이 현실화하느냐 하는 것은 주체적 실천의 몫이라고 하겠다.

배신의 60년대, 분노의 70년대, 행동의 80년대, 보수화의 90년대를 거쳐 이제 2000년대를 눈앞에 두고 있다. 행동의 시대에서 보수화 시대로 넘어가는 과도기에 지역주의가 우리 사회의 지배적인 정치균열의 구도로 고착되었다. 이제 2000년대는 현존하는 지역주의적 구도를 넘어 새로운 정치구도가 출현하는 시대가 되도록 해야 한다. 2000년대를 희망의 시대로 만드는 것은 바로 이러한 과제에 대한 지혜로운 대응 여부에 달려 있다고 하겠다.

제6장 현단계 한국민주주의와 한국정치 구조의 성격 및 혁신방향

이 책의 결론이라고 할 수 있는 제6장은, 제5장까지 서술한 바와 같은, 민주주의 이행 및 정치변동의 '결과'로서 존재하는 현재의 구도에 대한 비판적 분석이자 향후 방향에 대한 '규범적' 진단이다.

이 장에서 필자는 한국 정당정치의 후진성을 특징짓고 있는 세 가지 측면의 성격을 서술하고 그것을 기초로 한국정치의 혁신방향을 제시하고자 한다.

한국정치의 후진성을 특징짓는 세 가지 측면이란 첫째 지역주의로 인한 정당정치의 정체성, 둘째 부패커넥션으로 인한 정당정치의 왜곡성, 셋째 반공주의로 인한 정당정치의 이념적·정책적 폐쇄성이다. 필자는 이 세 가지 측면을 중심으로 현단계 한국 정당정치의 성격을 설명하고, 이런 전제 위에서 향후 정치혁신은 장기적으로 지역주의적 경쟁구도를 탈지역주의적 이념적·정책적 경쟁구도로 전환하는 과제, 투명한 정치문화를 창출하는 과제, 산업사회의 갈등을 적절히 반영할 수 있도록 보수주의·자유주의·진보주의 세력이 다원적으로 경쟁하는 개방적 구도로 전환하는 과제에 직면하고 있다는 점을 서술할 것이다.

정치개혁이라고 할 때 미시적 수준에서 많은 과제들이 논의될 수 있 겠는데, 거시적 수준에서는 바로 이러한 세 가지 과제 실현이 핵심적 인 것이라고 생각된다. 김대중정부하에서 정치개혁을 둘러싸고 다양한 논의들이 있는데, 필자는 정치혁신은 한국의 사회적·경제적 변화에 부응하지 못하는 '정치(정당정치) 지체'를 혁신하는 차원에서 바라보 아야 한다는 점을 지적하고자 한다. '3당합당'이 실패한 이유도 바로 중장기적인 정치변화의 시대적 과제에 부응하지 못하는 '정치공학'적 인 고려만으로 이루어졌기 때문이다.

1. 한국정치 구조의 성격과 혁신의 필요성

한국 정당정치는 현재 과도기적 이행기에 있다. IMF시대는 권위주 의적 산업화 시대에 고착된 재벌구조, 기업관행, 정치구도, 사회운영구 조 등 여러 측면에서 근본적인 구조적 전환을 요구하고 있다. 과거의 패러다임과 구조·관행이 위기에 처하면서 새로운 패러다임과 구조· 관행을 형성해야 하는 과도기에 있다고 하겠다. IMF시대는 60년대 이 후 폐쇄적인 구조에서 독특한 경제·사회·정치 질서로 운영되어 온 체제에 대한 성찰을 요구하고 있다. 더구나 글로벌 시대의 도전은 기 존 구조의 혁신을 회피할 수 없는 생존의 문제로 제기하고 있다.

이러한 한국사회의 전환은 1987년을 분기점으로 고도성장적 산업화 를 추진하였던 군부권위주의 정권 시대가 종결되면서 이미 시작되었다. 그러나 그러한 전환은 신속하고 근본적으로 추진되지 못하였고, 그 결 과 현재와 같은 경제파탄을 맞게 된 것이라고 할 수 있다. 이와 같은 전 환의 영역 중에서 정당정치 영역이 그 전환속도가 가장 느렸다고 할 수 있고, 그런 점에서 정치의 후진성은 더욱 두드러지고 있다고 하겠다.

1) 지역주의적 구도와 탈지역주의적 혁신의 필요성

먼저 현단계 한국정치의 기본 성격은 지역주의적 구도에서 찾을 수 있다. 이것은 우리가 매일매일 체험하고, 대면하는 구도이다. 필자는 현재의 지역주의적 구도가 갖는 의미를 새롭게 정의함으로써 정치혁신의 방향성을 명확하게 해보고자 한다.

필자는 근본적으로 현재의 지역주의적 구도는 군부권위주의 정권시대의 '민주 대 반민주' 구도의 해체과정에서 나타난 왜곡태라고 생각한다. 단적으로 이 지역주의는 군부권위주의적 구지배블록의 완강한 방어와 저항블록의 분열의 합작품으로 고착된 구조라고 본다.

사실 60년대 이후의 군부권위주의 정권은 기본적으로 대구·경북지역을 기반으로 하는 세력에 의해 주도되었으며, 그런 점에서 지역주의적 성격을 갖고 있었다. 그러나 당시 박정희정부가 근대화나 국가안보와 같은 국민적 이데올로기에 의하여 정당화되고 있었기 때문에 근본적인 지역주의적 성격은 두드러지지 않을 수 있었다. 하지만 군부권위주의 정권이 위기에 처하면서 그 정권을 정당화시켜 주었던 근대화나 국가안보 이데올로기의 설득력이 없어지고 지역주의적 성격이 중심적으로 부각되면서, 구지배블록의 지역주의적 성격은 더 이상 은폐할 수 없는 지점에 이르게 되었다. 군부권위주의 정권이 위기에 처하였던 80년대 전반 전두환정부 시절에는 어떤 점에서 보면 대구·경북을 중심으로 하는 지역주의적 지배세력 대 전국적인 저항세력의 대립구도로 바뀌어가고 있었다.[1] 독재정권의 위기로 60년대 초 상황과는 반대로 일종의 '지배의 지역화'와 '저항의 전국화'가 나타나게 된 것이다.

여기서 군부권위주의 세력은 지배의 재생산을 위해서, 전국적인 저

---

1) 지역주의의 '정치적 구조화' 과정은 제5장 참조.

항세력을 지역주의적 세력으로 분열·분립시킬 필요가 있었다. 앞장에서 서술한 바와 같이 일종의 지역분할전략을 구사하게 된다. 군부정권은 저항세력, 특히 김영삼과 김대중의 분열을 계기로 저항세력을 지역주의적 세력으로 격하시킬 수 있었다. 87년대선을 전후하여 지역주의는 새로운 차원으로 변화하게 되는바, 대선을 치르면서 군부권위주의 세력의 지역주의적 성격이 노정되는 동시에 저항세력 역시 지역주의적으로 분열되면서 지역주의적 성격을 갖게 되었다.[2] 독재와 민주적 저항의 관계에서—이 구도는 기본적으로 근저에 존재하고 있지만—독재 옹호의 지역주의와 반독재 지향의 지역주의의 관계로 전치될 수 있었다. 이제 지배세력과 저항세력이 동일한 지역주의 지평 위에서 하나는 패권적 지역주의로, 다른 하나는 저항적 지역주의로 낙인화될 수 있었다. 중요한 변화는 저항 자체가 지역주의적인 것으로 낙인화될 수 있게 되었다는 것이다. 정당정치가 이처럼 지역주의적인 것으로 고착화되면서, 충청·강원 등의 반사적 지역주의도 등장하며, 이렇게 되자 이제 독재와 저항, 반민주와 민주는 지역주의라는 또 다른 이름으로 존재하게 되었다. 필자가 지역주의를 권위주의적 정당정치 질서의 해체와 새로운 민주적 정당정치 질서로의 이행과정에서 나타난 왜곡태로 규정하는 이유가 여기에 있다. 여기서 필자는 각 지역의

---

2) 87년선거에서 노태우가 승리하였지만, 이 과정에서 고착된 지역주의적 분할 구도는 1988년 4·26총선에서 명확한 지역주의적 정당분할 구도로 정착된다. 이렇게 지역주의적 구도가 고착되면서 이후부터는 정당정치 영역에서의 경쟁은 지역주의적 구도를 전제한 위에서 지배적인 상층정치연합을 결성하기 위한 경쟁으로 전개되었다고 생각된다. 이후 정치적 경쟁은 지역주의적 라인을 따라 전개되었다는 것이다. 이런 관점에서 본다면, 3당합당은 반호남 상층정치연합을 구성하기 위한 시도였고, 이것은 1995년 6·27선거에서 다시 지역주의적 분할구도로 재편되며, 97년대선에서 호남과 충청 지역연합이 우위를 점하면서 공동정권이 탄생하게 된다.

지역주의가 갖는 중심적인 성격을 개념화하기 위해 패권적 지역주의, 저항적 지역주의, 반사적 지역주의라는 표현을 사용하고자 한다. 후술하겠지만 저항적 지역주의가 집권세력이 된 상황에서 패권적 지역주의는 '방어적 지역주의'의 양상을 보이고 있다.

필자가 여기서 강조하고자 하는 것은 이러한 지역주의적 구도는 정당정치 질서 변화의 본질적인 측면은 아니라는 점이다. 즉 현상적 측면이고 본질적인 변화의 지점은 독재와 반독재, 반민주와 저항의 구도로 짜여 있는 정당정치 질서가 어떻게 포스트 권위주의적 정당정치 질서로 전환할 것인가 하는 점이다. 포스트 권위주의적 정당정치 질서는 한국사회에 일종의 '근대적'인 이념적·정책적 경쟁구도가 나타나야 하는 것을 의미한다.

거시역사적 관점에서 보면, 1987년 이후 우리 사회는 민주화 도정에 있다. 민주화는 과거 독재시대의 정치적·경제적·사회적 질서를 민주적으로 개혁해 가는 것을 의미한다. 여기서 정당정치 질서 역시 변화를 요구받아 왔으나, 구정치세력의 지역주의를 이용한 자기방어와, 그것을 넘지 못한 저항정치세력의 분열로 새로운 민주적 정당정치 질서로 이행하지 못하고 왜곡된 형태로 존재하게 되었다. 결국 지역주의는 이행의 과도기에서 구지배블록의 지배전략과 저항블록의 분열로 인해 주어진 왜곡된 형태라는 것이다.

이처럼 엄존하는 지역주의의 현실 속에서, 김대중정부 수립은 지역주의적 정치구도의 변화 필요성이라는 점에서 하나의 전기로서의 성격을 지니고 있다. 김영삼정부의 성립은 패권적 지역주의의 '변형'적 승리라고 한다면, 김대중정부는 기존의 지역주의 속에서 소외자 위치를 차지하는 저항적 지역주의의 승리(비록 패권적 지역주의의 주변파와 연합한 것이지만)이기 때문이다.

필자가 볼 때 김대중정부는 한편으로는 지역주의적 구도를 극복할 수 있는 대단히 유의미한 가능성을 가지고 있다고 할 수 있으나, 다른 한편으로는 더욱더 지역주의를 고착시킬 가능성도 가지고 있다. 이런 점에서, 논의되고 있는 정계개편이나 정치개혁은 지역주의적 구도를 전제하거나 고착시키는 방향에서가 아니라 그것을 균열시키고 해체시키는 방향으로 이루어져야 한다.

민주화의 과정이라는 것은 앞서 지적한 바와 같이 민주적 정당정치 질서로의 변화를 한 내용으로 한다. 그럴 때 민주적 정치질서는 권위주의 시대의 지배적인 정치세력이었던 '극우적(심지어 파쇼적이기까지 한) 보수주의'가 약화되고 그것을 대체하여 보수적 자유주의(혹은 자유주의적 보수주의) 등 새로운 정치세력이 강화되는 것을 의미한다. 기존의 보수주의는 극우적이고 파쇼적인 보수주의로 존재하였고 민주화의 진전은 구보수주의가 자유주의(혹은 최소한 자유주의적 보수주의)에 의해 대체되어야 하는 상황을 만들어냈다. 그러나 권위주의적 정당질서의 포스트 권위주의 정당질서로의 변화과정에서의 왜곡태로서 출현한 지역주의가 이러한 정치세력의 근본적인 전환, 즉 정치세력의 이념적·정책적 분화를 지체시키고 억제하게 된다는 것이다.

지역주의가 이러한 정치세력의 전환을 지체시키는 이유를 다음과 같이 지적해 볼 수 있다. 가장 핵심적인 문제는 극우보수주의 세력 혹은 권위주의 세력이 지역주의 속에서 자신을 '효과적으로' 방어하게 된다는 것이다. 필자의 관점에서 볼 때 패권적 지역주의의 본질은 '(극우)보수주의'이다. 일단 지역주의가 고착화된 상황에서, 구보수주의 세력은 지역주의 속에서 자기를 일정한 선까지 방어할 수 있게 되고, 새로운 정치세력은 일정한 선 이상으로 자신을 확장하지 못하게 된다. 달리 표현하면, 지역주의라는 이름으로 권위주의 세력 혹은 (극우)보수주의적 세력의 약화가 저지된다. 현재의 지역주의적 구도가 엄존하는 한, 보수세력이나 권위주의 세력들은 지역주의를 매개로 자신을 정치적으로 재생산하는 것이 어렵지 않은데, 그것은 자신의 기반지역 내부에서 집권당에 대한 '부정적 여론화'를 꾀하는 것이 대단히 용이하기 때문이다. 다음으로, 지역주의는 한 지역 내부에서 보수주의와 자유주의의 분화를 억제하는 효과를 갖는다. 극우적 보수주의 세력들과 (보수)자유주의적 정치세력 등 새로운 정치세력의 분화를 억제하게 된다는 것이다. 저항적 지역주의 세력 내부에서도 권위주의적 세력뿐만 아니라 보수주의 세력, 자유주의적 세력이 착종되어 공존하게 하는 효과를 갖는다.

결국 지역주의 자체가 본질이 아니라는 전제 위에서 볼 때, 지역주의는 정치세력의 전환에 두 가지 영향을 미치고 있는데, 하나는 (극우)보수주의 세력이 지역주의라는 이름으로 자신을 방어함으로써 (극우)보수주의의 약화를 억제하는 것이고, 다른 하나는 저항적 지역주의가 지역주의 속에 갇혀 있음으로써 저항적 지역주의의 자유주의(혹은 부분적으로 진보주의)적 정치지향으로의 '승화'를 억제하게 된다는 것이다. 다시 말해 전자는 패권적 지역주의 내부에서 (극우)보수주의 세력이 여전히 주도성을 가질 수 있게 한다는 것이고, 후자는 저항적 지역주의 내부에서 —이념적·정책적 진보화를 통해— 보수주의적 성격의 탈각과 자유주의적 성격(혹은 부분적으로는 진보주의적 성격)의 강화가 나타나는 것을 억제하게 된다는 것이다. 바로 이처럼 (극우)보수주의의 약화, 보수주의와 자유주의의 분립, 자유주의의 보수주의로부터의 독립을 지체한다는 점에서, 지역주의는 우리 사회의 민주적 정치질서로의 변화를 지체시키고 있다고 볼 수 있다.

민주주의 이행기에 있는 한국정치 선진화의 방향은 지역주의 속에서 지체되고 있는 정치세력의 전환(지배블록의 재구성)을 가속화해야 한다는 것이다. 정치선진화의 과제가 기본적으로 권위주의적 정당정치 질서를 대체하는 민주적 정당정치 질서를 형성해 내는 것이라고 할 때, 그것은 과거의 구보수주의 세력을 약화시키는 것이어야 한다. 이런 점에서 —현재의 지역주의적 구도에 의한 복합성에도 불구하고 —장기적으로 그와 같은 방향에서의 변화가 일어날 수밖에 없기 때문에 정치변동은 바로 그러한 방향에 부응하는 것이어야 한다. 그렇지 않을 때 그것은 중장기적으로 실패할 수밖에 없다.

우리는 그런 교훈을 3당합당에서 이미 경험한 바 있다. 3당합당은 (극우)보수주의 세력과 분리되어서는 정권을 잡을 수 없는 온건보수자유주의 세력의 취약성을 반영하는 것이었다. 국민회의가 자민련과의 연합을 통해서 집권할 수밖에 없었던 것은 우리 사회의 —지역주의에 매개되어 —보수주의 세력의 강고함을 의미하는 것이다. 그러나 김대중정부의 성립은 (극우)보수주의 세력의 강고함의 구조를 전환할 수 있는 기회를 제공하고 있다. 패권적 지역주의의 본질이 (극우)보수주의라는 관점에서 볼 때, (극우)보수주의가 발딛고 선 지역주의 자체의 극복을 통해 (극우)보수주의를 약화시키고 (보수)자유주의 세력의 지역주의적 경계를 넘는 재결집을 통해 '전국적인 탈지역주의적 개혁정치세력, 전국적인 탈지역주의적인 개혁정당을 만들어가는 것이 현단계 정치혁신의 과제이다. 이 정치세력과 정당은 극우보수주의 혹은 권위주의적 보수주의를 대체하는 (보수)자유주의적 성격이 지배적인 세력이자 정당이 될 것이다.[3]

정치세력의 전환의 핵심은 정치세력이 이념적·정책적 라인을 따라 분리되는 것, 현단계에서는 (극우)보수주의적 세력과 (보수)자유주의 세력의 분리가 확대되는 것, 그와 함께 (극우)보수주의 세력이 약화되는 것이다. 이러한 분리가 바로 지역주의 속에서 지체되어 있고 이것

---

3) 이 책의 제3장 4절에서 서술하는 바와 같이 필자는 두 대표적인 야당인 통일민주당을 온건(보수)자유주의 정파로, 평화민주당 및 국민회의를 중도(보수)자유주의 정파로 규정하고 있다.

이 한국정치 후진성의 한 원인을 이루는 것이다. 지역주의는 정당정치의 선진화를 지체시키는 요인이자 '지배의 합리화'를 지체시키는 요인으로 작용하고 있다.[4] 중장기적인 변화의 방향을 이렇게 설정할 때, 이러한 변화에서 앞서가는 세력이 이니셔티브를 가지게 된다. 사회는 변화하고 있고 국민들의 의식은 변화하고 있다. 여기서 국민적 지지를 받는 것은 바로 이런 점에서 누가 선진성을 갖느냐 하는 것이라고 할 수 있다.

2) 부패회로 일부로서의 정치와 투명정치로의 혁신의 필요성

다음으로 군부권위주의 정권 시대를 경과하면서 한국정치가 내장하게 된 하나의 특징은 정치가 부패 폐쇄회로의 한 부분으로 존재하고 있다는 것이다. 주지하다시피 60년대의 개발독재는 사회경제적 자원을 일부 독점대기업이나 선도산업을 중심으로 집중적으로 배치하는 방식의 발전전략을 추구하였다. 이러한 전략은 철저히 국가주도적인 성격을 지니고 있었다. 이러한 국가주도적인 성장추동전략에서 핵심적인 메커니즘은 국가의 은행 및 신용배분에 대한 통제였다. 국가는 특히 은행 및 신용배분에 대한 통제를 통해서 사회경제적 자원을 발전이라는 목표를 향해 집중적으로 배치할 수 있었다. 개발독재국가는 은행을 국가통제하에 두면서 신용의 배분을 성장이라는 방향으로 '왜곡'시킴으로써 급속

---

4) 여기서 지배라는 표현을 사용해 본다면, '보수적 자유주의의 지배화'로 인한 '지배의 자유주의(보수적 자유주의)적 재편'이 가속화되지 않는 한, 지배는 안정화될 수 없다는 것이다. 극우보수주의의 약화, 지배의 '보수주의로부터 자유주의로의 분화 및 변화'가 촉진되어야 하는데, 그것이 적절하게 이루어지지 못함으로써 지배의 불안정을 항상화시키게 된다는 것이다. 현재 한국사회의 경제적·사회적 변화에 정치적 변화가 못 미치고 있다고 할 때, 바로 이 점이 문제가 된다.

한 발전을 도모하였다[5]는 말이다. 이 과정에서 그러한 신용 및 사회경제적 자원의 배분, 개발의 방향 등을 둘러싸고 부패의 사슬이 형성된다. 은행의 신용배분을 비롯한 사회경제적 자원의 배분을 둘러싸고 막강한 의사결정권을 갖는 정부관료와 제도정당은 이러한 배분과정에서의 공식적·비공식적 영향력 발휘를 하는 대가로 정치자금이나 뇌물을 받게 된다. 또 기업은 정부관료 및 정치가들과 유착하여 각종 특혜를 향유하는 대가로 정치자금을 제공하는, 부패관계가 관행화된다. 정부관료, 기업인 및 재벌, 정치인, 기업인 간에 존재하는 이러한 부패구조는 정치가 재벌의 이해나 기업의 이해로부터 자유롭지 못한 상황을 조성하게 되는데, 이른바 정경유착과 관치금융은 바로 이러한 부패의 유착구조를 전제한 현상이라고 할 수 있다.[6] 여당뿐만이 아니라 야당을 포함한 정치권 전체가 정치자금의 동원이 비공식적인 방법에 의존하였기 때문에 정당정치가 바로 이러한 부패의 유착구조로부터 자유로울 수 없었다는 것이다.[7] 그동안 발생한 많은 독직사건들, 한보사태 등에서 볼 수 있는 검은 돈의 거래구조, 5천억원에 이르는 노태우의 비자금은 바로 이러한 현실을 적나라하게 보여주는 것이다.

 물론 이러한 부패구조에서 기존의 권위주의적 집권여당은 중심적 위치에 있었고, 야당은 주변적 위치에 있었다. 그러나 그 규모는 다르

---

5) 이것을 암스덴은 발전을 위하여 "가격을 '왜곡' 시키는(getting the price wrong)" 것으로 표현하였다(Amsden, A., *Asia's Next Giant: South Korea and Late Industrialization*, NY: Oxford University Press, 1989).

6) 이 책의 제1장 2절에서 서술한 바와 같이 '발전국가' 자체가 약탈적 성격을 갖는 것은 신용의 배분에서 막강한 권력을 갖는 국가에 비해 그 권력을 감시하고 투명화하는 기제가 발전되어 있지 않은 상황에서 필연적 결과라고 할 수 있다.

7) 부패구조에 대해서는 이은영 외, 『부정부패의 사회학 : 문민 5년 반부패정책 평가보고서』(나남, 1997) 참조.

지만, 여야를 막론하고 권위주의적 정당정치 질서가 바로 이러한 부패 구조와 내적으로 연관되어 있었다는 것은 부인할 수 없다.

우리 사회는 부패가 일탈이 아니라 관행이고, '구조'이자 '문화'로 존재하는 사회라고 말한다. 요람에서 무덤까지 '부패공화국'이라는 표현에서도 나타나는 바와 같이, 이 시대를 살아가는 한국인의 '생활양식'의 하나라고까지 여겨지기 때문에, 비리가 적발되어 처벌받는 사람은 만연한 부패를 이유로 자신을 정당화하고 항변하게 된다. 그러한 부패구조의 일부로서 비공식적인 방법으로 정치자금을 동원하는 것도 '구조화'되어 있는 사회라고 할 수 있는바, 이것이 한국 정당정치 재생산의 중요한 측면으로 존재하고 있다.

한국정치 개혁의 핵심적인 과제는 사실 투명성이고 반부패성의 실현이다. 군부권위주의 시대의 중심적 정치세력이었던 보수주의 세력이 곧 부패구조에서 핵심적인 지위를 차지하고 있다고 할 때, 반(反)보수는 상당 부분 반(反)부패와 일치하게 된다. 이런 점에서 정치혁신은 바로 반부패의 방향으로 한국정치를 선진화해 가는 방향성을 가져야 한다. 앞서 지적하였듯이 한국 정당정치는 고도성장체제에서의 부패의 연쇄구조 속에 한 부분으로 존재해 왔다. 최근 경제위기에서 기업의 경영투명성 문제가 사회적 현안으로 떠오르고 있는데, 투명성이 가장 절박하게 요구되고 있는 영역은 다름아니라 정치이다. 왜냐하면 기업의 투명성 확보는 사실 정치자금 동원의 투명화를 통해서 비로소 가능하기 때문이다. 사실 정치적 부패의 척결과정은 정치와 경제, 정치와 사회, 기업과 정치, 정부와 기업의 왜곡된 관계를 정정해 가는 과정이기도 하다. 현재 한국사회에서는 부패방지법도 제정되어 있지 않고, 부패비리의 제보자에 대한 보호규정도 적절하게 제도화되어 있지 않기 때문에, 부패가 적발된 경우에도 그것은 적절히 처벌되지 않고, 부패에 연루된 정치인들은 지역감정에 편승하면서 정치적으로 재기하게 된다.

정치의 부패에 대한 사정이 이루어지는 경우에도 그것은 쉽게 정치화 (politicization)된다. 초기 김영삼정부하에서도 과거 부패에 대한 개혁과 사정이 이루어졌지만, 그것은 곧 정치화되었다. 정치화되었을 때 사정이나 개혁의 순수성은 담보되지 않고 곧 측면적인 저항을 받게 된다. 김대중정부하에서도 부패에 대한 수사는 다분히 정치화되어 전개되고 있는데, 그럴 경우 사정과 개혁은 성공하기가 어렵다.

과거에는 기본적으로 여야를 막론하고 부패의 고리 속에서 공생한 측면이 있다. 그러므로 일정하게는 부패에 '몸을 담그지 않으면 안 되는' 구조 자체를 혁신하지 않으면, 즉 돈이 없어도 혹은 불법적으로 정치자금을 동원하지 않아도 정치를 할 수 있는 구조를 만들지 않는다면, 정치의 선진화는 달성될 수 없다. 정치자금의 조달경로가 부패를 전제로 할 수밖에 없는 구조에서 정치권은 부패의 공생처가 된다.

이런 측면에서 명백한 제도적 혁신이 이루어져야 한다. 부패방지법을 제정하는 것, 특히 고위 정치인·관료직에 대한 '특별' 수사와 처벌의 제도를 만드는 것이 요구된다. 김대중정부 초기의 '여소야대' 구조에서 이 구조를 허물기 위한 의원영입 작업에서 반부패정치 구현의 원칙적인 지향이 실종되고 오히려 자신의 부패와 치부에 대한 '정치적 우산'의 필요성 때문에 집권당으로 이동하는 사례도 많았는데, 이는 반부패로의 정치선진화 방향과는 거리가 있다고 아니 할 수 없다.

본질적으로는 기존의 부패구조에 연루되지 않은 새로운 정치세력의 출현과 강화를 통해 가능하겠지만, 반부패의 정치혁신은 과거 야당인 집권여당의 자기개혁 속에서 일정한 진전을 볼 가능성도 있다. 오랜 동안의 부패구조에서 주변부 ―결코 예외적인 위치는 아니다 ―에 있던 구야당인 현재의 여당은 상대적으로 이러한 개혁을 추진할 수 있는 유리한 위치에 있다. 그러나 이것은 과거 야당인 집권여당이 자기개혁적으로 반부패를 실현하고자 할 때 비로소 가능하다. 기존 권위주의적 정권 시기의 부패구조에서 야당이 예외일 수 없었다면, 부패의 척결과정은 반대정당에 대한 사정일 뿐만 아니라 집권여당 자신에 대한 혁신의 과정이어야 하기 때문이다. 따라서 신여당이 집권여당으로서의 지위에 탐닉하고, 자신들이 향유하지 못했던 정치자금 조달과정에서의 여당의 유리한 지위에 탐닉한다면[8] 이는 원천적으로 불가능하다고 할 수 있다.

3) 제도정치의 폐쇄성과 '다원적' 경쟁구도로의 이행 필요성

다음 세번째 한국 정당정치의 중요한 특징으로는 정당정치의 폐쇄성을 들 수 있다. 60년대 이후 개발독재국가 아래서 정당정치는 사회적 갈등을 반영하여 '갈등의 제도화'를 도모하는 기능보다는 '배제적 정당정치'로서의 성격을 강하게 가져왔다. 즉 시민사회의 사회적 갈등이 제도정치에 반영되지 않게 하면서 국가의 '의지'를 시민사회에 강제하는 기능, 즉 개발독재를 정당화하는 기능을 주로 수행하였다. 제도정치는 사회적 갈등과 요구를 반영하기보다는 군부권위주의 국가의 정치적 정당화 기제로서, 억압적 국가기구의 일부로 기능하였던 것이다. 그렇기 때문에 제도정치가 시민사회의 갈등을 반영하고 대의(代議)하지 못하는, '제도정치와 시민사회의 심대한 괴리'가 존재했다. 우리 사회는 지난 30여 년간의 산업화를 통하여 노동자계급이 다수가 된 사회로 변화하였으며, 이미 산업사회의 갈등이 기본적인 갈등이 되는

---

8) 1998년 상반기 정당후원금을 보면 국민회의는 140억, 자민련은 33억 6천만원, 한나라당은 8억 5천만원을 모은 것으로 나타나 있다(중앙선관위, 「98년 상반기 정당수입지출 내역」). 이는 1997년 한 해 동안 한나라당의 수입액이 1269억, 국민회의가 405억, 자민련이 138억, 국민신당이 64억이었던 것을 고려한다면 현격한 변화라고 할 수 있겠지만, 정치자금의 대부분이 집권여당에 집중되는 구조가 여전히 존속하고 있음을 또한 잘 보여주고 있다.

사회로 이행하였다. 개발독재에 대한 저항과정에서 이념적으로 급진적인 지향을 갖는 세력도 생겨났다. 그러나 이러한 변화를 반영하는 형태로 정치는 개방되어 있지 않다. 이념적·정책적 스펙트럼이 대단히 제한되고 폐쇄되어 있다.

이러한 배제적 정치구조에 대한 저항은 점차 고조되어 갔고, 80년대에 이르면 이전의 '배제적 정당정치' 구조는 아래로부터의 민중적·시민적 저항 때문에 더 이상 유지될 수 없는 상태가 된다. 이러한 제도정치의 왜곡성은 민주화의 진전에 따라 일정하게 완화되어 갔으나 여전히 진보적인 사회세력의 진입을 제약하는 형태로 극우보수적으로 구성되어 있고, 나아가 지역주의적으로 왜곡되어 있기 때문에 기본적인 폐쇄성이 유지되고 있다고 하겠다.

정당정치의 이념적·정책적 스펙트럼이 대단히 제한되어 있는 것은 근본적으로는 우리 사회의 반공규율사회[9]적 조건에 기인하는 반공주의적 구조에서 비롯한다. 반공주의적 구조는 정당정치와 시민사회의 괴리를 크게 만들고, 그 이념적·정책적 스펙트럼을 '우경화'시키며, 또 한편에서는 한국사회의 지배를 안정화시키는 것으로 작용하지만 다른 한편에서는 한국의 민주주의를 대단히 불완전하고 왜곡된 것으로 만들고 있다.

진보정치 세력화를 위한 시도는 1987년부터 여러 차례의 대선과 총선을 통해서 이루어졌으나 성공을 거두지 못하였다. 이것은 물론 국민들의 보수적 의식에서 비롯된 보수적 투표성향과, 진보적 정치세력 자체의 주체적 실천의 한계에도 그 원인이 있는 것이기는 하지만, 그것을 가능하게 하는 우리 사회의 반공주의적 구조, 폐쇄적 정치구조에서 기인한다고 보는 것이 정확할 것이다.[10] 어떤 점에서 한국정치의 이념

---

9) 이 책의 제2장 1절 참조.

적 스펙트럼은 극우에서 온건보수 혹은 온건자유주의 정도의 스펙트럼에 위치하고 있다고 하겠다. 온건보수 혹은 온건자유주의를 뛰어넘는 더욱 급진적인 목소리는 반영될 수 없는 구조로 존재하고 있는 것이다. 이러한 정당정치의 현실은 사회적·경제적 변화를 반영하지 못하는 한국정치의 왜곡성이자 폐쇄성이라고 할 수 있다. 즉 사회는 변화했는데, 또한 경제는 변화하였는데 정치는 그것을 전혀 반영하지 못하고 있다는 것이다. 어떤 요인에 의해서건 한국정치의 불안정성을 만드는 이러한 한국정치의 폐쇄성과 시민사회와의 괴리는 극복되어야 한다. 이런 관점에서, 제도정치의 폐쇄성을 뚫고, 지체된 '근대적' 계급정치로의 이행을 어떻게 가속화할 것인가 하는 과제가 제기된다.[11] '근대'적 정치사회의 본질은 정치사회가 시민사회의 계급계층적 대립을 반영하고 흡수하는 형태로 존재하는 것을 의미한다. 현단계 서구에서와 같이 계급계층적 경쟁구도가 희석화되어 가는[12] 경향이 존재함에도 불구하고 '지체'된 근대정치로의 이행이라는 경로를 거치지 않고

---

10) 예컨대 노동운동의 조직적·대중적 발전은 비록 여러 제약성이 있음에도 불구하고 시민사회 내에서의 노동운동의 중심적 위치를 강화시켜 왔다. 그러나 시민사회와 정당정치의 괴리는 시민사회 내에서의 노동운동의 지위에 상응하는 정당정치 영역 재편을 가로막아왔다. 이는 '운동과 정치의 괴리'로 상징되는 한국 정당정치의 한 특징을 말해 준다.

11) 이것은 군부권위주의 정권 시대의 '민주 대 반민주 구도'를 넘어 어떻게 정당정치가 이른바 '보수 대 진보 구도'로 재편될 수 있을 것인가 하는 문제이다.

12) 이러한 입장과 관련하여, 앨빈 토플러의 『제3물결의 정치』(이규행 감역, 한국경제신문사, 1995) 같은 책을 참조할 수 있을 것이다. 래시와 어리는 현대 자본주의를 탈조직자본주의로 개념화하면서 이러한 새로운 조건에서 이전의 정당—계급적 투표행태에 기초한 계급정당 등—은 이제 포괄종합정당(catch-all party)으로 변화되어 간다고 말한다(Lash and Urry, *The End of Disorganized Capitalism*, Cambridge: Polity Press, 1987).

역사를 '비약'할 수는 없다고 생각한다.

이런 점을 고려할 때, 정치혁신은 정당정치의 폐쇄성을 극복하고 산업사회의 계급갈등을 반영하는 정치적 경쟁구조를 만드는 방향으로 이루어져야 한다. 이 문제는 현재와 같은 정당정치와 시민사회의 괴리를 극복하면서 어떻게 정당정치를 개방적인 구조로 전환할 것인가 하는 문제이다. 특히 산업사회세력·노동세력·진보세력에게는 진입의 장벽이 높을 뿐만 아니라 배제적인 구조로 존재하고 있다.

주지하다시피 선거는 무소속에게는 대단히 불리하고, 주로 현존하는 (극우)보수주의 야당과 (보수)자유주의 야당에 유리한 구조로 되어 있다. 그런 점에서 현재와 같은 배제형 정당정치 구조를 개방형으로 전환하는 것이 필요하다. 이를 위한 다양한 제도적 혁신이 필요하다고 생각된다.

물론 이러한 것을 기존 정치세력에게 요구하는 것은 무리일 수 있다. 그들은 자신들의 정치적 기득권을 유지하는 방향에서 사고하고 행동하기 때문이다. 그러나 IMF 위기를 우리 사회의 기존 시스템의 위기라고 할 때 그러한 시스템의 전환이 필요하다고 할 수 있고, 그 전환의 중요한 내용이 정당정치의 폐쇄적 구조의 전환이라고 할 것이다.

앞서 지적한 대로 지역주의적 구도 속에서 결합되어 있는 (극우)보수주의와 (보수)자유주의의 분립 및 전자의 주변화가 정치혁신의 중요한 원칙적 방향이라고 할 때, 진보주의의 진입을 가능케 하는 방향으로 정당정치를 개방하는 것이 추가되어야 할 것이다. 앞서 필자는 (극우)보수주의 세력의 약화, 보수주의 세력과 자유주의 세력의 분립, 자유주의의 보수주의로부터의 독립의 필요성을 지적하였다. 여기서 더 나아가 이러한 변화의 방향이 진보주의의 편입까지를 수반하지 않는다면, 그러한 변화 자체는 불완전한 것이 될 수밖에 없다는 점이 지적되어야 할 것이다.

필자는 한국 산업사회의 발전 정도, 시민사회의 발전 정도를 고려할 때 현재와 같이 폐쇄적이고 지역주의적으로 왜곡화되어 있는 정치구조로는 정치적 안정성을 달성할 수 없다고 본다. 자유주의 세력이 (극우)보수주의와 연립하지 않으면 존재할 수 없는 구조[13]를 극복하고 진보주의가 제도정치 내에서 활동할 수 있는 공간이 주어지는 상황을 만들지 않고서는 한국정치는 결코 선진화될 수 없다. '20대 80의 사회'[14]에서 20을 대표하는 정치세력만 존재하는 구도로는 장기적으로 정치적 안정성을 획득할 수 없다.

이렇게 보면 중단기적인 정치혁신의 중요한 방향성 하나는 보수주의·자유주의·진보주의의 개방적 경쟁구도를 만드는 것이 된다. 이러한 구도하에서라야 비로소 산업사회의 갈등구조와 시민사회의 분화를 반영하는 '근대'적 정치질서가 존재하게 될 것이다.

요컨대 한국정치는 지역주의적 구도를 넘어서서 근대적인 이념적·정책적 경쟁구도로 이행하는 과제, 그러한 정치세력의 전화과정이 곧 반부패 정치세력의 결집과정으로 되어야 하는 과제, 진보적 정치세력

---

13) 보수자유주의 세력이라고 규정될 수 있는 김영삼세력이 민자당과의 합당을 통해서만 집권할 수 있는 것, 중도자유주의 세력인 김대중세력이 보수적 자민련과의 연합을 통해서만 집권할 수 있는 것은 그동안 한국사회에서의 보수주의 세력의 강고함과 그 이면인 자유주의 세력의 취약성을 상징하는 것이라고 할 수 있다.

14) 신자유주의의 세계적 조류를 극명하게 비판하고 있는 『세계화의 덫』(한스 피터 마르틴, 하랄드 슈만, 영림카디널, 1998)에서는 다음과 같이 쓰고 있다. "범지구적 세계화 물결 속에서 사회복지 측면이나 —생태계 측면 모두에서 '20대 80의 사회'가 다가오고 있다. 각 나라에서, 그리고 지구촌 전체에서 오늘도 약 20%의 사람들이 좋은 일자리를 가지고 안정된 생활 속에서 자아실현을 할 수 있으며, 그 나머지 80%는 실업자 상태 또는 불안정한 일자리와 싸구려 음식, 그리고 매스컴이 뿜어내는 상업적 대중문화 속에서 그럭저럭 살아나가야 한다."

의 진입을 가능하게끔 현재의 왜곡된 폐쇄적 정치가 개방화되어 보수주의·자유주의·진보주의가 상호 경쟁하는 구조를 만드는 과제에 직면해 있다고 하겠다.

2. 탈지역주의화와 정치혁신의 전망

정치혁신 혹은 정계개편에 대한 다양한 논의들이 있다. 김대중정부하에서 집권여당의 정치혁신 논의는 한국정치의 선진화라는 중장기적인 지향성이 없이 단순히 집권여당의 정치적 기반의 강화라는 다분히 '편의'적 고려에서 논의되고 있는 것으로 보인다. 또한 공동여당이 집권연합의 전제로 합의한 내각제 등은 현존하는 지역주의적 구도를 전제한 위에서 일종의 상층정치연합의 제도적 틀로서 사고되고 있다. 이것들은 기본적으로 지역주의적 구도의 극복보다는 지역주의적 구도를 전제하고 있다고 판단된다.

그러나 지역주의적 구도를 전제로 한 정치혁신의 방향은 정치 '혁신'이 아닐 뿐만 아니라 많은 문제점을 지니고 있다. 먼저 그것은 지역주의를 희석화시키기보다는 오히려 강화시킴으로써 현단계 한국정치에 요구되는 정치혁신의 과제를 오히려 후퇴시키게 된다는 것이다. 특히 대구·경북지역의 패권적 지역주의를 방어적 지역주의로 고착시킬 가능성이 크다. 우리가 1998년 6·4지자체선거에서 주목하게 되는 것은, 지역주의라는 총괄적인 표현 속에서 명확히 드러나지 않고 있지만 영남지역의 지역주의가 방어적 지역주의로 전환되고 그것이 고착될 가능성을 예시하고 있다는 점이다. 1995년 지자체선거에서 민자당은 영남지역에서 상당한 지지율의 하락을 보였다. 무소속 후보도 대거 당선되었다. 그러나 6·4지자체선거에서 한나라당이 영남지역에서 과거 민

자당에 비해 더욱 높은 득표를 한 것을 주목할 필요가 있다. 한나라당
에 의해 현재와 같은 경제파탄이 나타났고, 환란으로 인한 김영삼의
지극히 낮은 지지도 등을 고려할 때, 1995년 지자체선거보다 영남지역
에서 더욱 높은 득표율이 나타난 것은 영남지역에 방어적 지역주의가
강화될 수 있음을 의미한다. 대구·경북지역의 패권적 지역주의가 방
어적 지역주의로 더욱 심화되어 나타날 수 있으며, 구심점을 찾지 못
한 부산·경남의 유권자들이 대구·경북의 방어적 지역주의로 경도될
가능성을 보여주고 있다고 생각된다.

　1995년 지자체선거에서는 영남권에서 무소속에 대한 지지경향도 대
단히 높았다. 부산에서 여당 문정수후보가 51.4%의 득표를 한 데 비해
노무현후보가 37.6%를 획득한 것이나, 민자당 텃밭인 경남에서도 무
소속 기초단체장이 52.3%에 이르는 것이나, 대구나 제주에서 무소속
광역단체장 후보가 당선된 것, 대구·대전·경북·제주 기초단체장 선
거에서 각각 68.1%, 45.8%, 61.1%, 48.9%가 무소속에 투표한 것을 보
면 당시 탈지역주의적·반민자당 정서가 상당히 팽배해 있었다고 할
수 있다.[15] 그러나 이번 선거에서 김영삼정부의 정치적·경제적 파탄
에도 불구하고, 또한 IMF라는 미증유의 사태에도 불구하고 한나라당
이 대구에서 87%, 경북에서 60%, 부산에서 68%, 경남에서 70%를 득
표한 것은 김대중으로 상징되는 호남지역의 집권여당화에 대한 반사
적인 방어심리가 작동한 것이고 이는 신정부가 올바른 대응을 하지 않
는다면, 방어적 지역주의라는 이름으로 더욱 편향적인 투표경향으로
경도될 가능성이 있음을 알 수 있다.

　다음으로 여타 지역에서의 지역주의를 강화함으로써 장기적으로는

---

15) 조희연, 「지자체 선거의 정치사회적 의미와 향후의 전망」, 『월간 사회평론
　　길』 1995년 8월호 참조.

이념적·정책적 경쟁구조로의 이행을 가로막는다는 것이다. 어느 하나의 지역연합이 성사되면, 다른 지역에서 역지역주의를 강화하게 된다. 어떤 형태로 지역연합이 이루어지든, 그것이 어떤 정치적 형식으로(예컨대 내각제 등) 이루어지든 그러한 지역연합이 도덕성이 없기 때문에 나머지 지역에서의 지역주의가 강화되는 계기를 부여하게 되고, 결국 지역주의의 고착화로 나아가게 된다.

이런 점에서 지역연합의 구도는 중장기적인 구도로는 결코 동의할 수 없는 구조라고 생각된다. 오히려 중장기적인 개편은 지역주의를 약화시키는 방향으로 이루어져야 한다.[16] 현재 한국정치의 거시적인 발전 방향은 지역주의 속에서 지체되고 있는 이념적·정책적 경쟁구도로의 이행이다.

돌이켜보면 지역주의의 심화에 김대중과 김영삼의 대립은 중요한 요인으로 작용했다. 사실 지역주의는 바로 김영삼과 김대중의 대립을

---

16) 필자의 입장에서는 국민정당 구조로 이행하는 과도기적 체제로서의 다원적 구도, 이념적·정책적 연합구조로 전환하기 위한 과도기로서의 다원적 구도를 상정해 볼 수 있다고 생각한다. 먼저 복잡하게 얽혀 있는 제도정당, 특히 야당이 분립하는 경우이다. 이러한 분립에 기초한 다원적 구도에서 개혁적인 세력들이 재결합함으로써 초지역주의적인 전국적 개혁정당이 만들어지는 경우이다. 물론 이때 이 개혁정당은 기본적으로는 (보수)자유주의적 성격이 지배적인 것이 될 것이다. 여기서 이 자유주의적 개혁정당과 보수주의적 정당, 진보주의적 정당과 공존할 수 있을 것이다. 우리 사회의 정당정치 민주화의 핵심적인 과제는 바로 이러한 변화를 성취하는 것이라고 생각된다. 물론 민주화의 '질'이라는 점에서 보면, 이러한 경쟁구도 내에서 다양한 편차가 있을 수 있으며, 그 편차를 규정하는 척도는 보수주의적 정당이 얼마나 힘을 갖느냐 하는 것이 될 것이다. 민주화가 더욱 심화되어 보수주의 정당의 입지가 극도로 축소되는 경우도 있을 것이며 그 반대의 경우도 있을 것이다. 그러나 어떤 경우에도 앞서 지적한 바와 같이 보수주의와 자유주의의 분립, 그 위에서 자유주의적 세력의 재결집, 진보주의의 제도정치로의 진입을 성취해야만 근대적인 정치로서의 안정성을 확보하게 된다는 것이다.

중요한 재생산기제로 하고 있다는 것을 냉철하게 보아야 한다. 1987년의 분열이 없었다면, 3당합당이 없었다면, 김영삼정부하에서 김대중과 김영삼의 연합이 있었다면 결과는 달라졌을 것이다. 김영삼정부하에서 김대중은 지속적으로 김영삼과 연합하고자 하였다. 왜냐하면 당시로서는 지역연합에 의한 대선에서의 승리라는 것은 불확실성이 컸기 때문에, 대권으로의 안전한 경로를 모색한다는 차원에서도 김대중은 김영삼과의 연합을 선호하였다. 그러나 김영삼의 거부로 그것은 실현되지 않았다. 그러한 연합이 실패한 후에, 김영삼은 김영삼대로 강고한 기득권세력과 연합하지 않을 수 없었고 김대중은 김대중대로 자민련이라는 보수적 세력과 연합할 수밖에 없었다. 온건자유주의 세력이 분열됨으로써 온건자유주의 세력의 연합에 의한 독자적인 집권은 불가능해지고 각각 다른 형태로 보수주의 세력과 연합하는 방식으로 집권할 수밖에 없었던 것이다.

탈지역주의화의 정치혁신의 가능성은 크게 두 가지로 주어질 것으로 생각된다. 먼저 김대중정부가 발딛고 있는 '저항적 지역주의를 뛰어넘어 전국적인 개혁정당' —물론 그것은 기본적으로 (보수)자유주의적이겠지만 —으로 자기개혁하는 경우를 상정할 수 있을 것이다. 김대중정부는 저항적 지역주의가 국가권력의 담당주체가 되었다는 것을 의미한다. 그런데 저항적 지역주의를 대표하는 김대중정부가 현존하는 여당의 우월한 지위에, 그리고 지역주의 속에 안주하게 되면 패권적 지역주의 역시 지역주의적 분할구도 속에서 자신을 방어할 수 있다.

김대중정부가 지역주의적으로 자신을 재생산하는 한 대구·경북과 부산·경남은 자신을 지역주의적으로 — '방어적 지역주의'로 —재생산할 것이다. 이것은 대구·경북의 패권적 지역주의의 '본질'이라고 할 수 있는 보수주의가 '방어적 지역주의'의 우산 속에서 자신을 재생산한다는 것을 의미한다. 정치혁신의 하나의 길은 이러한 대구·경북의 지역주의가 갖는 보수주의를 집권여당이 개혁적인 방향으로 자기쇄신함으로써 그 입지를 좁히는 방향에서 주어질 수 있다. 진보적 경쟁자를 갖는 초지역주의적 전국적 개혁정당으로서의 발전이 돌파구가 될 수 있을 것이다. 필자는 김대중정부는 중도(보수)자유주의적 성격과 (저항적) 지역주의 성격을 동시에 갖고 있다고 생각한다. 이러한 양면적인 성격 중 자신의 지역주의적 성격을 개혁적 성격으로 승화시켜 내면, 패권적 지역주의의 방어적 지역주의로의 전환은 억제될 것이다.

　지역주의의 발전적 전환을 위한 노력이 추구되지 않으면, 자신의 지역적 기반 내부에서도 균열이 발생할 수 있다. 기존의 저항구조에서는 국민회의에 대한 지지 자체가 반독재에 힘을 실어주는 것이었지만, 현재는 그러한 등식이 성립하지 않는다. 부분적으로 이번 지방선거에서 무소속후보가 지역주의의 텃밭에서 선전한 것은 고착된 지역주의에 대한 국민들의 비판적 시선을 보여주는 것이라고 생각된다.[17] 이는 과거

---

17) 1998년 6·4지자체선거에서 우리는 현존하는 지역주의에 대한 변화의 욕구도 읽을 수 있다. 지역정당에 대해 이전과 같은 무조건적인 지지 경향에서 일정한 변화들을 읽을 수 있는데, 먼저 전례 없이 낮은 52.6%의 투표율은 현재의 지역주의로 구축된 '뻔한' 구도에 대한 관심 부재를 반영한다고 볼 수 있다. 다음, 호남 및 충청 등의 지역에서 무소속후보가 약진한 것을 들 수 있다. 기존에는 저항적 지역주의와의 동일시 속에서, 지역정당에 대한 무조건적인 지지를 하였지만, 이번에는 그러한 경향에 부분적인 변화가 나타나고 있다. 무소속의 경우 기초단체장 선거에서 약진 경향이 뚜렷이 나타났는데 영남 20, 호남 12, 충청 6곳 등 전체 44곳 중 지역주의의 텃밭에서 38석이 당선되었다. 전남·북의 경우 1995년 지자체선거에서 무소속 당선자가 3명에 불과하였으나, 이번 선거에서는 국민회의 소속으로 공천에서 탈락, 무소속으로 출마한 10명 중 7명이나 되며, 41명의 기초단체장 중 12명이 무소속으로 당선되었다. 부산에서도 무소속 김기재 후보가 비록 패배하기는 하였으나 한나라당 안상영 후보와 접전을 벌인 것은 지역대중에 대한 지역주의의 강고한 영향력의 다른 일면을 보여주는 것이기도 하다. 물론 지역주의의 텃밭에서 무소속이 약진한 것은 현직 단체장과 공천된 새 후보 간의 경쟁에서

의 저항적 지역주의에 기댄 압도적인 득표상황이 저항적 지역주의의 승화를 도모하지 않는다면 이완될 수 있다는 것을 의미한다.

다음 두번째는 현존하는 보수주의적 정당이나 (보수)자유주의적 정당들이 탈지역주의화의 가능성을 상실하고 지역주의에 고착화되는 경우 새로운 정치세력, 특히 진보적 정치세력의 출현을 통해서 탈지역주의화의 가능성이 주어지는 경우이다. 첫째의 가능성이 '보수적 탈지역주의화'의 방향이라고 한다면, 둘째의 가능성은 '진보적 탈지역주의화'의 방향이라고 할 수 있을 것이다. 기존의 지역주의적 구도에 유착되지 않은 정치세력이 제도정치에 집단적으로 진입하는 데 성공하는 경우, 기존 제도정치의 지역주의적 구도는 변화를 강요받게 될 것이다. 그러나 현재의 강고한 지역주의적 구도, 그것을 이용하면서 자신을 정치적으로 방어하는 (극우)보수주의적 세력들의 강고함, 새로운 정치세력 혹은 진보적 정치세력의 취약성을 전제할 때 이러한 두 가지 가능성 모두 중단기적으로 현실화되기가 어려운 것이 사실인데, 그럴 경우 현재의 지역주의적 구도의 중단기적인 고착이 나타날 가능성도 있다.

사회발전의 방향과 맞는 것은 정치적 안정성을 증대시키지만, 반대의 방향을 취하고 있는 경우 그것은 정치적 불안정성을 오히려 증대시키게 된다. 보수주의·자유주의·진보주의가 제도적 불이익 없이 경쟁하는 선진사회형 정치구조로 전환되지 않는 한, 한국정치의 불안정은 당분간 지속될 것이라고 본다.

비롯된 결과이기는 하나, 새로운 요구가 분출되고 있다는 점만은 부인할 수 없다.

3. 맺음말

필자는 현단계 한국정치의 문제점을 반공주의에 의한 정치사회의 폐쇄성과 지역주의에 의한 정치사회의 정체성, 부패한 정치문화로 인한 정치사회의 왜곡성이라고 보았다. 이 같은 전제 위에서 정치혁신은 중장기적으로 지역주의적 분할구도를 탈지역주의적 이념적·정책적 경쟁구도로 전환하는 방향성, 투명한 정치문화를 창출하는 방향성, 산업사회의 갈등을 적절히 반영할 수 있도록 보수주의·자유주의·진보주의 경쟁구도로 전환하는 방향성을 견지하여야 한다는 점을 지적하였다.

정계개편과 관련하여 논의되는 지역연합이나 내각제로의 이행은 현존하는 지역주의를 희석화시키기보다는 현재의 지역주의를 고착시킴으로써 정치발전을 저해할 수 있다는 것, 또 그런 점에서 지역주의를 근저에서부터 약화시키는 방향에서 정치혁신이 사고되어야 한다는 점을 지적하였다.

탈지역주의화의 가능성으로서는, 먼저 김대중정부가 발딛고 있는 '저항적 지역주의'가 지역주의를 뛰어넘어 반(反)보수적인 전국적 개혁정당으로 자기변화를 수행하는 '보수적 탈지역주의화'가 있을 수 있음을 지적하였다. 또한 제도정당이 모두 지역주의적 구도 내에 안주함으로써 탈지역주의화의 가능성이 새로운 정치세력 혹은 진보세력에 의해 주어지는 경우도 상정할 수 있었다. 이러한 두 가지 가능성 모두 부정되면서, 저항적 지역주의를 대표하는 김대중정부가 현존하는 여당의 우월한 지위 및 지역주의 속에 안주하고 동시에 패권적 지역주의 역시 지역주의적 분할구도 속에서 자신을 방어하게 됨으로써 현존하는 지역주의적 정치구조가 고착되는 경우가 또한 가능함을 지적하였다.

사실 근대적 정치구조로의 이행도 지체되고 있는데, 다양한 탈근대적 도전이 우리 사회·정치를 에워싸고 있다. 우리 사회 진보의 병목 지점이 바로 지체된 정당정치라고 할 수 있는바, 정당정치 영역에서의 후진성은 급변하는 세계 속에서 한국의 신속한 응전을 저해하고 있다고 하겠다. 이런 점에서 한국정치의 후진성을 극복하는 방향에서의 변화야말로 한국사회의 국난을 해결해 가는 중요한 기초가 될 것이다.

당대총서 9

한국의 민주주의와 사회운동